中国税法教程

董玉明　樊雪茫 / 编著

ZHONGGUO SHUIFA
JIAOCHENG

中国法制出版社
CHINA LEGAL PUBLISHING HOUSE

目 录

绪 论

税收是一个古老的经济现象。自从人类社会有了国家即有了税收及其税收关系。它反映的是国家作为一个社会组织体，为保障国家的正常运行，参与国民收入分配并获取财政收入的活动及行为，进而在国家与自然人、各类企业和其他经济组织之间形成税收关系。然而，国家要从国民收入中获取财政收入，税收只是一种形式，其他的形式还有收取规费、获得企业上缴利润、发行国债、发行公益性彩票、获得捐赠等。这就有一个问题，税收作为国家收入的一种形式，与其他收入有何本质区别？经过几千年的实践，税收的本质越来越清晰，其具体的表现就是各国基本上的“一税一法”。也就是说，国家收税要依托法律机制实现，它涉及在民主法治基础上的税收立法、执法、司法、守法、法律监督等一系列的法律和法治问题，并且，其核心是确定国家与纳税人之间的权利（权力）与义务关系。由此，与税收现象相伴而生的是税法现象的普遍性。尤其在当代社会普遍推行市场经济体制的背景下，税法是否完善，成为国家治理现代化的重要标志，中国亦然。在当前，中国特色社会主义建设进入新时代。而新时代的标志之一，就是实现国家治理、政府治理、社会治理的法治化，其中完善税法及税收法治是重要的内容之一。

与此同时，与税法现象相对应的是有关税法的教学问题。总结起来，大致包括三个层面：一是面对全社会的普及性教学；二是经济领域对税收及税法知识的专业性教学；三是法学专业学习中的税法教学。其中，第一类的普及性教学可通过大众普及教育进行，不需要普遍地进入大学课堂。对此，我国通常采取普法途径实现；第二类经济领域的教学，则需要在财政、会计、审计类专业设置专门的课程予以学习、教育，而且，在国家组织的经济师、会计师等职业考试中，《税法》是必修、必考的课程之一；第三类在法学领域的专业教学中，税法的教学则比较尴尬。在以往的法学教学中，税法知识仅仅在宪法教学中强调“纳税是公民的基本义务”。鲜见《税法》作为一门独立的课程开设。但随着经济法学的兴起，我国税法的学习和教育被涵盖于经济法学的教学之中，并常常作为财税法的重要内容。然而，随着国家税收法治的逐渐完善，税法范畴的独特性、税法理论与体系的完整性、税法独特的分析工具和方法以及税法知识的实用性、综合性和逻辑自洽性使它可以形成一个独立的学科，展示于大学法学课堂之上，进而被有些学者称之为领域法学。[①] 另外，有学者将财政法和税法知识结合，形成《财政税收法》，以满足于法学教学需要[②]。为此，自改革开放以来，中国法学界学者，主要是经济法学者进行了不懈努力，推动了中国税法和财税法教学的发展。

本书作者一直从事法学专业《税法》选修课的教学和税务实践工作。经过较长期的《税法》教学发现，针对法学专业的《税法》教学存在一些鲜明的特点。一是课时有限。作为一门主要与核心课《经济法学》配套的选修课，其课时大约在 30—32 课时之间。学生在较短的时间内很难消化复杂的理论及其较多的实务知识。教师应当简明扼要地阐明税法原理，并通过课堂讲授与课后互动的方式弥补课堂学习之不足；二是法科学生学习税法的主要困境在于对各税种税率适用的计算；三是目前的教材内容庞大，且夹杂了一些学者的个人观点，偏离了编写教材的规范要求，未能全面阐述在中国共产党领导下我国税收法治的运行模式，使教师和学生不得要领，有脱离实际之感；四是我国法科学生学习税法，重在于紧密联系实际，简要地掌握我国税法规定的知识，不仅要见“森林”，更需要见“树木”，但目前尚没有这样的教材；五是通过教学发现，法科学生学习税法可以通过对各税种税法结构或要素知识的系统学习，掌握分析税法的基本方法，为今后有机会应用税法知识处理税法实务奠定基础。其与经济类专业学生学习税法不同，不必过分纠缠于对税收的计算；六是随着中国法治建设的推进，按照党中央的部署，全国人大立法规划将所有的税收立法，提升到法律的高度，有许多新的情况需要重新梳理。

基于以上理由，本书作者按照国家建设法学本科一流专业的教学改革要求，编著了这本《中国税法教程》。该教程主要针对法学本科专业学生学习之用，也可以作为广大读者了解研究中国税法的参考。教程编著的立足点或突出特点在于：一是力图讲清楚税收及税法的基本理论和实践逻辑；二是力图简明地阐述中国现行的税收基本制度、税种及其立法的历史与现状；三是力图在税法基本分类基础上，以税法结构分析的基本方法，总结归纳各现行主要税种税法的基本原理和内容。使法科学生能够简要地、比较性地掌握各税

① 刘剑文主编：《税法学》（第 5 版），北京大学出版社 2017 年 9 月版，第 10—15 页。

② 刘剑文、雄伟著：《财政税收法》（第 7 版），法律出版社 2017 年版。

种税法的知识点。这种教程的编写及教学方法，在作者的税法教学实践中，收到了较好的效果。但在更广泛的教学应用中，能否达到预期目的，还有待教学实践之检验。

全书共包括十章内容。第一章财政税收的基本逻辑；第二章我国税法的表现形式；第三章税收基本制度；第四章税收法律关系；第五章商品流转税法；第六章收益税法；第七章财产税法；第八章资源与环境保护税法；第九章行为税法；第十章进出口税法。其中，前四章集中阐述我国税法的基本理论和基本制度，后六章则阐述各税种相关知识。

需要说明的是，一是本书是对具有中国特色的社会主义税法理论和实践的集中阐述。二是关于税法有广义和狭义之说，狭义的税法仅指依照《立法法》出台的正式法律文件；而广义的税法除包括正式法律外，还包括具有法律效力的税收政策、政府规范性文件、司法解释与指导案例等非正式的法律。对此，本书采纳广义说阐述中国税法原理和实践。三是本书对有关宪法、法律、行政法规、地方性法规、规章及相关规范性文件的应用，尽量采用截至本书出版之前的最新规定。如果相关法律文件有修订或修正则以最后修改的为准。由于税收立法步伐的积极推进，在教学使用本教材时，一些法律和政策文件，可能已经修订或修正，但不影响本教材有关税法原理及分析方法的运用。届时，无论是教师组织教学，还是学生的学习，可以结合最新的规定予以研习，并从中进一步掌握我国税法的历史演进。而本教材也将及时跟进国家立法的步伐予以修订。四是本书之所以定性为编著，其体现为前四章以著为主，后六章以编为主。

第一章 财政税收的基本逻辑

第一节 财政的基本逻辑：国家

通说认为，财政是国家为实现国家职能，以国家权力及其政治和法律手段，有计划地参与国民收入分配和再分配的活动的总称。并且，该定义适用于任何历史条件或任何国家体制下对财政的定义。了解财政需要从对国家及其职能分析入手。

一、国家及其职能

（一）对国家的基本认识

概要地说，“国家是阶级统治的工具，同时兼具有社会管理的职能。”① 国家是世界上反映一定地域、民族文化特色的政治经济和社会组织形态。虽然自第二次世界大战以来，人类社会出现了联合国②，但迄今为止，国家仍然是世界上一个主权地区政治、经济和社会管理的最高形态。国家的政治权力或主权范围涉及其按照本国法律管辖的整个区域，以及按照国际法规定在境外的“飞地”③。

从国家形成和演变的历史看，国家形成的历史极其复杂。但是，从国家的起源来看，国家的产生是私有制发展的必然结果。国家是人类由原始社会过渡到奴隶社会时，阶级矛盾不可调和的产物。正如恩格斯在论述国家起源时指出：“国家绝不是从外部强加于社会的一种力量，国家也不是像黑格尔所断言的‘伦理观念的现实’，‘理性的形象和现实’。确切地说，国家是社会在一定发展阶段上的产物；国家是承认这个社会陷入了不可解决的自我矛盾，

---

① 中国社会科学院语言研究所词典编辑室编：《现代汉语词典》（第5版），商务印书馆2007年版，第520页。

② 第二次世界大战之后，以美国、苏联、中国、英国、法国等同盟国牵头成立了一个协调国家间关系的政治组织：联合国。联合国的主要职能是在承认各成员国主权基础上，协调国际上的重大事项，维护世界和平。但联合国作出的决定的效力，取决于相关主权国家是否承认，联合国只能起督促作用。

③ 按照国际惯例和国际法，一国在国外的大使馆、领事馆以及悬挂其国旗的飞机、船舶领地是一国在他国的“飞地”，享有国家主权，适用本国法律。

分裂为不可调和的对立面而又无力摆脱这些对立面。而为了使这些对立面，这些经济利益互相冲突的阶级，不致在无谓的斗争中把自己和社会消灭，就需要一种表面上凌驾于社会之上的力量，这种力量应当缓和冲突，把冲突保持在'秩序'范围以内；这种从社会中产生但又居于社会之上并且日益同社会相异化的力量，就是国家。"①。

如果单纯从物质财富分配角度讲，在人类社会早期，物质生产极度匮乏，在实施共有财产制的情况下，不存在国家；在未来物质极大丰富，全世界完全实现公有制时也不需要国家。

如果从民族文化角度讲，即使在物质极大丰富的条件下，是否仍然需要国家组织体的存在仍是一个更为复杂的问题，需要未来社会的人类智慧来解决。

如果从现代管理学角度分析，在私有制条件下，作为个体的、微观的或单个的个人、家庭、企业、事业单位、社团等，除对自己的财产或事务进行自我管理外，尚有许多公共需求事务非自己所能为，需要一个最高的社会组织形态予以公共管理，以便解决大家共同的事务。典型的如：国家间关系的处理；抵御外族的侵入；公路、铁路、水路、航空等交通设施以及大型水利工程等公共设施的建设。而这一从事公共管理事务的重要载体就是国家。并且，国家是一定社会区域管理公共事务的最高社会组织形态。截至目前，联合国共有 193 个成员国代表了目前世界上主要主权国家。另外，还有一些主权相对独立的地区，它们都在以国家的名义，管理着不同国家区域或主权与相对主权地区的公共事务。

总之，在目前及今后相当长的历史时期，国家是一个客观存在的现象。国家的存在总是与地域、民族生存和发展以及特殊的文化相联系。

（二）关于国家职能的定位

所谓国家职能的定位，是指国家存在的有用性，即其价值所在。对此，马克思主义的基本观点认为，国家是维护统治阶级利益的工具，是对被统治阶级实施管制甚至专政的暴力机器。但如果从现代国家的具体职能履行情况来分析，国家的职能可以从以下几点认识：

---

① ［德］弗里德里希·恩格斯：《家庭、私有制和国家的起源：就路易斯·亨·摩尔根的研究成果而作》，载中共中央马克思、恩格斯、列宁、斯大林著作编译局主编：《马克思恩格斯选集》（第四卷），人民出版社 2012 年版，第 186—187 页。

1. 保障国家政权正常合理地运行

要实现国家职能，就要首先使国家组织或“机器”正常运转。由于世界各国所采取的国家组织结构不同，其国家组织运行的方式亦不同。在我国社会主义国家条件下，实行中国共产党统一领导以及人民代表大会根本政治制度制约下的“一府一委两院”制度①。因此，我国的国家机关被称为“党政机关”，国家工作人员被称为“党政干部”。此外，还包括大量的享受财政待遇，从事公益事业的事业单位、社会团体人员以及其他受委托从事公共事务管理的人员。典型的如农村的村干部，虽然是由村民选举的，不属于“党政干部”的序列，但由于村干部承担了大量政府交办的公共事务，国家对村干部给予一定的财政补贴。因此，所谓国家的正常运转就是要使国家机构及其从事公务的公职人员及受其委托人员能够享受应有的待遇，正确地行使权力，管理好、服务好公共事务。使企业、事业繁荣发展，使本国的人民安居乐业，过上美好幸福的生活。总之，国家要履行职能，首先要解决好国家政权的正常运行问题。

2. 保家卫国与国际交往

自从国家产生以来，国家与国家之间相处，即存在和平共处与安全问题。历史上，国家为争夺领土或保卫国土，相互摩擦，甚至战争不断。近现代以来，先后经过两次世界大战。第二次世界大战以来，战争的烟云并未消除，一些帝国主义国家为争取世界霸权，不断挑起事端。为此，加强本国国防军事建设，提高抵御外侵的能力，一直是世界各国履行国家职能的重要职责。

与此同时，国家间的关系不仅局限于保家卫国，更重要的是存在经济联系和人民亲缘关系而相互交往的必要性。这种交往，既包括相互合作，也包括相互竞争。

从国家间的相互合作来看，基于自然资源禀赋的差异，国家间存在客观上的经济贸易依存关系；基于科技进步的差异，国家间存在科学技术上的合作，特别是在关系全球利益的诸如环境保护、粮食安全、摆脱贫困等问题上需要共同合作；基于经济成本的优势与劣势，是国家间开展经济贸易的基础；在发生重大自然灾害或其他公共事件时，国家间需要抛弃各种分歧相互援助，这已成为世界各国共同遵守的国际惯例。在具体合作方式上，可以是双边的，也可以是多边的，甚至是区域性的，为此，联合国和各种区域合作组织有着

---

① 2018 年前为人民代表大会制度下的“一府两院”，即人民政府、人民检察院和人民法院。2018 年修订宪法，增加了监察委员会。故形成新的人民代表大会制度下的“一府一委两院”。

重要的作用。

3. 维护公共秩序，提供公共产品

按照市场经济理论，在市场经济条件下，所谓公共物品（产品）是指那些不具有经济主体独占性和竞争性，应当由全体社会成员公平共享，或者按照社会成员对社会的贡献度所享有的产品。而对于那些可以适当引进市场机制的准公共产品，国家仍然具有在经济上兜底的职责，典型的如社会保障。具体的资源配置方式可通过计划或市场两种不同的机制各自调节或其相互组合来实现。其分类标准如下表所示：

表 1　社会物品（产品）分类与资源配置方式

社会物品（产品）类别	竞争性特征	资源配置方式
私人产品	完全竞争	市场机制配置
公共产品	无竞争	政府及公共部门配置
准公共产品	部分竞争	政府及公共部门配置 政府及公共部门配置为主，市场机制为辅 市场机制为主，政府及公共部门配置兜底

上表说明，在市场经济条件下，对于处于市场竞争状态的私人产品的生产经营及消费，国家应当完全交给市场配置解决，国家及政府通常不应干预。只有发生“市场失灵”① 且危及到社会整体利益时，才予以干预且应当是适度的。一旦经济危机消除，市场机制恢复正常，国家及政府即应当退出干预；对于公共产品的生产经营及消费，国家及政府应当担负起应有的责任，并以政府及公共部门配置对全社会成员按照其对社会贡献的大小予以公平地分配；而对于总体上属于公共产品，但基于存在需求“拥挤点”或存在体制机制障碍的准公共产品部分，可以在政府及公共部门配置基础上，适度引进市场机制实行资源配置，但需要国家及政府最终兜底。在此方面，实践中常见的主要包括涉及公众利益的城乡水、电、暖、气供应以及公共基础设施的建设等。

---

① “市场失灵”是市场经济特有的现象。按照市场经济原理，“市场失灵”的表现主要包括：(1) 市场主体的过度趋利性（利益最大化）；(2) 市场投资的盲目性；(3) 市场交易的信息不对称；(4) 市场竞争形成垄断；(5) 市场行为的外部“不经济”，典型的如环境污染等。由于“市场失灵”的形成是内生性的，依靠市场机制无法解决。只有依靠外部力量的干涉，如政府干预、社会监督等才能得以克服。

4. 发展建设

如何发展是国家永恒的主题。但国家的发展可有广义和狭义的理解。广义的发展包括生存和进一步建设两个方面；狭义的发展则主要针对的是在解决生存问题。概言之，就是“一要生存，二要建设”。尤其是像中国这样的大国，要发展就要先解决 14 亿人口的“吃、穿、住、用、行”等基本问题，而后，才能考虑进一步的发展建设问题，使人民在“吃、穿、住、用、行”方面的水平和质量逐步提升，增强“幸福感”，安居乐业。其他国家或主权地区亦然。如果按照世界标准衡量，国家在发展建设方面的职能主要体现在经济建设和社会事业发展两个方面。

首先，就经济建设而言，一切社会的发展均建立在经济建设和发展之上。正如马克思主义基本观点认为，经济基础决定上层建筑。因此，没有经济基础，就没有社会发展。在私有制和商品经济条件下，有关私主体经济问题的解决，主要依靠私主体自身按照商品经济规律自治性地解决。国家对于私主体的经济行为或活动通常不能主动干预，只有在私主体经济问题遭遇困难或经济建设属于私主体能力不足的领域，国家才履行经济建设职能。这是国家和私主体或民间经济主体在经济建设方面的基本分工。然而，社会主义国家的诞生，使以私有制为基础的经济建设格局被打破。在以公有制为基础的社会里，国家担负起了更多的经济建设职能。即在公有制条件下，国家具有组织管理国民经济建设的职能。即使经过经济体制改革，实行社会主义市场经济的现阶段，虽然积极推行市场经济体制，大力发挥民营经济的作用，但国家从总体上组织管理国民经济建设职能没有变。事实上也不能变。在中国共产党统一领导下，社会主义国家这种经济职能的履行，尤其在市场经济陷入危机，企业生产遭遇困难，人民生活陷入困境时，其优越性就会凸显。

其次，就社会事业发展而言，与私主体生存与发展不同，社会事业应主要立足于公益性。除一定程度上实施自治外，公众性的科技、教育、文化、卫生、体育以及社会保障等公共事业的管理和发展，需要国家从整体上把控社会事业发展的方向，规划社会事业的发展，对社会事业发展提供政策与财政支持。与此同时，社会事业发展成果在全社会成员中共享，也是一种全民福利的体现。它代表着一个国家的先进文明程度，乃国家职能之重要体现。

5. 其他

其他方面国家职能的履行，是一个兜底职能。即凡是不能归纳为上述职能，而需要国家出面解决的问题，均属于国家职能的范畴。例如，在遭遇重大自然灾害和重大突发公共事件时，就需要国家出面，动员全社会力量，同舟共济，攻克难关。又如，为解决国家发展中的突出短板问题，国家可以集中力量办大事，攻克难关。近年来，党中央针对实现全面建成小康社会中的突出“短板问题”，发起脱贫攻坚战，力争在2020年解决我国农村绝对贫困问题并取得成效。经过五年的努力，2021年2月25日，习近平总书记庄严宣告：我国脱贫攻坚战取得了全面胜利，就是典型的例子。

以上五个方面，是现代社会国家职能的集中体现。这五个方面，在不同的国家之间具有可比性。

二、中国国家形态与职能的历史演变

在中国，国家形成和发展的历史久远，大体经过了奴隶社会、封建社会、半殖民地半封建社会、新民主主义社会和社会主义社会五个重要时期。

（一）奴隶社会的国家形态与职能

据目前的资料显示，中国的奴隶制社会历经夏、商、周三朝大约1800多年，其中夏朝470年左右，商朝554年左右，周朝（包含东周和西周）800年左右。伴随着社会生产力的发展，原始社会的人们通过劳动获得的产品越来越多甚至出现了剩余，这些剩余产品的出现可以让部分人不用劳动就可以获得产品，于是渐渐出现了不劳动的管理者和劳动的普通人，后逐渐演变成了剥削的奴隶主和被剥削的奴隶，这就形成了中国古代的奴隶社会。尧舜禹时期是中国原始社会的高峰期，正是由于尧舜禹时期的经济发展才产生了剩余产品，产生了剥削制度的根本因素，于是到了夏朝，中国从原始社会过渡到了奴隶制社会，于公元前2070年形成了第一个奴隶制国家。此时国家替代了传统的氏族组织，形成了以维护奴隶主阶级统治为主的国家形态及其管理经济和社会的体制秩序。法治与礼制并行。与现代国家职能一致的职能初见端倪。但在奴隶制后期，随着“礼崩乐坏”，诸侯纷纷立国称霸，国家职能凸显维护统治与军事职能，进入春秋战国时期。

（二）封建社会的国家形态与职能

自战国时期进入封建社会起，中国先后经历了春秋战国、秦、汉、魏晋南北朝、隋、唐、五代十国、辽宋夏金、元、明、清等重要历史发展时期。国家作为统治阶级维护封建主和大地主阶级利益的“暴力”工具，一直由皇帝及其皇室家族把控，人和人之间不平等，等级森严，妇女无地位。劳动人民较普遍地遭受着封建势力和地主阶级的剥削压榨。国家作为社会组织的最高形态，家国不分。封建社会的国家职能，在维护皇室宗亲和臣工以及封建地主阶级利益的基础上，肩负着国防、外交、国家重大工程和扶民安邦的职能。昌盛时人民尚能安居乐业，战乱时，则民不聊生。直至清朝末期，皇权政治腐败不堪。以孙中山为代表的资产阶级革命派兴起，经过反复斗争，终于取得了辛亥革命的成功，推动了封建社会国家的灭亡。

（三）半殖民地半封建社会的国家形态与职能

从1840年第一次鸦片战争起，中国进入半殖民地半封建社会。至辛亥革命的成功，虽然从形式上使封建社会退出了历史舞台。但封建社会的荼毒不可能一下消除。随之而来的是各路封建军阀粉墨登场。民国时期，以蒋介石为首的国民党右派为维护大资产阶级和地主阶级的利益，背叛孙中山“联俄、联共、扶助工农”的三大主张，使中国陷入了半封建社会和内乱，加之帝国主义国家纷纷乘机瓜分中国领土，在中国施行租界制度，打压中国新生的资产阶级，使中国进入半殖民地半封建社会时期。这一时期的国家履行了抵御外敌侵略的职能，也履行了一些发展经济社会职能，例如普及现代教育，但主要维护的是帝国主义、封建主义和官僚资本主义的利益，形成了“三座大山”，使劳苦大众陷入水深火热之中。为此，以毛泽东等为代表的中国共产党人，不畏强暴，组织工人阶级和劳苦大众奋力反抗，经过艰苦努力和斗争，付出无数先烈的生命，终于推翻了国民党的反动统治，取得了国家政权，建立了中华人民共和国，使中国的国家历史展开了新的一页。

（四）新民主主义社会的国家形态与职能

中华人民共和国成立初期，以毛泽东同志为核心的党中央清醒地意识到，虽然我国是社会主义国家，但是，面对长期国内战乱留下的薄弱的经济基础，既要发挥社会主义国家组织管理国民经济和社会发展的职能，迅速恢复经济和社会秩序；又要借助于原有的工商业基础发展经济。同时，还要通过农村土地改革使农民“耕者有其田”，并需要发挥社会各界的生产积极性。因此，中华人民共和国成立初期，即新民主主义时期，从1949年到1956年，经过社会主义工商业改造、农业集体化、苏联援建项目的建成等，为我国社会主义事业的发展奠定了初步的物质基础。在这一时期，按照《宪法》规定，国家建立了中国共产党领导下的以人民代表大会为根本政治制度的社会主义制度。在人民代表大会权力机关之下，实行“一府两院”制度，且实行主要由国务院代表国家进行国家经济和社会事务管理的体制。与此同时，地方各级人大和政府履行国家赋予的地方管理职责。国家职能除军事、国防、外交外，大量的职能体现于工业建设、农业建设、商业建设、教育医疗事业发展以及人民群众生活的改善方面。此外，还通过“三反”“五反”等运动，巩固了革命政权，并取得了“抗美援朝”战争的胜利。

（五）社会主义社会的国家形态与职能

从1957年开始，基于人民群众建设社会主义的高涨热情，在党中央的领导下，开始了社会主义制度建立完善的积极探索。中国共产党统一领导，人民民主专政，人民当家作主，以公有制为基础，实行计划经济和按劳分配的经济制度成为基本的标志。与此同时，在对外关系上团结第三世界力量，坚持“和平共处五项基本原则”。这一时期的国家职能主要围绕各时期国民经济计划与党中央确定的发展目标展开，既有成效，也有深刻的教训。在国防建设、工业建设、科技教育等方面取得了较大的成绩。从1978年起，党中央推行“以经济建设为中心”及“对内搞活，对外开放”的工作方针，提出社会主义初级阶段的理论①，先由农村改革试验逐步推广到城市和企业改革，并实行了全方位的社会主义商品经济的改革。1992年宣布实行社会主义市场经济，2001年加入世界贸易组织，与国际经济接轨，形成了具有中国特色的社会主义国家新格局。经过40多年的发展和探索，使国家经济总体上日益强盛，各项社会事业蓬勃发展，城市建设得以大力改善，人民群众生活总体上步入小康社会。这一时期的国家职能围绕各项改革措施展开，并更多地落脚于社会各项事业的发展和民生改善之上。不同时期国内外形势的变化，也影响着国家职能实现的方向调整。市场化、法治化、国际化程度的不断提升，影响着国家职能的实现。但社会主义国家赖以发展的基本政治制度、经济制度和为人民服务的宗旨没有变。所有的改革举措均属于社会主义制度的不断完善。中国特色社会主义市场经济发展，将经历很长的历史时期，国家职能的实现也将围绕着改革和发展两大主题不断得以完善。

---

① 1981年6月，中共中央《关于建国以来党的若干历史问题的决议》明确指出，“我们的社会主义制度还是处于初级的阶段”。1987年8月，邓小平同志指出，“我们党的十三大要阐述中国社会主义是处在一个什么阶段，就是处在初级阶段，是初级阶段的社会主义。”邓小平同志指出，“我们党的十三大要阐述……，是初级阶段的社会主义。”社会主义初级阶段，就是指我国在生产力落后、商品经济不发达条件下建设社会主义必然要经历的特定阶段，即从我国进入社会主义到基本实现社会主义现代化的整个历史阶段。我国进入社会主义社会的历史条件和社会状况，这就决定了我们必须经历一个很长的初级阶段，去实现别的许多国家在资本主义条件下实现的工业化和生产的商品化、社会化、现代化。参见《邓小平文选》（第三卷），人民出版社1993年10月版，第252页。

第二节 财政的本质与功能

从上节分析可知，财政的逻辑起点是国家。因此，没有国家就没有财政。财政与国家产生和发展的历史是同步的。关于国家与财政的关系，恩格斯曾论述道："为了维持这种公共权力，就需要公民缴纳费用——捐税。捐税是以前的氏族社会完全没有的。但是现在我们却十分熟悉它了。随着文明时代的向前进展，甚至捐税也不够了；国家就发行票据，借债，即发行公债。关于这点，老欧洲也已经屡见不鲜了。"①

一、财政的本质

本质是指事物本身所固有的，决定事物性质、面貌和发展的根本属性。②即某一事物一贯的、稳定的方面。那么，财政的本质是什么？简而言之，财政的本质就是要解决国家在不同历史时期履行职能所需要的资金、粮食、物资等物质基础，并按照国家履行职能需要进行财政资金等物质的分配。其中，解决国家履行职能所需要的资金、粮食、物资等物质基础，则通过财政收入渠道实现。由此，财政存在的价值，就是解决国家履行政治、经济和社会职能的物质基础问题。没有财政这一物质基础，国家一刻也不能运转。因此，人类社会有了国家就有了财政。财政机关是任何社会条件下，任何国家形态必不可少的机关，我国亦然。在社会主义国家体制及其国家机关改革中，财政机关的法律地位及其职能不可动摇，只能加强，不可削弱。

二、财政的功能与作用

功能是指事物或方法所发挥的有利作用。③ 据此，财政的功能，就是财政或财政方法所发挥的有利作用。财政功能与财政的有利的或积极的作用具有一致性。概括起来，在现代社会，财政的功能主要体现在以下几点：

---

① ［德］弗里德里希·恩格斯：《家庭、私有制和国家的起源：就路易斯·亨·摩尔根的研究成果而作》，载中共中央马克思、恩格斯、列宁、斯大林著作编译局主编：《马克思恩格斯选集》（第四卷），人民出版社2012年版，第188页。

② 中国社会科学院语言研究所词典编辑室编：《现代汉语词典》（第5版），商务印书馆2007年版，第65页。

③ 中国社会科学院语言研究所词典编辑室编：《现代汉语词典》（第5版），商务印书馆2007年版，第475页。

（一）维护国家政权运行

如上所述，财政是为国家提供资金与物资保障的，因此，财政的第一职能就是维护国家政权的运行。在维护国家政权运行中，财政首先通过财政收入目标的实现，为国家政权运行提供资金或物质保障。在历史的早期，财政的收入以粮食等食物为主，发展到现代社会，则完全由货币资金所取代。但财政的资金收入多少为宜？其实并不是越多越好，而是取决于国家职能的范畴，该范畴在法律上演变为国家事权，而国家事权决定财权形成了财政的基本逻辑。国家事权越大、越多，财权亦越大、越多，反之亦然。财政还可以通过对财政支出的“节约型财政”限制，防治国家权力的滥用。为此，在现代国家政权结构中，财政及其机构具有相对的独立性，为宪法和法律所保障。它可以使国家的政权运行处于合法、合理的状态。

与此同时，从现代国家政权运行的结构来看，中央和地方政权“二元结构”的存在，导致了中央财政和地方财政关系的客观性。在实行联邦制或邦联制的国家，地方财政具有较大的财政空间。而在我国，中央财政一直处于主导地位，地方财政则在中央授权下依据法律规定的地方国家政权职能行使财权。这是由中央的集权与地方相对分权的政权运行结构或体制所决定的，符合中国地域广大、人口众多，且各地发展不平衡的国情。从 1994 年开始，我国进行“分税制”改革，依照宪法和法律规定，实行在中央统一领导下的“一级政府、一级财政”的财政管理体制。为此，形成了中央级、省级、市级、县级、乡（镇）级五级财政，由中央财政统一领导，按照中央与地方事权划分规定，各级财政相对独立运行。但在实践中，主要强调的是县级以上财政。在这种财政管理体制下，各级财政相对独立运行，保障各层级政权运行的财政供给，本级财政供给不足时，由上一级直至中央财政通过税收返还或纵向财政转移支付方式予以调配。并且，在地方完成国家指定任务或项目时，财政资金的供给由中央负责。

（二）保障国防军事需要

人类发展至今，在国家与国家关系的处理上，并不“太平”。发展至今，各国之间的军事斗争一直没有停止。为此，我国必须建立起足够强大的军事国防力量才能保家卫国。这样，就需要财政对军事国防建设予以充分的保障。

在此方面，中国共产党领导的人民军队，有“南泥湾”的精神传统，[1] 依靠自力更生，解决一部分军需是可以的，但绝不能让军队参与国内的市场经济。军队参与国内的市场经济，不仅不利于市场经济，也会使军队不能专心练兵。因此，财政保障军事国防需要，是其功能发挥的基本领域。

（三）实现宏观调控目标

在现代社会，宏观调控是市场经济条件下国家特有的职能。按照市场经济的逻辑，虽然在市场经济条件下，经济与社会的生存与发展主要依靠微观市场主体，按照市场运行规律予以解决。但是，微观市场领域存在“市场失灵”，需要宏观经济的引导、协调甚至控制，以实现国家总体上的经济增长、充分就业、物价稳定、国际收支平衡、经济安全以及社会发展目标。所谓宏观调控，就是指国家为实现宏观调控或宏观经济目标，应用宏观调控政策工具[2]，对国民经济和社会发展进行调节、控制活动的总称。其中，宏观调控政策工具中的重要表现，就包括财政政策的制定和实施。按照经济学原理，财政政策的类别包括扩张性财政政策、紧缩性财政政策和稳定的或者中性财政政策三类。其中，一般是指生产既定但国内需求普遍不足的情况下，通过增加公共投资消费实施的财政政策；与之相反，紧缩性财政政策一般则是在国内需求普遍过剩或生产过剩情况下，通过减少生产投入，或压缩公共消费实施的财政政策；而在市场供需平衡、稳定情况下，需要实施稳定的或中性的财政政策。由此，财政在国家宏观调控中具有“杠杆”的功能，财政收入，特别是税收收入的增长或减少，财政投资支出方向的确定以及增长或减少，直接影响着国民经济和社会的发展，具有重要的功能。

（四）维护国家主权

财政的基本功能是维护国家政权运行。但是，在涉外关系中，财政的功能并非仅仅是为了获取财政收入，主要的目的是维护国家主权。例如，在国家和国家之间的交往中，为什么要设置海关并征收关税？其目的就是要体现

---

① 抗日战争进入战略相持阶段后，日军集中主要兵力进攻共产党领导下的革命根据地，国民党顽固派也对延安地区实行封锁政策，使陕甘宁地区革命根据地陷入困境。为了解决该问题，在党中央的领导下，延安军民在南泥湾开展生产大运动，自力更生，获得丰收，不仅解决了党中央机关和军队的给养，也改善了延安人民的生活水平，取得了反经济封锁的胜利，对此，史称“南泥湾精神”。

② 在市场经济条件下，宏观调控的政策工具主要包括：发展规划及计划、产业指导、投资调节、价格调节、财税调节、货币金融调节、人口与人力资源调节、自然资源调节、环境保护调节等。其基本原理与实践参见董玉明：《中国宏观调控法基本问题研究——以改革开放40年政策法律分析为视角》，法律出版社2019年版。

国家主权。联合国成立以来，美国等西方国家曾长期通过关税减让谈判推进经济全球化，以便通过克服贸易壁垒实现全球贸易的自由交易，这一措施，由于符合中国改革开放的政策，于 2001 年正式加入世界贸易组织（WTO），极大地促进了中国对外贸易和经济的发展，使中国一跃成为世界第二大贸易国。但 20 多年的发展证明，在经济全球化的进程中，始终存在着“逆全球化”问题。维护国家主权一直是实现经济全球化中不可逾越的障碍。因此，通过财政维护国家主权，成为财政的一项基本功能。

三、财政参与国民收入分配与再分配

运用国家政治和法律权力参与国民收入分配与再分配是财政实现其职能的基本途径。而所谓国民收入，就是一国在一定时期（一般指一个财政年度内）全国总收入减去总成本、费用后的剩余部分。倘若把在境外的收入也加进去的话，其基本公式就是：全国总收入-全国总成本费用+境外收入=国民收入。其中，财政参与国民收入分配，意味着国家要从国民收入中收取一部分，其他的留给民间，由各企业和居民个人及家庭独立支配使用。因此，国家财政收入与民间收入之间是一个此消彼长的关系。然而，事实上，在国民收入形成过程中，为了保证财政收入的稳定性，财政收入的基本盘是通过成本性质的商品流转税形式实现的。另外，在进行初次分配、再分配的基础上，根据民间收入的剩余情况，国家还可以以发行国债等方式参与第三次分配。

（一）财政对生产消费初次分配的参与

人类社会发展的历史证明，人类财富的增长和积累，皆来自企业生产和农业、工业等基础产业劳动者的辛勤劳动，也来自消费需求和消费力增长的变化对生产活动的推动。为此，在商品经济条件下，物质生产经营领域的分配被称为初次分配。即企业物质生产经营总收入扣除成本费用后，对于收益需要在投资者、劳动者和企业之间进行初次分配。其中，投资者获得股权收益，即分红；劳动者获得工资、薪金、奖金及相应的福利待遇；企业则获得利润。在这个初次分配过程中，财政的参与主要表现就是通过对生产成本费用的介入及商品税的征收实现财政收入目的。具体来说，在企业或其他经济体物质生产经营过程中，国家以征收各种商品流转税及各种规费的形式，达到参与初次分配的目的。而国家在此阶段征收的税费是可以计入企业和其他经济体的物质生产经营成本的，是其成本费用的重要组成部分。一方面，它直接影响着企业收入在投资者、劳动者和企业之间的分配。税费越高，投资者、劳动者和企业的收入越低，反之亦然，两者呈反比关系。另一方面，基于人类的生产消费是人类的基本经济和社会活动，具有相对稳定的刚性需求，财政通过征收商品流转税费可以稳定财政收入并实现调节经济社会的目的。此外，对于不直接创造财富的非物质生产领域，通过对生产经营的服务，也实现了在投资者、劳动者和企业之间收益的分配，国家征收的税费也是其经营成本费用的组成部分。另外，在市场经济条件下，社会保障对于劳动者而言特别重要，有了社会保障，才能使劳动者病有所依，老有所养，工伤能得到及时救治，失业有救济。为此，世界各国普遍推行社会保险制度。除极少数国家实行国家全部负担外，企业或劳动者个人需缴纳保险后，才能享受国家的社会保险。我国目前推行“五险一金”制度①，企业和职工需要在第一次分配中，按规定缴纳社会保险金后，才能享受国家的社会保险待遇。

（二）财政对企业和个人所得的分配的参与

通过第一次分配，投资者、劳动者（包括公务劳动者）、企业分别获得收益或收入。但是基于各种因素，这种分配会存在不平衡。尤其是在市场经济条件下，贫富差距是常态，对社会发展不利；差距过大，就会引发尖锐的社会矛盾，引发社会危机。为此，国家必须通过适度干预把收入差距控制在合理的区间，其中，通过征收收益税或所得税，解决初次分配出现的收入不平衡问题，是国家的一项基本职责。所以，初次国民收入中投资者、劳动者和企业获得的收入只是“毛收入”或“毛利润”，减去国家征收的企业、个人所得税以及投资者的利得税等收益税，才算作其“纯收入”或“纯利润”。由此，财政收益税的征收，其主要目的并不在于财政收入，更多地体现于财政调控经济社会职能的发挥。但是，与初次分配阶段征收税费的“间接性”不同，由于收益税是国家从投资者、劳动者、企业所得中“直接”征收的，因此，财政参与对所得收益的分配属于再分配范畴，关系民众的切身利益，容易引起社会的广泛关注，具有敏感性。其税率的调节，需要经过社会广泛

① “五险一金”是指用人单位给予劳动者的几种保障性待遇的合称，包括养老保险、医疗保险、失业保险、工伤保险、生育保险和住房公积金。“五险一金”的缴纳额度每个地区的规定都不同，基数是以工资总额为基数。2016 年 3 月 16 日，“十三五”规划纲要提出，将生育保险和基本医疗保险合并实施。由此，随着生育保险和基本医疗保险的合并，“五险一金”变为“四险一金”。2016 年 12 月 19 日，全国人大常委会经审议决定，授权国务院在河北省邯郸市等 12 个生育保险和基本医疗保险合并实施试点城市行政区域暂时调整实施《中华人民共和国社会保险法》有关规定，拟将邯郸、郑州等 12 地作为试点，实施生育保险基金并入职工基本医疗保险基金征缴和管理。两险合并之后，参加医疗保险的人可以享受到生育保险的待遇。

民主讨论，才能获得社会公众的认可。另外，在第二次分配过程中，国家需要通过第二次分配来满足非物质部门开展管理活动的资金需求，典型的如公职人员工资、薪金的获得及管理经费等。

（三）财政对第三次国民收入再分配的参与

在前两次分配的基础上，个人收入除用于持续生产经营或生活消费外，有一个剩余收入的处置问题，可能用于投资（包括直接投资于企业和间接投资于股市、基金等）、储蓄、借贷等。在此阶段，财政可以以国家和政府信用为基础，通过发行中央国债和地方国债，与民间发生特殊的债务关系，即国债关系，以获取财政收入，进而实现财政参与第三次国民收入的分配。与此同时，政府也可以通过设立基金的办法，将社会剩余资金吸收于财政并用于特定的建设。还可以通过发行特定的彩票支持特定事业的发展。从财政实践情况来看，由于国家或政府信用相比民间企业及个人信用程度高得多，国债的发行通常不会受阻，但需要把握其适度性，将其控制在合理的范围之内。特别是对于地方政府的发债行为更要严格控制，防止地方政府乱发国债。要把国债发行与还债控制在相对独立的运行体系之中，预防国债运行侵蚀一般公共财政给人民造成的负担。另外，国家为了特定目的或在遭遇困难时，也可以通过发行特别国债解决财政困难问题。例如，1998 年，中央政府发行了 2700 亿元的特别国债，面向中国工商银行、中国农业银行、中国银行和中国建设银行定向发行，所筹资金全部用于补充四家银行的资本金。在 2007 年，中央发行了 1.55 万亿元的特别国债，旨在给成立国家外汇投资公司筹措资本金，采用的是定向发行和公开发行相结合的方式，其中 0.2 万亿元向社会公众发行。2020 年上半年国家遭遇新型冠状病毒肺炎疫情重大公共卫生事件，财政亏空巨大，企业生产停摆近四个月，急需恢复。为此，国家决定发行 1 万亿元特别国债，用来保就业、保基本民生、保市场主体，包括支持减税降费、减租降息、扩大消费和投资等。并且，建立特殊转移支付机制，资金直达市县基层，直接惠企利民。

四、对财政作用的全面理解

任何事物均存在两面性，就财政作用而言，既有积极作用，也会有消极作用，这是财政作用的两面性，符合辩证法原理。因此，了解财政的消极作用，有利于对财政作用的全面理解。

（一）财政的过度性

从实践情况来看，财政收入虽然也会出现“入不敷出”的情况，但总体来说，呈现出普遍不断增长的态势。一国财政增长的合理性可能来源于三个方面的需求：一是国家或政府职能、职责的不断扩大需要财政增长；二是宏观经济调控对财政的需求；三是诸如战争、内乱、突发自然灾害或公共事件。但是，事物的合理性也往往会蕴涵着可能的不合理性。例如，国家或政府职能、职责扩大不合理，政府管了不该管的事，就会形成不合理的财政收入和支出。又如，宏观经济调控对财政的需求，取决于对宏观形势的准确判断，如果对宏观形势及其发展趋势产生误判，就会导致财政调控手段的过度使用或不当使用。更为严重的是，在一国混乱无序的状态下，各种苛捐杂税陡然增长，民不聊生，是导致发生革命和国家政权更替的基本原因之一。因此，财政增长必须保持其适度性，其基本的原理和规律是与国民收入的增长相适应。但国民收入增长，财政是否必然也要增长，是一个需要探讨的问题。

（二）财政的有限性

本书认为，财政的有限性主要是指财政发挥作用受到许多因素的制约。在市场经济条件下，财政作用的发挥主要受到产业政策和金融货币政策的影响较大。在国家发展规划引领下，国家产业政策的制定和实施，直接影响着财政投资的方向，如果产业政策出了问题，以产业政策为基础的财政政策的实施也会出问题。现实中，财政投资效果不佳，大都源于产业政策指导上的偏差。与此同时，财政对经济和社会的调控涉及与金融货币政策的配套或协调问题，如果配合或协调不好，财政作用的发挥，不仅不会是积极的，还可能成为阻碍改革发展的力量。[①] 这些，都体现了财政作用的有限性。为了解决这一问题，各国政府普遍开展对财政的绩效评价，以便使财政资金的使用更为有效。

（三）财政违法与监督问题

现实中，财政违法比较普遍。因此，需要建立相应的财政监督机制。但是，财政违法除因违法者主观恶意形成以外，也有财政制度规定不合理这一原因存在。这是因为，财政制度是人类对既有客观事实认定基础上，通过主观认识判断形成的制度。但一方面，主观和客观往往会存在一定的差距；另一方面，事物总是在不断发展着的，而制度一旦形成就具有相对的稳定性，对不合理制度的修改有一个时间问题，这样就会出现合理不合法的现象。正因为这样，对基于制度与现实合理性发生冲突导致的“违法现象”或“不规范行为”，政策和法律往往采取比较宽容的措施予以治理，例如，自查自纠、互查互纠、警告、批评教育，甚至推行容错机制等。

---

① 关于在宏观经济运行中，财政部门和金融部门的配合主要体现在其各自在制定财政政策和货币政策上的相互协作。对此，根据宏观经济原理和实践，有关财政政策与货币政策配合的一般模式表现为：（1）双松政策，即当社会总需求严重不足，生产资源大量闲置，解决失业和刺激经济增长成为宏观调控的首要目标时，适宜采取以财政政策为主的“双松”的财政货币政策配合模式。财政可扩大支出或降低税率，扩大有效需求，以刺激经济增长。但这可能会产生“挤出效应”，这时，若中央银行采取扩张性的货币政策，增加货币供应量，降低市场利率，则会更有效地实现调节目标。（2）双紧政策，即当社会总需求极度膨胀，社会总供给严重不足和物价大幅度攀升，以致通货膨胀成为首要调控目标时，适宜采取双紧或适度从紧的财政政策与货币政策配合模式。财政通过削减政府支出，提高税率等方式压缩社会总需求。同时，中央银行采取紧缩货币政策，减少货币供应量，调高利率，抑制投资和消费支出，两者相互配合使用，可对经济产生有利的紧缩作用。（3）“紧财松货”政策，即当政府开支过大，物价基本稳定，经济结构合理，但企业投资并不十分旺盛，经济也非过度繁荣，促使经济较快增长成为经济运行的主要目标时，适宜采取“紧财政、松货币”的配合模式。其中，紧的财政政策可以减少财政开支抑制总需求；松的货币政策能使利率下降，以刺激私人投资。这种组合适用于财政赤字较大，而经济处于轻度衰退时采用。（4）“松财紧货”政策，即当社会运行表现为通货膨胀与经济停滞并存，产业结构和产品结构失衡，治理“滞胀”、刺激经济增长成为政府调节经济的首要目标时，适宜采取松的财政政策和紧的货币政策配合模式。紧的货币政策有助于抑制通货膨胀，但为了不造成经济的进一步衰退，有必要实施减税和增加财政支出等扩张性财政政策配合，同时，还应当发挥财政政策的结构调节功能，优化产业结构和产品结构，促进经济增长、缓解滞胀。参见邓子基：《财政学》（第 2 版），高等教育出版社 2005 年版，第 371—372 页。

第三节 财政基本结构与税收

一、财政的基本结构

财政运行的基本结构存在中央财政和地方财政两个基本层级。但就每一级公共财政的基本结构而言，可以概述为法定预算框架下，财政收入和财政支出的平衡结构。与此同时，相应的制度也围绕着财政收入、财政支出两个方面予以构建。另外，还存在其他方面财政制度的构建问题。

按照我国《预算法》规定，一般公共预算是对以税收为主的财政收入，安排用于保障和改善民生、推动经济社会发展、维护国家安全、维持国家机构正常运转等方面的收支预算。一般公共预算收入包括各项税收收入、行政事业性收费收入、国有资源（资产）有偿使用收入、转移性收入和其他收入。一般公共预算支出按照其功能分类，包括一般公共服务支出，外交、公共安全、国防支出，农业、环境保护支出，教育、科技、文化、卫生、体育支出，社会保障及就业支出和其他支出。一般公共预算支出按照其经济性质分类，包括工资福利支出、商品和服务支出、资本性支出和其他支出。[①]若按照财政原理，财政的基本结构，如图 1 所示：

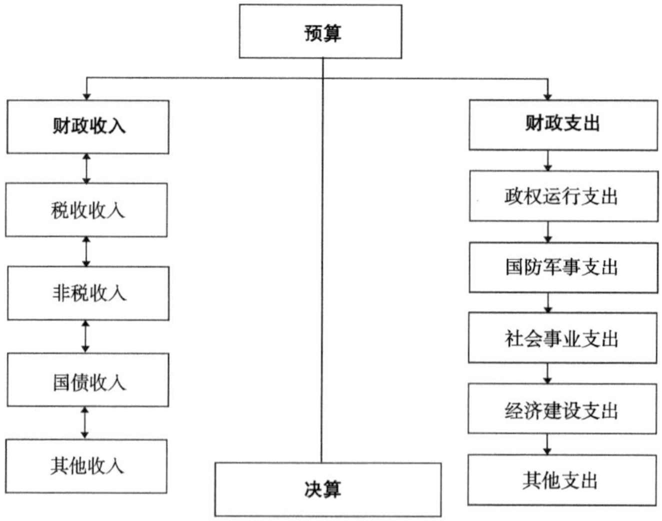

图 1　财政基本结构图

① 参见 2018 年《预算法》第 6 条、第 27 条。

图 1 表明，在一般公共预算财政结构中，预算是财政运行的逻辑起点。所谓财政预算，就是财政计划。预算之下，财政收入与财政支出形成总体上的对应关系，财政收入为财政支出服务，财政支出之需求，决定着财政收入，两者应当大致平衡。其他财政预算结构也大体上分为财政收入和支出两部分，实行“收支平衡”原则。

在财政收入方面，有关税收收入问题，以下各章节将会进行广泛的讨论。而非税收入是指除税收以外的其他财政收入。根据财政部《政府非税收入管理办法》（财税［2016］33 号）规定，我国的非税收入是指除税收以外，由各级国家机关、事业单位、代行政府职能的社会团体及其他组织依法利用国家权力、政府信誉、国有资源（资产）所有者权益等取得的各项收入。具体包括：行政事业性收费收入；政府性基金收入；罚没收入；国有资源（资产）有偿使用收入；国有资本收益；彩票公益金收入；特许经营收入；中央银行收入；以政府名义接受的捐赠收入；主管部门集中收入；政府收入的利息收入；其他非税收入。但不包括社会保险费、住房公积金（指计入缴存人个人账户部分）。非税收入是政府财政收入的重要组成部分，应当纳入财政预算管理。[①] 由此，我国的非税收入，大致涵盖了上图中的非税收入和其他收入。至于国债收入，鉴于目前已经成为世界各国财政收入之常态，国债收入已经成为财政收入的重要组成部分。

二、税收的定义与特征

税收是财政收入的一种形式，没有财政就没有税收，财政是税收的逻辑起点。因此，税收就是国家为了实现财政收入目的，运用国家权力及其政治和法律手段，固定地、无偿地、强制地参与国民收入分配和再分配的财政收入方式或活动。这一定义说明，一是税收与财政的目的有所不同。财政的目的是实现国家职能，而税收的目的就是实现财政收入。财政的职能包括财政收入和财政支出两个方面，而税收的职能则仅指财政收入，在实践中常常被称为“完成税收任务”。二是税收与其他财政收入相比具有固定性、无偿性和强制性三大特征。

（一）税收的固定性

所谓税收的固定性，是指一国税种的设立、税率的确定以及相关制度的配置，应当具有相对的稳定性，不能“朝令夕改”。其基本的实现形式就是通

---

① 参见 2016 年《政府非税收入管理办法》第 3 条、第 4 条。

过立法保障税收制度的稳定性，“一税一法”使纳税人对于纳税行为及其所可能缴纳的税收具有可预测性，从而保障国家财政收入的基本稳定。为此，我国现行《立法法》规定，“税种的设立、税率的确定和税收征收管理等税收基本制度”只能制定法律。[①] 而与之相比，财政收入中的企业上缴利润等则基于经济效益的增减变化具有不确定性。

（二）税收的无偿性

所谓税收的无偿性，是指在现代社会，对于纳税人而言，依法纳税是纳税人的一项基本义务，是无偿的、非对价的。它与同样是财政收入的国债、基金的有偿性和对价性形成鲜明的对比。值得强调的是，在税收理论上，虽然也讲税收“取之于民，用之于民”，但它不是指纳税人与国家之间税收关系一对一的“取之于民，用之于民”。所谓“取之于民，用之于民”是一种对税收功能的概括性说法。从实践来看，税收取之于富裕的纳税人，但往往用之于帮助那些处于贫困状态的人。当然，这也不等于说，纳税人缴税后不享有任何权利或利益。事实上，为鼓励纳税人缴税，国家对于纳税人的各种优惠奖励措施，以及纳税人从国家公共设施建设和福利中享受的权利和利益，就是纳税人缴税后享有的权利或利益，只不过其体现的不是“一对一”的对等或对价关系而已。

（三）税收的强制性

从古至今，基于税收“一税一法”的特性，税收关系一直被体现国家强制力的法律所调整。因此，税收的强制性主要体现在国家法律的强制性方面。有警察、司法、监狱，甚至军队强力的保障。按照税法原理，在纳税人出现偷税、欠税，甚至抗税情形时，国家征税机关为保证财政收入目的，可以依法采取强制措施征税，触犯刑法构成犯罪的，还应追究其刑事责任，进而体现税收的强制性。与此同时，应当强调的是，税收的强制性，虽然能够最终保障国家财政收入目标的实现，但税收的强制并不是最好的选择，因为它会引发纳税人与国家及其征税机关激烈的冲突和矛盾，尤其是我国属于社会主义国家，税收征收机关对于企业和公民的不缴税行为，应认真分析形成的原因，以批评教育为主，帮助纳税人提高纳税意识，力争其自觉纳税、补税。惩罚措施也主要以罚款、征收滞纳金为主。但对于批评教育无效，有能力缴税而拒不缴税者则依法处理。同时，赋予纳税人法律救济的权利，以防止税

---

① 参见 2015 年《立法法》第 8 条第（6）项。

收征收机关滥用职权。总之，要把“依法治税”和“以德治税”相结合，才能取得政治效果、社会效果和法律效果的统一。

三、税收的功能与作用

在现代社会，税收作为财政的主要收入，其功能与作用同财政功能与作用在总体上具有一致性。但其功能和作用的发挥应侧重于财政收入方面。

（一）保障财政收入的实现

在现代社会财政收入结构中，税收收入占到财政收入的80%左右，具体情况可见表2所示。它是我国一般公共预算财政收入的主要来源。税收收入目标能否顺利实现，关系到整个财政收入目标能否实现，并影响到财政职能与作用的发挥。为此，税收的功能与作用，首要的是保障税收收入的实现。为此，国家健全税收征收管理制度，设立专门的税收征收管理机关，通过其依法履行职责，保障税收征收任务的完成。

表2　我国2015年—2019年税收收入情况①

年度	全国一般公共预算收入（亿元）	税收收入（亿元）	税收收入占财政收入的比重（%）
2015	152217	124892	82.05%
2016	159552	130354	81.70%
2017	172567	144360	83.65%
2018	183352	156401	85.30%
2019	190382	157992	82.99%

上述数据表明，从2015年到2019年的五年间，无论是全国一般性公共预算财政收入，还是其中的税收收入，均呈现出逐步增长的态势。税收收入一直占比在80%左右。由此说明，税收收入是我国财政收入的主要来源。

（二）调节经济和社会关系

财政的基本职能之一就是宏观调控。具体到税收而言，税收对于经济和社会关系的调节是在完成税收任务的同时，通过不同税种功能的发挥来实现的。表3是对2019年度主要税收收入情况进行的分析。

---

① 资料来源：根据中国政府网站公布数据整理。

表 3　2019 年度我国税种收入占财政收入的比重情况①

排序	税种	税收收入（亿元）	本税种收入（亿元）	本税种增降（%）	本税种占税收收入比重（%）
1	国内增值税	157992	62346	增长 1.3	39.46
2	企业所得税	157992	37300	增长 5.6	23.61
3	国内消费税	157992	12562	增长 18.2	7.95
4	进出口货物增值税、消费税	157992	15812	下降 6.3	10.01
	其中，关税	157992	2889	增长 1.5	1.83
5	出口退税	157992	16503	增长 3.7	10.45
6	个人所得税	157992	10388	下降 25.1	6.58
7	城市维护建设税	157992	4821	下降 0.4	3.05
8	车辆购置税	157992	3498	增长 1.3	2.21
9	印花税	157992	2463	增长 12	1.56
	其中，证券交易印花税	157992	1229	增长 25.8	0.78
10	资源税	157992	1822	增长 11.8	1.15
11	与土地和房地产相关的税收	157992	19251		12.18
	其中，契税	157992	6213	增长 8.4	3.93
	土地增值税	157992	6465	增长 14.6	4.09
	房产税	157992	2988	增长 3.5	1.89
	耕地占用税	157992	1390	增长 5.4	0.88
	城镇土地使用税	157992	2195	下降 8	1.39
12	环境保护税	157992	221	增长 46.1	0.01
13	车船税、船舶吨税、烟叶税等其他各项税收收入	157992	1121	增长 13	0.71

表 3 情况表明，我国税收收入的主要来源为增值税、企业所得税、消费

① 资料来源：根据中国政府网站信息整理。

税和个人所得税四大税种。它们既保证了税收收入，也有调节经济和社会的功能。另外，与土地和房地产相关税收中，契税6213亿元、土地增值税6465亿元、房产税2988亿元、耕地占用税1390亿元、城镇土地使用税2195亿元，合计19251亿元，占税收收入的12.2%。其他一些小的税种，则主要体现调节经济社会功能。典型的如，增长最快的环境保护税，虽然全年收入仅221亿元，占总税收收入的0.01%，但高达46.1%的增长率反映了2015年经济新常态以来，国家环保优先政策在税收领域的落实。对于各税种的具体功能，将在以后各章详述。

（三）维护国家主权

在税收实践中，对于跨境贸易和人员往来征收税收而言，多数情况下体现的是维护国家主权的功能。为此，对于跨境贸易和人员往来进行征税，其政治意义大于经济意义。改革开放以来，随着我国大幅度地对外开放，跨境贸易和人员往来所涉及的增值税、消费税以及进出口关税呈现逐年增长的态势。但从总体来看，在整个税收收入中所占比重约10%，其主要职能体现了对国家主权的维护。此外，为了促进和鼓励出口，实施出口退税政策一直是各国所采取的税收措施。

表4 2015年—2019年我国进出口涉外税收征收情况[①]

年度	税收总收入（亿元）	涉外税收税种	涉外税收收入（亿元）	占比（%）
2015	124892	进口货物增值税、消费税	12517	10.02
		关税	2555	2.04
2016	130354	进口货物增值税、消费税	12781	9.80
		关税	2603	2.00
2017	144360	进口货物增值税、消费税	15969	11.06
		关税	2998	2.08
2018	156401	进口货物增值税、消费税	16879	10.79
		关税	2848	1.82
2019	157992	进口货物增值税、消费税	15812	10.01
		关税	2889	1.83

① 资料来源：根据中国政府网站信息整理。

表 5 2015 年—2019 年我国出口退税情况①

年度	税收总收入（亿元）	出口退税（亿元）	占当年税收收入比（%）
2015	124892	12876	10.31
2016	130354	13054	10.01
2017	144360	13870	9.61
2018	156401	15913	10.17
2019	157992	16503	10.45

以上分析数据表明，尽管我国对外开放，发展经济可以依靠国内和国外两个市场，但从税收的贡献度来看，我国税收收入来源于涉外经济贸易和人员往来的仅占约10%，且，每年出口退税的比率与进出口收税的比率大体相当，约90%的税收来源于国内。因此，对于涉外经济贸易和人员往来的税收而言，主权政治意义大于经济意义。

第四节 税收的几个基本理论

一、税收渊源理论

在税收理论上，税收的渊源理论主要回答为什么产生税收，其目的是解释国家征收税收的合理性。对此，中外学者有多种解释②。概括起来，有以下基本观点。

（一）税收贡献与牺牲说

在古代社会，特别在长期的封建社会，税收的贡献说或牺牲说是对国家征税及人民缴税的理论诠释。典型的如，中国古代称税收为“贡赋”。“贡”即指“贡献”之意；“赋”即“税收”。而贡献说的另外一种解读就是“牺牲说”，即人民自愿拿出一部分财产捐给国家，由国家负责管理公共事务，并由此产生“捐税”行动或意愿，该观点影响深远，为很多学者所赞同。然而，无论是贡献说，还是牺牲说，都是建立在道德教化基础上的说辞。其本质上

① 资料来源：根据中国政府网站信息整理。

② 有关国外学者对于税收定义及其渊源的主张，参见张守文主编《税法学》第一章税收基本理论。

是说，税收的产生来自人民的自愿，而非国家强制。这种税收渊源理论，在税收额度尚在合理界限之内中可以适用。但一旦国家征收的税收超过合理界限甚至横征暴敛时，便很难解释税收的合理性。

（二）税收契约说

税收契约说的观点，比较流行于西方国家，是西方资产阶级革命的产物。这是因为在西方国家民商法发达，崇尚自由主义基础上的“契约”精神，因此，一些经济学、政治学和法学学者，常常将国家与人民之间的税收关系用契约关系来解释。其中，将税收称之为“租税”的学说最具有代表性。在契约关系下，国家与人民之间是平等的关系，人民将自己的一部分剩余财产委托给国家或政府，国家或政府受纳税人委托维护公共秩序，为纳税人提供公共服务，并由此形成了税收关系。如果国家或政府及其公职人员未尽到服务义务，就算作“违约”，纳税人就可以向司法机关控告“违约”的国家机关及其公职人员，依法追究其法律责任。该理论的逻辑前提是对国家及政府“权力”的制约。其积极意义在于可以制约国家或政府及其公职人员税收权力的滥用。但是，该学说对于纳税人有能力缴税而不愿意甚至拒绝缴税的问题无法解释，与国家强制征税的现实不符。

（三）税收国家职能说

与上述观点不同，马克思主义强调税收国家职能说。与主张税收权力关系说的内涵基本一致。本书认为，税收国家职能说或税收权力说更接近于实际。自从国家这一组织体产生以来，国家作为维护统治阶级统治的“暴力”机器或管理全社会公共事务的权力机构，其征收税收的多少取决于其履行职能的大小。而对于纳税人来说，是否缴税是作为一项法律的基本义务对待的。在法治体制下，纳税人首先应当依法自觉缴税；如果不缴税，国家机关就可以强制性地迫使纳税人缴税，以满足国家税收的需要。而对于国家或政府及其公职人员的“违法”行为，纳税人可以依法控告，但不能因此作为不缴税的理由。该理论既保障国家税收，也维护了纳税人的权益，为现代国家所普遍接受。为此，各国宪法均将纳税作为公民的一项基本义务予以规定，并同时将税收的立法权控制于国家最高立法或权力机关，以预防政府税收征收权力的滥用。由此，国家与人民的纳税关系具有了宪法及宪治层面的意义，为现代国家所推崇。我国自 1999 年起，将“中华人民共和国实行依法治国，建设社会主义法治国家”正式写入《宪法》，实行“依法征税”是其应有之义。2014 年 10 月 23 日中国共产党第十八届中央委员会第四次全体会议通过《中共中央关于全面推进依法治国若干重大问题的决定》（以下简称《决定》）。该《决定》强调："依法治国，是坚持和发展中国特色社会主义的本质要求和重要保障，是实现国家治理体系和治理能力现代化的必然要求，事关我们党执政兴国，事关人民幸福安康，事关党和国家长治久安。""全面推进依法治国，总目标是建设中国特色社会主义法治体系，建设社会主义法治国家。这就是，在中国共产党领导下，坚持中国特色社会主义制度，贯彻中国特色社会主义法治理论，形成完备的法律规范体系、高效的法治实施体系、严密的法治监督体系、有力的法治保障体系，形成完善的党内法规体系，坚持依法治国、依法执政、依法行政共同推进，坚持法治国家、法治政府、法治社会一体建设，实现科学立法、严格执法、公正司法、全民守法，促进国家治理体系和治理能力现代化。""加强市场法律制度建设，编纂民法典，制定和完善发展规划、投资管理、土地管理、能源和矿产资源、农业、财政税收、金融等方面法律法规，促进商品和要素自由流动、公平交易、平等使用。""行政机关不得法外设定权力，没有法律法规依据不得作出减损公民、法人和其他组织合法权益或者增加其义务的决定。"① 该《决定》的实施，有利于推进我国的税收法治进程。

（四）税收公共财政说

公共财政是指政府为公共目的而进行的财政活动的总称。公共财政是政府履行公共管理和服务职能的物质保障。公共财政的基本范畴包括：一是居民衣食住行的基本保障；二是公共设施建设与改造。公共财政的基本内容包括：公共财政政策的制定及公共财政预算方案的提出、审议、批准和执行；三是公共财政预算执行的调整；四是公共财政的决算及其效果评价。公共财政的基本要求：一是在保障居民基本公共需求的基础上，根据国家财力，逐步增加居民的公共福利；二是公共财政要信息公开；三是公共财政要保障人民监督权的有效行使；四是公共财政应当进行财政支出经济与社会效果的绩效评价。以公共财政理论解释税收，形成税收公共财政说，它表明公共财政的收支预算，决定着财政年度税收的规模和增长速度。按照《预算法》规定，税收成为一般性公共预算的主要来源，并接受人民的监督。税收公共财政说将税收国家职能说和税收契约说相结合，为现代财政理论所推崇。我国财政改革亦接受了公共财政理论，并用以指导实践。

---

① 参见2014年《中共中央关于全面推进依法治国若干重大问题的决定》。

二、税收的基本分类

一国的税收，由若干税种所组成。依税收理论，税收可以从不同角度予以分类。典型的如，按照中央和地方权属分为中央税、地方税和中央地方共享税。按照税收是否转嫁分为直接税和间接税。按照税收计征标准不同，可分为从量计征税和从价计征税等。但最重要的是有关中央税、地方税、中央地方共享税的划分和按照税收征收对象及其功能对税收的划分。

（一）中央税和地方税的划分

目前，世界大多数国家在征税和税收的使用上实施中央税和地方税的“二元结构”，并派生出中央和地方共享税，我国亦然。

改革开放以来，经过多次税法和税制改革，按照财权和事权相统一的原则，我国在中央和地方之间实行分税的财政管理体制。其中，中央税是指由中央政府负责征收管理，收入归中央政府支配使用的税种，目前主要包括关税、消费税、车辆购置税和船舶吨税。地方税是指由地方政府负责征收管理，收归地方政府支配使用的税种，在目前，主要包括房产税、城镇土地使用税、耕地占用税、契税、土地增值税、车船税、烟叶税和环境保护税。

中央与地方共享税是指由中央和地方政府共同负责征收管理，收入由中央政府和地方政府按一定比例分享的税种，在目前，主要包括增值税、企业所得税、个人所得税、资源税、印花税和城市维护建设税。其中，在增值税方面，海关代征的部分归中央政府；其余部分，暂定中央政府分享 50%，地方政府按照缴纳地点分享 50%。在企业所得税方面，中央国有企业缴纳的部分归中央政府；其余部分，中央政府分享 60%，地方政府分享 40%。在个人所得税方面，中央政府分享 60%，地方政府分享 40%。在资源税方面，海洋石油企业缴纳的部分归中央政府，其余部分归地方政府。在印花税方面，股票交易印花税收入归中央政府，其他印花税收入归地方政府。在城市维护建设税方面，各银行总行、保险公司总公司集中缴纳的部分归中央政府，其余部分归地方政府。具体情况如图 2 所示：

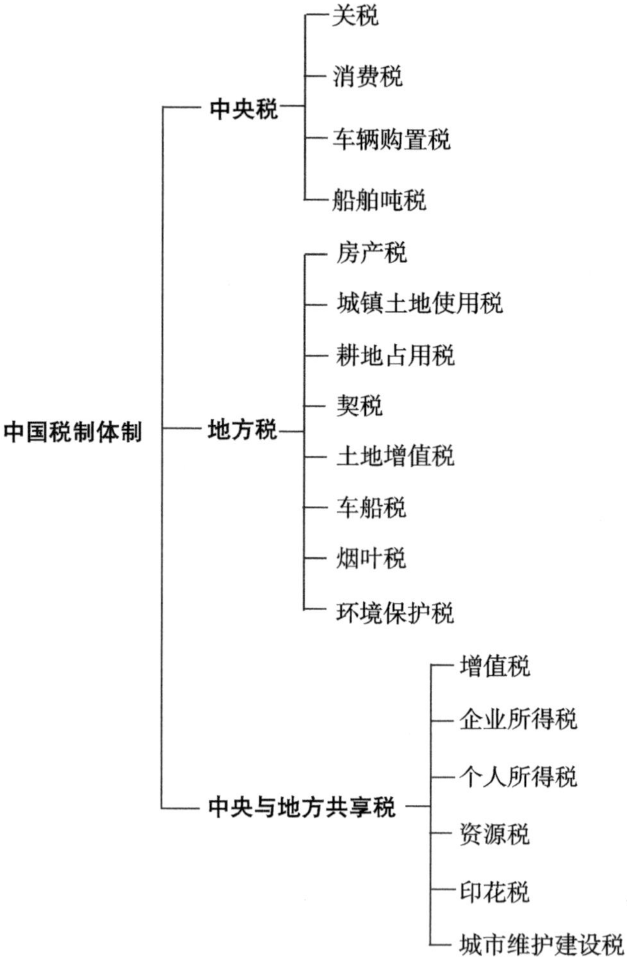

图 2　中国税制体制

（二）按照征税对象不同的税收

1. 商品流转类税

在市场经济条件下，一种商品从生产到交易，要经过生产、加工、批发、运输、零售等若干环节，该环节统称为“商品流转”。在此环节运行过程中，每增加一个环节，虽然商品的使用价值不变（加工除外），但需要付出一定的劳动，并增加商品的成本价值，附加诸如运输、仓储及商业营销服务等费用。而且，在市场规模既定的情况下，刚性的商品消费需求量及其结构决定了一定区域范围内商品的流转具有相对稳定性。因此，国家对商品流转开征税收，可以稳定地保障税收的来源。并且，国家开征的商品流转税可以计入商品价格，是商品价格的组成部分。商品流转税是一种“价格税”“成本税”，其税率的高低可以直接影响商品的生产与销售，成为国家调节经济的基本手段。又由于，虽然商品税的实际负担者是消费者，但缴税却要由企业缴纳，商品流转税也被称为“间接税”，是国家基本的税收来源。在目前，我国开征的商品流转税主要表现为增值税、消费税、烟叶税、关税等。

2. 收益类税

收益类税，也被称为“所得税”。它是对企业和个人所得收益征收的税。其主要表现是企业所得税、个人所得税以及资本利得税等。与商品流转税只要流转、消费就要缴税不同，收益税实行与所得直接挂钩征收的基本原则，即多得多缴、少得少缴、不得不缴。由于所得税是从纳税人所得中直接征收的，因此收益类税也被称为“直接税”。它是典型的对盈利企业和富裕者征收的税，其主要功能除保障国家税收外，主要体现了国家解决贫富差距的经济调节功能。

3. 财产类税

财产类税主要是指以房产、车辆等财产的拥有和使用为征收对象的税。典型的如房产税、车船税等，其税收征收的功能在于促进财产的合理使用和流动交易，以克服财产闲置造成的财产浪费。

4. 资源环境类税

资源类税主要是指针对基于资源禀赋不同，在开采利用中形成级差收入而征收的税。典型的如在煤炭富集区开采成本较低，获利较高；而在煤炭资源贫乏区付出同样的成本开采利用，获利较低。为了平衡利益关系，可以对资源开采开征资源税。我国目前的资源税主要针对能源矿产、金属矿产、非金属矿产、水气矿产及盐类共计 146 种资源产品的开采利用征收税收。与此同时，由于资源的合理开采与环境保护密切相关，因此，资源税的征收，对于环境保护也具有重要的意义。环境保护税是由英国经济学家庇古最先提出的，他的观点已经为西方发达国家普遍接受。欧美各国的环保政策逐渐减少直接干预手段的运用，越来越多地采用生态税、绿色环保税等多种特指税种来维护生态环境，针对污水、废气、工业噪音和废弃物等突出的“显性污染”进行强制征税。[①] 我国的《环境保护税法》，从 2018 年 1 月 1 日起施行。为此，资源环境类税的功能除解决级差地租带来的利益不平衡外，其重要功能

① 董恒英：《促进煤炭行业可持续发展的税收政策选择》，载《宿州学院学报》，2012 年第 1 期。

是保护资源与环境。此外，鉴于我国对土地管理的特殊性，为了保护耕地，盘活土地资源，从20世纪80年代开始实施土地资源的有偿使用，政府相应地收取税费。因此，涉及土地合理利用的土地增值税、耕地占用税、城镇土地使用税，其根本目的并非为了保护财产，而是要促进土地资源的合理使用，因此，这部分税收也应当属于资源税的范畴。

5. 行为类税

行为税是国家为了对某些特定行为进行限制或开辟某些财源而课征的一类税收。如针对一些奢侈性的社会消费行为，征收娱乐税、宴席税；针对牲畜交易和屠宰等行为，征收交易税、屠宰税；针对财产和商事凭证贴花行为，征收印花税，等等。行为税收入零星分散，一般作为地方政府筹集地方财政资金的一种手段，行为课税的最大特点是征纳行为的发生具有偶然性或一次性，与税收政策对特定行为予以阶段性调整有关。

三、税收的基本原则

税收基本原则是税收管理工作应当遵循的基本准则。税收基本原则关系着税收管理工作的基本方向、路线。有关税收的基本原则，国内外学者莫衷一是，但比较一致的观点概述如下：

（一）收支平衡原则

收支平衡原则是财政的一项基本原则。其基本含义是指在一个财政年度内财政的收入和支出应当大致平衡，并可以略有盈余或略有亏空。这是应遵循的财政基本原则，为世界各国所采用。该原则对于税收而言，体现在两个方面：首先是关于“以支定收”问题，其基本要求是，税收的预算要以国家及政府履行职能可能的支出预算为基础，围绕国家及政府实现其职能需要，确定税收收入的目标；其次是关于“以收定支”问题，其基本要求是，税收收入的增加或减少要与国民经济和社会发展相适应。也就是说，即使是“以支定收”，也不能脱离国民经济和社会发展实际超量收税，即征收“过头税”，应当按照实际财政收入，进行财政支出。在财政收入相对不足的情况下，首先要保障政权的正常运转，如果地方财政不足，上级财政要及时地转移支付[①]。要保障国防开支，保障民生需求。其次才是其他支出，特别是对于经济建设投资，除特别情况外[②]，要遵循经济规律，稳步推进。即使要集中力量办大事，也要经过民主程序充分论证，并经过国家最高权力机关的批准，才能动用国家财政，增加税收收入或其他收入。

（二）量能课税原则

量能课税是指要根据纳税人的实际负担能力征收税收。量能课税突出地表现于国家对收益税的征收。但是，本书认为，实际上所有的税收征收均存在一个量能课税问题。为此，税收征收机关不能仅仅考虑收税问题，还要考虑如何培植“税源”的问题，不能做“竭泽而渔”的事。税收负担太重，迫使企业关门、迫使消费者减少消费甚至不消费，就会断了税收的“财路”。为此，量能课税原则不仅要求税收征收机关根据纳税人的实际能力征收税收，还要求税收征收机关要帮助市场发展、企业发展，以培植“税源”。市场和企业发展能量得到增长，税收收入才有可靠的经济基础。量能课税原则印证了一个道理，即在经济发达地区，税收征收不是什么问题，而在经济欠发达或不发达地区，税收征收则比较困难，其根本原因取决于区域市场和企业的发展，市场和企业发展了才有“税源”。因此，发展才是硬道理。

（三）公平公正原则

税收关系是一种典型的利益调节关系。税收的利益调节不仅反映了国家和人民之间此消彼长的经济关系的调节，也反映了在纳税人之间、纳税人和非纳税人之间利益关系的调节。为此，就必须坚持公平、公正的原则。所谓公平，一方面表现于在国家和人民税收收入关系确定上，要有一个合理的界限或边界。以税收收入为基础，国家事权的行使，要与纳税人享有的公共服务、福利、便利相联系；另一方面，通过征收税收调节纳税人之间的关系，调节纳税人和非纳税人之间的关系，使全体人民共享经济发展、改革的成果。所谓公正，是指在确定税收征收标准后，对于所有纳税人均要按规定依法征税，不能厚此薄彼。与此同时，特别强调税收征收标准的确定，应当纳入公共政策制定决策的范畴，强调其民主性、科学性、公开性。只有这样，税收

---

① 在目前的财政体制下，许多地方财政，特别是一些县一级财政比较困难。为此，我国预算法确定财政转移支付制度。按照该制度要求，在下一级政府财政不足的情况下，上一级财政甚至中央财政应当通过纵向财政转移支付，弥补其财政收入之不足，保障基层政权的运转。此外，还可以通过专项项目资金支持地方经济和社会事业的发展。

② 典型的如，2008 年世界各国遭遇全球性的经济危机，我国的经济也受到影响。为此，中央财政投资 4 万亿保障经济的稳定增长。

收入政策和法律的出台，才能得到纳税人及人民的拥护，税收目标才能得以顺利实现。当然，从理论上讲，无论何种公平、公正，总是相对的、辩证的，世界上没有绝对的公平、公正，税收收入及其征收亦然。

（四）税收节约原则

税收来自人民，服务人民。因此，国家机关对于税收的征收和使用，必须坚持节约原则。任何铺张浪费，都是对人民的“犯罪”，都会造成对纳税人利益的侵害。也因此，从古至今，国家特别强调对税收使用的节约。要做到税收节约，一是国家征收税收的成本要合理；二是税收收入要控制在合理的范围内，保持其适度性，不能因为征收税收影响企业生产和人民生活的正常进行；三是要做到税收征收信息的公开化，以便于社会监督；四是要加强对税收征收的国家审计监督。需要强调的是，从财政支出方面，对财政支出的控制，也会形成税收节约的效果。党的十八大以来，党中央作出八项规定①，对党政机关财政开支进行严格监管问责，制止了一些党政机关存在的“大吃大喝”“公务用车浪费”“公务用房超标浪费”等现象，大幅度节约了财政开支。由此，也可以起到节约税收的作用。

（五）税收便民原则

税收工作面对企业和个人，它既是管理工作，也应是社会服务工作。为此，税收征收工作必须坚持便民原则。坚持便民原则，首先，要求国家税务机关要广泛宣传税收政策与法律，使纳税意识深入人心；其次，要求国家税务机关要帮助企业和个人理清缴税清单，使纳税人知道自己应当履行哪些税收义务，并在履行纳税义务的同时，享受什么优惠政策；最后，要通过信息公开、建设税务大厅或网上平台，为纳税人缴税提供各种线上线下便利。在此方面，随着智能化、大数据时代的到来，越来越多的缴税举措将通过网络形式进行，极大地便利于纳税人缴税。

（六）税收法定原则

通过以上分析可知，“一税一法”是税收基本的常态化表现形式。因此，自从税收现象产生以来，税收与法律就有了密切的联系。即税收是内容，法律是形式。但税收以法律的形式表现，是否就意味着税收实现了法定化、法治化？按照法学原理，税收法定化、法治化的深刻内涵除强调纳税是公民的

---

① “八项规定”是指2012年12月4日，习近平总书记主持召开中共中央政治局会议，审议通过的《中央政治局关于改进工作作风、密切联系群众的八项规定》，其中要求，“要厉行勤俭节约，严格遵守廉洁从政有关规定，严格执行住房、车辆配备等有关工作和生活待遇的规定。”

基本义务外，还特别强调，一是税收制度形成与运行的民主化，因为，没有民主的法治不是真正意义上的法定化；二是没有对税收征收权力制约的法治也不是真正意义上的法治。为此，税收法定化、法治化就是要在税种的开征、税率的确定、税收的征收以及对税收违法行为的处理上，实现民主化和对权力的制约，以防止税收权力对纳税人权利的侵害。我国改革开放以来，积极推行“依法治国”方略，“税收法定主义”在学术界盛行，并影响到国家税收征收制度的改革发展。2015 年我国《立法法》修正，明确规定，税种的设立、税率的确定和税收征收管理等税收基本制度，只能制定法律，① 即只能通过全国人大及其常委会通过法律的形式予以规定。对此，我国税法学界普遍认为，这是我国借鉴国外经验，提倡“税收法定主义”的标志。但实际上，对于关系人民切身利益的个人所得税法的制定，广泛征求社会意见，以及把税收征收行政处罚纳入行政复议、行政诉讼范畴，同样是“税收法定主义”在我国税收法治实践中的体现。由此，对于“税收法定主义”应当予以全面理解。税收法定主义并不意味着一切税收事务均由法律全面规定，面对经济发展的不确定性、不平衡性，税收法定通常实施“法律保留”措施，赋予税收征收机关一定的自由裁量权，而税收征收的合理性，并不取决于法律规定，而是取决于建立在一定经济发展水平之上的社会公共财政需求及其国家职能的合理定位，即经济基础决定上层建筑。与此同时，财政及其税收的调节，在满足财政需求基础上，通过税收调节，又对经济和社会发展具有直接的反作用，对经济和社会发展起着促进或拟制作用。这样理解，才符合马克思主义的基本观点。中国特色社会主义制度的优越性表现之一就是国家可以集中力量办大事，这样，在不影响企业和公民生产、生活基础上，国家就需要更多的财力，因此，财政及其税收收入的逐步增长成为常态。

四、税制改革

按照法学原理，具有稳定性或相对稳定性是法律应当具有的基本特点。但是，对于经济类的法律，却往往受到经济不确定性或变异性的困扰。因此，当经济出现重大变化时，或者基于社会重大事件严重影响经济发展时，若法律还固守陈旧的规定，必然会成为阻碍社会发展的力量，为此，随着经济和社会的变革，包括财税法在内的经济法也应适时作出回应性变革，这是经济法律的基本规律。在此方面，税收法律的变革尤其突出。这是因为，税收本

---

① 参见 2015 年《立法法》第 8 条第（6）项。

身就是一种调节国民经济和社会发展的经济杠杆。历史上每一次重大的经济和社会改革，均离不开税制改革，比如，中国历史上著名的商鞅变法、王安石改革、张居正改革以及清末时期变法、民国时期变法均与税制改革有关。[①]中国特色社会主义建设的改革，也源于企业成为商品经济独立民事主体后的“企业利改税”，且不断深化。由此，税制的不断改革和完善，成为每一个改革阶段重要的内容，使税制改革成为税收法治的重要组成部分。[②] 也由此，在既有的政治法律框架内，不断完善税制成为税法的重要内容。另外需要注意的是，税制变革的历史发展表明，在国家处于和平稳定期时，一般应当奉行“藏富于民”的政策，具体到税收实践领域，就是实行轻税政策。而当国家处于战争、内乱或特殊时期时，国家的税收政策则偏向于加重。但是，不管是轻税，还是重税，均应当控制在合理的范围，为此，按照经济法国家适度干预经济的基本原理，市场经济条件下，适度收税是税收征收的普遍规律。

---

① 曾宪义主编:《中国法制史》，北京大学出版社、高等教育出版社2000年7月版。

② 改革开放以来，中国的税制改革一直在进行，成为中国改革发展事业的重要内容。1978年至1993年，适应改革开放及有计划商品经济的发展，中国税制初步形成了一套内外有别、城乡不同，以商品流转税和所得税为主体，财产税和其他税相配合的税制体系。先后开征37种税收，即产品税、增值税、盐税、特别消费税、烧油特别税、营业税、工商统一税、关税、国营企业所得税、集体企业所得税、私营企业所得税、外商投资企业和外国企业所得税、个人所得税、城乡个体工商户所得税、个人收入调节税、国营企业奖金税、集体企业奖金税、事业单位奖金税、国营企业工资调节税、房产税、城市房地产税、城镇土地使用税、耕地占用税、契税、资源税、车船使用税、车船使用牌照税、印花税、城市维护建设税、固定资产方向调节税、屠宰税、筵席税、牲畜交易税、集市交易税、农业税和牧业税，此外，船舶吨税自1986年起转为预算外收入项目。1993年，全国税收收入4255.3亿元，占财政收入4349.5亿元的97.8%，使税收成为财政收入的主要来源。1994年，推行社会主义市场经济体制改革，2001年中国加入世贸组织，中国的改革向市场化、法治化、国际化方向迈进，为此，中国的税制改革进入新阶段，中国初步形成与社会主义市场经济体制及经济发展阶段相适应的税制。经过大幅度改革，至2013年，中国共有18种税，即增值税、消费税、营业税、关税、企业所得税、个人所得税、土地增值税、房产税、城镇土地使用税、耕地占用税、契税、资源税、车船税、船舶吨税、印花税、城市维护建设税和烟叶税。2012年，税收收入100614.3亿元，占财政收入117253.5亿元的85.8%。2013年以来，又实施了“营改增”改革，并于2017年废除了营业税，2018年新开征环境保护税，2019年实施新的个人所得税法，对原有个人所得税进行了较大幅度的改革。“十四五”期间，国家税制的改革方向是在继续完善各项税制的同时，逐步增加直接税的比重，保障财政需求的同时，发挥好税收宏观调控功能。在上述改革过程中，按照2015年《立法法》规定及中央的部署安排，所有税收的征收，均要按照“税收法定”原则，通过全国人大及其常委会的立法予以确认。截至目前，除《个人所得税法》《企业所得税法》外，在国务院暂行条例基础上，全国人大常委会已经出台《印花税法》《契税法》《城市维护建设税法》《资源税法》《车船税法》《车辆购置税法》《耕地占用税法》《船舶吨税法》《环境保护税法》《烟叶税法》，共计12部。

本章小结

本章以财政税收的基本逻辑为题，分析了税收形成的基本逻辑，即私有制的产生促使国家产生，国家运行需要资金等物质，由此产生财政及其管理制度，财政就是国家运用政治权力和法律手段参与国民收入分配和再分配的活动。财政收入对国民收入的分配体现出与民间收入的此消彼长关系。而财政的基本结构包括财政收入和财政支出两个部分，税收属于财政收入的主要来源。在现代社会，税收是国家运用政治和法律权力参与国民收入分配和再分配的财政方式。与其他财政收入相比，税收具有固定性、无偿性、强制性三大特征。从税收的功能和作用来看，税收除满足财政收入需求外，还有调节经济利益关系、促进财产合理使用、保护资源与环境、维护国家主权等功能。以国家治理二元结构为基础，税收存在以国家事权划分为基础的中央税、地方税以及中央与地方共享税的基本划分，以税收征收对象和目的不同，可以将税收划分为商品流转类税、收益类税、财产类税、资源环保类税和行为类税。从税收产生的渊源理论来看，存在税收贡献与牺牲说、税收契约说、国家职能说和税收公共财政理论等的不同解释。税收的征收，应当坚持收支平衡原则、量能课税原则、公平公正原则、税收节约原则、税收便民原则和税收法定原则。从税收与法律的关联性来看，“一税一法”体现了税收形式的法律化，税收法定主义要求税收征收的民主化和对税收征收权力的制约。在市场经济条件下，最终决定税收是否合理取决于国家或区域国民经济和社会发展水平，以及建立在公共需求基础上的国家职能及其事权的合理界定，并且，随着经济和社会的变革，税制改革成为税法的一项重要内容。

重点思考题

1. 什么是财政？什么是税收？两者的关系如何？
2. 如何理解国家职能对税收的影响？
3. 如何理解税收的功能和作用？
4. 按照征税对象和目的的不同，税收的类别有哪些？
5. 税收征收应坚持的基本原则有哪些？
6. 如何全面理解税收法定主义？

第二章 我国税法的表现形式

按照法学范式，税法是调整税收关系的法律规范的总称。从古至今，世界各国之税收，基本上均为“一税一法”。税法的表现形式在法学领域称之为税法的渊源。为此，作为法科学生学习税法，可以从认识税法的形式入手。本章将对我国现行税法的表现形式作一概述。

第一节 宪法的基本规定

宪法是国之根本大法。因此，在现代社会，宪法是一国最高层次的法律，要实现“依法治国”，首先要“依宪治国”。为此，宪法中有关财政税收的规定，对于税收法治及其税收法律关系的产生和发展具有最高的法律效力。任何其他法律均不可与宪法相抵触。中华人民共和国成立以来，我国在不同的历史时期共制定四部宪法，即“五四宪法”“七五宪法”“七八宪法”和“八二宪法”，针对不同时期的实际情况对税收及相关财政预算、决算作出规定。

一、改革开放以前宪法的基本规定

1954 年 9 月 20 日，经第一届全国人民代表大会第一次会议审议通过中华人民共和国第一部宪法。该法规定，中华人民共和国公民有依照法律纳税的义务。全国人民代表大会行使审查和批准国家的预算和决算的职权。国务院行使执行国民经济计划和国家预算的职权。地方各级人民代表大会在本行政区域内，保证法律、法令的遵守和执行，规划地方的经济建设、文化建设和公共事业，审查和批准地方的预算和决算，保护公共财产，维护公共秩序，保障公民权利，保障少数民族的平等权利。这是基于当时的情况作出的规定。[①] 这些规定说明，在新民主主义时期，我国存在税收现象，税收收入是国

① 参见 1954 年《中华人民共和国宪法》第 102 条、第 27 条第（10）项、第 49 条第（7）项、第 58 条。

家财政预算收入的组成部分，税收制度是国家重要的财政制度。①

从1957年到改革开放的1978年，进行社会主义建设，财政预算工作仍然是国家管理的重要内容，并且在1958年和1973年，以简化税制为目标，进行了两次大的税制改革，② 但这一时期国家财政收入的主要来源是国有企业上缴的利润。因此，在此期间，无论是1975年1月17日第四届全国人民代表大会第一次会议通过的“七五宪法”，还是1978年3月5日第五届全国人民代表大会第一次会议通过的“七八宪法”，均没有体现税收内容。

二、“八二宪法”的基本规定

现行的“八二宪法”，由第五届全国人民代表大会第五次会议于1982年12月4日正式通过并颁布，并历经1988年、1993年、1999年、2004年、2018年五次修正。该法恢复了“五四宪法”中有关公民纳税义务的规定同时规定，全国人民代表大会行使审查和批准国家的预算和预算执行情况的报告职权；在全国人民代表大会闭会期间，全国人民代表大会常务委员会审查和批准国民经济和社会发展计划、国家预算在执行过程中所必须作的部分调整方案；国务院行使编制和执行国民经济和社会发展计划和国家预算的职权；国务院设立审计机关，对国务院各部门和地方各级政府的财政收支，对国家的财政金融机构和企业事业组织的财务收支，进行审计监督。审计机关在国

① 中华人民共和国成立后，在废除旧有制度的同时，立即着手建立新税制。1950年1月30日，中央人民政府政务院公布《关于统一全国税政的决定》，并附发《全国税政实施要则》，规定全国统一设立14种税收，即货物税、工商业税（包括营业税和所得税）、盐税、关税、薪给报酬所得税、存款利息所得税、印花税、遗产税、交易税、屠宰税、房产税、特种消费行为税和车船使用牌照税。其他税种由各省、市或大行政区根据习惯拟定办法，报经大行政区或中央批准后实行。其主要指农业税、牧业税、契税等。后在全国又先后增加契税、船舶吨税和文化娱乐税。这些税收在实际执行中有所调整，例如，试行商品流通税，将房产税和地产税合并为房地产税。而薪给报酬所得税和遗产税则始终没有开征。总之，从1950年至1957年，中国根据当时的政治、经济状况，在原有税制基础上，建立了一套以多种税、多次征为特征的复合税制。对于保障财政收入，稳定经济，促进国民经济的恢复和发展发挥了重要的作用。例如，1952年，全国财政收入173.9亿元，其中，税收收入97.7亿元，占财政收入的56.2%。

② 1958年的税制改革主要是简化税制，试行工商统一税，建立全国统一的农业税制度。全国人民代表大会常务委员会通过了工商统一税和农业税立法。通过整合，中国税制设有14种税收，即工商统一税、盐税、关税、工商所得税、利息所得税（1959年停征）、城市房地产税、契税、车船使用牌照税、船舶吨税、屠宰税、牲畜交易税、文化娱乐税（1966年停征）、农业税和牧业税。至1973年，进一步简化税制，简化后，实际开征12种税，即工商税、关税、工商所得税、城市房地产税、契税、车船使用牌照税、船舶吨税、屠宰税、牲畜交易税、集市交易税（1966年停征）、农业税和牧业税。到1978年，全国税收收入519.3亿元，占财政收入1132.3亿元的45.9%。政府财政收入的主要来源是国营企业上缴的利润。

务院总理领导下，依照法律规定独立行使审计监督权，不受其他行政机关、社会团体和个人的干涉。县级以上的地方各级人民代表大会审查和批准本行政区域内的国民经济和社会发展计划、预算以及它们的执行情况的报告；有权改变或者撤销本级人民代表大会常务委员会不适当的决定。县级以上地方各级人民政府依照法律规定的权限，管理本行政区域内的经济、教育、科学、文化、卫生、体育事业、城乡建设事业和财政、民政、公安、民族事务、司法行政、计划生育等行政工作，发布决定和命令，任免、培训、考核和奖惩行政工作人员。国家从财政、物资、技术等方面帮助各少数民族加速发展经济建设和文化建设事业。①

从以上宪法的基本规定情况看，“八二宪法”与“五四宪法”相比，在强调公民纳税义务基础上，进一步明确了国家权力机关、行政机关的职责。增加了审计机关监督财政支出的规定，以及对少数民族地区予以财政支持的规定。

三、宪法相关法的规定

（一）地方组织法的规定

1979 年 7 月 1 日，第五届全国人民代表大会第二次会议通过《地方各级人民代表大会和地方各级人民政府组织法》。该法先后经过 1982 年、1986 年、1995 年、2004 年、2015 年、2022 年六次修正。该法规定，县级以上的地方各级人民代表大会行使的职权包括：在本行政区域内，保证宪法、法律、行政法规和上级人民代表大会及其常委会决定的遵守和执行，保证国家计划和国家预算的执行；审查和批准本行政区域内的国民经济和社会发展规划纲要、计划和预算及其执行情况的报告，审查监督政府债务，监督本级人民政府对国有资产的管理等十五项。乡、民族乡、镇的人民代表大会行使的职权包括：审查和批准本行政区域内的预算和预算执行情况的报告，监督本级预算的执行，审查和批准本级预算的调整方案，审查和批准本级预算等十四项。省、自治区、直辖市、自治州、设区的市的人民代表大会根据需要，可以设财政经济委员会；县、自治县、不设区的市、市辖区的人民代表大会根据需要，可以设财政经济委员会。县级以上的地方各级人民代表大会常务委员会行使的职权包括：根据本级人民政府的建议，审查和批准本行政区域内的国民经

① 参见 2018 年《中华人民共和国宪法》第 56 条、第 62 条第（10）项、第 67 条第（5）项、第 89 条第（5）项、第 91 条、第 99 条、第 107 条、第 122 条。

济和社会发展纲要规划、计划和本级预算的调整方案；监督本行政区域内的国民经济和社会发展规划纲要、计划和预算的执行，审查和批准本级预算，监督审计查出问题整改情况，审查监督政府债务等十八项。县级以上的地方各级人民政府负责编制和执行国民经济和社会发展纲要、计划和预算，管理本行政区域的财政工作。乡、民族乡、镇的人民政府负责执行本行政区域内的经济和社会发展计划、预算，管理本行政区域内的财政工作。县级以上的地方各级人民政府设立审计机关。地方各级审计机关依照法律规定独立行使审计监督权，对本级人民政府和上一级审计机关负责。从地方组织法的这些规定来看，虽然没有直接表述税收，但有关地方财政预算及其财政管理职权的规定，实际上涵盖了税收管理职权。①

（二）民族区域自治法的基本规定

1984年5月31日，第六届全国人民代表大会第二次会议通过《民族区域自治法》，该法根据2001年2月28日第九届全国人民代表大会常务委员会第二十次会议《关于修改〈中华人民共和国民族区域自治法〉的决定》予以修正。《民族区域自治法》依据宪法的基本规定，进一步细化了财政税收对民族区域发展的支持。该法规定，民族自治地方的财政是一级财政，是国家财政的组成部分。

民族自治地方的自治机关有管理地方财政的自治权，凡是依照国家财政体制属于民族自治地方的财政收入，都应当由民族自治地方的自治机关自主地安排使用。民族自治地方在全国统一的财政体制下，通过国家实行的规范的财政转移支付制度，享受上级财政的照顾。

民族自治地方的财政预算支出，按照国家规定，设立机动资金，预备费在预算中所占比例高于一般地区。民族自治地方的自治机关在执行财政预算过程中，自行安排使用收入的超收和支出的节余资金。民族自治地方的自治机关对本地方的各项开支标准、定员、定额，根据国家规定的原则，结合本地方的实际情况，可以制定补充规定和具体办法。自治区制定的补充规定和具体办法，报国务院备案；自治州、自治县制定的补充规定和具体办法，须报省、自治区、直辖市人民政府批准。民族自治地方的自治机关在执行国家税法的时候，除应由国家统一审批的减免税收项目以外，对属于地方财政收

---

① 参见2022年《地方各级人民代表大会和地方各级人民政府组织法》第11条第（1）项、第（2）项；第12条第（4）项；第33条；第50条第（5）项、第（6）项；第73条第（5）项；第76条第（2）项；第79条。

入的某些需要从税收上加以照顾和鼓励的，可以实行减税或者免税。自治州、自治县决定减税或者免税，须报省、自治区、直辖市人民政府批准。

民族自治地方的自治机关为少数民族牧区和经济困难、居住分散的少数民族山区，设立以寄宿为主和助学金为主的公办民族小学和民族中学，保障就读学生完成义务教育阶段的学业。办学经费和助学金由当地财政解决，当地财政困难的，上级财政应当给予补助。

上级国家机关应当帮助、指导民族自治地方经济发展战略的研究、制定和实施，从财政、金融、物资、技术和人才等方面，帮助各民族自治地方加速发展经济、教育、科学技术、文化、卫生、体育等事业。

国家制定优惠政策，引导和鼓励国内外资金投向民族自治地方。国家根据统一规划和市场需求，优先在民族自治地方合理安排资源开发项目和基础设施建设项目。国家在重大基础设施投资项目中适当增加投资比重和政策性银行贷款比重。国家在民族自治地方安排基础设施建设，需要民族自治地方配套资金的，根据不同情况给予减少或者免除配套资金的照顾。

上级国家机关从财政、金融、人才等方面帮助民族自治地方的企业进行技术创新，促进产业结构升级。国家设立各项专用资金，扶助民族自治地方发展经济文化建设事业。国家设立的各项专用资金和临时性的民族补助专款，任何部门不得扣减、截留、挪用，不得用以顶替民族自治地方的正常的预算收入。上级国家机关根据国家的民族贸易政策和民族自治地方的需要，对民族自治地方的商业、供销和医药企业，从投资、金融、税收等方面给予扶持。

随着国民经济的发展和财政收入的增长，上级财政逐步加大对民族自治地方财政转移支付力度。通过一般性财政转移支付、专项财政转移支付、民族优惠政策财政转移支付以及国家确定的其他方式，增加对民族自治地方的资金投入，用于加快民族自治地方经济发展和社会进步，逐步缩小与发达地区的差距。

上级国家机关在投资、金融、税收等方面扶持民族自治地方改善农业、牧业、林业等生产条件和水利、交通、能源、通信等基础设施；扶持民族自治地方合理利用本地资源发展地方工业、乡镇企业、中小企业以及少数民族特需商品和传统手工业品的生产。

国家和上级人民政府应当从财政、金融、物资、技术、人才等方面加大对民族自治地方的贫困地区的扶持力度，帮助贫困人口尽快摆脱贫困状况，实现小康。国家加大对民族自治地方的教育投入，并采取特殊措施，帮助民族自治地方加速普及九年义务教育和发展其他教育事业，提高各民族人民的科学文化水平。①

（三）特别行政区基本法的规定

1990年4月4日，第七届全国人民代表大会第三次会议通过《香港特别行政区基本法》，于1997年7月1日起施行。该法属于我国的特别行政区法，是“一国两制”的产物，重点强调了特别行政区在财政上的独立性。该法规定，香港特别行政区境内的土地和自然资源属于国家所有，由香港特别行政区政府负责管理、使用、开发、出租或批给个人、法人或团体使用或开发，其收入全归香港特别行政区政府支配。香港特别行政区行政长官行使签署立法会通过的财政预算案，将财政预算、决算报中央人民政府备案和批准向立法会提出有关财政收入或支出的动议的职权。香港特别行政区立法会如拒绝批准政府提出的财政预算案，行政长官可向立法会申请临时拨款。如果由于立法会已被解散而不能批准拨款，行政长官可在选出新的立法会前的一段时期内，按上一财政年度的开支标准，批准临时短期拨款。因立法会拒绝通过财政预算案或其他重要法案而解散立法会，重选的立法会继续拒绝通过所争议的原案，香港特别行政区行政长官必须辞职。香港特别行政区政府行使编制并提出财政预算、决算的职权。征税和公共开支须经立法会批准。香港特别行政区立法会根据政府的提案，审核、通过财政预算；批准税收和公共开支的职权。香港特别行政区保持财政独立。香港特别行政区的财政收入全部用于自身需要，不上缴中央人民政府。中央人民政府不在香港特别行政区征税。香港特别行政区的财政预算以量入为出为原则，力求收支平衡，避免赤字，并与本地生产总值的增长率相适应。香港特别行政区实行独立的税收制度。香港特别行政区参照原在香港实行的低税政策，自行立法规定税种、税率、税收宽免和其他税务事项。香港特别行政区为单独的关税地区。香港特别行政区可以“中国香港”的名义参加《关税和贸易总协定》、关于国际纺织品贸易安排等有关国际组织和国际贸易协定，包括优惠贸易安排。香港特别行政区所取得的和以前取得仍继续有效的出口配额、关税优惠和达成的其他类似安排，全由香港特别行政区享有。②

---

① 参见2001年《民族区域自治法》第32条、第33条、第34条、第37条、第55条、第56条、第59条、第60条、第62条、第63条、第69条、第71条。

② 参见1990年《香港特别行政区基本法》第7条、第48条第（3）项、第（10）项、第51条、第52条第（3）项、第62条、第64条、第73条、第106条、第107条、第108条、第116条。

1993 年 3 月 31 日，第八届全国人民代表大会第一次会议通过《澳门特别行政区基本法》，该法自 1999 年 12 月 20 日起施行。该法参照《香港特别行政区基本法》进行了相关规定。体现了“一国两制”体制下，我国特别行政区财政与税收独立的立法原则。

第二节 税收法律

在我国的立法体系中，税收法律特指由全国人民代表大会及其常委会制定颁布的财政税收方面的规范性文件。税收法律是仅次于宪法的税收法律文件。2000 年 3 月 15 日第九届全国人民代表大会第三次会议通过《立法法》。该法规定基本经济制度以及财政、税收、海关、金融和外贸的基本制度只能制定法律。[①] 其中的财政基本制度应当涵盖税收制度。但基于当时的形势，《立法法》又规定，该法第八条规定的事项尚未制定法律的，全国人民代表大会及其常务委员会有权作出决定，授权国务院可以根据实际需要，对其中的部分事项先制定行政法规，但是有关犯罪和刑罚、对公民政治权利的剥夺和限制人身自由的强制措施和处罚、司法制度等事项除外。[②] 因此在实践中，实际上形成授权国务院根据实际需要制定行政法规开征税收的局面。但经过五年的法治实践，2015 年修正《立法法》时[③]，除继续强调原来第八条规定外，特别强调“税种的设立、税率的确定和税收征收管理等税收基本制度只能制定法律”[④]。为此，国家加快了财政税收法律立法的步伐。自《立法法》修订以来，截至 2021 年 6 月，先后制定《烟叶税法》《车辆购置税法》《耕地占用税法》《资源税法》《城市维护建设税法》《契税法》《印花税法》七部法律；修正《税收征收管理法》《个人所得税法》《环境保护税法》《船舶吨税法》《预算法》《企业所得税法》《车船税法》七部法律。已经列入十三届全国人大常委会立法规划的财税法立法项目还有增值税法、消费税法、房产税法和关税法等。届时，我国实践中征收的基本税收将全部纳入法律调整的范围。

---

① 参见 2000 年《立法法》第 8 条第（9）项。

② 参见 2000 年《立法法》第 9 条。

③ 2015 年 3 月 15 日，第十二届全国人民代表大会第三次会议通过《全国人民代表大会关于修改〈中华人民共和国立法法〉的决定》。

④ 参见 2015 年《立法法》第 8 条第（6）项。

表 6：全国人大及其常委会有效税收法律文件情况（截至 2021 年 10 月）

序号	法律名称	制定情况	备注
1	全国人民代表大会常务委员会关于授权国务院在部分地区开展房地产税改革试点工作的决定	2021 年 10 月 23 日第十三届全国人民代表大会常务委员会第三十一次会议通过。	本决定自公布之日起施行，试点实施启动时间由国务院确定。
2	印花税法	2021 年 6 月 10 日第十三届全国人民代表大会常务委员会第二十九次会议通过。	本法自 2022 年 7 月 1 日起施行。1988 年 8 月 6 日国务院发布的《印花税暂行条例》同时废止。
3	契税法	2020 年 8 月 11 日第十三届全国人民代表大会常务委员会第二十一次会议通过。	本法自 2021 年 9 月 1 日起施行。1997 年 7 月 7 日国务院发布的《契税暂行条例》同时废止。
4	城市维护建设税法	2020 年 8 月 11 日第十三届全国人民代表大会常务委员会第二十一次会议通过。	本法自 2021 年 9 月 1 日起施行。1985 年 2 月 8 日国务院发布的《城市维护建设税暂行条例》同时废止。
5	资源税法	2019 年 8 月 26 日第十三届全国人民代表大会常务委员会第十二次会议通过。	本法自 2020 年 9 月 1 日起施行。1993 年 12 月 25 日国务院发布的《资源税暂行条例》同时废止。
6	车船税法	2011 年 2 月 25 日第十一届全国人民代表大会常务委员会第十九次会议通过；根据 2019 年 4 月 23 日第十三届全国人民代表大会常务委员会第十次会议《关于修改〈中华人民共和国建筑法〉等八部法律的决定》修正。	本法自 2012 年 1 月 1 日起施行。2006 年 12 月 29 日国务院公布的《车船税暂行条例》同时废止。

续表

序号	法律名称	制定情况	备注
7	企业所得税法	2007年3月16日第十届全国人民代表大会第五次会议通过；根据2017年2月24日第十二届全国人民代表大会常务委员会第二十六次会议《关于修改〈中华人民共和国企业所得税法〉的决定》第一次修正；根据2018年12月29日第十三届全国人民代表大会常务委员会第七次会议《关于修改〈中华人民共和国电力法〉等四部法律的决定》第二次修正。	本法自2008年1月1日起施行。1991年4月9日第七届全国人民代表大会第四次会议通过的《外商投资企业和外国企业所得税法》和1993年12月13日国务院发布的《企业所得税暂行条例》同时废止。
8	车辆购置税法	2018年12月29日第十三届全国人民代表大会常务委员会第七次会议通过。	本法自2019年7月1日起施行。2000年10月22日国务院公布的《车辆购置税暂行条例》同时废止。
9	耕地占用税法	2018年12月29日第十三届全国人民代表大会常务委员会第七次会议通过。	本法自2019年9月1日起施行。2007年12月1日国务院公布的《耕地占用税暂行条例》同时废止。
10	船舶吨税法	2017年12月27日第十二届全国人民代表大会常务委员会第三十一次会议通过；根据2018年10月26日第十三届全国人民代表大会常务委员会第六次会议《关于修改〈中华人民共和国野生动物保护法〉等十五部法律的决定》修正。	本法自2018年7月1日起施行。2011年12月5日国务院公布的《船舶吨税暂行条例》同时废止。
11	环境保护税法	2016年12月25日第十二届全国人民代表大会常务委员会第二十五次会议通过；根据2018年10月26日第十三届全国人民代表大会常务委员会第六次会议《关于修改〈中华人民共和国野生动物保护法〉等十五部法律的决定》修正。	自本法施行之日起，依照本法规定征收环境保护税，不再征收排污费。本法自2018年1月1日起施行。

续表

序号	法律名称	制定情况	备注
12	个人所得税法	1980年9月10日第五届全国人民代表大会第三次会议通过；根据1993年10月31日第八届全国人民代表大会常务委员会第四次会议《关于修改〈中华人民共和国个人所得税法〉的决定》第一次修正；根据1999年8月30日第九届全国人民代表大会常务委员会第十一次会议《关于修改〈中华人民共和国个人所得税法〉的决定》第二次修正；根据2005年10月27日第十届全国人民代表大会常务委员会第十八次会议《关于修改〈中华人民共和国个人所得税法〉的决定》第三次修正；根据2007年6月29日第十届全国人民代表大会常务委员会第二十八次会议《关于修改〈中华人民共和国个人所得税法〉的决定》第四次修正；根据2007年12月29日第十届全国人民代表大会常务委员会第三十一次会议《关于修改〈中华人民共和国个人所得税法〉的决定》第五次修正；根据2011年6月30日第十一届全国人民代表大会常务委员会第二十一次会议《关于修改〈中华人民共和国个人所得税法〉的决定》第六次修正；根据2018年8月31日第十三届全国人民代表大会常务委员会第五次会议《关于修改〈中华人民共和国个人所得税法〉的决定》第七次修正。	个人所得税的征收管理，依照本法和《税收征收管理法》的规定执行。国务院根据本法制定实施条例。本法自公布之日起施行。

续表

序号	法律名称	制定情况	备注
13	烟叶税法	2017 年 12 月 27 日第十二届全国人民代表大会常务委员会第三十一次会议通过。	本法自 2018 年 7 月 1 日起施行。2006 年 4 月 28 日国务院公布的《烟叶税暂行条例》同时废止。
14	全国人民代表大会常务委员会关于批准《中华人民共和国加入世界贸易组织关税减让表修正案》的决定	2016 年 9 月 3 日第十二届全国人民代表大会常务委员会第二十二次会议通过。	第十二届全国人民代表大会常务委员会第二十二次会议决定：批准《中华人民共和国加入世界贸易组织关税减让表修正案》。 同时，授权国务院可根据《马拉喀什建立世界贸易组织协定》采取措施，并根据世界贸易组织审议结果对《中华人民共和国加入世界贸易组织关税减让表修正案》所附关税减让表进行技术性调整。
15	全国人民代表大会常务委员会关于批准《多边税收征管互助公约》的决定	2015 年 7 月 1 日第十二届全国人民代表大会常务委员会第十五次会议通过。	在中华人民共和国政府另行通知前，《多边税收征管互助公约》暂不适用于中华人民共和国香港特别行政区和澳门特别行政区。

续表

序号	法律名称	制定情况	备注
16	税收征收管理法	1992年9月4日第七届全国人民代表大会常务委员会第二十七次会议通过；根据1995年2月28日第八届全国人民代表大会常务委员会第十二次会议《关于修改〈中华人民共和国税收征收管理法〉的决定》第一次修正；2001年4月28日第九届全国人民代表大会常务委员会第二十一次会议修订；根据2013年6月29日第十二届全国人民代表大会常务委员会第三次会议《关于修改〈中华人民共和国文物保护法〉等十二部法律的决定》第二次修正；根据2015年4月24日第十二届全国人民代表大会常务委员会第十四次会议《关于修改〈中华人民共和国港口法〉等七部法律的决定》第三次修正。	耕地占用税、契税、农业税、牧业税征收管理的具体办法，由国务院另行制定。关税及海关代征税收的征收管理，依照法律、行政法规的有关规定执行。 中华人民共和国同外国缔结的有关税收的条约、协定同本法有不同规定的，依照条约、协定的规定办理。 本法施行前颁布的税收法律与本法有不同规定的，适用本法规定。国务院根据本法制定实施细则。本法自2001年5月1日起施行。
17	全国人民代表大会常务委员会关于《中华人民共和国刑法》有关出口退税、抵扣税款的其他发票规定的解释	2005年12月29日第十届全国人民代表大会常务委员会第十九次会议通过。	全国人民代表大会常务委员会根据司法实践中遇到的情况，讨论了刑法规定的“出口退税、抵扣税款的其他发票”的含义问题，解释如下： 刑法规定的“出口退税、抵扣税款的其他发票”，是指除增值税专用发票以外的，具有出口退税、抵扣税款功能的收付款凭证或者完税凭证。
18	全国人民代表大会常务委员会关于废止《中华人民共和国农业税条例》的决定	2005年12月29日第十届全国人民代表大会常务委员会第十九次会议通过。	第一届全国人民代表大会常务委员会第九十六次会议于1958年6月3日通过的《中华人民共和国农业税条例》自2006年1月1日起废止。

续表

序号	法律名称	制定情况	备注
19	全国人民代表大会常务委员会关于惩治虚开、伪造和非法出售增值税专用发票犯罪的决定	1995年10月30日第八届全国人民代表大会常务委员会第十六次会议通过。1995年10月30日中华人民共和国主席令第五十七号公布自公布之日起施行。	本决定自公布之日起施行。根据中华人民共和国刑法（1997年修订），本决定予以保留，其中，有关行政处罚和行政措施的规定继续有效；有关刑事责任的规定已纳入1997年刑法，自1997年刑法施行之日起，适用1997年刑法规定。
20	全国人民代表大会常务委员会关于外商投资企业和外国企业适用增值税、消费税、营业税等税收暂行条例的决定	1993年12月29日第八届全国人民代表大会常务委员会第五次会议通过。	本决定所称外商投资企业，是指在中国境内设立的中外合资经营企业、中外合作经营企业和外资企业。 本决定所称外国企业，是指在中国境内设立机构、场所，从事生产、经营和虽未设立机构、场所，而有来源于中国境内所得的外国公司、企业和其他经济组织。 本决定自公布之日起施行。

第三节　税收行政法规

税收行政法规，特指由国务院制定颁发的有关税收方面的规范性文件。国务院制定颁布税收行政法规，一是基于全国人民代表大会及其常委会的授权；二是作为全国经济主管机关，需要对国家颁发的税收法律通过出台实施条例予以进一步细化。因此，税收行政法规也是我国税法体系中的国家立法。改革开放以来，鉴于改革发展形势的需要，从1985年开始，在全国人大常委会的授权下，我国税收法治的路径大多数都经历了先由国务院出台税收方面的暂行规定，而后再根据实践情况改为正式条例，或上升到法律高度的过程。另外，在全国人大颁发税收法律文件后，通常会授权国务院出台实施条例或细则。截至2021年10月，主要税收行政法规见下表，从中可以看出我国各税收的立法发展脉络。

表 7：国务院有效税收行政法规情况（截至 2021 年 10 月）

序号	法规名称	制定情况	备注
1	企业所得税法实施条例	2007 年 12 月 6 日中华人民共和国国务院令第 512 号公布。根据 2019 年 4 月 23 日《国务院关于修改部分行政法规的决定》修订。	本条例自 2008 年 1 月 1 日起施行。1991 年 6 月 30 日国务院发布的《外商投资企业和外国企业所得税法实施细则》和 1994 年 2 月 4 日财政部发布的《企业所得税暂行条例实施细则》同时废止。
2	车船税法实施条例	2011 年 12 月 5 日中华人民共和国国务院令第 611 号公布。根据 2019 年 3 月 2 日《国务院关于修改部分行政法规的决定》修订。	本条例自 2012 年 1 月 1 日起施行。
3	城镇土地使用税暂行条例	1988 年 9 月 27 日中华人民共和国国务院令第 17 号发布。根据 2006 年 12 月 31 日《国务院关于修改〈中华人民共和国城镇土地使用税暂行条例〉的决定》第一次修订；根据 2011 年 1 月 8 日《国务院关于废止和修改部分行政法规的决定》第二次修订；根据 2013 年 12 月 7 日《国务院关于修改部分行政法规的决定》第三次修订；根据 2019 年 3 月 2 日《国务院关于修改部分行政法规的决定》第四次修订。	本条例的实施办法由省、自治区、直辖市人民政府制定。自 1988 年 11 月 1 日起施行，各地制定的土地使用费办法同时停止执行。

续表

序号	法规名称	制定情况	备注
4	个人所得税法实施条例	1994年1月28日中华人民共和国国务院令第142号发布。根据2005年12月19日《国务院关于修改〈中华人民共和国个人所得税法实施条例〉的决定》第一次修订；根据2008年2月18日《国务院关于修改〈中华人民共和国个人所得税法实施条例〉的决定》第二次修订；根据2011年7月19日《国务院关于修改〈中华人民共和国个人所得税法实施条例〉的决定》第三次修订；2018年12月18日中华人民共和国国务院令第707号第四次修订。	个人所得税纳税申报表、扣缴个人所得税报告表和个人所得税完税凭证式样，由国务院税务主管部门统一制定。 军队人员个人所得税征收事宜，按照有关规定执行。 本条例自2019年1月1日起施行。
5	环境保护税法实施条例	根据《环境保护税法》，制定本条例。	本条例自2018年1月1日起施行。2003年1月2日国务院公布的《排污费征收使用管理条例》同时废止。
6	增值税暂行条例	1993年12月13日中华人民共和国国务院令第134号公布。2008年11月5日国务院第34次常务会议修订通过。根据2016年2月6日《国务院关于修改部分行政法规的决定》第一次修订；根据2017年11月19日《国务院关于废止〈中华人民共和国营业税暂行条例〉和修改〈中华人民共和国增值税暂行条例〉的决定》第二次修订。	增值税的征收管理，依照《税收征收管理法》及本条例有关规定执行。 纳税人缴纳增值税的有关事项，国务院或者国务院财政、税务主管部门经国务院同意另有规定的，依照其规定。 本条例自2009年1月1日起施行。

续表

序号	法规名称	制定情况	备注
7	进出口关税条例	2003 年 11 月 23 日中华人民共和国国务院令第 392 号公布。根据 2011 年 1 月 8 日《国务院关于废止和修改部分行政法规的决定》第一次修订；根据 2013 年 12 月 7 日《国务院关于修改部分行政法规的决定》第二次修订；根据 2016 年 2 月 6 日《国务院关于修改部分行政法规的决定》第三次修订；根据 2017 年 3 月 1 日《国务院关于修改和废止部分行政法规的决定》第四次修订。	进口环节海关代征税的征收管理，适用关税征收管理的规定。 有违反本条例规定行为的，按照《海关法》《海关行政处罚实施条例》和其他有关法律、行政法规的规定处罚。 本条例自 2004 年 1 月 1 日起施行。1992 年 3 月 18 日国务院修订发布的《进出口关税条例》同时废止。
8	税收征收管理法实施细则	2002 年 9 月 7 日中华人民共和国国务院令第 362 号公布。根据 2012 年 11 月 9 日《国务院关于修改和废止部分行政法规的决定》第一次修订；根据 2013 年 7 月 18 日《国务院关于废止和修改部分行政法规的决定》第二次修订；根据 2016 年 2 月 6 日《国务院关于修改部分行政法规的决定》第三次修订。	耕地占用税、契税、农业税、牧业税的征收管理，按照国务院的有关规定执行。 本细则自 2002 年 10 月 15 日起施行。1993 年 8 月 4 日国务院发布的《税收征收管理法实施细则》同时废止。
9	对储蓄存款利息所得征收个人所得税的实施办法	1999 年 9 月 30 日中华人民共和国国务院令第 272 号发布。根据 2007 年 7 月 20 日中华人民共和国国务院令第 502 号公布的《国务院关于修改〈对储蓄存款利息所得征收个人所得税的实施办法〉的决定》修订。	本办法自 1999 年 11 月 1 日起施行。

续表

序号	法规名称	制定情况	备注
10	废止《国务院关于对农业特产收入征收农业税的规定》和《屠宰税暂行条例》	中华人民共和国国务院令第459号	1994年1月30日中华人民共和国国务院令第143号发布的《国务院关于对农业特产收入征收农业税的规定》自2006年2月17日起废止。对该规定中的烟叶收入征税，另行制定办法。 1950年12月15日政务院第六十三次政务会议通过，1950年12月19日政务院发布的《屠宰税暂行条例》自2006年2月17日起废止。
11	土地增值税暂行条例	1993年12月13日中华人民共和国国务院令第138号发布。根据2011年1月8日国务院令第588号《国务院关于废止和修改部分行政法规的决定》修订。	土地增值税的征收管理，依据《税收征收管理法》及本条例有关规定执行。 本条例由财政部负责解释，实施细则由财政部制定。 本条例自1994年1月1日起施行。各地区的土地增值费征收办法，与本条例相抵触的，同时停止执行。
12	消费税暂行条例	1993年12月5日发布（国发〔1993〕85号）。2008年11月5日国务院第34次常务会议修订通过。	消费税的征收管理，依照《税收征收管理法》及本条例有关规定执行。本条例自2009年1月1日起施行。
13	国务院关于实行分税制财政管理体制的决定	国发〔1993〕85号 1993年12月15日发布。	
14	印花税暂行条例	1988年8月6日中华人民共和国国务院令第11号发布。根据2011年1月8日国务院令第588号《国务院关于废止和修改部分行政法规的决定》修订。	印花税的征收管理，除本条例规定者外，依照《税收征收管理法》的有关规定执行。 本条例由财政部负责解释；施行细则由财政部制定。自1988年10月1日起施行。

续表

序号	法规名称	制定情况	备注
15	房产税暂行条例	1986 年 9 月 15 日国务院发布。根据 2011 年 1 月 8 日国务院令第 588 号《国务院关于废止和修改部分行政法规的决定》修订。	房产税按年征收、分期缴纳。纳税期限由省、自治区、直辖市人民政府规定。 房产税的征收管理，依照《税收征收管理法》的规定办理。 房产税由房产所在地的税务机关征收。 本条例由财政部负责解释；施行细则由省、自治区、直辖市人民政府制定，抄送财政部备案。自 1986 年 10 月 1 日起施行。

第四节　税收地方性法规

地方性法规，是指具有立法权的地方人大制定颁发的规范性文件。按照 2015 年修订的《立法法》，我国有权制定地方性法规的立法机关包括：一是省、自治区、直辖市人大及其常委会机关；二是设区的市一级的人大及其常委会机关。按照我国税收管理体制，地方立法机关没有设立独立开征税收的权力。地方税收立法主要涉及以下几个方面：

一、在税法授权范围内就税收有关事项作出规定

2020 年 8 月 21 日，黑龙江省第十三届人民代表大会常务委员会第二十次会议发布公告（第 25 号），出台《黑龙江省人民代表大会常务委员会关于实施资源税法授权事项的决定》，就本省相关资源税的具体适用税率、计征方式以及免征或者减征的具体办法作出决定。与此同时，海南、安徽、贵州、甘肃、浙江、四川、山西、河南、湖南、河北、陕西、重庆、西藏、广东、天津、宁夏、福建、江西、湖北、广西、山东、江苏等省、自治区、直辖市也作了类似的规定。

2019 年 9 月 25 日西藏自治区第十一届人民代表大会常务委员会第十四次会议通过《西藏自治区人民代表大会常务委员会关于耕地占用税适用税额的决定》，该决定指出，为合理利用土地资源，加强土地管理，保护耕地，根据

《耕地占用税法》规定，统筹考虑自治区人均耕地面积和经济发展等情况，对耕地占用税适用税额作出决定。与此同时，陕西、黑龙江、宁夏、重庆、浙江、贵州、湖南、山西、安徽、海南、湖北、山东、河南、江西、福建、江苏、北京、河北、广西、新疆、四川、广东、云南、甘肃、天津等省、自治区、直辖市也作了类似的规定。

2016年12月25日，根据《环境保护税法》的授权，重庆、西藏、黑龙江、天津、安徽、江苏、广西、山东、河北、河南、四川、吉林、山西、北京、浙江、海南、湖南、江西、辽宁、甘肃、陕西、广东、青海、宁夏、云南、新疆、上海、内蒙古、贵州、福建等省、自治区、直辖市人大常委会先后就“其他固体废物”范围及相关适用税率作出决定。

二、出台保税区域相关规定

改革开放以来，国务院先后批准在上海外高桥、天津港、福建福州、深圳福田、厦门象屿、宁波、大连、珠海、青岛前湾、贵阳等地设立保税区。按照国际惯例和国家有关政策，这些保税区实施封闭管理，在税收上给予企业各种优惠。为此，各地人大常委会以地方性法规方式作出了相关的规定。例如，1996年《上海外高桥保税区条例》，从境外运入保税区的下列货物、物品，除国家另有规定外，免征关税和进口环节税：（一）进口货物；（二）转口货物；（三）保税区内储存货物；（四）保税区内企业生产所需原材料、零部件、包装物件；（五）保税区内建设项目所需机器、设备和基建物资；（六）保税区内企业、机构自用的机器、设备和合理数量的办公用品、燃料、维修零配件。从保税区运往境外的货物，免征关税，国家另有规定的除外。经保税区出口的货物，依照国家有关出口退税的规定予以退税。从保税区运往非保税区的货物，除国家另有规定外，参照国家货物进口的规定，征收关税和进口环节税。保税区企业生产供区内销售或者运往境外的产品，免征生产环节税。对销往非保税区的产品征收产品的生产环节税，按照产品所含境外料、件的比例征收关税、进口环节税。保税区生产性企业按15%税率计征企业所得税。经营期在10年以上的，从开始获利的年度起，第1年和第2年免征企业所得税，第3年至第5年减半征收企业所得税。保税区贸易、仓储等非生产性企业，按15%税率计征企业所得税。经营期在10年以上的，从开始获利的年度起，第1年免征企业所得税，第2年至第3年减半征收企业所得税。[①] 2011年《山东省青岛前湾保税港区条例》规定，从境外进入保税港区的货物按照国家有关规定予以保税或者免税，从保税港区运往境外的货物免征出口关税；但法律、行政法规另有规定的除外。从保税港区进入国内的货物，按照货物实际状态征税。保税港区企业生产的供区内销售或者运往境外的产品，免征相应的增值税和消费税。国内货物进入保税港区视同出口，按照规定实行退免税；保税港区内企业之间的货物交易免征增值税和消费税。[②]

三、出台税收保障综合性规定

为了加强税收征收管理，规范税收征收和缴纳行为，保障税收收入，保护纳税人的合法权益，营造公平、公正的纳税环境，促进经济社会发展，根据《税收征收管理法》《税收征收管理法实施细则》等法律、行政法规，结合各地实际，广西、黑龙江、江西、海南、山东及西安市人大常委会先后制定《税收保障条例》。主要就辖区内的税收管理、税收协助、税收服务、税收监督等税收保障活动作出规定。该类综合性立法的亮点，一是对“培植税源”作出规定。例如，2010年《山东省地方税收保障条例》规定，各级人民政府应当根据国民经济和社会发展规划，结合本地实际，优化和调整经济、产业结构，积极培植税源，保障地方税收与经济发展相协调。[③] 二是对税收协助问题作出规定。对此，2013年《青岛市税收征收协助条例》规定，市、区（市）人民政府应当加强对本行政区域内税收征收协助工作的组织、协调，建立健全工作机制，保障工作经费。财政部门具体负责税收征收协助工作的协调。政府相关部门、单位应当按照法律、法规和本条例的规定，对税务机关的税收征收工作提供协助。人民法院、人民银行青岛市中心支行、青岛证监局、青岛银监局、青岛保监局、青岛海事局、青岛海关、青岛市通信管理局等单位按照各自职责，对税务机关的税收征收工作提供协助。镇人民政府、街道办事处应当协助税务机关在本辖区内开展税收征收工作。[④] 在具体措施方面，因下列事项产生的涉税信息，该事项的主管部门、单位应当按照规定向税务机关提供：（一）企业、事业组织、个体工商户、社会团体、民办非企业单位以及其他组织的设立、变更、注销

① 参见1996年《上海外高桥保税区条例》第37条—42条。

② 参见2011年《山东省青岛前湾保税港区条例》第25条—第27条。

③ 参见2010年《山东省地方税收保障条例》第6条。

④ 参见2013年《青岛市税收征收协助条例》第3条。

登记，组织机构代码证的颁发、变更、注销；（二）医疗、民办教育、特种行业、网络文化、广告、药品、危险化学品、餐饮服务、道路运输以及其他生产经营许可，建筑业企业、物业服务企业资质许可；（三）动产、不动产登记，土地所有权、使用权转移，房产交易，房屋征收补偿，海域使用，矿产资源勘探、开采；（四）建设用地、建设工程规划许可，建设工程施工许可，交通、水利建设项目许可，商品房预售许可，建设资金投入，建设工程项目中标合同签订，建设工程竣工验收备案；（五）固定资产投资，技术改造投资，技术合同认定，境内企业对外投资，产权、股权转让，政府采购，企业破产清算，资产拍卖；（六）商业性的文艺演出、体育比赛，彩票代办，旅馆入住；（七）外籍人员出入境，外籍人员就业，残疾人就业，失业人员就业；（八）政府定价、政府指导价的制定和调整，价格备案，单位社会保险费、住房公积金缴纳，医疗保险费结算；（九）非金融企业买卖股票、金融期货、债券，企业经营贸易，符合国家相关规定可对外发布的对外支付外汇资料；（十）产生涉税信息的其他事项。①在相关税收保障条例中，也有类似的规定。

第五节　税务规章

按照《立法法》规定，税务规章是指为加强税收征收管理，规范税收行为，由中央税收管理部门和地方人民政府依据税收法律、行政法规授权或履行自身职能需要，制定颁发的规范性文件。其中，中央税收管理部门主要指财政部、国家税务总局、海关总署等，其所制定的规范性文件称为“部门规章”，在全国范围内适用；地方人民政府主要是指省一级的地方人民政府，其所制定的规范性文件在本辖区内适用。

一、关于税务规章的制定规范

为规范税务部门规章制定工作，国家税务总局根据《立法法》和国务院

① 参见2013年《青岛市税收征收协助条例》第5条。

《规章制定程序条例》①，于2002年2月1日专门制定了《税务部门规章制定实施办法》，该办法于2019年1月23日修正。该办法是国家税务总局制定和实施全国性的税务规章的法律依据。该实施办法规定，国家税务总局根据法律和国务院的行政法规、决定、命令，在权限范围内制定对税务机关和税务行政相对人具有普遍约束力的税务规章。税务规章以国家税务总局令公布。税务规章的立项、起草、审查、决定、公布、解释、修改和废止，适用本办法。制定税务规章，应当贯彻落实党的路线方针政策和决策部署，体现全面深化改革、全面依法治国精神，符合社会主义核心价值观的要求。制定政治方面法律的配套税务规章和制定对经济社会有重大影响的税务规章，在提交局务会议审议前应当向国家税务总局党委报告。按照规定应当向党中央、国务院报告的重要税务规章，依照有关程序办理。制定税务规章，应当符合上

---

① 为了规范规章制定程序，保证规章质量，根据《立法法》的有关规定，2001年11月16日国务院令第322号公布《规章制定程序条例》，根据2017年12月22日《国务院关于修改〈规章制定程序条例〉的决定》修订。该条例总则部分规定，规章的立项、起草、审查、决定、公布、解释，适用本条例。违反本条例规定制定的规章无效。制定规章，应当贯彻落实党的路线方针政策和决策部署，遵循立法法确定的立法原则，符合宪法、法律、行政法规和其他上位法的规定。没有法律或者国务院的行政法规、决定、命令的依据，部门规章不得设定减损公民、法人和其他组织权利或者增加其义务的规范，不得增加本部门的权力或者减少本部门的法定职责。没有法律、行政法规、地方性法规的依据，地方政府规章不得设定减损公民、法人和其他组织权利或者增加其义务的规范。制定政治方面法律的配套规章，应当按照有关规定及时报告党中央或者同级党委（党组）。制定重大经济社会方面的规章，应当按照有关规定及时报告同级党委（党组）。制定规章，应当切实保障公民、法人和其他组织的合法权益，在规定其应当履行的义务的同时，应当规定其相应的权利和保障权利实现的途径。制定规章，应当体现行政机关的职权与责任相统一的原则，在赋予有关行政机关必要的职权的同时，应当规定其行使职权的条件、程序和应承担的责任。制定规章，应当体现全面深化改革精神，科学规范行政行为，促进政府职能向宏观调控、市场监管、社会管理、公共服务、环境保护等方面转变。制定规章，应当符合精简、统一、效能的原则，相同或者相近的职能应当规定由一个行政机关承担，简化行政管理手续。规章的名称一般称“规定”“办法”，但不得称“条例”。规章用语应当准确、简洁，条文内容应当明确、具体，具有可操作性。法律、法规已经明确规定的内容，规章原则上不作重复规定。除内容复杂的外，规章一般不分章、节。涉及国务院两个以上部门职权范围的事项，制定行政法规条件尚不成熟，需要制定规章的，国务院有关部门应当联合制定规章。有前款规定情形的，国务院有关部门单独制定的规章无效。条例对规章的立项、起草、审查、决定和公布、解释和备案作出专门规定。条例规定，依法不具有规章制定权的县级以上地方人民政府制定、发布具有普遍约束力的决定、命令，参照本条例规定的程序执行。国务院部门，省、自治区、直辖市和设区的市、自治州的人民政府，应当根据全面深化改革、经济社会发展需要以及上位法规定，及时组织开展规章清理工作。对不适应全面深化改革和经济社会发展要求、不符合上位法规定的规章，应当及时修改或者废止。国务院部门，省、自治区、直辖市和设区的市、自治州的人民政府，可以组织对有关规章或者规章中的有关规定进行立法后评估，并把评估结果作为修改、废止有关规章的重要参考。规章的修改、废止程序适用本条例的有关规定。规章修改、废止后，应当及时公布。编辑出版正式版本、民族文版、外文版本的规章汇编，由法制机构依照《法规汇编编辑出版管理规定》的有关规定执行。

位法的规定，体现职权与责任相统一的原则，切实保障税务行政相对人的合法权益。没有法律或者国务院的行政法规、决定、命令的依据，税务规章不得设定减损税务行政相对人权利或者增加其义务的规范，不得增加本部门的权力或者减少本部门的法定职责。税务规章不得溯及既往，但是为了更好地保护税务行政相对人权益而作出的特别规定除外。税务规章的名称一般称“办法”“规定”“规程”“规则”“决定”或者“实施细则”，不得称“条例”。税务规章应当根据需要，明确制定目的、依据、适用范围、主体、权利义务、具体规范、操作程序、法律责任、施行日期等。税务规章用语应当准确、简洁，避免产生歧义；内容应当明确、具体，具有可操作性。税务规章应当采用条文式。税务规章内容复杂的，可以根据需要分章、节、条、款、项、目。章、节、条的序号用中文数字依次表述，款不编序号，项的序号用中文数字加括号依次表述，目的序号用阿拉伯数字依次表述。实施办法对税收规章的立项、起草、审查、评估、公布与解释、修改与废止作出规定。

二、全国性税务规章立法现状

截至 2021 年 10 月，由国家税务总局及相关部门制定的主要部门规章如表 8 所示：

表 8：国家税务总局主要有效税务规章制定情况（截至 2021 年 10 月）

序号	规章名称	制定情况	备注
1	税务稽查案件办理程序规定	2021 年 7 月 12 日国家税务总局令第 52 号公布	本规定自 2021 年 8 月 11 日起施行。《税务稽查工作规程》（国税发〔2009〕157 号印发，国家税务总局公告 2018 年第 31 号修改）同时废止。
	重大税务案件审理办法	2014 年 12 月 2 日国家税务总局令第 34 号公布	本办法自 2015 年 2 月 1 日起施行。根据 2021 年 6 月 7 日国家税务总局令第 51 号修正。
3	税务规范性文件制定管理办法	2017 年 5 月 16 日国家税务总局令第 41 号公布	本办法自 2017 年 7 月 1 日起施行。《税收规范性文件制定管理办法》（国家税务总局令第 20 号公布）同时废止。根据 2019 年 11 月 26 日国家税务总局令第 50 号第一次修正，根据 2021 年 12 月 31 日国家税务总局令第 53 号第二次修正。

续表

序号	规章名称	制定情况	备注
4	税收违法行为检举管理办法	2019年11月26日国家税务总局令第49号公布	本办法自2020年1月1日起施行。《税收违法行为检举管理办法》（国家税务总局令第24号公布）同时废止。
5	税务部门规章制定实施办法	2002年2月1日国家税务总局令第1号公布	本办法自2002年3月1日起施行。根据2019年1月23日国家税务总局令第45号修正。
6	增值税一般纳税人登记管理办法	2017年12月29日国家税务总局令第43号公布	本办法自2018年2月1日起施行，《增值税一般纳税人资格认定管理办法》（国家税务总局令第22号公布）同时废止。
7	税务行政复议规则	2010年2月10日国家税务总局令第21号公布	本规则自2010年4月1日起施行，2004年2月24日国家税务总局公布的《税务行政复议规则（暂行）》（国家税务总局令第8号）同时废止。根据2015年12月28日《国家税务总局关于修改〈税务行政复议规则〉的决定》和2018年6月15日《国家税务总局关于修改部分税务部门规章的决定》修正。
8	个体工商户个人所得税计税办法	2014年12月27日国家税务总局令第35号公布	本办法自2015年1月1日起施行。国家税务总局1997年3月26日发布的《国家税务总局关于印发〈个体工商户个人所得税计税办法（试行）〉的通知》（国税发〔1997〕43号）同时废止。根据2018年6月15日《国家税务总局关于修改部分税务部门规章的决定》修正。
9	中华人民共和国发票管理办法实施细则	2011年2月14日国家税务总局令第25号公布	本实施细则自2011年2月1日起施行。根据2014年12月27日《国家税务总局关于修改〈中华人民共和国发票管理办法实施细则〉的决定》、2018年6月15日《国家税务总局关于修改部分税务部门规章的决定》、2019年7月24日《国家税务总局关于公布取消一批税务证明事项以及废止和修改部分规章规范性文件的决定》修正。

续表

序号	规章名称	制定情况	备注
10	税务登记管理办法	2003年12月17日国家税务总局令第7号公布	本办法自2004年2月1日起施行。根据2014年12月27日《国家税务总局关于修改〈税务登记管理办法〉的决定》、2018年6月15日《国家税务总局关于修改部分税务部门规章的决定》、2019年7月24日《国家税务总局关于公布取消一批税务证明事项以及废止和修改部分规章规范性文件的决定》修正。
11	一般反避税管理办法（试行）	2014年12月2日国家税务总局令第32号公布	本办法自2015年2月1日起施行。
12	税款缴库退库工作规程	2014年3月25日国家税务总局令第31号公布	本规程自2014年9月1日起施行。
13	税收执法督察规则	2013年1月25日国家税务总局令第29号公布	本规则自2013年4月1日起施行，《国家税务总局关于印发〈税收执法检查规则〉的通知》（国税发〔2004〕126号）同时废止。根据2018年6月15日《国家税务总局关于修改部分税务部门规章的决定》修正。
14	税收票证管理办法	2013年2月25日国家税务总局令第28号公布	本办法自2014年1月1日起施行。1998年3月10日国家税务总局发布的《税收票证管理办法》（国税发〔1998〕32号）同时废止。根据2019年7月24日《国家税务总局关于公布取消一批税务证明事项以及废止和修改部分规章规范性文件的决定修正。
15	网络发票管理办法	2013年2月25日国家税务总局令第36号公布	本办法自2013年4月1日起施行。根据2018年6月15日《国家税务总局关于修改部分税务部门规章的决定》修正。

续表

序号	规章名称	制定情况	备注
16	卷烟消费税计税价格信息采集和核定管理办法	2011年10月27日国家税务总局令第26号公布	本办法自2012年1月1日起施行。2003年1月23日国家税务总局公布的《卷烟消费税计税价格信息采集和核定管理办法》（国家税务总局令第5号）同时废止。根据2018年6月15日《国家税务总局关于修改部分税务部门规章的决定》修正。
17	非居民承包工程作业和提供劳务税收管理暂行办法	2009年01月20日国家税务总局令第19号公布	本办法自2009年3月1日起施行。
18	检举纳税人税收违法行为奖励暂行办法	2017年01月13日国家税务总局财政部令第18号公布	本办法自2007年3月1日起施行。国家税务总局1998年12月15日印发的《税务违法案件举报奖励办法》同时废止。
19	个体工商户建账管理暂行办法	2006年12月15日国家税务总局令第17号公布	本办法自2007年1月1日起施行。1997年6月19日国家税务总局发布的《个体工商户建账管理暂行办法》同时废止。根据2018年6月15日《国家税务总局关于修改部分税务部门规章的决定》修正。
20	个体工商户税收定期定额征收管理办法	2006年8月30日国家税务总局令第16号公布	本办法自2007年1月1日起施行。1997年6月19日国家税务总局发布的《个体工商户定期定额管理暂行办法》同时废止。根据2018年6月15日《国家税务总局关于修改部分税务部门规章的决定修正。
21	抵税财物拍卖、变卖试行办法	2005年5月24日国家税务总局令第12号公布	本办法自2005年7月1日起施行。
22	纳税担保试行办法	2005年5月24日国家税务总局令第11号公布	本办法自2005年7月1日起施行。
23	电力产品增值税征收管理办法	2004年12月22日国家税务总局令第10号公布	本办法自2005年2月1日起施行。根据2018年6月15日《国家税务总局关于修改部分税务部门规章的决定》国家税务总局令第44号修正。

续表

序号	规章名称	制定情况	备注
24	欠税公告办法（试行）	2004年10月10日国家税务总局令第9号公布	本办法自2005年1月1日起施行。根据2018年6月15日《国家税务总局关于修改部分税务部门规章的决定》修正。
25	成品油零售加油站增值税征收管理办法	2002年4月2日国家税务总局令第2号公布	本办法自2002年5月1日起执行。
26	增值税防伪税控系统管理办法	1999年12月1日国税发〔1999〕221号公布	本办法自2000年1月1日起施行。根据2018年6月15日《国家税务总局关于修改部分税务部门规章的决定》修正。
27	储蓄存款利息所得个人所得税征收管理办法	1999年10月8日国税发第179号通知	本办法自1999年10月8日起施行。
28	税收会计制度	1998年10月27日国税发〔1998〕186号文件印发	本制度自1999年1月1日起施行。1995年8月21日国家税务总局颁发的《税收会计核算办法》及有关规定同时废止。根据2018年6月15日《国家税务总局关于修改部分税务部门规章的决定》修正。
29	税务违法案件公告办法	1998年9月28日国税发〔1998〕156号文件印发	本办法自1998年10月1日起施行。根据2018年6月15日《国家税务总局关于修改部分税务部门规章的决定》修正。
30	境外所得个人所得税征收管理暂行办法	1998年8月12日国税发〔1998〕126号文件印发	本办法从1998年7月1日起执行。根据2018年6月15日《国家税务总局关于修改部分税务部门规章的决定》修正。
31	增值税日常稽查办法	1998年3月26日国税发〔1998〕44号公布	本办法自1998年1月1日起执行。
32	邮寄纳税申报办法	1997年9月26日国税发〔1997〕147号文件印发	本办法自1997年9月26日起施行。根据2016年5月29日《国家税务总局关于公布全文废止和部分条款废止的税务部门规章目录的决定》和2018年6月15日《国家税务总局关于修改部分税务部门规章的决定》修正。

续表

序号	规章名称	制定情况	备注
33	广告市场个人所得税征收管理暂行办法	1996 年 8 月 29 日国税发〔1996〕148 号文件印发	本办法自 1996 年 9 月 1 日起执行。根据 2016 年 5 月 29 日《国家税务总局关于公布全文废止和部分条款废止的税务部门规章目录的决定》和 2018 年 6 月 15 日《国家税务总局关于公布全文废止和部分条款废止的税务部门规章目录的决定》修正。
34	建筑安装业个人所得税征收管理暂行办法	1996 年 7 月 22 日国税发〔1996〕127 号文件印发	根据 2016 年 5 月 29 日《国家税务总局关于公布全文废止和部分条款废止的税务部门规章目录的决定》和 2018 年 6 月 15 日《国家税务总局关于修改部分税务部门规章的决定》修正
35	演出市场个人所得税征收管理暂行办法	1995 年 11 月 18 日国税发〔1995〕171 号印发	本办法自文到之日起施行。根据 2016 年 5 月 29 日《国家税务总局关于公布全文废止和部分条款废止的税务部门规章目录的决定》和 2018 年 6 月 15 日《国家税务总局关于修改部分税务部门规章的决定》修正。
36	机动出租车驾驶员个人所得税征收管理暂行办法	1995 年 3 月 13 日国税发〔1995〕050 号印发	本办法从 1995 年 4 月 1 日起执行。根据 2018 年 6 月 15 日《国家税务总局关于修改部分税务部门规章的决定》修正
37	金银首饰消费税征收管理办法	1994 年 12 月 26 日国税发［1994］267 号文件印发	本办法自 1995 年 1 月 1 日起施行。根据 2018 年 6 月 15 日《国家税务总局关于修改部分税务部门规章的决定》修正。
38	货物期货征收增值税具体办法	1994 年 11 月 9 日国税发〔1994〕244 号公布	本办法自 1994 年 11 月 9 日起施行。
39	征收个人所得税若干问题的规定	1994 年 3 月 31 日国税发（1994）89 号发布	本规定自 1994 年 1 月 1 日起施行。根据 2016 年 5 月 29 日《国家税务总局关于公布全义废止和部分条款废止的税务部门规章目录的决定》修正。
40	消费税若干具体问题的规定	1993 年 12 月 28 日国税发〔1993〕156 号公布	本规定自 1994 年 1 月 1 日起执行。本规定被《国家税务总局关于公布《税务部门现行有效、失效、废止规章目录》的公告》（2010 年 11 月 29 日发布；2010 年 11 月 29 日实施）部分废止。

续表

序号	规章名称	制定情况	备注
41	增值税若干具体问题的规定	1993 年 12 月 28 日国税发〔1993〕154 号公布	本规定被《国家税务总局关于发布已失效或废止有关增值税规范性文件清单的通知》（2009 年 2 月 2 日发布；2009 年 2 月 2 日实施）部分废止；被《国家税务总局关于公布《税务部门现行有效、失效、废止规章目录》的公告》（2010 年 11 月 29 日发布；2010 年 11 月 29 日实施）部分废止。
42	股份制试点企业有关税收问题的暂行规定	1992 年 6 月 12 日国税发〔1992〕137 号公布	本规定从 1992 年 1 月 1 日起执行。

表 9：财政、海关总署等机关主要有效税务规章（截至 2021 年 10 月）

序号	规章名称	制定情况	备注
1	税收违法违纪行为处分规定	2012 年 6 月 6 日监察部、人力资源和社会保障部、国家税务总局令第 26 号公布	本规定自 2012 年 8 月 1 日起施行。
2	中华人民共和国增值税暂行条例实施细则	2008 年 12 月 18 日财政部 国家税务总局令第 50 号公布	本细则自 2009 年 1 月 1 日起施行。根据 2011 年 10 月 28 日《关于修改〈中华人民共和国增值税暂行条例实施细则〉和〈中华人民共和国营业税暂行条例实施细则〉的决定》修订。
3	中华人民共和国消费税暂行条例实施细则	2008 年 12 月 15 日财政部 国家税务总局令第 51 号公布	本细则自 2009 年 1 月 1 日起施行。
4	科技开发用品免征进口税收暂行规定	2007 年 1 月 31 日财政部、海关总署、国家税务总局令第 44 号公布	本规定自 2007 年 2 月 1 日起施行。根据 2011 年 6 月 14 日《财政部、海关总署、国家税务总局关于修改〈科技开发用品免征进口税收暂行规定〉和〈科学研究和教学用品免征进口税收规定〉的决定》修订。

续表

序号	规章名称	制定情况	备注
5	低开出口发票行为处罚暂行办法	2006 年 1 月 10 日商务部、海关总署、国家税务总局令 2005 年第 26 号公布	本办法自发布之日起 3 个月后施行。
6	农产品进口关税配额管理暂行办法	商务部、发展改革委令 2003 年第 4 号发布	本办法自公布之日起施行。根据商务部令 2019 年第 1 号《商务部关于废止和修改部分规章的决定》和商务部令 2021 年第 2 号《商务部关于废止和修改部分规章的决定》修订。
7	反倾销退税暂行规则	2002 年 3 月 13 日对外贸易经济合作部令 2002 年第 22 号公布	本规则自 2002 年 4 月 15 日起实施。
8	中华人民共和国土地增值税暂行条例实施细则	1995 年 1 月 27 日财政部关于印发《土地增值税暂行条例实施细则》的通知，财法字〔1995〕6 号公布	本细则自发布之日起施行。1994 年 1 月 1 日至本细则发布之日期间的土地增值税参照本细则的规定计算征收。
9	税务代理试行办法	1994 年 10 月 19 日财政部公布	本办法自公布之日起执行。
10	中华人民共和国海关进出口货物减免税管理办法	2020 年 12 月 11 日海关总署令第 245 号公布	本办法自 2021 年 3 月 1 日起施行。2008 年 12 月 29 日海关总署公布的《中华人民共和国海关进出口货物减免税管理办法》（海关总署令第 179 号）同时废止。
11	中华人民共和国海关最不发达国家特别优惠关税待遇进口货物原产地管理办法	2017 年 3 月 1 日海关总署令第 231 号公布	本办法自 2017 年 4 月 1 日起施行。2010 年 6 月 28 日海关总署令第 192 号公布的《中华人民共和国海关最不发达国家特别优惠关税待遇进口货物原产地管理办法》、2013 年 7 月 1 日海关总署令第 210 号公布的《海关总署关于修改〈中华人民共和国海关最不发达国家特别优惠关税待遇进口货物原产地管理办法〉的决定》同时废止。

续表

序号	规章名称	制定情况	备注
12	中华人民共和国海关审定进出口货物完税价格办法	2013 年 12 月 25 日海关总署令第 213 号公布	本办法自 2014 年 2 月 1 日起施行。2006 年 3 月 28 日海关总署令第 148 号发布的《中华人民共和国海关审定进出口货物完税价格办法》同时废止。
13	中华人民共和国海关审定内销保税货物完税价格办法	2013 年 12 月 25 日海关总署令第 211 号公布	本办法自 2014 年 2 月 1 日起施行。
14	中华人民共和国海关税收保全和强制措施暂行办法	2009 年 8 月 19 日海关总署令第 184 号公布	本办法自 2009 年 9 月 1 日起施行。
15	中华人民共和国海关保税核查办法	2008 年 3 月 31 日海关总署令第 173 号公布	本办法自 2008 年 6 月 1 日起施行。根据 2018 年 5 月 29 日海关总署第 240 号令《海关总署关于修改部分规章的决定》第一次修正。
16	中华人民共和国海关对免税商店及免税品监管办法	2005 年 11 月 28 日海关总署令第 132 号公布	本办法自 2006 年 1 月 1 日起施行。根据 2018 年 5 月 29 日海关总署第 240 号令《海关总署关于修改部分规章的决定》第一次修正。
17	中华人民共和国海关对保税物流中心（B 型）的暂行管理办法	2005 年 6 月 23 日海关总署令第 130 号发布	本办法自 2005 年 7 月 1 日起施行。根据 2015 年 4 月 28 日海关总署令第 227 号公布的《海关总署关于修改部分规章的决定》第一次修正，根据 2017 年 12 月 20 日海关总署令第 235 号公布的《海关总署关于修改部分规章的决定》第二次修正，根据 2018 年 5 月 29 日海关总署第 240 号令《海关总署关于修改部分规章的决定》第三次修正，根据 2018 年 11 月 23 日海关总署第 243 号令《海关总署关于修改部分规章的决定》第四次修正。

续表

序号	规章名称	制定情况	备注
18	中华人民共和国海关对保税物流中心（A型）的暂行管理办法	2005年6月23日海关总署令第129号发布	本办法自2005年7月1日起施行。根据2015年4月28日海关总署令第227号公布的《海关总署关于修改部分规章的决定》第一次修正，根据2017年12月20日海关总署令第235号公布的《海关总署关于修改部分规章的决定》第二次修正，根据2018年5月29日海关总署第240号令《海关总署关于修改部分规章的决定》第三次修正，根据2018年11月23日海关总署第243号令《海关总署关于修改部分规章的决定》第四次修正。
19	保税区检验检疫监督管理办法	2005年1月12日国家质量监督检验检疫总局令第71号公布	本办法自2005年3月1日起施行。原中华人民共和国动植物检疫局1998年4月10日发布的《保税区动植物检疫管理办法》同时废止。根据2018年4月28日海关总署令第238号《海关总署关于修改部分规章的决定》第一次修正，根据2018年5月29日海关总署第240号令《海关总署关于修改部分规章的决定》第二次修正，根据2018年11月23日海关总署第243号令《海关总署关于修改部分规章的决定》第三次修正。
20	中华人民共和国海关进出口货物征税管理办法	2005年1月4日海关总署令第124号发布	本办法自2005年3月1日起施行。1986年9月30日由中华人民共和国海关总署发布的《海关征税管理办法》同时废止。根据2010年11月26日海关总署令第198号《海关总署关于修改部分规章的决定》第一次修正，根据2014年3月13日海关总署令第218号《海关总署关于修改部分规章的决定》第二次修正，根据2017年12月20日海关总署令第235号公布的《海关总署关于修改部分规章的决定》第三次修正，根据2018年5月29日海关总署第240号令《海关总署关于修改部分规章的决定》第四次修正。

续表

序号	规章名称	制定情况	备注
21	中华人民共和国海关关于加工贸易边角料、剩余料件、残次品、副产品和受灾保税货物的管理办法	2004年5月25日海关总署令第111号发布	本办法自2004年7月1日起施行。2001年9月13日发布的《关于加工贸易边角料、节余料件、残次品、副产品和受灾保税货物的管理办法》（海关总署令第87号）同时废止。根据2010年11月26日海关总署令第198号《海关总署关于修改部分规章的决定》第一次修改，根据2014年3月13日海关总署令第218号《海关总署关于修改部分规章的决定》第二次修改，根据2017年12月20日海关总署令第235号公布的《海关总署关于修改部分规章的决定》第三次修改，根据2018年4月28日海关总署令第238号公布的《海关总署关于修改部分规章的决定》第四次修正，根据2018年11月23日海关总署令第243号公布的《海关总署关于修改部分规章的决定》第五次修正。
22	中华人民共和国海关对保税仓库及所存货物的管理规定	2003年12月5日海关总署令第105号发布	本规定自2004年2月1日起施行。1988年5月1日起实施的《中华人民共和国海关对保税仓库及所存货物的管理办法》同时废止。根据2010年11月26日海关总署令第198号《海关总署关于修改部分规章的决定》第一次修正，根据2015年4月28日海关总署令第227号公布的《海关总署关于修改部分规章的决定》第二次修正，根据2017年12月20日海关总署令第235号公布的《海关总署关于修改部分规章的决定》第三次修正，根据2018年5月29日海关总署第240号令《海关总署关于修改部分规章的决定》第四次修正。

续表

序号	规章名称	制定情况	备注
23	中华人民共和国海关计核涉嫌走私的货物、物品偷逃税款暂行办法	2002 年 10 月 20 日海关总署令第 97 号发布	本办法自 2002 年 11 月 10 日起实施。根据 2010 年 11 月 26 日海关总署令第 198 号《海关总署关于修改部分规章的决定》第一次修改，根据 2018 年 4 月 28 日海关总署令第 238 号《海关总署关于修改部分规章的决定》第二次修正。
24	中华人民共和国海关关于《扶贫、慈善性捐赠物资免征进口税收暂行办法》的实施办法	2001 年 12 月 13 日海关总署令第 90 号发布	本办法自发布之日起施行。根据 2010 年 11 月 26 日海关总署令第 198 号《海关总署关于修改部分规章的决定》修改。
25	中华人民共和国海关对外国政府、国际组织无偿赠送及我国履行国际条约规定进口物资减免税的审批和管理办法	1999 年 8 月 5 日海关总署令第 77 号发布	本办法自 1999 年 9 月 15 日起实施。
26	海关总署关于残疾人专用品免征进口税收暂行规定的实施办法	1997 年 4 月 10 日海关总署公布	本办法与《规定》同时实施。
27	中华人民共和国海关关于《进口免税物品登记证》发放的管理办法	1996 年 7 月 17 日海关总署监行〔95〕225 号公布	本规定自 1996 年 10 月 1 日起执行。
28	海关关于入境旅客行李物品和个人邮递物品征收进口税办法	1994 年 7 月 1 日中华人民共和国海关总署令第 47 号公布	本办法自 1994 年 7 月 1 日起实施。

续表

序号	规章名称	制定情况	备注
29	海关对回国服务的留学人员购买免税国产汽车管理办法	1992 年 10 月 27 日海关总署批准	本办法自 1992 年 10 月 27 日起施行。

三、税收地方性规章

税收地方性规章，是指由有权立法的地方性政府制定颁发的规范性文件。税收地方性规章制定的依据是税收法律、法规及全国性规章的授权以及地方税收法治的需要，改革开放以来，大致有以下几个方面的立法：

（一）税收保障办法的制定和实施

保障税收征收是地方人民政府的一项基本职责。以地方性规章形式，出台地方性规章，一是在制定地方性法规基础上，对有关措施的进一步细化；二是单独制定规章。此外，按照中央改革精神，从 2018 年开始，不仅从税务机构改革上将地税局与国税局予以合并，并且税收征收机关开始履行代收社会保险费的职责。为此，在 2019 年开始出台的税收保障规章中，增加了税收及由税务机关负责征收费用的相关规定。以 2020 年 3 月 31 日宁夏回族自治区人民政府第 61 次常务会议审议通过《宁夏回族自治区税费保障办法》为例，该办法的立法目的表述为“为加强税收和由税务机关负责征收费用（以下简称税费）的征收管理，保障税费收入，维护纳税人和缴费人的合法权益，根据《税收征收管理法》和《深化党和国家机构改革方案》的相关规定，结合我区实际情况，制定本办法。”“本办法所称的税费保障，是指我区各级人民政府及有关部门和单位根据税费管理的特点和要求，为保障税费及时、足额收缴入库所采取的支持、协助、监督和管理等措施的总称。”[①]该办法施行时，《宁夏回族自治区税收保障办法》（宁政办发［2017］52 号）同时废止。与此同时，内蒙古、甘肃、安徽、山西、重庆、青海、河北、河南、辽宁、福建、广西、湖北、北京等省、自治区、直辖市也先后制定了保障税收征收的地方性规章。

（二）保税区管理规定的制定和实施

针对各地保税区法治治理的需求，各地出台了保税区管理规定，为保税

---

① 参见 2020 年《宁夏回族自治区税费保障办法》第 1 条、第 2 条。

区的法治治理提供了法律依据。其主要涉及广州保税监管区、天津东疆保税港区、贵州遵义综合保税区、浙江舟山港综合保税区、银川综合保税区、广西凭祥综合保税区、深圳前海保税港区、广西钦州保税区、北京天竺综合保税区、黑龙江绥芬河综合保税区等地保税区的地方性规章。

（三）相关地方性税种管理的制定和实施

依据我国现行税制和税种，可以将其划分为中央税、地方税和中央地方共享税三种。在此情况下，地方立法涉及对地方税和中央地方共享税中地方税权的行使，归纳起来主要涉及以下税收立法：

1. 城镇土地使用税法

《城镇土地使用税暂行条例》于 1988 年 9 月 27 日由国务院令第 17 号发布，根据 2006 年 12 月 31 日《国务院关于修改〈中华人民共和国城镇土地使用税暂行条例〉的决定》第一次修订，根据 2011 年 1 月 8 日《国务院关于废止和修改部分行政法规的决定》第二次修订，根据 2013 年 12 月 7 日《国务院关于修改部分行政法规的决定》第三次修订，根据 2019 年 3 月 2 日《国务院关于修改部分行政法规的决定》第四次修订。根据该条例，为了合理利用城镇土地，调节土地级差收入，提高土地使用效益，加强土地管理，制定该条例。在城市、县城、建制镇、工矿区范围内使用土地的单位和个人，为城镇土地使用税（以下简称土地使用税）的纳税人，应当依照该条例的规定缴纳土地使用税。土地使用税以纳税人实际占用的土地面积为计税依据，依照规定税额计算征收。土地占用面积的组织测量工作，由省、自治区、直辖市人民政府根据实际情况确定。省、自治区、直辖市人民政府，应当在该条例第四条规定的税额幅度内①，根据市政建设状况、经济繁荣程度等条件，确定所辖地区的适用税额幅度。市、县人民政府应当根据实际情况，将本地区土地划分为若干等级，在省、自治区、直辖市人民政府确定的税额幅度内，制定相应的适用税额标准，报省、自治区、直辖市人民政府批准执行。经省、自治区、直辖市人民政府批准，经济落后地区土地使用税的适用税额标准可以适当降低，但降低额不得超过该条例第四条规定最低税额的 30%。经济发达地区土地使用税的适用税额标准可以适当提高，但须报经财政部批准。该

---

① 参见 2019 年《城镇土地使用税暂行条例》第 4 条规定，土地使用税每平方米年税额如下：（一）大城市 1.5 元至 30 元；（二）中等城市 1.2 元至 24 元；（三）小城市 0.9 元至 18 元；（四）县城、建制镇、工矿区 0.6 元至 12 元。

条例的实施办法由省、自治区、直辖市人民政府制定。[①]为落实上位法规定，各地先后出台了城镇土地使用税的实施办法，结合本地实际，明确了相关征收的标准。

2. 房产税法

房产税是由房屋产权人交的税。我国自1986年10月1日起开征此税。为此，国务院于1986年出台了《房产税暂行条例》，并于2011年进行了修订。根据该暂行条例，房产税在城市、县城、建制镇和工矿区征收。房产税由产权所有人缴纳。产权属于全民所有的，由经营管理的单位缴纳。产权出典的，由承典人缴纳。产权所有人、承典人不在房产所在地的，或者产权未确定及租典纠纷未解决的，由房产代管人或者使用人缴纳。房产税依照房产原值一次减除10%至30%后的余值计算缴纳。具体减除幅度，由省、自治区、直辖市人民政府规定。没有房产原值作为依据的，由房产所在地税务机关参考同类房产核定。除本条例第五条规定外[②]，纳税人纳税确有困难的，可由省、自治区、直辖市人民政府确定，定期减征或者免征房产税。本条例由财政部负责解释；施行细则由省、自治区、直辖市人民政府制定，抄送财政部备案。[③]根据该《条例》授权，各地纷纷出台了有关房产税的实施细则。值得关注的是，由于我国房地产业的迅速发展，虽然促进了商品房的迅速增长，改善了人民的居住条件，但是，房屋的拥有和使用极不平衡，一些人占有超过自己居住需要的房屋，以“炒房”作为自己的资本收益，而有的人却无房居住。为此，中央提出了“房屋是住的，不是炒的”政策主张。房地产面临着改革，其中通过房地产税制改革，如何遏制“炒房”现象，成为房地产税改革的重点。为了推动对个人住房征收房产税，国家于2017年开始在重庆、上海等地进行房地产税改革试点。2021年10月23日，第十三届全国人大常委会第三十一次通过《关于授权国务院在部分地区开展房地产税改革试点工作的决定》。

3. 车船税法

车船税是对车辆、船舶的所有人或者管理人征收的税。早在1951年9月

---

① 参见2019年《城镇土地使用税暂行条例》第1条、第2条、第3条，第5条，第13条。

② 参见2011年《房产税暂行条例》第5条规定，下列房产免纳房产税：一、国家机关、人民团体、军队自用的房产；二、由国家财政部门拨付事业经费的单位自用的房产；三、宗教寺庙、公园、名胜古迹自用的房产；四、个人所有非营业用的房产；五、经财政部批准免税的其他房产。

③ 参见2011年《房产税暂行条例》第1条、第2条、第3条、第6条、第10条。

13日原政务院就发布了《车船使用牌照税暂行条例》，开始征收车船税。1986年9月15日国务院发布《车船使用税暂行条例》。2006年12月29日国务院公布《车船税暂行条例》。至2011年2月25日第十一届全国人民代表大会常务委员会第十九次会议通过《车船税法》。根据2019年4月23日第十三届全国人民代表大会常务委员会第十次会议《关于修改〈中华人民共和国建筑法〉等八部法律的决定》修正。根据《车船税法》规定，车船的适用税额依照本法所附《车船税税目税额表》执行。车辆的具体适用税额由省、自治区、直辖市人民政府依照本法所附《车船税税目税额表》规定的税额幅度和国务院的规定确定。省、自治区、直辖市人民政府根据当地实际情况，可以对公共交通车船，农村居民拥有并主要在农村地区使用的摩托车、三轮汽车和低速载货汽车定期减征或者免征车船税。①为此，各地纷纷出台了车船税征收的具体实施办法。

4. 契税法

契税是在境内转移土地、房屋权属时，由承受的单位和个人缴纳的税。该税从建国初即存在。例如，1954年8月30日山东省人民政府制定和实施了《山东省征收契税施行细则》。改革开放以来，1997年7月7日国务院发布的《契税暂行条例》开始征收契税。2020年8月11日第十三届全国人民代表大会常务委员会第二十一次会议通过《契税法》，2021年9月1日起施行。根据《契税法》规定，契税税率为3%至5%。契税的具体适用税率，由省、自治区、直辖市人民政府在前款规定的税率幅度内提出，报同级人民代表大会常务委员会决定，并报全国人民代表大会常务委员会和国务院备案。省、自治区、直辖市可以依照前款规定的程序对不同主体、不同地区、不同类型的住房的权属转移确定差别税率。省、自治区、直辖市可以决定对下列情形免征或者减征契税：（一）因土地、房屋被县级以上人民政府征收、征用，重新承受土地、房屋权属；（二）因不可抗力灭失住房，重新承受住房权属。前款规定的免征或者减征契税的具体办法，由省、自治区、直辖市人民政府提出，报同级人民代表大会常务委员会决定，并报全国人民代表大会常务委员会和国务院备案。②为此，各地制定有契税征税办法。

5. 城市维护建设税法

城市维护建设税是为建设、维护城市征收的税，其缴税对象是在中华人

---

① 参见2019年《车船税法》第2条、第5条。

② 参见2020年《契税法》第3条、第7条。

民共和国境内缴纳增值税、消费税的单位和个人。1985年国务院发布《城市维护建设税暂行条例》，开始征收该税。2020年8月11日第十三届全国人民代表大会常务委员会第二十一次会议通过《城市维护建设税法》，自2021年9月1日起施行。该法规定，城市维护建设税税率如下：（一）纳税人所在地在市区的，税率为7%；（二）纳税人所在地在县城、镇的，税率为5%；（三）纳税人所在地不在市区、县城或者镇的，税率为1%。前款所称纳税人所在地，是指纳税人住所地或者与纳税人生产经营活动相关的其他地点，具体地点由省、自治区、直辖市确定。① 原来的《城市维护建设税暂行条例》规定，省、自治区、直辖市人民政府可以根据本条例，制定实施细则，并送财政部备案。②根据《暂行条例》，各地制定了实施办法或细则。但根据新发布的法律，既有的地方规章是否保留或废除，有待国务院实施条例的规定。

6. 耕地占用税法

为了合理利用土地资源，加强土地管理，保护耕地，1987年4月1日国务院发布《耕地占用税暂行条例》，开始征收耕地占用税。该条例于2007年12月1日进行了修订。耕地占用税是对在中华人民共和国境内占用耕地建设建筑物、构筑物或者从事非农业建设的单位和个人征收的税。2018年12月29日第十三届全国人民代表大会常务委员会第七次会议通过《耕地占用税法》，自2019年9月1日起施行。按照耕地占用税法规定，各地区耕地占用税的适用税额，由省、自治区、直辖市人民政府根据人均耕地面积和经济发展等情况，在前款规定的税额幅度内提出，报同级人民代表大会常务委员会决定，并报全国人民代表大会常务委员会和国务院备案。各省、自治区、直辖市耕地占用税适用税额的平均水平，不得低于该法所附《各省、自治区、直辖市耕地占用税平均税额表》规定的平均税额。在人均耕地低于0.5亩的地区，省、自治区、直辖市可以根据当地经济发展情况，适当提高耕地占用税的适用税额，但提高的部分不得超过本法第四条第二款确定的适用税额的50%。具体适用税额按照本法第四条第二款规定的程序确定。③ 为此，各地出台规章，予以具体规定。此外，中华人民共和

---

① 参见2020年《城市维护建设税法》第4条。
② 参见1985年《城市维护建设税暂行条例》第9条。
③ 参见2018年《耕地占用税法》第4条第二款，第5条。

国成立及改革开放以来，曾在地方征收的农林特产税[1]、牧业税[2]、屠宰税[3]、筵席税[4]、牲畜交易税[5]、个人收入调节税[6]先后废除或逐步废除，地方相关规章也相应地被废除或修订。

第六节　税收非正式法律

税收非正式法律，是指未纳入《立法法》规定，但具有法律效力的文件、指导案例等。非正式法律是我国法律的表现形式和渊源之一，税法亦然。根

---

① 农林特产税是农业税的组成部分。以从事农林特产的生产取得农林特产收入的单位与个人为纳税人。征税范围包括园艺收入、林木收入、水产收入和其他收入。计税依据为产品销售收入。采用幅度比例税率，税率可以适当提高，但最高不得超过30%。具体税率由省、自治区、直辖市人民政府，按不同产品大类的收益情况，在不低于粮田实际负担水平的前提下自行确定。由财政部门负责征收。该税随着2006年农业税的废除，逐步取消。

② 牧业税是农业税的组成部分。以牧区、半牧区从事牧业生产，有牧业收入的单位和个人为纳税人。征税范围主要是牛、马、骆驼、山羊、绵羊5种牲畜。征税依据各地不尽统一，有的按纳税人的畜牧总收益计征；有的按每年6月末的实有存栏头数计征。采用差别比例税率。为了贯彻国家在牧区和少数民族地区的有关政策，促进牧业生产的发展，规定有减免税优惠。对以农业为主的纳税单位与个人只征农业税不征牧业税；对以牧业为主的地区，只征牧业税，不征农业税。习惯上称之为“征一不征二”。该税随着2006年农业税的取消，逐步取消。

③ 屠宰税是向屠宰牲畜的单位和个人征收的一种税收。此税由地方管理。1950年12月19日，原政务院发布了《屠宰税暂行条例》，规定对屠宰猪、羊、牛等（后补充经政府准许宰杀的马、骡、驴、骆驼）牲畜者征收屠宰税。屠宰税按牲畜屠宰后的实际重量和税务机关核定的价格从价计征，税率为10%。不能按实际重量计征的地区，需规定各种牲畜的标准重量，从价计征。征收与否，由各省、自治区、直辖市人民政府自行决定。具体征收办法由各地根据《屠宰税暂行条例》和财政部的有关规定制定，报国务院备案。2006年2月17日国务院《屠宰税暂行条例》废止。各地屠宰税停征。

④ 筵席税是对在中国境内的饭店，酒店，宾馆，招待所以及其他饮食服务场所举办筵席的单位和个人，就其筵席支付金额征收的一种税。为引导合理消费，提倡勤俭节约社会风尚，1988年9月22日，国务院发布《筵席税暂行条例》。条例施行日期由各省、自治区、直辖市人民政府确定。为此，陕西、黑龙江、辽宁、河南、福建等省出台了实施细则。但为了促进消费，该税收未征收多久。

⑤ 牲畜交易税，是指对在中华人民共和国境内，进行牛、马、骡、驴、骆驼五种牲畜交易的公民和机关、部队、团体、农村社队、企业事业单位，按照牲畜头（匹）的成交额所征收的一种税。属流转税类。1982年12月13日国务院发布《牲畜交易税暂行条例》，1983年1月1日起施行。纳税人为购买牲畜者。税率为5%。由纳税人在购买牲畜成交地的税务机关缴纳。省、自治区、直辖市人民政府根据工作需要，可以指定代征代缴义务人，并规定代征代缴办法。对遭受严重自然灾害地区的社队和社员个人，在恢复生产期，持有乡一级人民政府以上机关证明购买自用的牲畜，配种站、种畜场（站）购买的种畜和科教用畜免税。省、自治区、直辖市人民政府可以规定需要免税的牲畜。牲畜交易税属地方性税种，实施细则由各省、自治区、直辖市人民政府制定报财政部备案。征收牲畜交易税，对维护农牧民的利益，保护正当交易，增加地方财政收入，配合加强市场管理，起了一定的作用。

⑥ 个人收入调节税是改革开放初期，对在中华人民共和国境内有住所，取得个人收入的中国公民征收的一种个人所得税。后修改《个人所得税法》时予以废除。

据我国税收法治实践，主要包括以下基本形式：

一、财政税收政策

在税收实践中，无论是国外，还是中国，财政税收政策均具有重要的地位。在中国，党和国家制定的各项财政税收政策是制定税法的依据。从此意义上讲，税法是财政税收政策的具体化。在税法出台后的实施中，许多具体问题需要通过具体的政策措施才能落到实处。由此，使政策在经济实践中，具有了法律意义及其效力。正因为这样，国内外学者公认，与传统法律不同，经济法具有政策法属性。税法亦然。从其表现形式来看，主要通过党和国家发布的各种通知、意见以及各级政府向人大提交的政府工作报告和财政预算报告予以体现。

在此方面，最新的进展是，2021 年 3 月 24 日，为深入推进税务领域“放管服”改革，完善税务监管体系，打造市场化、法治化国际化营商环境，更好地服务市场主体发展，中共中央办公厅、国务院办公厅印发了《关于进一步深化税收征管改革的意见》（以下简称《意见》）。该《意见》提出，我国深化税收征管改革的指导思想是以习近平新时代中国特色社会主义思想为指导，全面贯彻党的十九大和十九届二中、三中、四中、五中全会精神，围绕把握立足新发展阶段、贯彻新发展理念、构建新发展格局，深化税收征管制度改革，着力建设以服务纳税人缴费人为中心、以发票电子化改革为突破口、以税收大数据为驱动力的具有高集成功能、高安全性能、高应用效能的智慧税务，深入推进精确执法、精细服务、精准监管、精诚共治，大幅提高税法遵从度和社会满意度，明显降低征纳成本，充分发挥税收在国家治理中的基础性、支柱性、保障性作用，为推动高质量发展提供有力支撑。

深化税收征管改革工作的基本原则是坚持党的全面领导，确保党中央、国务院决策部署不折不扣落实到位；坚持依法治税，善于运用法治思维和法治方式深化改革，不断优化税务执法方式，着力提升税收法治化水平；坚持为民便民，进一步完善利企便民服务措施，更好满足纳税人缴费人合理需求；坚持问题导向，着力补短板强弱项，切实解决税收征管中的突出问题；坚持改革创新，深化税务领域“放管服”改革，推动税务执法、服务、监管的理念和方式手段等全方位变革；坚持系统观念，统筹推进各项改革措施，整体性集成式提升税收治理效能。

深化税收征管改革的主要目标是到 2022 年，在税务执法规范性、税费服务便捷性、税务监管精准性上取得重要进展。到 2023 年，基本建成“无风险不打扰、有违法要追究、全过程强智控”的税务执法新体系，实现从经验式执法向科学精确执法转变；基本建成“线下服务无死角、线上服务不打烊、定制服务广覆盖”的税费服务新体系，实现从无差别服务向精细化、智能化、个性化服务转变；基本建成以“双随机、一公开”监管和“互联网+监管”为基本手段、以重点监管为补充、以“信用+风险”监管为基础的税务监管新体系，实现从“以票管税”向“以数治税”分类精准监管转变。到2025年，深化税收征管制度改革取得显著成效，基本建成功能强大的智慧税务，形成国内一流的智能化行政应用系统，全方位提高税务执法、服务、监管能力。

在此基础上，《意见》从全面推进税收征管数字化升级和智能化改造、不断完善税务执法制度和机制、精准实施税务监管、持续深化拓展税收共治格局、强化税务组织保障、认真抓好贯彻实施六大方面进行了工作部署。其中，提到了一些具体的工作目标与制度安排。例如，2022年基本实现法人税费信息“一户式”、自然人税费信息“一人式”智能归集。2023年基本实现税务机关信息“一局式”、税务人员信息“一员式”智能归集。2025年实现税务执法、服务、监管与大数据智能化应用深度融合、高效联动、全面升级。基本实现发票全领域、全环节、全要素电子化，着力降低制度性交易成本。建成税务部门与相关部门常态化、制度化数据共享协调机制，依法保障涉税涉费必要信息获取。健全税费法律法规制度。全面落实税收法定原则，加快推进将现行税收暂行条例上升为法律。完善现代税收制度，更好发挥税收作用，促进建立现代财税体制。推动修订税收征收管理法、反洗钱法、发票管理办法等法律法规和规章。①

以上政策性文件的出台，为当前及今后我国税收征管的改革指明了方向，既有宏观指导，也有具体的工作制度、机制完善的安排，是一个重要的具有法律效力的政策性文件。

二、税务规范性文件

在我国，规范性文件也称之为“红头文件”，包括党政机关专门就税务问题出台的各种对于实践具有规范意义的文件等。税务规范性文件大多数属于为贯彻落实税法而出台的具体措施，具有法律效力。规范性文件的出台，不得与宪法、法律、行政法规相抵触，应当经过立法部门的审查才能施行。而且规范性文件的施行，往往具有阶段性特征，具有灵活性的一面。税务实践

① 参见2021年中共中央办公厅、国务院办公厅《关于进一步深化税收征管改革的意见》。

中，规范性文件数量众多，涵盖各级层面。典型的如，中共中央办公厅、国务院办公厅 2015 年 12 月出台的《深化国税、地税征管体制改革方案》对优化我国税征收管理体制有重大影响。国务院《关于促进综合保税区高水平开放高质量发展的若干意见》（国发〔2019〕3 号）对于提升我国保税区发展质量指明了方向。

2009 年 12 月 15 日，国家税务总局第 2 次会议审议通过，2010 年 2 月 10 日国家税务总局令 10 号公布《税收规范性文件制定管理办法》。该办法就税收规范性文件的定义、制定范围、规则、程序、备案审查及文件清理等问题做出规定，为规范税收规范性文件的制定和管理提供了法律依据。该文件先后于 2017 年、2019 年、2021 年三次修改，并更名为《税务规范性文件制定管理办法》。

三、司法解释及指导案例

司法解释，是指由司法部门针对法律施行中的法律适用中的具体问题所做出的解释，该解释对于司法机关处理涉税案件具有指导意义，可以在裁判文书中直接引用，具有法律效力。我国的司法机关是指公安机关、人民法院和人民检察院。

截至 2021 年 10 月，目前仍然有效的司法解释主要见表 10：

表 10：两院税收司法解释情况（截至 2021 年 10 月）

序号	司法解释名称	制定情况	备注
1	最高人民法院关于税务机关就破产企业欠缴税款产生的滞纳金提起的债权确认之诉应否受理问题的批复	最高人民法院《关于税务机关就破产企业欠缴税款产生的滞纳金提起的债权确认之诉应否受理问题的批复》已于 2012 年 6 月 4 日由最高人民法院审判委员会第 1548 次会议通过，2012 年 6 月 26 日公布（法释〔2012〕9 号）。	自 2012 年 7 月 12 日起施行。
2	最高人民法院关于审理偷税抗税刑事案件具体应用法律若干问题的解释	2002 年 11 月 4 日最高人民法院审判委员会第 1254 次会议通过（法释〔2002〕33 号）。	自 2002 年 11 月 7 日起施行。

续表

序号	司法解释名称	制定情况	备注
3	最高人民法院关于审理骗取出口退税刑事案件具体应用法律若干问题的解释	2002年9月9日最高人民法院审判委员会第1241次会议通过（法释〔2002〕30号）。	自2002年9月23日起施行。
4	最高人民检察院关于擅自销售进料加工保税货物的行为法律适用问题的解释	2000年9月29日最高人民检察院第九届检察委员会第七十次会议通过（高检发释字〔2000〕3号）。	自2000年10月16日起施行。
5	最高人民法院关于虚开增值税专用发票定罪量刑标准有关问题的通知	2018年8月22日最高人民法院（法〔2018〕226号）公布。	自2018年8月22日起施行。
6	最高人民法院研究室关于违反经行政法规授权制定的规范一般纳税人资格的文件应否认定为“违反法律、行政法规的规定”问题的答复	2012年5月3日最高人民法院（法研〔2012〕59号）公布。	自2012年5月3日起施行。
7	最高人民检察院法律政策研究室关于税务机关工作人员通过企业以“高开低征”的方法代开增值税专用发票的行为如何适用法律问题的答复	2004年3月17日最高人民检察院高检研发〔2004〕6号公布。	自2004年3月17日起施行。
8	最高人民法院对广东省高级人民法院《关于宋德基诉湛江市赤坎区国家税务局追缴税款行政纠纷最高人民检察院抗诉再审一案有关问题的请示》的答复	2003年9月22日最高人民法院〔2001〕行他字第17号公布。	自2003年9月22日起施行。
9	最高人民法院关于破产企业拖欠税金是否受破产法规定的破产债权申报期限限制问题的答复	2002年1月18日最高人民法院法研〔2002〕11号公布。	自2002年1月18日起施行。
10	最高人民法院行政审判庭对江西省高级人民法院《关于人民法院能否直接受理因纳税主体资格引起的税务行政案件的请示》的答复	2001年11月28日最高人民法院法行〔2000〕31号公布。	自2001年11月28日起施行。

续表

序号	司法解释名称	制定情况	备注
11	最高人民法院关于对《审计署关于咨询虚开增值税专用发票罪问题的函》的复函	2001 年 10 月 17 日最高人民法院法函〔2001〕66 号公布。	自 2001 年 10 月 17 日起施行。
12	最高人民检察院、国家税务总局关于撤销税务检察机构有关问题的通知	1997 年 9 月 19 日最高人民检察院、国家税务总局高检会〔1997〕3 号公布。	自 1997 年 9 月 19 日起施行。
13	最高人民检察院关于积极配合税收财务物价大检查狠抓涉税犯罪办案工作的通知	1996 年 11 月 5 日最高人民检察院高检发反贪字〔1996〕58 号公布。	自 1996 年 11 月 5 日起施行。
14	最高人民法院印发《关于适用〈全国人民代表大会常务委员会关于惩治虚开、伪造和非法出售增值税专用发票犯罪的决定〉的若干问题的解释》的通知	1996 年 10 月 17 日最高人民法院法发〔1996〕30 号公布。	自 1996 年 10 月 17 日起施行。
15	最高人民检察院、最高人民法院、公安部、国家税务总局、中国人民银行、海关总署关于在严厉打击骗取出口退税犯罪活动中加强协作的通知	1995 年 8 月 1 日最高人民检察院、最高人民法院、公安部、国家税务总局、中国人民银行、海关总署高检会〔1995〕26 号公布。	自 1995 年 8 月 1 日起施行。
16	最高人民检察院、国家税务总局关于进一步加强税务检察工作保证新税制顺利实施的通知	1994 年 4 月 14 日最高人民检察院、国家税务总局高检会〔1994〕15 号公布。	自 1994 年 4 月 14 日起施行。
17	最高人民法院行政审判庭关于纳税人仅对税务机关核定的收入额有异议而起诉的法院应否受理的答复	1992 年 1 月 18 日最高人民法院法行〔1992〕2 号公布。	自 1992 年 1 月 18 日起施行。
18	最高人民检察院、最高人民法院国家税务局关于印发《关于办理偷税、抗税案件追缴税款统一由税务机关缴库的规定》的通知	1991 年 10 月 31 日最高人民检察院、最高人民法院、国家税务局高检会〔1991〕31 号公布。	自 1991 年 10 月 31 日起施行。

续表

序号	司法解释名称	制定情况	备注
19	最高人民法院办公厅、最高人民检察院办公厅、公安部办公厅、国家税务局办公室关于印发《第六次联席例会纪要》和《〈关于办理偷税、抗税刑事案件具体应用法律的若干问题的解释〉宣传提纲》的通知	1992年4月16日最高人民法院办公厅、最高人民检察院办公厅、公安部办公厅、国家税务局国税办发〔1992〕007号公布。	自1992年4月16日起施行。

与此同时，最高人民法院借鉴判例法国家经验，以指导案例的方式，指导各级法院对相关案件的审判。截至目前，最高人民法院已经公布了一些指导案例。这些案例虽然尚未涉及税务方面的案例，但如果今后出现涉税指导案例，其将成为各级法院处理相关涉税案件的重要参考依据。

四、国际条约和协定

按照国际法原理，一国参加的国际条约和协定，其法律效力要大于国内法。我国自改革开放以来，为适应对外开放需要，加入了一些与税收有关的国际条约和协定，与此同时，也与一些国家签订了有关税收方面的双边协定，成为我国税法重要的非正式法律形式。

关于加入国际条约与协定，如《中国加入世贸组织议定书》规定，《WTO协定》和本议定书的规定应适用于中国的全部关税领土，包括边境贸易地区、民族区域自治地区、经济特区、沿海开放城市、经济技术开发区以及其他在关税、国内税和法规方面已建立特殊制度的地区（统称为特殊经济区）；2015年7月1日第十二届全国人民代表大会常务委员会第十五次会议通过《全国人民代表大会常务委员会关于批准〈多边税收征管互助公约〉的决定》，该公约2016年2月1日在中国生效，自2017年1月1日起执行。此外，中国先后签署了《金融账户涉税信息自动交换多边主管当局间协议》《实施税收协定相关措施以防止税基侵蚀和利润转移的多边公约》等。

关于双边协定，中国先后与一些国家签订了关于避免双重征税和防止偷漏税的协定。截至2020年3月1日，与中国签订避免双重征税和防止偷漏税协定的国家包括：日本、美国、法国、英国、比利时、德国、马来西亚、挪威、丹麦、新加坡、加拿大、芬兰、瑞典、新西兰、泰国、意大利、荷兰、原捷克斯洛伐克、波兰、澳大利亚、原南斯拉夫邦联、保加利亚、巴基斯坦、科威特、瑞士、塞浦路斯、西班牙、罗马尼亚、奥地利、巴西、蒙古国、匈牙利、马耳他、阿拉伯联合酋长国、卢森堡、韩国、俄罗斯、巴布亚新几内亚、印度、毛里求斯、克罗地亚、白俄罗斯、斯洛文尼亚、以色列、越南、土耳其、乌克兰、亚美尼亚、牙买加、冰岛、立陶宛、拉脱维亚、乌兹别克斯坦、孟加拉国、原南斯拉夫联盟、苏丹、北马其顿（原国名马其顿）、埃及、葡萄牙、爱沙尼亚、老挝、塞舌尔、菲律宾、爱尔兰、南非、巴巴多斯、摩尔多瓦、卡塔尔、古巴、委内瑞拉、尼泊尔、哈萨克斯坦、印度尼西亚、阿曼、尼日利亚、突尼斯、伊朗、巴林、希腊、吉尔吉斯斯坦、摩洛哥、斯里兰卡、特立尼达和多巴哥、阿尔巴尼亚、文莱、阿塞拜疆、格鲁吉亚、墨西哥、沙特阿拉伯、阿尔及利亚、塔吉克斯坦、埃塞俄比亚、捷克、土库曼斯坦、赞比亚、叙利亚、乌干达、博茨瓦纳、厄瓜多尔、智利、津巴布韦、柬埔寨、肯尼亚、加蓬、刚果（布）、安哥拉、阿根廷。其中，同原捷克斯洛伐克签订的协定仍然适用于斯洛伐克，同原南斯拉夫联邦签订的协定仍然适用于波斯尼亚和黑塞哥维那，同原南斯拉夫联盟签订的协定仍然适用于塞尔维亚和黑山。

第七节　税收税种立法结构

立法结构是指一项立法需要体现哪些基本内容并以特定的法言法语及其条文形式予以体现。一项立法的结构是否完整，关系着立法的质量如何。立法结构有一般立法结构、部门法立法结构以及具体可以类别化的某一个法律类别的结构。就税收立法而言，首先，要遵循一般立法的结构要求。典型的如，有立法名称、制定机关、立法目的、适用范围、基本原则、立法涉及的基本问题、法律责任等基本内容，并应当以章、条、款的形式予以表达。必要时，立法还应当设总则、附则，或在章之下设节，重大立法还可设编。其次，税法属于我国部门经济法的范畴，且一般属于经济管理类的法。因此，按照经济法原理，经济管理类法的基本结构主要包括立法目的、适用范围、基本原则、管理体制、管理职责权限划分、管理内容、奖励与惩罚、法律救济等基本内容。① 最后，税法立法的一个突出特点是，在其涉及税种立法时，需要遵循“一税一法”原则，即一个税种需要一个立法。这样，就存在一个

① 董玉明：《中国经济法学导论》，光明日报出版社2012年版，第261页—280页。

这类立法的共同性问题。当通过立法实践总结抽象出这些立法的共同性问题时，就形成了特定的税收税种立法的结构与基本形式，并使其成为研习税法，分析税法的重要分析工具。若从税法理论角度讲，税收立法的这种结构性表现，往往被称为“税法要素”或“税法实体要素”，以区别于相关税收程序法的规定。根据我国税收税种立法的实践，我国税收税种立法，在遵循立法一般结构要求的基础上，其立法结构包括以下基本内容：

一、税收征税主体

税收征税主体是税收法律明确规定的，对税收征收负有职责的国家机关。税收征税主体通常是指税务机关。对于特定的税种，也可以授权相关机关履行征税职责。例如，关税由海关负责征收。农业税曾经由财政部门负责征收。另外，针对一些零散分散的税种，税务机关还可以将征税职责委托相关机关或社会组织代征。从法律角度分析，税收征收主体的法定化，意味着在具体的针对某一税种征收税收时，具体的税务机关与纳税人之间将会形成相应的权利义务关系。

二、纳税与纳税协助主体

纳税主体是指按照税法要求，在发生应纳税行为时，需要履行纳税义务的单位或个人，其在税法上统称为纳税人。纳税人可以分为固定纳税人和临时纳税人。前者主要是指只要成为经济主体，即负有纳税义务的企业；后者是指虽然不属于固定的纳税人，但是基于某种应纳税行为的发生，而应当履行纳税义务的单位或个人。典型的如事业单位、社会团体等。此外，在纳税人的规定上，我国确立了代扣代缴主体制度，典型的如个人所得税法明确规定，有关单位在给予本单位职工发放工资或对于提供劳务者发放服务报酬时，发放单位负有代扣代缴税收的义务。

需要注意的是，税务机关征收税收的行为，不仅仅是为了收税，还负有为国家宏观调控搜集相关经济信息的任务。为此，在征收税收过程中，纳税人及相关第三人还负有协助税务机关征税及提供相关经济信息的义务。由此，在相关税收立法中，规定了协助人制度。在目前，现有的《税收征收管理法》主要规定了银行及相关金融机构的协助义务。但在实践中，需要协助税务机关搜集信息的单位和个人大大超出既有法律规定的范围，需要通过立法予以完善。

三、征税对象及税目

征税对象的法律规定，需要解决的问题是对什么征税，或收益，或行为，或财产。以下各章将详细介绍。此外，一些税收的征税对象比较简单，一项条款或一句话就可以阐述清楚。但有些比较复杂的税种，需要就征税对象列出具体的项目，有的甚至需要附件或附表说明。该具体列项的立法表达，在税法上称为税目。所谓税目，就是税收征税对象的具体化。

四、税率及其计算依据

从经济学角度讲，“一价三率”是重要的经济杠杆。其中就包括税率。从法律及法学角度分析，税率的确定与调整，意味着国家与纳税人之间税收权力与义务关系需要通过数量关系予以确定，并应在计算依据上予以法定化的统一，以便征税机关与纳税人共同遵守，也可以使纳税人对于自己应缴的税款具有预测性。因此，通说认为，税率是税法的核心。

五、税收减免和加重

为了体现宏观调控政策，在税种立法中，税收的减免或加重也是税收杠杆作用的基本表现。无论是税收减少或免除，均体现了国家的税收优惠，对相关产业和事业发展具有促进作用。反之，对于税收的加成或加重征收，将意味着国家对某种行为或产业的限制。此外，对于超高收入者加成征收税收，可以体现税收公平原则，平衡社会利益关系。对此，我国起初的《个人所得税法》规定了对收入过高者的加成收税制度，但新的《个人所得税法》取消了该项制度。值得强调的是，一些学者把税收优惠措施当作税法的特别措施对待，而把其排除于税法要素之外是不符合实际的。通过研究发现，大多数税种的立法均涉及税收优惠问题。因此，税收的减免和加重，应当成为税收立法之必要结构。

六、税收缴税义务发生时间及缴税的期限

各个税种立法，必须明确纳税人发生纳税的时间及缴税期限。在纳税义务发生后，纳税人按照税法规定的期限缴税，即属于依法缴税。法定期限内未缴税者，除非依法申请延期缴税并获得允许，否则，超期缴税则构成违法，需要承担滞纳金责任。从法律角度分析，税收缴税期限的规定，体现了从法律时效上判断税收行为合法与违法的界限，具有重要的法律实践意义。

七、税收缴税的环节和地点

不同的税种，其缴税的环节不同，必须予以明确规定。而缴税环节的不同，往往会涉及缴税地点的不同。在甲地依法缴了税，在其他地方即可扣减或不缴，以避免重复缴税。在国内，各地税务机关虽然都是国家税务机关，但涉及缴税地点时，会涉及税务机关任务的完成以及地方利益的实现。按照属地管辖原则，税收的缴纳通常为本地税务机关，但涉及关联企业的缴税问题时，就需要不同地方的税务机关予以协调。在国际上，纳税主体已经在国外依法按照当地法律规定缴税的，也涉及向国内税务机关予以抵扣的问题。

八、违法处理

按照法学及立法原理，通常情况下法律责任是一项立法之必要结构或基本要素。各项税种立法亦然。但我国有关税种立法中的法律责任，除非有特别规定外，统一执行《税收征收管理法》《行政复议法》和《行政诉讼法》的相关规定。对此，我国现行的《税收征收管理法》对税收违法行为进行了详尽的规定，是我国目前经济立法中规定比较完善的立法，其主要体现在对于税务人员法律责任的规定相对完善。

九、法律救济

按照立法原理，法律救济在立法上作为一个单独的结构性问题具有重要的理论和实践意义，它体现了法律公平原则。所谓救济，其基本的含义在于，当存在法律责任风险情况下，国家或单个的社会主体如何启动法律程序，最大限度地挽回损失。从国家的法律救济来看，就是指通过启动刑事诉讼程序，通过对犯罪者的刑事制裁维护经济和社会秩序，最大限度地追回国家和社会的经济损失。但就公民和企业或其他组织而言，作为行政相对人或民事主体，在其受到行政处罚或经济损失时，可以依法启动行政复议、行政诉讼、民事诉讼，或者依法信访维护自己的合法权益。为此，我国现行法律给企业、公民及其他组织提供了法律救济的途径和机会，是否进行法律救济，由企业、公民及其他组织自己选择。

就税收立法的结构而言，关于法律救济问题，通常不做规定，相关主体可以依照《税收征收管理法》及相关法律规定执行。需要强调的是，税务民事纠纷具有特殊性。一是税务民事纠纷发生的基础是国家与纳税人之间法定的债务关系，其债权人由税务机关代表，其债务人是纳税人。税务民事纠纷由税务机关在法定情况下代表国家起诉纳税人或第三人。二是在税务执法中，税务机关工作人员违法执行，对于纳税人造成损失后，纳税人可以在行政诉讼中附带民事诉讼；可以在刑事控告中附带提起刑事附带民事诉讼。

总之，上述九个方面的立法结构，反映了我国税收税种立法中涉及的基本问题，除特别规定外，一至七项基本内容为各项税种立法之基本内容，在以下各章将予以详述。

本章小结

通过本章学习可看出，我国税法的形式渊源涵盖了所有法律的表现形式。不仅有符合《立法法》要求的正式法律形式，也有非正式法律形式，共同构成了完整的税收法律体系，使税收工作的开展有法可依，法治治理有章可循。与此同时，改革开放以来，税法经过了逐步法律化的过程。但实现税收的法律化，并不意味着政府税权的削弱，大量具体的税收管理，还需要通过规范性文件施以积极的措施才能落实。而不同阶段税收政策对于税收执法有着重大影响，这是经济法政策属性在税收领域的反映。与此同时，涉及税收税种立法时，其特殊的立法结构及其形式，是研习我国税法的重要分析工具。

重点思考题

1. 我国税收的法律形式有哪些？其各自的法律地位如何？
2. 为什么税收立法需要赋予政府自由裁量权？
3. 简述税收立法与税收政策的关系。
4. 我国税收税种立法的结构有哪些？

第三章
税收基本制度

税收基本制度是一个国家的税收从决策到运行的政策和制度的总称，其应由财政基本法规定。但我国目前还未制定财政基本法。有关税收基本制度主要反映在《预算法》《税收征收管理法》以及相关财政政策之中。

第一节　税收管理体制制度

税收管理体制涉及一国税收事务的领导和具体管理部门的权力配置。税收管理体制属于财政管理体制的一部分，与财政管理体制相一致，并由专门的职能部门负责管理。

一、中央和地方两级管理体制

如前所述，依据我国国情，我国在税收管理体制上长期存在中央和地方的“二元制”管理模式。相应的，税收也包括中央税、地方税和中央与地方共享税的基本划分和管理。1994 年之前，曾施行地方财政包干制。1993 年 12 月 15 日，国务院发布《关于实行分税制财政管理体制的决定》，决定从 1994 年 1 月 1 日起改革地方财政包干体制，对各省、自治区、直辖市以及计划单列市实行分税制财政管理体制。其主要内容是，按照中央与地方政府的事权划分，合理确定各级财政的支出范围；根据事权与财权相结合原则，将税种统一划分为中央税、地方税、中央与地方共享税，并建立中央税收和地方税收体系，分设中央与地方两套税务机构分别征管；科学核定地方收支数额，逐步实行比较规范的中央财政对地方的税收返还和转移支付制度；建立和健全分级预算制度，硬化各级预算约束。1994 年以来国家一直推行分税制。对此，现行《预算法》明确规定，国家实行一级政府一级预算，设立中央，省、自治区、直辖市，设区的市、自治州，县、自治县、不设区的市（县级市）、市辖区，乡、民族乡、镇五级预算。全国预算由中央预算和地方预算组成。地方预算由各省、自治区、直辖市总预算组成。地方各级总预算由本级预算和汇总的下一级总预算组成；下一级只有本级预算的，下一级总预算指下一级的本级预算。没有下一级预算的，总预算即指本级预算。[①] 国家实行中央和地方分税制。[②] 这些政策和法律规定表明，在税收管理体制上，与财政预算管理体制相一致。总体来说，我国存在中央和地方两级管理体制，并影响中央和地方两级的职责划分以及税收在中央、省和县一级的分配。以山西省为例，经过调查发现，在现阶段，山西省区域税收征收与分配情况如下：

表 11 山西省税务系统各征收项目对应预算分配比例表（截至 2020 年）

征收项目	分配比例（%）		
	中央	省	市县
增值税	50	15	35
消费税	100		
企业所得税	60	12	28
个人所得税	60	12	28
其他资源税		30	70
煤炭资源税		65	35
水资源税		30	70
城市维护建设税			100
房产税			100
印花税			100
城镇土地使用税			100
土地增值税			100
车船税			100
车辆购置税	100		
耕地占用税			100
契税			100
烟叶税			100
环境保护税		30	70

① 参见 2018 年《预算法》第 3 条。
② 参见 2018 年《预算法》第 15 条。

续表

征收项目	分配比例（%）		
	中央	省	市县
税务部门罚没收入	100		
教育费附加			100
地方教育附加		30	70
文化事业建设费		100	
工会经费		100	
残疾人就业保障金		5	95
非经营性国有资产收入		100	100
其他国有资源（产）有偿使用收入		100	100
农网还贷资金收入	100		

由表 11 可知，2018 年税收体制改革至 2020 年，山西省税务系统所征收的税收共计 18 种。其中，属于中央税的包括消费税、车辆购置税两种，其收入全部上缴中央财政；属于中央地方共享税的包括增值税、企业所得税和个人所得税 3 种，税收收入在中央、省、市县三级按比例分配；属于在省、市县之间按比例分配的税收有其他资源税、煤炭资源税、水资源税、环境保护税 4 种。完全归属于市县一级财政支配的有城市维护建设税、房产税、印花税、城镇土地使用税、土地增值税、车船税、耕地占用税、契税、烟叶税 9 种。

此外，按照改革要求，税务部门还负责社保等费用的代征代收任务。

二、各级中国共产党组织的领导和监督权

在我国，中国共产党是各项事业的领导核心。《中国共产党章程》指出，中国共产党领导人民发展社会主义市场经济。毫不动摇地巩固和发展公有制经济，毫不动摇地鼓励、支持、引导非公有制经济发展。发挥市场在资源配置中的决定性作用，更好发挥政府作用，建立完善的宏观调控体系。统筹城乡发展、区域发展、经济社会发展、人与自然和谐发展、国内发展和对外开放，调整经济结构，转变经济发展方式，推进供给侧结构性改革。促进新型工业化、信息化、城镇化、农业现代化同步发展，建设社会主义新农村，走

中国特色新型工业化道路，建设创新型国家和世界科技强国。[①] 由此，中国共产党党中央对税收工作行使统一领导权，并围绕财政税收工作履行职责，同时也包括对税收工作的监督权。

在中央一级，中共中央首先要通过有关财政税收政策的制定，指导全国的税收工作。从组织角度配备税务工作的领导干部，使其获得组织保障，并对其工作进行考察和监督。

在地方一级，各级中共地方组织要坚决贯彻执行中央的税收政策，在保障中央税收收入实现的同时，对于地方税的征收提出建议，并监督地方税务机关的工作。

三、各级人大的审议、批准和监督职责

按照宪法和地方组织法、预算法规定，全国人大及其常委会及地方各级人大及其常委会负责对各级人民政府提出的财政税收预算报告行使审议、批准和监督的职责。按照《立法法》规定，全国人大及其常委会行使对“税收设立、税率的确定和税收征收管理等税收基本制度”的法律立法权。地方各级人大有立法权的机关，可以在全国人大及法律授权基础上行使地方立法权。[②]

四、各级人民政府的管理、监督权

按照宪法和组织法、预算法规定，国务院是我国经济和行政主管机关。国务院的职责包括对财政税务的管理，其主要体现为在全国人大及其常委会审议、批准预算报告后，负责全国税收的征收管理，并监督财政税务机关的税收管理工作。与此同时，根据全国人大及其常委会的授权，负责税收行政立法和政策措施的制定和实施工作。[③] 地方各级人民政府服从国务院的统一领导，行使有关地方税收的管理和监督工作。其中包括地方税收征收的立法、管理和监督权。

五、财政部门的管理职责

财政部门是我国财政税收的主管部门，财政部门实行国家财政机关统一

---

① 参见2017年《中国共产党章程》序言。

② 在目前，有权立法的地方人大限定于具有立法能力的设区的市一级人大，县级及县级以下的人大无立法权。

③ 参见2018年《宪法》第89条、第91条。

领导下的分级管理体制。即设立中央、省、市、县四级财政机关，负责有关财政和税收方面的管理工作。其主要职责是编制财政预算报告，并负责组织实施，对于税收工作享有监督权。[1]

六、税务部门的具体管理职责

我国的具体税务部门包括税收征收机关、海关等机关。税务部门的具体管理职责是负责税收的征收工作，并按照国家调控的需要负责搜集有关宏观调控信息，为国家宏观调控决策提供服务。为了保障税收征收工作顺利推进，地方税务机构实行“双重领导体制”，即省以下税务机构实行以国家税务总局为主，与省、自治区、直辖市党委和政府双重领导的管理体制。国家税务总局负责任免各省级税务局领导班子成员，事前按照程序征求省、自治区、直辖市党委的意见。省级以下税务局领导班子成员由上一级税务局任免，事前按照程序征求所在地党委的意见。国家税务总局统一管理省级以下税务局的机构编制，地方政府根据行政区划变动情况等对税务机构设置提出意见。国家税务总局主管税收业务、社会保险费和其他非税收入征管业务，对收入预算目标的确定提出意见，并抓好在税务系统的分解落实和执行情况考核。各地人民代表大会、政府依法行使地方税收、社会保险费和其他非税收入的税（费）政管理权，确定地方级收入预算目标，并加强对征收工作的考核管理。2018 年国家机构改革，取消地方税务局。新的省、市和县级税务机构的名称分别为国家税务总局某省、市、县税务局。截至 2019 年底，全国共设有 46 个省级税务局、638 个市（区、地区、州、盟）税务局、3094 个县（市、区、旗）税务局、19854 个税务分局、税务所，全国税务系统共有约 72 万名工作人员[2]。

海关总署是中国国务院主管全国海关工作的部级直属机构，其主要职责中与税务直接相关的内容包括：负责进出口关税和其他税费的征收管理。拟定征管制度，制定出口商品分类目录，并组织实施和解释，牵头开展多边、双边原产地规则对外谈判，拟定进出口原产地规则，并依法负责签证管理工作等组织实施工作。依法执行反倾销和反补贴措施、保障措施和其他关税措施。关税征管司是海关总署内主管关税征管业务的主管部门。海关系统实行

---

① 参见 2018 年《预算法》第 25 条。

② 刘佐著：《中国税制概览》（第 25 版），中国财经出版传媒集团经济科学出版社 2021 年版，第 439 页。

垂直管理体制。截至2019年，海关总署下设广东分署，天津、上海特派员办事处，42个直属海关，742个隶属海关、办事处，并在中国驻欧盟使团、中国驻俄罗斯大使馆、驻美国大使馆等机构派驻海关机构①。

与此同时，国务院关税税则委员会是国务院的议事协调机构，其主要职责是：审议关税工作重大规划，拟定关税改革方案，并组织实施；负责《进出口税则》《进境物品进口税税率表》的税目、税率的调整和解释，报国务院批准后执行；负责编纂、发布《进出口税则》；决定实行暂定税率的货物、税率和期限，关税配额税率，特殊情况下税率的适用，征收反倾销税、反补贴税、保障措施关税、报复性关税和实施其他关税措施；审议上报国务院重大关税政策和对外关税谈判方案；履行国务院规定的其他职责。该委员会的日常办公机构设在财政部，成员单位包括财政部、国务院办公厅、国家发展和改革委员会、工业和信息化部、司法部、农业农村部、商务部、海关总署和国家税务总局。

第二节　税收预算的审批、执行制度

一、税收预算的审批

按照《预算法》规定，包括税收在内的财政预算的审批，由各级人民政府向各级人大提交预算报告，经过审议后予以批准执行。为此，《预算法》第五章“预算审查和批准”进行了专门规定。

中央预算由全国人民代表大会审查和批准。地方各级预算由本级人民代表大会审查和批准。

国务院财政部门应当在每年全国人民代表大会会议举行的45日前，将中央预算草案的初步方案提交全国人民代表大会财政经济委员会进行初步审查。省、自治区、直辖市政府财政部门应当在本级人民代表大会会议举行的30日前，将本级预算草案的初步方案提交本级人民代表大会有关专门委员会进行初步审查。设区的市、自治州政府财政部门应当在本级人民代表大会会议举行的30日前，将本级预算草案的初步方案提交本级人民代表大会有关专门委员会进行初步审查，或者送交本级人民代表大会常务委员会有关工作机构征

① 刘佐著：《中国税制概览》（第25版），中国财经出版传媒集团经济科学出版社2021年版，第440页。

求意见。县、自治县、不设区的市、市辖区政府应当在本级人民代表大会会议举行的30日前，将本级预算草案的初步方案提交本级人民代表大会常务委员会进行初步审查。

县、自治县、不设区的市、市辖区、乡、民族乡、镇的人民代表大会举行会议审查预算草案前，应当采用多种形式，组织本级人民代表大会代表，听取选民和社会各界的意见。

报送各级人民代表大会审查和批准的预算草案应当细化。本级一般公共预算支出，按其功能分类应当编列到项；按其经济性质分类，基本支出应当编列到款。本级政府性基金预算、国有资本经营预算、社会保险基金预算支出，按其功能分类应当编列到项。

国务院在全国人民代表大会举行会议时，向大会作关于中央和地方预算草案以及中央和地方预算执行情况的报告。地方各级政府在本级人民代表大会举行会议时，向大会作关于总预算草案和总预算执行情况的报告。

全国人民代表大会和地方各级人民代表大会对预算草案及其报告、预算执行情况的报告重点审查的内容包括：上一年预算执行情况是否符合本级人民代表大会预算决议的要求；预算安排是否符合本法的规定；预算安排是否贯彻国民经济和社会发展的方针政策，收支政策是否切实可行；重点支出和重大投资项目的预算安排是否适当；预算的编制是否完整，是否符合《预算法》第四十六条的规定①；对下级政府的转移性支出预算是否规范、适当；预算安排举借的债务是否合法、合理，是否有偿还计划和稳定的偿还资金来源；与预算有关重要事项的说明是否清晰。

全国人民代表大会财政经济委员会向全国人民代表大会主席团提出关于中央和地方预算草案及中央和地方预算执行情况的审查结果报告。省、自治区、直辖市、设区的市、自治州人民代表大会有关专门委员会，县、自治县、不设区的市、市辖区人民代表大会常务委员会，向本级人民代表大会主席团提出关于总预算草案及上一年总预算执行情况的审查结果报告。审查结果报告应当包括的内容：（一）对上一年预算执行和落实本级人民代表大会预算决议的情况作出评价；（二）对本年度预算草案是否符合本法的规定，是否可行作出评价；（三）对本级人民代表大会批准预算草案和预算报告提出建议；

---

① 参见2018年《预算法》第46条规定，报送各级人民代表大会审查和批准的预算草案应当细化。本级一般公共预算支出，按其功能分类应当编列到项；按其经济性质分类，基本支出应当编列到款。本级政府性基金预算、国有资本经营预算、社会保险基金预算支出，按其功能分类应当编列到项。

（四）对执行年度预算、改进预算管理、提高预算绩效、加强预算监督等提出意见和建议。

乡、民族乡、镇政府应当及时将经本级人民代表大会批准的本级预算报上一级政府备案。县级以上地方各级政府应当及时将经本级人民代表大会批准的本级预算及下一级政府报送备案的预算汇总，报上一级政府备案。县级以上地方各级政府将下一级政府依照前款规定报送备案的预算汇总后，报本级人民代表大会常务委员会备案。国务院将省、自治区、直辖市政府依照前款规定报送备案的预算汇总后，报全国人民代表大会常务委员会备案。

国务院和县级以上地方各级政府对下一级政府依照本法第五十条规定报送备案的预算①，如果认为有同法律、行政法规相抵触或者有其他不适当之处，需要撤销批准预算的决议的，应当提请本级人民代表大会常务委员会审议决定。

各级预算经本级人民代表大会批准后，本级政府财政部门应当在 20 日内向本级各部门批复预算。各部门应当在接到本级政府财政部门批复的本部门预算后 15 日内向所属各单位批复预算。中央对地方的一般性转移支付应当在全国人民代表大会批准预算后 30 日内正式下达。中央对地方的专项转移支付应当在全国人民代表大会批准预算后 90 日内正式下达。省、自治区、直辖市政府接到中央一般性转移支付和专项转移支付后，应当在 30 日内正式下达到本行政区域县级以上各级政府。县级以上地方各级预算安排对下级政府的一般性转移支付和专项转移支付，应当分别在本级人民代表大会批准预算后的 30 日和 60 日内正式下达。对自然灾害等突发事件处理的转移支付，应当及时下达预算；对据实结算等特殊项目的转移支付，可以分期下达预算，或者先预付后结算。县级以上各级政府财政部门应当将批复本级各部门的预算和批复下级政府的转移支付预算，抄送本级人民代表大会财政经济委员会、有关专门委员会和常务委员会有关工作机构。②

二、税收预算的执行

《预算法》第六章明确规定了税收预算执行。各级预算由本级政府组织执

① 参见 2018 年《预算法》第 50 条规定，乡、民族乡、镇政府应当及时将经本级人民代表大会批准的本级预算报上一级政府备案。县级以上地方各级政府应当及时将经本级人民代表大会批准的本级预算及下一级政府报送备案的预算汇总，报上一级政府备案。县级以上地方各级政府将下一级政府依照前款规定报送备案的预算汇总后，报本级人民代表大会常务委员会备案。国务院将省、自治区、直辖市政府依照前款规定报送备案的预算汇总后，报全国人民代表大会常务委员会备案。

② 参见 2018 年《预算法》第 43 条~第 52 条。

行，具体工作由本级政府财政部门负责。各部门、各单位是本部门、本单位的预算执行主体，负责本部门、本单位的预算执行，并对执行结果负责。

预算年度开始后，各级预算草案在本级人民代表大会批准前，可以安排下列支出：（一）上一年度结转的支出；（二）参照上一年同期的预算支出数额安排必须支付的本年度部门基本支出、项目支出，以及对下级政府的转移性支出；（三）法律规定必须履行支付义务的支出，以及用于自然灾害等突发事件处理的支出。根据安排支出的情况，应当在预算草案的报告中作出说明。预算经本级人民代表大会批准后，按照批准的预算执行。

预算收入征收部门和单位，必须依照法律、行政法规的规定，及时、足额征收应征的预算收入。不得违反法律、行政法规规定，多征、提前征收或者减征、免征、缓征应征的预算收入，不得截留、占用或者挪用预算收入。各级政府不得向预算收入征收部门和单位下达收入指标。

政府的全部收入应当上缴国家金库（以下简称国库），任何部门、单位和个人不得截留、占用、挪用或者拖欠。对于法律有明确规定或者经国务院批准的特定专用资金，可以依照国务院的规定设立财政专户。

各级政府财政部门必须依照法律、行政法规和国务院财政部门的规定，及时、足额地拨付预算支出资金，加强对预算支出的管理和监督。各级政府、各部门、各单位的支出必须按照预算执行，不得虚假列支。各级政府、各部门、各单位应当对预算支出情况开展绩效评价。

各级预算的收入和支出实行收付实现制。特定事项按照国务院的规定实行权责发生制的有关情况，应当向本级人民代表大会常务委员会报告。

县级以上各级预算必须设立国库；具备条件的乡、民族乡、镇也应当设立国库。中央国库业务由中国人民银行经理，地方国库业务依照国务院的有关规定办理。各级国库应当按照国家有关规定，及时准确地办理预算收入的收纳、划分、留解、退付和预算支出的拨付。各级国库库款的支配权属于本级政府财政部门。除法律、行政法规另有规定外，未经本级政府财政部门同意，任何部门、单位和个人都无权冻结、动用国库库款或者以其他方式支配已入国库的库款。各级政府应当加强对本级国库的管理和监督，按照国务院的规定完善国库现金管理，合理调节国库资金余额。

已经缴入国库的资金，依照法律、行政法规的规定或者国务院的决定需要退付的，各级政府财政部门或者其授权的机构应当及时办理退付。按照规定应当由财政支出安排的事项，不得用退库处理。

国家实行国库集中收缴和集中支付制度，对政府全部收入和支出实行国库集中收付管理。

各级政府应当加强对预算执行的领导，支持政府财政、税务、海关等预算收入的征收部门依法组织预算收入，支持政府财政部门严格管理预算支出。财政、税务、海关等部门在预算执行中，应当加强对预算执行的分析；发现问题时应当及时建议本级政府采取措施予以解决。

各部门、各单位应当加强对预算收入和支出的管理，不得截留或者动用应当上缴的预算收入，不得擅自改变预算支出的用途。

各级预算预备费的动用方案，由本级政府财政部门提出，报本级政府决定。

各级预算周转金由本级政府财政部门管理，不得挪作他用。

各级一般公共预算年度执行中有超收收入的，只能用于冲减赤字或者补充预算稳定调节基金。各级一般公共预算的结余资金，应当补充预算稳定调节基金。省、自治区、直辖市一般公共预算年度执行中出现短收，通过调入预算稳定调节基金、减少支出等方式仍不能实现收支平衡的，省、自治区、直辖市政府报本级人民代表大会或者其常务委员会批准，可以增列赤字，报国务院财政部门备案，并应当在下一年度预算中予以弥补。①

按照《税收征收管理法》规定，税收的开征、停征以及减税、免税、退税、补税，依照法律的规定执行；法律授权国务院规定的，依照国务院制定的行政法规的规定执行。任何机关、单位和个人不得违反法律、行政法规的规定，擅自作出税收开征、停征以及减税、免税、退税、补税和其他同税收法律、行政法规相抵触的决定。②

法律、行政法规规定负有纳税义务的单位和个人为纳税人。法律、行政法规规定负有代扣代缴、代收代缴税款义务的单位和个人为扣缴义务人。纳税人、扣缴义务人必须依照法律、行政法规的规定缴纳税款、代扣代缴、代收代缴税款。

国务院税务主管部门主管全国税收征收管理工作。国家税务总局和地方

---

① 参见2018年《预算法》第58条~第66条。

② 参见2015年《税收征收管理法》第3条。

税务局应当按照国务院规定的税收征收管理范围分别进行征收管理。[1] 地方各级人民政府应当依法加强对本行政区域内税收征收管理工作的领导或者协调，支持税务机关依法执行职务，依照法定税率计算税额，依法征收税款。各有关部门和单位应当支持、协助税务机关依法执行职务。税务机关依法执行职务，任何单位和个人不得阻挠。

国家有计划地用现代信息技术装备各级税务机关，加强税收征收管理信息系统的现代化建设，建立、健全税务机关与政府其他管理机关的信息共享制度。纳税人、扣缴义务人和其他有关单位应当按照国家有关规定如实向税务机关提供与纳税和代扣代缴、代收代缴税款有关的信息。

税务机关应当广泛宣传税收法律、行政法规，普及纳税知识，无偿地为纳税人提供纳税咨询服务。

纳税人、扣缴义务人有权向税务机关了解国家税收法律、行政法规的规定以及与纳税程序有关的情况。纳税人、扣缴义务人有权要求税务机关为纳税人、扣缴义务人的情况保密。税务机关应当依法为纳税人、扣缴义务人的情况保密。纳税人依法享有申请减税、免税、退税的权利。纳税人、扣缴义务人对税务机关所作出的决定，享有陈述权、申辩权；依法享有申请行政复议、提起行政诉讼、请求国家赔偿等权利。纳税人、扣缴义务人有权控告和检举税务机关、税务人员的违法违纪行为。

税务机关应当加强队伍建设，提高税务人员的政治业务素质。税务机关、税务人员必须秉公执法，忠于职守，清正廉洁，礼貌待人，文明服务，尊重和保护纳税人、扣缴义务人的权利，依法接受监督。税务人员不得索贿受贿、徇私舞弊、玩忽职守、不征或者少征应征税款；不得滥用职权多征税款或者故意刁难纳税人和扣缴义务人。

各级税务机关应当建立、健全内部制约和监督管理制度。上级税务机关应当对下级税务机关的执法活动依法进行监督。各级税务机关应当对其工作人员执行法律、行政法规和廉洁自律准则的情况进行监督检查。

税务机关负责征收、管理、稽查、行政复议的人员的职责应当明确，并相互分离、相互制约。

---

① 根据2018年3月17日第十三届全国人民代表大会第一次会议通过的《关于国务院机构改革方案的决定》改革国税地税征管体制。将省级和省级以下国税地税机构合并，具体承担所辖区域内各项税收、非税收入征管等职责。国税地税机构合并后，实行以国家税务总局为主与省（区、市）人民政府双重领导管理体制。

税务人员征收税款和查处税收违法案件，与纳税人、扣缴义务人或者税收违法案件有利害关系的，应当回避。

任何单位和个人都有权检举违反税收法律、行政法规的行为。收到检举的机关和负责查处的机关应当为检举人保密。税务机关应当按照规定对检举人给予奖励。

本法所称税务机关是指各级税务局、税务分局、税务所和按照国务院规定设立的并向社会公告的税务机构。①

此外，《税收征收管理法》还规定，纳税人、扣缴义务人可以委托税务代理人代为办理税务事宜。耕地占用税、契税、农业税、牧业税征收管理的具体办法，由国务院另行制定。② 关税及海关代征税收的征收管理，依照法律、行政法规的有关规定执行。中华人民共和国同外国缔结的有关税收的条约、协定同该法有不同规定的，依照条约、协定的规定办理。③

三、税收返还制度

由于我国区域发展不平衡，各地税收收入情况也不尽相同。为了保证一些地方政权正常运行以及实现国家宏观调控的目的，国家确立了税收返还制度。为此，《预算法》规定，一般公共预算是对以税收为主体的财政收入，安排用于保障和改善民生、推动经济社会发展、维护国家安全、维持国家机构正常运转等方面的收支预算。中央一般公共预算包括中央各部门（含直属单位，下同）的预算和中央对地方的税收返还、转移支付预算。中央一般公共预算收入包括中央本级收入和地方向中央的上解收入。中央一般公共预算支出包括中央本级支出、中央对地方的税收返还和转移支付。地方各级一般公共预算包括本级各部门（含直属单位，下同）的预算和税收返还、转移支付预算。地方各级一般公共预算收入包括地方本级收入、上级政府对本级政府的税收返还和转移支付、下级政府的上解收入。地方各级一般公共预算支出包括地方本级支出、对上级政府的上解支出、对下级政府的税收返还和转移支付。④ 中央预算与地方预算有关收入和支出项目的划分、地方向中央上解收入、中央对地方税收返还或者转移支付的具体办法，由国务院规定，报全国

① 参见2015年《税收征收管理法》第3条~第14条。

② 2006年以来，国家已经取消了对农业税、牧业税的征收。

③ 参见2015年《税收征收管理法》第89条~第91条。

④ 参见2018年《预算法》第6条~第7条。

人民代表大会常务委员会备案。①

税收返还的要点，一是税收返还的主体是上级财政对下级财政。通常是中央财政对省级财政，或省级财政对市、县级财政；二是税收返还意味着先缴纳后返还，具体返还的比例数额多少，要根据实际需求情况核定；三是税收返还只针对一般公共预算，不涉及基金预算、社保预算、国有资产收益预算问题；四是税收返还制度与财政转移支付制度并列，两者的功效基本相同，但财政转移支付除一般支付外，还存在专门针对某一事业发展的专项转移支付，具有目的的特定性。②

第三节　税收征收管理制度

在国家和地方确定税收数额之后，除非有关税法有特别规定外，主要由国家税务机关按照《税收征收管理法》的规定，对税收予以征收管理，并形成一系列制度。

一、税务登记制度

税务登记是税收机关向纳税人征收税收的逻辑前提，也是纳税人或纳税代扣代缴义务人履行纳税义务的前提。③

根据现行《税收征收管理法》规定，一是企业以及企业在外地设立的分支机构和从事生产、经营的场所，个体工商户和从事生产、经营的事业单位（以下统称从事生产、经营的纳税人）自领取营业执照之日起30日内，持有关证件，向税务机关申报办理税务登记。税务机关应当于收到申报的当日办理登记并发给税务登记证件。工商行政管理机关④应当将办理登记注册、核发营业执照的情况，定期向税务机关通报。从事生产、经营的纳税人，税务登记内容发生变化的，自工商行政管理机关办理变更登记之日起30日内或者在向工商行政管理机关申请办理注销登记之前，持有关证件向税务机关申报办

① 参见2018年《预算法》第29条。

② 李万慧：《“后营改增”时代中国税收返还制度方向探索——为税收返还制度正名》，载《现代经济探讨》2007年第2期。

③ 截至2019年底，全国税务登记管理户为6503.2万户，其中企业纳税人为3285.9万户，占50.5%；个体经营纳税人3078.5万户，占47.3%。

④ 根据《中共中央2018年深化党和国家机构改革方案》不再保留“国家工商行政管理局”，组建“国家市场监督管理局”，实行统一的市场监管，原工商行政管理职责并入市场监督管理机关。

理变更或者注销税务登记。从事生产、经营的纳税人应当按照国家有关规定，持税务登记证件，在银行或者其他金融机构开立基本存款账户和其他存款账户，并将其全部账号向税务机关报告。银行和其他金融机构应当在从事生产、经营的纳税人的账户中登录税务登记证件号码，并在税务登记证件中登录从事生产、经营的纳税人的账户账号。税务机关依法查询从事生产、经营的纳税人开立账户的情况时，有关银行和其他金融机构应当予以协助。纳税人按照国务院税务主管部门的规定使用税务登记证件。税务登记证件不得转借、涂改、损毁、买卖或者伪造。①

值得强调的是，2015 年以来，国家进行了一系列政府“放管服”改革。其中，为了简化政府登记，先后推行了“三证合一”的改革举措，将工商登记、税务登记和社会组织代码登记等融为一体，不再颁发专门的税务登记证。为此，该项改革措施成为《税收征收管理法》完善的修改内容之一。

二、账簿、凭证管理制度

账簿和凭证是税收征收机关和纳税人核算税收具体数额的基本依据。

按照现行《税收征收管理法》规定，纳税人、扣缴义务人按照有关法律、行政法规和国务院财政、税务主管部门的规定设置账簿，根据合法、有效凭证记账，进行核算。从事生产、经营的纳税人的财务、会计制度或者财务、会计处理办法和会计核算软件，应当报送税务机关备案。纳税人、扣缴义务人的财务、会计制度或者财务、会计处理办法与国务院或者国务院财政、税务主管部门有关税收的规定抵触的，依照国务院或者国务院财政、税务主管部门有关税收的规定计算应纳税款、代扣代缴和代收代缴税款。② 税务机关是发票的主管机关，负责发票印制、领购、开具、取得、保管、缴销的管理和监督。单位、个人在购销商品、提供或者接受经营服务以及从事其他经营活动中，应当按照规定开具、使用、取得发票。发票的管理办法由国务院规定。增值税专用发票由国务院税务主管部门指定的企业印制；其他发票，按照国务院税务主管部门的规定，分别由省、自治区、直辖市税务局、地方税务局

① 参见 2015 年《税收征收管理法》第 15 条~第 18 条。

② 此规定说明，一般会计核算与税务会计核算，由于其核算目的不同出现差异。涉及缴税问题时，以税务会计核算为准。

指定企业印制。未经前款规定的税务机关指定，不得印制发票。[①] 国家根据税收征收管理的需要，积极推广使用税控装置。纳税人应当按照规定安装、使用税控装置，不得损毁或者擅自改动税控装置。从事生产、经营的纳税人、扣缴义务人必须按照国务院财政、税务主管部门规定的保管期限保管账簿、记账凭证、完税凭证及其他有关资料。账簿、记账凭证、完税凭证及其他有关资料不得伪造、变造或者擅自损毁。[②]

三、纳税申报制度

纳税申报是指纳税人依法向税务机关申报其生产经营及收入所涉及的税种、会计基础资料及具体数额的行为。

根据现行《税收征收管理法》规定，纳税人必须依照法律、行政法规规定或者税务机关依照法律、行政法规的规定确定的申报期限、申报内容如实办理纳税申报，报送纳税申报表、财务会计报表以及税务机关根据实际需要要求纳税人报送的其他纳税资料。扣缴义务人必须依照法律、行政法规规定或者税务机关依照法律、行政法规的规定确定的申报期限、申报内容如实报送代扣代缴、代收代缴税款报告表以及税务机关根据实际需要要求扣缴义务人报送的其他有关资料。纳税人、扣缴义务人可以直接到税务机关办理纳税申报或者报送代扣代缴、代收代缴税款报告表，也可以按照规定采取邮寄、数据电文或者其他方式办理上述申报、报送事项。纳税人、扣缴义务人不能按期办理纳税申报或者报送代扣代缴、代收代缴税款报告表的，经税务机关核准，可以延期申报。经核准延期办理前款规定的申报、报送事项的，应当在纳税期内按照上期实际缴纳的税额或者税务机关核定的税额预缴税款，并在核准的延期内办理税款结算。[③]

值得强调的是，在纳税人申报中，税务机关负有指导申报、提供申报便利的服务义务。[④]

---

① 国家对于企业纳税的控制主要途径是通过发票和凭证的管理实现。其中，对于增值税发票采取了特殊的管理措施。这是因为，增值税目前是我国的第一大税种。纳税人对增值税发票弄虚作假对国家税收利益损害较大，必须严格控制。

② 参见2015年《税收征收管理法》第19条~第24条。

③ 参见2015年《税收征收管理法》第25条~第27条。

④ 朱大旗、胡明：《正当程序理念下我国〈税收征收管理法〉的修改》，载《中国人民大学学报》2014年第5期。

四、税款征收制度

税款征收制度是指税务机关可以采取什么措施征税，以及对税收征收行为的规范。

按照现行《税收征收管理法》规定，税务机关依照法律、行政法规的规定征收税款，不得违反法律、行政法规的规定开征、停征、多征、少征、提前征收、延缓征收或者摊派税款。农业税应纳税额按照法律、行政法规的规定核定①。

除税务机关、税务人员以及经税务机关依照法律、行政法规委托的单位和人员外，任何单位和个人不得进行税款征收活动。

扣缴义务人依照法律、行政法规的规定履行代扣、代收税款的义务。对法律、行政法规没有规定负有代扣、代收税款义务的单位和个人，税务机关不得要求其履行代扣、代收税款义务。扣缴义务人依法履行代扣、代收税款义务时，纳税人不得拒绝。纳税人拒绝的，扣缴义务人应当及时报告税务机关处理。税务机关按照规定付给扣缴义务人代扣、代收手续费。

纳税人、扣缴义务人按照法律、行政法规规定或者税务机关依照法律、行政法规的规定确定的期限，缴纳或者解缴税款。纳税人因有特殊困难，不能按期缴纳税款的，经省、自治区、直辖市税务局、地方税务局批准，可以延期缴纳税款，但是最长不得超过3个月。

纳税人未按照规定期限缴纳税款的、扣缴义务人未按照规定期限解缴税款的，税务机关除责令限期缴纳外，从滞纳税款之日起，按日加收滞纳税款万分之五的滞纳金。

纳税人依照法律、行政法规的规定办理减税、免税。地方各级人民政府、各级人民政府主管部门、单位和个人违反法律、行政法规规定，擅自作出的减税、免税决定无效，税务机关不得执行，并向上级税务机关报告。

税务机关征收税款时，必须给纳税人开具完税凭证。扣缴义务人代扣、代收税款时，纳税人要求扣缴义务人开具代扣、代收税款凭证的，扣缴义务人应当开具。

纳税人有下列情形之一的，税务机关有权核定其应纳税额：（一）依照法律、行政法规的规定可以不设置账簿的；（二）依照法律、行政法规的规定应当设置账簿但未设置的；（三）擅自销毁账簿或者拒不提供纳税资料的；（四）虽设置账簿，但账目混乱或者成本资料、收入凭证、费用凭证残缺不

① 农业税于2006年废除，此条已经不适用。

全，难以查账的；（五）发生纳税义务，未按照规定的期限办理纳税申报，经税务机关责令限期申报，逾期仍不申报的；（六）纳税人申报的计税依据明显偏低，又无正当理由的。税务机关核定应纳税额的具体程序和方法由国务院税务主管部门规定。

企业或者外国企业在中国境内设立的从事生产、经营的机构、场所与其关联企业之间的业务往来，应当按照独立企业之间的业务往来收取或者支付价款、费用；不按照独立企业之间的业务往来收取或者支付价款、费用，而减少其应纳税的收入或者所得额的，税务机关有权进行合理调整。

对未按照规定办理税务登记的从事生产、经营的纳税人以及临时从事经营的纳税人，由税务机关核定其应纳税额，责令缴纳；不缴纳的，税务机关可以扣押其价值相当于应纳税款的商品、货物。扣押后缴纳应纳税款的，税务机关必须立即解除扣押，并归还所扣押的商品、货物；扣押后仍不缴纳应纳税款的，经县以上税务局（分局）局长批准，依法拍卖或者变卖所扣押的商品、货物，以拍卖或者变卖所得抵缴税款。

税务机关有根据认为从事生产、经营的纳税人有逃避纳税义务行为的，可以在规定的纳税期之前，责令限期缴纳应纳税款；在限期内发现纳税人有明显的转移、隐匿其应纳税的商品、货物以及其他财产或者应纳税的收入的迹象的，税务机关可以责成纳税人提供纳税担保。如果纳税人不能提供纳税担保，经县以上税务局（分局）局长批准，税务机关可以采取下列税收保全措施：（一）书面通知纳税人开户银行或者其他金融机构冻结纳税人的金额相当于应纳税款的存款；（二）扣押、查封纳税人的价值相当于应纳税款的商品、货物或者其他财产。纳税人在前款规定的限期内缴纳税款的，税务机关必须立即解除税收保全措施；限期期满仍未缴纳税款的，经县以上税务局（分局）局长批准，税务机关可以书面通知纳税人开户银行或者其他金融机构从其冻结的存款中扣缴税款，或者依法拍卖或者变卖所扣押、查封的商品、货物或者其他财产，以拍卖或者变卖所得抵缴税款。个人及其所扶养家属维持生活必需的住房和用品，不在税收保全措施的范围之内。

纳税人在限期内已缴纳税款，税务机关未立即解除税收保全措施，使纳税人的合法利益遭受损失的，税务机关应当承担赔偿责任。

从事生产、经营的纳税人、扣缴义务人未按照规定的期限缴纳或者解缴税款，纳税担保人未按照规定的期限缴纳所担保的税款，由税务机关责令限期缴纳，逾期仍未缴纳的，经县以上税务局（分局）局长批准，税务机关可以采取下列强制执行措施：（一）书面通知其开户银行或者其他金融机构从其存款中扣缴税款；（二）扣押、查封、依法拍卖或者变卖其价值相当于应纳税款的商品、货物或者其他财产，以拍卖或者变卖所得抵缴税款。税务机关采取强制执行措施时，对前款所列纳税人、扣缴义务人、纳税担保人未缴纳的滞纳金同时强制执行。个人及其所扶养家属维持生活必需的住房和用品，不在强制执行措施的范围之内。

前述规定的采取税收保全措施、强制执行措施的权力，不得由法定的税务机关以外的单位和个人行使。

税务机关采取税收保全措施和强制执行措施必须依照法定权限和法定程序，不得查封、扣押纳税人个人及其所扶养家属维持生活必需的住房和用品。

税务机关滥用职权违法采取税收保全措施、强制执行措施，或者采取税收保全措施、强制执行措施不当，使纳税人、扣缴义务人或者纳税担保人的合法权益遭受损失的，应当依法承担赔偿责任。

欠缴税款的纳税人或者他的法定代表人需要出境的，应当在出境前向税务机关结清应纳税款、滞纳金或者提供担保。未结清税款、滞纳金，又不提供担保的，税务机关可以通知出境管理机关阻止其出境。

税务机关征收税款，税收优先于无担保债权，法律另有规定的除外；纳税人欠缴的税款发生在纳税人以其财产设定抵押、质押或者纳税人的财产被留置之前的，税收应当先于抵押权、质权、留置权执行。税务机关应当对纳税人欠缴税款的情况定期予以公告。

纳税人有欠税情形而以其财产设定抵押、质押的，应当向抵押权人、质权人说明其欠税情况。抵押权人、质权人可以请求税务机关提供有关的欠税情况。

税务机关扣押商品、货物或者其他财产时，必须开付收据；查封商品、货物或者其他财产时，必须开付清单。

纳税人有合并、分立情形的，应当向税务机关报告，并依法缴清税款。纳税人合并时未缴清税款的，应当由合并后的纳税人继续履行未履行的纳税义务；纳税人分立时未缴清税款的，分立后的纳税人对未履行的纳税义务应当承担连带责任。

欠缴税款数额较大的纳税人在处分其不动产或者大额资产之前，应当向税务机关报告。

欠缴税款的纳税人因怠于行使到期债权，或者放弃到期债权，或者无偿转让财产，或者以明显不合理的低价转让财产而受让人知道该情形，对国家税收造成损害的，税务机关可以依照《合同法》第七十三条、第七十四条的规定行使代位权、撤销权。①

税务机关依照规定行使代位权、撤销权的，不免除欠缴税款的纳税人尚未履行的纳税义务和应承担的法律责任。

纳税人超过应纳税额缴纳的税款，税务机关发现后应当立即退还；纳税人自结算缴纳税款之日起 3 年内发现的，可以向税务机关要求退还多缴的税款并加算银行同期存款利息，税务机关及时查实后应当立即退还；涉及从国库中退库的，依照法律、行政法规有关国库管理的规定退还。

因税务机关的责任，致使纳税人、扣缴义务人未缴或者少缴税款的，税务机关在 3 年内可以要求纳税人、扣缴义务人补缴税款，但是不得加收滞纳金。因纳税人、扣缴义务人计算错误等失误，未缴或者少缴税款的，税务机关在 3 年内可以追征税款、滞纳金；有特殊情况的，追征期可以延长到 5 年。对偷税、抗税、骗税的，税务机关追征其未缴或者少缴的税款、滞纳金或者所骗取的税款，不受规定期限的限制。

国家税务总局和地方税务局应当按照国家规定的税收征收管理范围和税款入库预算级次，将征收的税款缴入国库。对审计机关、财政机关依法查出的税收违法行为，税务机关应当根据有关机关的决定、意见书，依法将应收的税款、滞纳金按照税款入库预算级次缴入国库，并将结果及时回复有关机关。②

五、税务检查制度

税务检查是法律赋予税务机关的一项专门职责，由税务稽查部门执行。

根据现行《税收征收管理法》规定，税务机关有权进行下列税务检查：(一) 检查纳税人的账簿、记账凭证、报表和有关资料，检查扣缴义务人代扣代缴、代收代缴税款账簿、记账凭证和有关资料；(二) 到纳税人的生产、经营场所和货物存放地检查纳税人应纳税的商品、货物或者其他财产，检查扣

---

① 1999 年《合同法》第 73 条规定，因债务人怠于行使其到期债权，对债权人造成损害的，债权人可以向人民法院请求以自己的名义代位行使债务人的债权，但该债权专属于债务人自身的除外。代位权的行使范围以债权人的债权为限。债权人行使代位权的必要费用，由债务人负担。第 74 条规定，因债务人放弃其到期债权或者无偿转让财产，对债权人造成损害的，债权人可以请求人民法院撤销债务人的行为。债务人以明显不合理的低价转让财产，对债权人造成损害，并且受让人知道该情形的，债权人也可以请求人民法院撤销债务人的行为。撤销权的行使范围以债权人的债权为限。债权人行使撤销权的必要费用，由债务人承担。

② 参见 2015 年《税收征收管理法》第 28 条~第 53 条。

缴义务人与代扣代缴、代收代缴税款有关的经营情况；（三）责成纳税人、扣缴义务人提供与纳税或者代扣代缴、代收代缴税款有关的文件、证明材料和有关资料；（四）询问纳税人、扣缴义务人与纳税或者代扣代缴、代收代缴税款有关的问题和情况；（五）到车站、码头、机场、邮政企业及其分支机构检查纳税人托运、邮寄应纳税商品、货物或者其他财产的有关单据、凭证和有关资料；（六）经县以上税务局（分局）局长批准，凭全国统一格式的检查存款账户许可证明，查询从事生产、经营的纳税人、扣缴义务人在银行或者其他金融机构的存款账户。税务机关在调查税收违法案件时，经设区的市、自治州以上税务局（分局）局长批准，可以查询案件涉嫌人员的储蓄存款。税务机关查询所获得的资料，不得用于税收以外的用途。

税务机关对从事生产、经营的纳税人以前纳税期的纳税情况依法进行税务检查时，发现纳税人有逃避纳税义务行为，并有明显的转移、隐匿其应纳税的商品、货物以及其他财产或者应纳税的收入的迹象的，可以按照本法规定的批准权限采取税收保全措施或者强制执行措施。

纳税人、扣缴义务人必须接受税务机关依法进行的税务检查，如实反映情况，提供有关资料，不得拒绝、隐瞒。

税务机关依法进行税务检查时，有权向有关单位和个人调查纳税人、扣缴义务人和其他当事人与纳税或者代扣代缴、代收代缴税款有关的情况，有关单位和个人有义务向税务机关如实提供有关资料及证明材料。

税务机关调查税务违法案件时，对与案件有关的情况和资料，可以记录、录音、录像、照相和复制。税务机关派出的人员进行税务检查时，应当出示税务检查证和税务检查通知书，并有责任为被检查人保守秘密；未出示税务检查证和税务检查通知书的，被检查人有权拒绝检查。①

第四节　税收行政与民事责任

税收法律责任是指税收法律关系的主体违反税收法律规定应当承担的法律责任。根据税收法律规定，税收法律责任具有综合性特征，涵盖行政责任、民事责任和刑事责任。

---

① 参见2015年《税收征收管理法》第54条~第59条。

一、税收行政责任

（一）纳税人及扣缴义务人的行政责任

根据现行《税收征收管理法》规定，纳税人有下列行为之一的，由税务机关责令限期改正，可以处 2000 元以下的罚款；情节严重的，处 2000 元以上 1 万元以下的罚款：（一）未按照规定的期限申报办理税务登记、变更或者注销登记的；（二）未按照规定设置、保管账簿或者保管记账凭证和有关资料的；（三）未按照规定将财务、会计制度或者财务、会计处理办法和会计核算软件报送税务机关备查的；（四）未按照规定将其全部银行账号向税务机关报告的；（五）未按照规定安装、使用税控装置，或者损毁或者擅自改动税控装置的。纳税人不办理税务登记的，由税务机关责令限期改正；逾期不改正的，经税务机关提请，由工商行政管理机关吊销其营业执照。纳税人未按照规定使用税务登记证件，或者转借、涂改、损毁、买卖、伪造税务登记证件的，处 1000 元以上 1 万元以下的罚款；情节严重的，处 1 万元以上 5 万元以下的罚款。

扣缴义务人未按照规定设置、保管代扣代缴、代收代缴税款账簿或者保管代扣代缴、代收代缴税款记账凭证及有关资料的，由税务机关责令限期改正，可以处 2000 元以下的罚款；情节严重的，处 2000 元以上 5000 元以下的罚款。

纳税人未按照规定的期限办理纳税申报和报送纳税资料的，或者扣缴义务人未按照规定的期限向税务机关报送代扣代缴、代收代缴税款报告表和有关资料的，由税务机关责令限期改正，可以处 2000 元以下的罚款；情节严重的，可以处 2000 元以上 1 万元以下的罚款。

纳税人、扣缴义务人编造虚假计税依据的，由税务机关责令限期改正，并处 5 万元以下的罚款。纳税人不进行纳税申报，不缴或者少缴应纳税款的，由税务机关追缴其不缴或者少缴的税款、滞纳金，并处不缴或者少缴的税款 50%以上 5 倍以下的罚款。

纳税人、扣缴义务人在规定期限内不缴或者少缴应纳或者应解缴的税款，经税务机关责令限期缴纳，逾期仍未缴纳的，税务机关除依照法律规定采取强制执行措施追缴其不缴或者少缴的税款外，可以处不缴或者少缴的税款 50%以上 5 倍以下的罚款。

扣缴义务人应扣未扣、应收而不收税款的，由税务机关向纳税人追缴税款，对扣缴义务人处应扣未扣、应收未收税款 50%以上 3 倍以下的罚款。

纳税人、扣缴义务人逃避、拒绝或者以其他方式阻挠税务机关检查的，由税务机关责令改正，可以处 1 万元以下的罚款；情节严重的，处 1 万元以上 5 万元以下的罚款。

从事生产、经营的纳税人、扣缴义务人有本法规定的税收违法行为，拒不接受税务机关处理的，税务机关可以收缴其发票或者停止向其发售发票。[①]

纳税人和扣缴义务人有法定行政违法情节的，其应当受到的行政处罚包括责令限期改正、罚款以及收缴其发票或者停止向其发售发票。其中，对于罚款，按照不同情节规定了不同的幅度。为税收行政执法提供了基本的依据。

（二）税务协助人的行政责任

税务协助人是指在税收征收过程中对税收征收负有协助义务的人。

对于税务协助人的行政责任，《税收征收管理法》规定了金融机构的行政责任。[②] 即纳税人、扣缴义务人的开户银行或者其他金融机构拒绝接受税务机关依法检查纳税人、扣缴义务人存款账户，或者拒绝执行税务机关作出的冻结存款或者扣缴税款的决定，或者在接到税务机关的书面通知后帮助纳税人、扣缴义务人转移存款，造成税款流失的，由税务机关处 10 万元以上 50 万元以下的罚款，对直接负责的主管人员和其他直接责任人员处 1000 元以上 1 万元以下的罚款。[③]

（三）税务机关及其工作人员的责任

为规范税务机关及其工作人员的行为，现行《税收征收管理法》作出了相关的规定。税务机关违反规定擅自改变税收征收管理范围和税款入库预算级次的，责令限期改正，对直接负责的主管人员和其他直接责任人员依法给予降级或者撤职的行政处分。税务人员滥用职权，故意刁难纳税人、扣缴义务人的，调离税收工作岗位，并依法给予行政处分。违反法律、行政法规的规定提前征收、延缓征收或者摊派税款的，由其上级机关或者行政监察机关责令改正，对直接负责的主管人员和其他直接责任人员依法给予行政处分。税务人员在征收税款或者查处税收违法案件时，未按照本法规定进行回避的，对直接负责的主管人员和其他直接责任人员，依法给予行政处分。未按照本法规定为纳税人、扣缴义务人、检举人保密的，对直接负责的主管人员和其

① 参见 2015 年《税收征收管理法》第 60 条、第 61 条、第 62 条、第 64 条、第 68 条、第 69 条、第 70 条、第 72 条。

② 汤洁茵：《金融机构在税收征管中的第三方协助义务——以金融隐私权为核心》，载《税务与经济》2010 年第 3 期。

③ 参见 2015 年《税收征收管理法》第 73 条。

他直接责任人员，由所在单位或者有关单位依法给予行政处分。[①]

值得强调的是，在税务机关与其他国家机关信息共享情况下，泄露纳税人、扣缴义务人、检举人信息的行为主体，既可能是税务机关，也可能是其他机关。[②]

二、行政责任与刑事责任的衔接规定

按照法学原理，一般违法行为可追究行政责任，但情节严重的可以追究刑事责任，从而体现了行政法与刑法的衔接。而在行政与经济立法实践中，凡是规定有刑事责任的行为，也是法律重点防范的违法行为。为此，立法实践具有选择性。

根据现行《税收征收管理法》，涉及刑事责任的违反行为及其责任的规定，属于纳税人可能承担刑事责任的，一是纳税人伪造、变造、隐匿、擅自销毁账簿、记账凭证，或者在账簿上多列支出或者不列、少列收入，或者经税务机关通知申报而拒不申报或者进行虚假的纳税申报，不缴或者少缴应纳税款的，是偷税。对纳税人偷税的，由税务机关追缴其不缴或者少缴的税款、滞纳金，并处不缴或者少缴的税款50%以上5倍以下的罚款；构成犯罪的，依法追究刑事责任。扣缴义务人采取前款所列手段，不缴或者少缴已扣、已收税款，由税务机关追缴其不缴或者少缴的税款、滞纳金，并处不缴或者少缴的税款50%以上5倍以下的罚款；构成犯罪的，依法追究刑事责任。二是纳税人欠缴应纳税款，采取转移或者隐匿财产的手段，妨碍税务机关追缴欠缴的税款的，由税务机关追缴欠缴的税款、滞纳金，并处欠缴税款50%以上5倍以下的罚款；构成犯罪的，依法追究刑事责任。三是以假报出口或者其他欺骗手段，骗取国家出口退税款的，由税务机关追缴其骗取的退税款，并处骗取税款1倍以上5倍以下的罚款；构成犯罪的，依法追究刑事责任。对骗取国家出口退税款的，税务机关可以在规定期间内停止为其办理出口退税。以暴力、威胁方法拒不缴纳税款的，是抗税，除由税务机关追缴其拒缴的税款、滞纳金外，依法追究刑事责任。情节轻微，未构成犯罪的，由税务机关追缴其拒缴的税款、滞纳金，并处拒缴税款1倍以上5倍以下的罚款。纳税人、扣缴义务人有《税收征收管理法》第六十三条、第六十五条、第六十六

---

① 参见2015年《税收征收管理法》第76条、第82条第三款，第83条、第85条、第87条。

② 朱大旗、曹阳：《大数据背景下我国纳税人信息权的法律保护研究》，载《中国人民大学学报》2020年第6期。

条、第六十七条、第七十一条规定的行为涉嫌犯罪的[①]，税务机关应当依法移交司法机关追究刑事责任。[②]

属于税务机关工作人员可能承担刑事责任的，一是税务人员徇私舞弊，对依法应当移交司法机关追究刑事责任的不移交，情节严重的，依法追究刑事责任。二是税务机关、税务人员查封、扣押纳税人个人及其所扶养家属维持生活必需的住房和用品的，责令退还，依法给予行政处分；构成犯罪的，依法追究刑事责任。三是税务人员与纳税人、扣缴义务人勾结，唆使或者协助纳税人、扣缴义务人有《税收征收管理法》第六十三条、第六十五条、第六十六条规定的行为[③]，构成犯罪的，依法追究刑事责任；尚不构成犯罪的，依法给予行政处分。四是税务人员利用职务上的便利，收受或者索取纳税人、扣缴义务人财物或者谋取其他不正当利益，构成犯罪的，依法追究刑事责任；尚不构成犯罪的，依法给予行政处分。五是税务人员徇私舞弊或者玩忽职守，不征或者少征应征税款，致使国家税收遭受重大损失，构成犯罪的，依法追究刑事责任；尚不构成犯罪的，依法给予行政处分。税务人员对控告、检举税收违法违纪行为的纳税人、扣缴义务人以及其他检举人进行打击报复的，依法给予行政处分；构成犯罪的，依法追究刑事责任。税务人员违反法律、行政法规的规定，故意高估或者低估农业税计税产量，致使多征或者少征税款，侵犯农民合法权益或者损害国家利益，构成犯罪的，依法追究刑事责任；

---

① 参见2015年《税收征收管理法》第63条规定，纳税人伪造、变造、隐匿、擅自销毁账簿、记账凭证，或者在账簿上多列支出或者不列、少列收入，或者经税务机关通知申报而拒不申报或者进行虚假的纳税申报，不缴或者少缴应纳税款的，是偷税。对纳税人偷税的，由税务机关追缴其不缴或者少缴的税款、滞纳金，并处不缴或者少缴的税款50%以上5倍以下的罚款；构成犯罪的，依法追究刑事责任。扣缴义务人采取前款所列手段，不缴或者少缴已扣、已收税款，由税务机关追缴其不缴或者少缴的税款、滞纳金，并处不缴或者少缴的税款50%以上5倍以下的罚款；构成犯罪的，依法追究刑事责任。第65条规定，纳税人欠缴应纳税款，采取转移或者隐匿财产的手段，妨碍税务机关追缴欠缴的税款的，由税务机关追缴欠缴的税款、滞纳金，并处欠缴税款50%以上5倍以下的罚款；构成犯罪的，依法追究刑事责任。第66条规定，以假报出口或者其他欺骗手段，骗取国家出口退税款的，由税务机关追缴其骗取的退税款，并处骗取税款1倍以上5倍以下的罚款；构成犯罪的，依法追究刑事责任。对骗取国家出口退税款的，税务机关可以在规定期间内停止为其办理出口退税。第67条规定，以暴力、威胁方法拒不缴纳税款的，是抗税，除由税务机关追缴其拒缴的税款、滞纳金外，依法追究刑事责任。情节轻微，未构成犯罪的，由税务机关追缴其拒缴的税款、滞纳金，并处拒缴税款1倍以上5倍以下的罚款。第71条规定，违反本法第22条规定，非法印制发票的，由税务机关销毁非法印制的发票，没收违法所得和作案工具，并处1万元以上5万元以下的罚款；构成犯罪的，依法追究刑事责任。

② 参见2015年《税收征收管理法》第63条、第65条、第66条、第77条第一款。

③ 参见2015年《税收征收管理法》第63条、第65条、第66条。

尚不构成犯罪的，依法给予行政处分。[①]

属于其他主体可能承担刑事责任的，一是违反《税收征收管理法》第二十二条规定[②]，非法印制发票的，由税务机关销毁非法印制的发票，没收违法所得和作案工具，并处 1 万元以上 5 万元以下的罚款；构成犯罪的，依法追究刑事责任。二是未经税务机关依法委托征收税款的，责令退还收取的财物，依法给予行政处分或者行政处罚；致使他人合法权益受到损失的，依法承担赔偿责任；构成犯罪的，依法追究刑事责任。三是违反法律、行政法规的规定，擅自作出税收的开征、停征或者减税、免税、退税、补税以及其他同税收法律、行政法规相抵触的决定的，除依照《税收征收管理法》规定撤销其擅自作出的决定外，补征应征未征税款，退还不应征收而征收的税款，并由上级机关追究直接负责的主管人员和其他直接责任人员的行政责任；构成犯罪的，依法追究刑事责任。[③]

三、对税收违法行为处罚的法律救济

为保护纳税人、扣缴义务人、纳税担保人的合法权益，《税收征收管理法》规定，纳税人、扣缴义务人、纳税担保人同税务机关在纳税上发生争议时，必须先依照税务机关的纳税决定缴纳或者解缴税款及滞纳金或者提供相应的担保，然后可以依法申请行政复议；对行政复议决定不服的，可以依法向人民法院起诉。当事人对税务机关的处罚决定、强制执行措施或者税收保全措施不服的，可以依法申请行政复议，也可以依法向人民法院起诉。当事人对税务机关的处罚决定逾期不申请行政复议也不向人民法院起诉、又不履行的，作出处罚决定的税务机关可以采取《税收征收管理法》第四十条规定

① 参见 2015 年《税收征收管理法》第 77 条第二款、第 79 条、第 80 条、第 81 条、第 82 条第一、二、四款。其中，涉及农业税的规定，由于农业税已经废止而失效。

② 参见 2015 年《税收征收管理法》第 22 条规定，增值税专用发票由国务院税务主管部门指定的企业印制；其他发票，按照国务院税务主管部门的规定，分别由省、自治区、直辖市税务局、地方税务局指定企业印制。未经前款规定的税务机关指定，不得印制发票。

③ 参见 2015 年《税收征收管理法》第 71 条、第 78 条、第 84 条。

的强制执行措施[①]，或者申请人民法院强制执行。[②]

由该规定可知，纳税人、扣缴义务人、纳税担保人行使上述权利时，必须首先履行先行缴纳的义务，才能启动相关的行政复议、行政诉讼。与此同时，法律强调该项救济权利，由纳税人、扣缴义务人、纳税担保人自行选择。为此，纳税人、扣缴义务人、纳税担保人在选择上述权利时，往往会考虑到相关的经济风险和法律风险。

四、税收民事责任

税收民事责任是将民法原理引入税收领域的一种特殊的民事责任。税收民事责任的学理与实践基础，一是把纳税人和税务机关视为平等的民事关系；二是纳税人欠缴税款的行为被视为与国家之间产生的一种特殊的"债"；三是导致影响纳税人不能缴税且使国家税收利益受损的原因，其一，纳税人有基于待收账款形成的债权存在，但却存在怠于行使到期债权，或者放弃到期债权，并可能使税收利益受损情况下，税务机关可以行使代位求偿权，依法起诉纳税人的债务人，然后，可将收回的债务冲抵纳税人欠缴的税款；其二，纳税人在欠缴税款情况下，或者无偿转让财产，或者以明显不合理的低价转让财产而受让人知道该情形，对国家税收造成损害的，税务机关可以通过民事诉讼撤销其相应的民事行为。为此，现行《税收征收管理法》规定，欠缴税款的纳税人因怠于行使到期债权，或者放弃到期债权，或者无偿转让财产，或者以明显不合理的低价转让财产而受让人知道该情形，对国家税收造成损害的，税务机关可以依照原《合同法》第七十三条、第七十四条的规定行使代位权、撤销权。[③]税务机关依照前款规定行使代位权、撤销权的，不免除欠缴税款的纳税人尚未履行的纳税义务和应承担的法律责任。[④]

值得注意的是，自 2021 年 1 月 1 日起《合同法》废止，由《民法典》相

---

① 参见 2015 年《税收征收管理法》第 40 条规定，从事生产、经营的纳税人、扣缴义务人未按照规定的期限缴纳或者解缴税款，纳税担保人未按照规定的期限缴纳所担保的税款，由税务机关责令限期缴纳，逾期仍未缴纳的，经县以上税务局（分局）局长批准，税务机关可以采取下列强制执行措施：（一）书面通知其开户银行或者其他金融机构从其存款中扣缴税款；（二）扣押、查封、依法拍卖或者变卖其价值相当于应纳税款的商品、货物或者其他财产，以拍卖或者变卖所得抵缴税款。税务机关采取强制执行措施时，对前款所列纳税人、扣缴义务人、纳税担保人未缴纳的滞纳金同时强制执行。个人及其所扶养家属维持生活必需的住房和用品，不在强制执行措施的范围之内。

② 参见 2015 年《税收征收管理法》第 88 条。

③ 参见 1999 年《合同法》第 73 条、第 74 条规定。

④ 参见 2015 年《税收征收管理法》第 50 条。

关规定取代之。新的《民法典》对代位权和撤销权以“合同保全”为由，进行了较之合同法完善的规定。一是因债务人怠于行使其债权或者与该债权有关的从权利，影响债权人的到期债权实现的，债权人可以向人民法院请求以自己的名义代位行使债务人对相对人的权利，但是该权利专属于债务人自身的除外。代位权的行使范围以债权人的到期债权为限。债权人行使代位权的必要费用，由债务人负担。相对人对债务人的抗辩，可以向债权人主张。二是债权人的债权到期前，债务人的债权或者与该债权有关的从权利存在诉讼时效期间即将届满或者未及时申报破产债权等情形，影响债权人的债权实现的，债权人可以代位向债务人的相对人请求其向债务人履行、向破产管理人申报或者作出其他必要的行为。三是人民法院认定代位权成立的，由债务人的相对人向债权人履行义务，债权人接受履行后，债权人与债务人、债务人与相对人之间相应的权利义务终止。债务人对相对人的债权或者与该债权有关的从权利被采取保全、执行措施，或者债务人破产的，依照相关法律的规定处理。四是债务人以放弃其债权、放弃债权担保、无偿转让财产等方式无偿处分财产权益，或者恶意延长其到期债权的履行期限，影响债权人的债权实现的，债权人可以请求人民法院撤销债务人的行为。五是债务人以明显不合理的低价转让财产、以明显不合理的高价受让他人财产或者为他人的债务提供担保，影响债权人的债权实现，债务人的相对人知道或者应当知道该情形的，债权人可以请求人民法院撤销债务人的行为。六是撤销权的行使范围以债权人的债权为限。债权人行使撤销权的必要费用，由债务人负担。七是撤销权自债权人知道或者应当知道撤销事由之日起 1 年内行使。自债务人的行为发生之日起 5 年内没有行使撤销权的，该撤销权消灭。八是债务人影响债权人的债权实现的行为被撤销的，自始没有法律约束力。[①]

第五节 税收犯罪

税收犯罪是指相关主体不仅违反税法，而且触犯刑律，按照《刑法》规定，构成犯罪并应当承担刑事责任的行为。对税收犯罪行为的打击，是国家维护税收秩序的最高法律责任形式。为此，世界各国的刑法均有有关税收犯罪方面的规定。

---

① 参见 2020 年《民法典》第 535 条~第 542 条。

一、我国刑法有关税收犯罪的规定

现行《刑法》在第三章破坏社会主义市场经济秩序罪中，专门设置危害税收征收罪一节，对纳税人和相关人及单位的税收犯罪进行了专门规定。与此同时，在第八章渎职罪中，专门就税务工作人员的税收犯罪作出规定，使税收犯罪及其制裁成为税法的一项基本制度。对此，表 12 可反映现行刑法有关条款的规定情况。

表 12　刑法税收犯罪规定一览表

<table>
<tr><th>条款</th><th>罪名</th><th>罪状（犯罪行为）</th><th>刑事责任</th></tr>
<tr><td colspan="4">第三章　破坏社会主义市场经济秩序罪
第六节　危害税收征收罪</td></tr>
<tr><td rowspan="4">第 201 条</td><td rowspan="4">逃税罪</td><td>纳税人采取欺骗、隐瞒手段进行虚假纳税申报或者不申报，逃避缴纳税款数额较大并且占应纳税额百分之十以上的行为</td><td>处三年以下有期徒刑或者拘役，并处罚金；数额巨大并且占应纳税额百分之三十以上的，处三年以上七年以下有期徒刑，并处罚金</td></tr>
<tr><td rowspan="3">扣缴义务人采取前款所列手段，不缴或者少缴已扣、已收税款，数额较大的行为</td><td>依照前款的规定处罚</td></tr>
<tr><td>对多次实施前两款行为，未经处理的，按照累计数额计算</td></tr>
<tr><td>有第一款行为，经税务机关依法下达追缴通知后，补缴应纳税款，缴纳滞纳金，已受行政处罚的，不予追究刑事责任；但是，五年内因逃避缴纳税款受过刑事处罚或者被税务机关给予二次以上行政处罚的除外</td></tr>
<tr><td>第 202 条</td><td>抗税罪</td><td>以暴力、威胁方法拒不缴纳税款的行为</td><td>处三年以下有期徒刑或者拘役，并处拒缴税款一倍以上五倍以下罚金；情节严重的，处三年以上七年以下有期徒刑，并处拒缴税款一倍以上五倍以下罚金</td></tr>
</table>

续表

条款	罪名	罪状（犯罪行为）	刑事责任
第 203 条	逃避追缴欠税罪	纳税人欠缴应纳税款，采取转移或者隐匿财产的手段，致使税务机关无法追缴欠缴的税款，数额在一万元以上不满十万元的行为	处三年以下有期徒刑或者拘役，并处或者单处欠缴税款一倍以上五倍以下罚金；数额在十万元以上的，处三年以上七年以下有期徒刑，并处欠缴税款一倍以上五倍以下罚金
第 204 条	骗取出口退税罪	以假报出口或者其他欺骗手段，骗取国家出口退税款，数额较大的行为	处五年以下有期徒刑或者拘役，并处骗取税款一倍以上五倍以下罚金；数额巨大或者有其他严重情节的，处五年以上十年以下有期徒刑，并处骗取税款一倍以上五倍以下罚金；数额特别巨大或者有其他特别严重情节的，处十年以上有期徒刑或者无期徒刑，并处骗取税款一倍以上五倍以下罚金或者没收财产
			纳税人缴纳税款后，采取前款规定的欺骗方法，骗取所缴纳的税款的，依照本法第二百零一条的规定定罪处罚；骗取税款超过所缴纳的税款部分，依照前款的规定处罚
第 205 条	虚开增值税专用发票、用于骗取出口退税、抵扣税款发票罪	虚开增值税专用发票或者虚开用于骗取出口退税、抵扣税款的其他发票的行为 虚开增值税专用发票或者虚开用于骗取出口退税、抵扣税款的其他发票，是指有为他人虚开、为自己虚开、让他人为自己虚开、介绍他人虚开行为之一的	处三年以下有期徒刑或者拘役，并处二万元以上二十万元以下罚金；虚开的税款数额较大或者有其他严重情节的，处三年以上十年以下有期徒刑，并处五万元以上五十万元以下罚金；虚开的税款数额巨大或者有其他特别严重情节的，处十年以上有期徒刑或者无期徒刑，并处五万元以上五十万元以下罚金或者没收财产
			单位犯本条规定之罪的，对单位判处罚金，并对其直接负责的主管人员和其他直接责任人员，处三年以下有期徒刑或者拘役；虚开的税款数额较大或者有其他严重情节的，处三年以上十年以下有期徒刑；虚开的税款数额巨大或者有其他特别严重情节的，处十年以上有期徒刑或者无期徒刑

续表

条款	罪名	罪状（犯罪行为）	刑事责任
第205条之一	虚开发票罪	虚开本法第二百零五条规定以外的其他发票，情节严重的行为	处二年以下有期徒刑、拘役或者管制，并处罚金；情节特别严重的，处二年以上七年以下有期徒刑，并处罚金
			单位犯前款罪的，对单位判处罚金，并对其直接负责的主管人员和其他直接责任人员，依照前款的规定处罚
第206条	伪造、出售伪造的增值税专用发票罪	伪造或者出售伪造的增值税专用发票的行为	处三年以下有期徒刑、拘役或者管制，并处二万元以上二十万元以下罚金；数量较大或者有其他严重情节的，处三年以上十年以下有期徒刑，并处五万元以上五十万元以下罚金；数量巨大或者有其他特别严重情节的，处十年以上有期徒刑或者无期徒刑，并处五万元以上五十万元以下罚金或者没收财产单位犯本条规定之罪的，对单位判处罚金，并对其直接负责的主管人员和其他直接责任人员，处三年以下有期徒刑、拘役或者管制；数量较大或者有其他严重情节的，处三年以上十年以下有期徒刑；数量巨大或者有其他特别严重情节的，处十年以上有期徒刑或者无期徒刑
第207条	非法出售增值税专用发票罪	非法出售增值税专用发票的行为	处三年以下有期徒刑、拘役或者管制，并处二万元以上二十万元以下罚金；数量较大的，处三年以上十年以下有期徒刑，并处五万元以上五十万元以下罚金；数量巨大的，处十年以上有期徒刑或者无期徒刑，并处五万元以上五十万元以下罚金或者没收财产

续表

条款	罪名	罪状（犯罪行为）	刑事责任
第 208 条	非法购买增值税专用发票、购买伪造的增值税专用发票罪；虚开增值税专用发票罪、出售伪造的增值税专用发票罪、非法出售增值税专用发票罪	非法购买增值税专用发票或者购买伪造的增值税专用发票的行为	处五年以下有期徒刑或者拘役，并处或者单处二万元以上二十万元以下罚金 非法购买增值税专用发票或者购买伪造的增值税专用发票又虚开或者出售的，分别依照本法第二百零五条、第二百零六条、第二百零七条的规定定罪处罚
第 209 条	非法制造、出售非法制造的用于骗取出口退税、抵扣税款发票罪；非法制造、出售非法制造的发票罪；非法出售用于骗取出口退税、抵扣税款发票罪；非法出售发票罪	伪造、擅自制造或者出售伪造、擅自制造的可以用于骗取出口退税、抵扣税款的其他发票的行为	处三年以下有期徒刑、拘役或者管制，并处二万元以上二十万元以下罚金；数量巨大的，处三年以上七年以下有期徒刑，并处五万元以上五十万元以下罚金；数量特别巨大的，处七年以上有期徒刑，并处五万元以上五十万元以下罚金或者没收财产
		伪造、擅自制造或者出售伪造、擅自制造的前款规定以外的其他发票的行为	处二年以下有期徒刑、拘役或者管制，并处或者单处一万元以上五万元以下罚金；情节严重的，处二年以上七年以下有期徒刑，并处五万元以上五十万元以下罚金
		非法出售可以用于骗取出口退税、抵扣税款的其他发票的行为	依照第一款的规定处罚
		非法出售第三款规定以外的其他发票的行为	依照第二款的规定处罚

续表

条款	罪名	罪状（犯罪行为）	刑事责任
第 210 条	盗窃罪、诈骗罪	盗窃增值税专用发票或者可以用于骗取出口退税、抵扣税款的其他发票的行为	依照本法第二百六十四条的规定定罪处罚 第二百六十四条　［盗窃罪］盗窃公私财物，数额较大的，或者多次盗窃、入户盗窃、携带凶器盗窃、扒窃的，处三年以下有期徒刑、拘役或者管制，并处或者单处罚金；数额巨大或者有其他严重情节的，处三年以上十年以下有期徒刑，并处罚金；数额特别巨大或者有其他特别严重情节的，处十年以上有期徒刑或者无期徒刑，并处罚金或者没收财产
		使用欺骗手段骗取增值税专用发票或者可以用于骗取出口退税、抵扣税款的其他发票的行为	依照本法第二百六十六条的规定定罪处罚 第二百六十六条［诈骗罪］诈骗公私财物，数额较大的，处三年以下有期徒刑、拘役或者管制，并处或者单处罚金；数额巨大或者有其他严重情节的，处三年以上十年以下有期徒刑，并处罚金；数额特别巨大或者有其他特别严重情节的，处十年以上有期徒刑或者无期徒刑，并处罚金或者没收财产。本法另有规定的，依照规定
第 210 条之一	持有伪造的发票罪	明知是伪造的发票而持有，数量较大的行为	处二年以下有期徒刑、拘役或者管制，并处罚金；数量巨大的，处二年以上七年以下有期徒刑，并处罚金
			单位犯前款罪的，对单位判处罚金，并对其直接负责的主管人员和其他直接责任人员，依照前款的规定处罚

续表

条款	罪名	罪状（犯罪行为）	刑事责任
第 211 条			［单位犯危害税收征管罪的处罚规定］单位犯本节第二百零一条、第二百零三条、第二百零四条、第二百零七条、第二百零八条、第二百零九条规定之罪的，对单位判处罚金，并对其直接负责的主管人员和其他直接责任人员，依照各该条的规定处罚
第 212 条			［税务机关征缴优先原则］犯本节第二百零一条至第二百零五条规定之罪，被判处罚金、没收财产的，在执行前，应当先由税务机关追缴税款和所骗取的出口退税款
第九章　渎职罪			
第 404 条	徇私舞弊不征、少征税款罪	税务机关的工作人员徇私舞弊，不征或者少征应征税款，致使国家税收遭受重大损失的行为	处五年以下有期徒刑或者拘役；造成特别重大损失的，处五年以上有期徒刑
第 405 条	徇私舞弊发售发票、抵扣税款、出口退税罪；违法提供出口退税证罪	税务机关的工作人员违反法律、行政法规的规定，在办理发售发票、抵扣税款、出口退税工作中，徇私舞弊，致使国家利益遭受重大损失的行为	处五年以下有期徒刑或者拘役；致使国家利益遭受特别重大损失的，处五年以上有期徒刑
		其他国家机关工作人员违反国家规定，在提供出口货物报关单、出口收汇核销单等出口退税凭证的工作中，徇私舞弊，致使国家利益遭受重大损失的行为	依照前款的规定处罚

二、对税收犯罪特征的简要分析

根据以上现行刑法的规定，税收犯罪的基本特征可以作以下概括：

（一）税收犯罪的主体特征

按照刑法原理，判断一项行为是否构成犯罪，首先要看主体身份是否适格。特别是对于犯罪主体有明确规定的，只有具有特定身份的人或单位才能构成犯罪。总结以上各项税收犯罪，逃税罪、抗税罪、骗取出口退税罪、虚开增值税发票罪、非法制造用于骗取出口退税，用于抵扣税款发票罪以及税务人员徇私舞弊不征、少征税款罪和税务人员及其他国家机关工作人员徇私舞弊发售发票、抵扣税款、出口退税罪以及违法提供出口退税证罪均是具有特定身份的人或单位才会成为犯罪的主体。而盗窃发票罪、出售伪造的增值税发票罪，则为一般主体，任何人和单位均可能为了牟取非法利益盗窃发票或出售伪造的增值税发票。①

（二）税收犯罪的客体特征

社会主义市场经济秩序是与社会主义市场经济发展相适应的秩序。社会主义市场经济的秩序可以体现在多个方面，改革开放以来国家财政收入实现了“利改税”以及逐步“费税平移”，因此，税收征收秩序能否维护，关系着国家财政收入能否实现，由此，税收违法入刑是必然的。所有税收犯罪的侵犯客体就是国家依法确立的税收秩序，乃至社会主义市场经济秩序。②

（三）税收犯罪的主观要件

按照刑法原理，判断犯罪的主观要件，是指犯罪嫌疑人在主观上的故意或过失。刑法规定，明知自己的行为会发生危害社会的结果，并且希望或者放任这种结果发生，因而构成犯罪的，是故意犯罪。故意犯罪，应当负刑事责任。应当预见自己的行为可能发生危害社会的结果，因为疏忽大意而没有预见，或者已经预见而轻信能够避免，以致发生这种结果的，是过失犯罪。过失犯罪，法律有规定的才负刑事责任。③ 因此，故意意味着犯罪主体明知其行为违法甚至构成犯罪而为了达到自己的非法获利目的而故意为之。分析所有税收犯罪，无疑均属于故意的范畴，且属于直接故意的范畴。但是，在实践中，犯罪嫌疑人可能会辩解，因为其缺乏刑法知识，只知其行为构成违法，不知其行为构成犯罪，才导致引发了犯罪的后果。但这不能构成其免于承担刑事责任的理由。因为只有对税收犯罪予以惩罚，才能使刑法起到对全社会

① 刘荣：《我国税收犯罪主体定位之思考》，载《法商研究》2015 年第 4 期。

② 丛中笑：《涉税犯罪客体论——来自税法学的观照》，载《安徽大学法律评论》2009 年第 1 期。

③ 参见 2017 年《刑法》第 14 条、第 15 条。

警示教育的功能。至于因为不懂得刑法知识导致税收犯罪，可以作为一个量刑情节考虑，并且，主要适用首次犯罪的单位和个人。

（四）税收犯罪的客观要件

按照刑法原理，税收犯罪的客观要件是指税收犯罪行为所导致的后果。总体来说，首先，所有税收犯罪均引发了破坏税收秩序的后果。其次，要考虑是否造成国家利益的损害。从刑法理论上讲，可分为行为犯和结果犯两种情形。其中，所谓行为犯是指确定行为是否构成犯罪，并不看其行为所造成的后果，只要存在犯罪行为即可以对其予以刑事处罚，而后果仅仅是量刑时考虑的一个是否加重或减轻的一个情节。典型的如，对于抗税罪而言，根据刑法规定，只要存在“以暴力、威胁方法拒不缴纳税款的行为”即构成犯罪。同样，对于伪造、出售伪造的增值税专用发票罪而言，只要存在“伪造、出售伪造的增值税专用发票的行为”即构成犯罪。而有些犯罪的确定，刑法则规定了必须达到刑法规定的量的程度或造成国家利益的损害，才构成犯罪，予以刑事制裁，否则，其违法行为只承担被行政处罚的责任。典型的如，就逃税罪而言，其一，应有纳税人采取欺骗、隐瞒手段进行虚假纳税申报或者不申报的违法行为；其二，逃避缴纳税款数额较大并且占应纳税额 10%以上。由此，刑法给逃税罪的确定规定了量的界限。与此同时，刑法涉及公职人员税收犯罪时，均考虑到只有造成严重后果时才构成犯罪。无论是徇私舞弊不征、少征税款罪，还是徇私舞弊发售发票、抵扣税款、出口退税罪、违法提供出口退税证罪，其共同的后果是“致使国家税收遭受重大损失”。也就是说，由公职人员引发的税收违法，只有“致使国家税收遭受重大损失”才被追究刑事责任。总之，我国现行刑法规定的税收犯罪，从客观要件来看，既有行为犯，也有结果犯。但相比而言，对行为犯的打击更重，是犯罪治理的重点。

（五）税收犯罪的量刑

现行刑法规定，我国的刑事处罚分为主刑和附加刑。其中，主刑的种类包括：管制、拘役、有期徒刑、无期徒刑和死刑五种；附加刑的种类包括罚金、剥夺政治权利、没收财产三种。附加刑也可以独立适用。另外，对于犯罪的外国人，可以独立适用或者附加适用驱逐出境。[①] 对此，现行刑法进行了相应的规定。

---

① 参见 2017 年《刑法》第 32 条~第 35 条。

首先，在税收犯罪的主刑处罚方面，归纳为以下几点：

一是规定可以予以管制处罚的有：虚开增值税以外的其他发票罪；伪造、出售伪造的增值税专用发票罪；非法出售增值税专用发票罪；非法制造、出售非法制造的用于骗取出口退税、抵扣税款发票罪；非法制造、出售非法制造的发票罪；非法出售用于骗取出口退税、抵扣税款发票罪；盗窃罪；诈骗罪；持有伪造的发票罪。

二是所有税收犯罪均规定了可以予以拘役处罚。

三是所有税收犯罪均涉及有期徒刑，最低刑期为 2 年以下，最高刑为 10 年以下。前者如，对于明知是伪造的发票而持有的犯罪行为，在数额不大情况下，可以予以 2 年以下有期徒刑之处罚；后者如，对于使用欺骗手段骗取增值税专用发票或者可以用于骗取出口退税、抵扣税款的其他发票的犯罪行为，可以判处 3 年以上 10 年以下有期徒刑。

四是规定可能判处无期徒刑的有：骗取出口退税罪、虚开增值税专用发票、用于骗取出口退税、抵扣税款发票罪以及虚开发票罪、伪造、出售伪造的增值税专用发票罪、非法出售增值税专用发票罪、盗窃罪、诈骗罪；持有伪造的发票罪。这些犯罪在被刑事处罚时，涉及数额特别巨大或者有其他特别严重情节者，可以予以无期徒刑之处罚。

五是所有税收犯罪，均不存在死刑处罚。

其次，在税收犯罪的附加刑方面，归纳为以下几点：

一是除公职人员外，所有针对纳税人和其他社会主体的犯罪行为，均规定了罚金之处罚。有的规定了处罚的幅度，如对于抗税罪，可以处罚拒缴税款 1 倍以上 5 倍以下罚金；有的仅仅规定予以罚金处罚，如对于逃税罪，仅规定可以予以罚金处罚。这符合对经济类犯罪予以刑事制裁的特点。

二是所有税收犯罪均没有规定剥夺政治权利。

三是没收财产的处罚，涉及骗取出口退税罪；虚开增值税专用发票、用于骗取出口退税、抵扣税款发票罪；虚开发票罪；伪造、出售伪造的增值税专用发票罪；伪造、擅自制造或者出售伪造、擅自制造的可以用于骗取出口退税、抵扣税款的其他发票的犯罪；非法出售可以用于骗取出口退税、抵扣税款的其他发票的犯罪，以及盗窃罪；诈骗罪；持有伪造的发票罪。在具体适用上，司法机关可以在罚金和没收财产之间选择。

此外，考虑到企业经营的实际，现行刑法对于企业及其法定代表人或负责人税收犯罪行为，在确认其构成犯罪基础上是否量刑给予了一定的选择性规定，即根据第二百零一条规定，纳税人虽然构成逃税罪，但经税务机关依法下达追缴通知后，补缴应纳税款，缴纳滞纳金，已受行政处罚的，不予追究刑事责任；[①] 与此同时，5 年内因逃避缴纳税款受过刑事处罚或者被税务机关给予二次以上行政处罚的除外。该规定意味着，当企业及法定代表人或负责人首次犯逃税罪处罚时，只要按照税务机关依法下达的追缴通知，补交了应纳税款，缴纳滞纳金，已受行政处罚，司法机关就可以不予追究刑事责任。否则将承担相应的刑事责任。

总之，对于税收犯罪的处罚，要根据具体案情，按照刑法“罪责相当”及“宽严相济”原则处理。

本章小结

税收基本制度的上位制度是国家预算制度。作为财政收入的主要部分，税收的征收按照《预算法》规定，必须纳入财政预算范畴。与此同时，我国的《税收征收管理法》确定了一系列的基本制度，这些制度的适用，除有特别规定的外，均适用于一切税收税种的征收与管理。同时，税收征收管理法涉及与民法典和刑法典的衔接。特别是在我国现行《刑法》中，税收犯罪是一个独立的犯罪类别。对税收犯罪的制裁，是维护社会主义税收秩序的最高手段。总体来说，税收的法律调整具有综合法律调整的属性。

重点思考题

1. 预算法与税收制度的关联性及其基本规定是什么？
2. 税收征收管理的基本制度有哪些？
3. 如何理解税收征收民事代位权和撤销权？
4. 试述税法与刑法的衔接。
5. 我国现行《刑法》对于税收犯罪是如何规定的？

---

① 郭昌盛：《逃税罪的解构与重构——基于税收制度的整体考量和技术性规范》，载《政治与法律》2018 年第 8 期。

第四章 税收法律关系

法律关系的分析是法学基础之必要内容，学习税法亦应对税收法律关系有所认识，进而有利于将税法知识应用于具体案例的分析当中。

第一节 税收法律关系概述

一、税收法律关系的概念和基本特征

依照法学原理，法律关系是指特定的主体以一般社会关系为基础，依法处理各项事务时所形成的权利（权力）和义务（责任）关系。而且，在现代法治社会条件下，人类参与每一项政治、经济和社会活动，均可能会受法律调整，形成特定的法律关系。税收法律关系就是税收主体以税收关系为基础，依法处理税收事务时所形成的权利（权力）和义务（责任）关系。

税收法律关系的定义反映了税收主体、税收关系以及税收权利（权力）和义务（责任）关系之间的基本逻辑。税收主体的存在是税收法律关系形成的前提；税收关系的存在是税收法律关系产生的社会基础，往往具有客观基础性；税收权利（权力）和义务（责任）关系是法律调节税收关系之后果，[①]是税收法律关系的核心问题。正如从一般意义上讲，不可以将社会关系与法律关系混同一样，学习税法，应用税法，也不可以将税收关系与税收法律关系混为一谈。在现代社会，税收法律关系与其他法律关系相比较，具有以下明显的特征：

（一）税收法律关系主体的特定性

任何法律关系均有其特定的主体身份定位。典型的如，民事法律关系的特定主体为自然人和法人；行政法律关系的主体为行政管理机关与行政管理相对人，税收法律关系的特定主体为税收征收机关与纳税人。其中，纳税人是有关负有纳税义务的单位或个人的统称。此外，还包括纳税代扣代缴义务

① 刘剑文、李刚：《税收法律关系新论》，载《法学研究》1999年第4期。

人、纳税委托代理人，以及纳税义务协助人、纳税担保人等。税法中这些主体的特定称谓及其范畴，体现了税收法律关系主体的特定性，以及学习研究税法和应用税法的特定语义语境，使其区别于其他法律关系。

（二）国家主导性特征

在法学理论界，尽管有一些中外学者引进民法观点，以西方倡导的契约论及公民和企业权益保障为核心，将国家与纳税人置于平等的地位，以公民和企业权益保障为主导阐述税收法律关系。[①] 然而，在当代社会的税收法治实践中，世界各国的税法仍然是围绕国家职能的实现展开的。为此，我国税收法律关系的形成和发展，应当为实现国家宏观调控目标服务。在宏观调控目标实践中，国家利益与集体利益及个体利益的实现，通常具有一致性。但是，当国家利益与集体利益、个体利益发生冲突时，应按照个体利益服从集体利益，集体利益服从国家利益的社会主义原则处理。从法学一般原理上讲，这种利益冲突的处理原则，可称为公益优先原则。该原则的确立，极大地影响着我国的税收法律关系。

（三）税收关系与税收法律关系的重叠性

由于从古至今施行“一税一法”制度，导致税收关系与税收法律关系出现重叠性。由此，极容易使我们学习税法时形成税收关系就是税收法律关系的误解。进而在理解税法时，将税法的调整对象错误地认为是税收法律关系。然而，值得注意的是，税收关系与税收法律关系的重叠性并不否认税收关系与税收法律关系之间的本质区别。其中，税收关系是一种经济关系，属于经济基础的范畴，其更多关注的是国家与纳税人之间“量”的利益关系及其形成规律，强调国家税收征收的适度性，以及经济上的合理性。正因为这样，世界各国的税收立法均采取了“法律保留”措施，赋予了政府及其税收职能部门对税收调节的自由裁量权。而税收法律关系则是一种权利（力）和义务关系，属于上层建筑，其解决的是税收关系形成的秩序，以及权责和义务的配置，对于税收关系的产生和发展具有“质”的规定性，为此，税收及其税收关系是内容，税法及其税收法律关系是形式。税收法律一旦规定，任何人和组织均须遵守，国家亦然。进而可以从根本上通过税法制约代表国家的税务机关随意征税，以保护纳税人的权益。如果从管理学角度分析，税收关系

---

① ［日］北野弘久：《日本税法学原论》（第5版），郭美松、陈刚译，中国检察出版社2008年版。

的处理是一种过程性管理；而税收法律关系则是一种秩序性管理。

（四）税收法律关系的单务性

按照法学基本原理，法律关系通常是一种双务关系，即是一种法律主体之间互为权利义务关系的社会关系。但是，就税收关系而言，体现出明显的单务性特征。这是因为，在现代法治条件下，按照宪法规定，“纳税是公民的一项基本义务”，也是企业的一项基本义务。其对应的是国家独有的征税权力，这种国家征税权力，不以国家是否尽到某种义务为前提。对于国家征税行为，纳税人必须予以配合，否则会遭受法律的制裁。纳税人对于国家税制及其征税行为的不合理可以提出完善建议，但不能以此拒绝缴税。当然，国家与纳税人之间的这种单务关系，并不意味着国家及其管理机关可以肆意妄为。

还要看到，在当代社会，国家作为一种抽象的主体，其国家行为总是通过其特定的税收征收机关代表国家行使税收征收权力的。由此，在国家和代表国家的征税机关之间，也同样形成了单务性质的法律关系。即国家可以授权特定的征税机关负责征收税收，征税机关必须依法履行征收税收的职责，并不能以国家给予征税机关提供的条件及待遇为前提。否则，对于国家征税机关的任何不作为或乱作为行为将追究法律责任，甚至是刑事责任，进而形成国家与税务机关之间的单务关系。

由上分析可以得出结论，在税收法律关系中，在国家与纳税人之间、国家与征税机关之间形成了单务法律关系。即国家只有权力征税，纳税人只有义务缴税；国家有权力要求征税机关依法征税，征税机关必须完成国家任务，不能以改善征税条件或待遇为对价。① 与此同时，征税机关在征税中发现征税不合理时，也不能随意停止征税，而是通过向有关部门提出改进建议，促进征税的合理化。

然而，在具体的征税过程中，征税机关与纳税人之间形成的权利义务关系则体现为双务关系。即国家征税机关享有的权利，就是纳税人的义务；而纳税人的权利，就是征税机关的义务或职责。但这种双务关系最终是为国家税收单务关系服务的。税收法律关系的单务与双务关系详见图 3：

---

① 丛中笑：《涉税犯罪客体论——来自税法学的观照》，载《安徽大学法律评论》2009 年第 1 期。

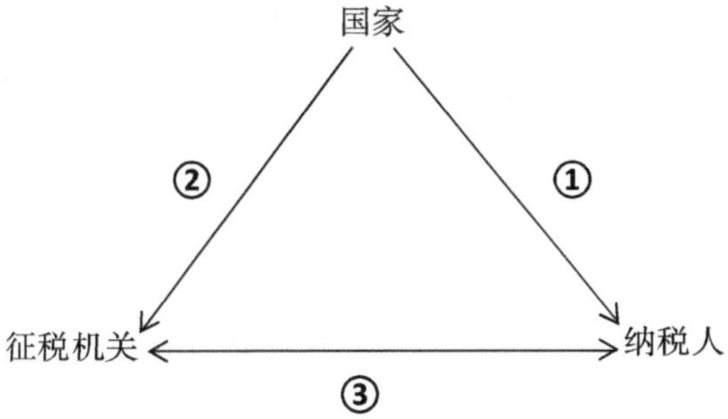

图 3　税收法律关系图

在图 3 中，①②为单务关系；③为双务关系

二、税收法律关系的构成要件

按照法学原理，法律关系的构成要件由主体、客体和内容三要素所组成。税收法律关系的构成要件亦然。

（一）税收法律关系的主体

税法中税收法律关系主体的特定性，已如上述。但这种特定性主要体现于税收征收关系之中，其并不涵盖所有的税收法律关系。对此，根据税收关系产生的基本逻辑，税收法律关系的主体可以作以概括：

一是税收决策主体。其可包括作为决策提出的政府主体；作为决策论证主体的财税专业人士与社会普通民众的参与；作为最高决策主体的党中央、国务院等。

二是税收审议及批准主体。其主要是指一国政体下的权力机关。在我国，就是指各级人民代表大会及其常委会以及专门机构，其主要通过立法或通过审议财政预算行使对年度税收预算的审议、批准权。

三是税收决策执行主体。主要指各级人民政府财政机关及其税收征收机关。特别是税收征收机关能否依法完成税收任务，对于国家的宏观调控目标能否实现关系重大。与此同时，税收征收机关作为征税主体必须依法征税，维护纳税人的合法权益。

四是税收实现主体。税收能否实现的基础是纳税人有税可缴，没有纳税人的经济活动及其收益，税收就会陷入“无本之源”的困境。为此，纳税人及其代扣代缴义务人是税收的实现主体和税务基础，政府及其征税机关不仅要负责征税，还负有培植“税源”的责任。

五是税收监督主体。依据我国法律规定，税收的监督主体具有广泛性。

一是，在政党监督方面，一方面，中国共产党各级组织及其相关机构，对于税收征收负有监督的职责，另一方面，各民主党派可以对税收征收及其税务履行参政议政、民主监督的职责。二是国家各级权力机关、政协组织对于税收负有监督的职责。三是政府的行政监督，包括财政监督、国家审计监督等。四是司法监督。即司法机关可以通过办理相关税收案件，对税收法律关系予以监督。五是社会监督。任何组织和个人均可依法对税收法律关系行使监督权。其中，来自新闻媒体和自媒体的监督，属于社会监督的范畴。

六是税务协助主体。税务的协助主体，首先纳税人有义务按照税务机关的要求，提供有关的纳税人基本信息及其财务资料；其次，其他国家机关与特定机构，有义务协助税务机关完善相关税收信息；最后，任何单位和个人均有义务配合税务机关搜集相关的经济信息。

值得强调的是，对国家在税收法律关系中身份地位认识时，国家处于抽象主体地位，其权力由代表国家的税务机关行使。但在国际税务关系的处理上，国家又是一个真实实体的存在。在涉外税收法律关系中，具有重要的主体地位。

（二）税收法律关系的客体

按照法学原理，税收法律关系的客体是指税收法律主体双方或各方所共同指向的对象或目的。税收法律关系客体的实践意义在于，只有行为目的具有一致性，才会在法律主体之间发生法律关系。因此，税收法律关系客体在税收法律关系中处于基础地位。对此，根据税法规定，税收行为的目的可以分层次予以理解。首先，从直接目的来看，税收主体之间产生法律关系的目的，就是与征税机关完成税收任务相关的收税与缴税行为；其次，虽然历史上存在过以粮食为主的“物”的税收形式，但在现代社会，税收的具体形式被货币资金（税金）所取而代之，而且，通常需要以本国法定货币体现之。如果用外币上缴税收，则需要按照本国货币与外币的汇率予以换算。值得注意的是，在市场经济条件下，货币是特定的商品，货币价值的变动，使以货币为基础的税金存在一定的经济风险。最后，对于税收法律关系客体，还可以从实现国家宏观调控目标的战略高度予以认识。此外，涉及税务监督检查及执法时，其法律关系的客体，还可以理解为维护税收秩序，保护纳税人合法权益之行为目的。

（三）税收法律关系的内容

按照法学原理，税收法律关系的内容特指税收法律关系主体所享有的权利（权力）、义务或职责。可以主要按照税收管理机关的职权、职责和纳税人的权利义务两个方面予以分析和理解。

总之，在税收法律关系三要素中，税收法律关系主体的存在是税收法律关系产生、变更和消灭前提；税收法律关系的客体是税收法律关系产生、变更和消灭的社会基础；而税收法律关系的内容则是税收法律关系的核心。这是由法律问题主要解决的是权力（权利）和义务（职责）所决定的。

三、税收法律事实

（一）对税收法律事实的理解

按照法学原理，法律事实是指能引起法律关系产生、变更、消灭的情况。法律事实的存在前提，首先，要有一般事实的客观存在，比如，人类的经济和社会活动，是人类每一天均在进行着的活动，进而形成客观存在的经济或社会事实。其次，需要对客观存在的事实予以法律规范，进而使客观事实演变为具有法律主观意志的法律事实。因此，现实中，不是所有的事实均会受法律调整形成法律事实。只有受法律调整的社会关系，才会形成法律事实。不被法律调整的社会关系则分别按照传统习惯、道德等准则予以规范，形成相应的非法律事实。

就税收法律事实而言，税收法律事实的范围由税法根据现实生产、生活所可能发生的事实依法规定。基于“一税一法”，在税收关系产生、变更和消灭中，税收事实与税收法律事实具有高度的重叠性。在大多数情况下，税收事实就是税收法律事实。① 但不等于说所有的税收关系均形成税收法律事实。典型的如，在如何培养公民纳税意识上，对于政府而言属于法定职责，会形成法律事实；但对于公民是否具有自觉缴税的意识，则属于道德教育的范畴，不宜用法律调整，也不应构成法律事实。另外，有关合理避税的问题，其行为并不违法，不会形成法律事实。但是，国家也不适宜对其予以鼓励。

此外，值得注意的是，在税收关系产生、变更和消灭中，存在大量的税收政策调整问题。如果严格按照法律范畴分析，税收政策引发的税收事实，不应构成税收法律事实。但是，如果该政策与税收法律的制定和执行具有关联性，且会产生相应的法律后果，则税收政策调整也会形成相应的法律事实。

（二）税收法律事实的类别

按照法学原理，引发法律关系产生、变更和消灭的法律事实可分为行为

---

① 张晓婷：《税事实行为的特点分析》，载《首都师范大学学报》2007年第4期。

和事件两大类别，税收法律事实亦然。

从行为角度分析，税收法律事实主要由税收立法所确认，在此情况下，税收主体依法处理税收事务时，便形成相应的法律事实。因此，税收主体依法的前提是税收立法的存在，而税收立法是人类国家意志的体现，具有主观性，是人类在认识客观事实基础上，在主观上的选择及认定。其突出体现就是税收征税对象和优惠政策的选择。这就使税收行为及其活动，成为税收法律事实的主要表现形态。

从事件角度分析，法律事实之事件是指能够引起法律关系产生、变更或消灭的客观现象。其又可以分为自然现象和社会现象，概而言之，就是“天灾人祸”。其中，天灾者如地震、发洪水等，在此情况下，法律上视为不可抗力，其必然导致纳税人巨大的财产经济损失，并导致税收的减免。人祸者如战争、国家内乱等，在此情况下，也会直接导致税收法律关系的产生、变更或消灭。典型如，战争的发生可能会导致税收的增加，而内乱则会导致企业关闭，税收关系消灭等。另外，国家宏观调控政策的调整，对于纳税人而言，也属于不可抗力，会引发纳税行为的产生、变更和消灭。

值得强调的是，在现代社会，自然现象的发生与人类社会现象存在着密切的关联性。典型的如，许多自然灾害与环境污染，就是因为人类不合理的利用自然资源所引发的。因此，人类遏制自然资源灾害以及环境污染，在相当程度上可以通过立法改变人类污染环境的行为，以便达到恢复自然生态的目的。对此，资源税和环境保护税的开征具有代表性。

第二节　国家机关税收职责

在税收法律关系中，基于国家职能的导向性，国家机关税收职责职权的合理配置至关重要。

一、对国家机关税收职责权限的理解

从经济法学角度分析，职责是以义务为本位的权利（权力）义务的集合，职责的法律表达表明，国家机关税收工作首先意味着是一种义务或责任，而后才是权利（权力）。只有这样，国家的各级各类税收机关才能诚恳地做好税务工作，并自觉地接受人民的监督，而不是在人民面前作威作福，当“官老爷”。也正因为这样，我国的政府称为“人民政府”，司法机关被称为“人民法院”“人民检察院”，人民政府之下的税收机关当然属于人民税收机关的范

畴。在此理论和实践中，人民的税收机关与人民的利益具有一致性。它不仅仅停留于政治口号层面，也应当具体贯彻到税收法律实践当中。因此，将我国的税收机关的权力视为一种职责，更能准确地诠释我国国家机关税收权力的政治属性，将权力与义务更好地结合。

另外，需要辨析的是，国家税收机关与国家税务机关不是同一概念。其中，国家税务机关是指专门负责税收征收管理的机关，其主要的职责权限就是负责征税及其相关信息搜集的工作。而税收机关则是泛指除税务机关外，一切对税收负有决策、管理、协助及监督的党政机关。对此，根据前面的分析，中共中央及各级党组织、全国人大及其各级人大、国务院及各级政府、全国政协及各地政协、各民主党派及司法机关均可以成为国家税收机关。

二、国家机关的税收职责

（一）税收政策与法律的决策与制定职责

在现代社会，依据本国国情及不同阶段经济发展的需求，决策与制定相应的税收政策及其法律，是相关国家机关的应有职责，也是其权限范围。其中，无论是税收政策，还是税收法律，其形成均要经过决策和制定颁布两个必要的阶段。其中，在决策阶段，按照法定程序要经过一系列的民主决策及审议环节，以便最大限度地保障所出台的政策和法律具有科学性、可行性，并可以在施行中，根据实际情况适时地立、改、废。

在我国社会主义条件下，依据宪法、组织法、预算法、税收征收管理法以及中国共产党党内法规之规定，各党政机关，在中共中央的统一领导下，依据各自的职责定位，行使相应的税收政策决策及立法职责，并在其权限范围内予以审批、发布，形成国家意志，使全社会一体遵循。而且，各层级的税收政策与法律不能相互抵触。进而使我国的税收政策与法律成为分析税收秩序的基本工具，成为评价、评估税收实践合规、合法及合理的基本依据。

（二）税收政策与法律知识的宣传普及职责

按照“谁制定谁负责解释”的原则，税收政策与法律的决策与制定机关负有向全社会或专业部门及领域宣传普及相关税收政策与法律知识的职责。[①]可通过各种培训教育履行职责。对于涉及公众面较宽的税法，典型的如个人所得税法、房产税、车辆购置税等，还应当纳入国家法制宣传的范畴，利用

① 参见2015年《税收征收管理法》第7条。

现代科技技术下的大众媒体和公众自媒体等多样的方式，不断地宣传教育，使公民与企业的纳税意识不断提高。尤其重要的是要使税收政策与法律知识进入学校课堂，从娃娃教育抓起，只有这样，才能使全社会逐渐形成“纳税光荣，逃税可耻”的社会氛围，使自觉纳税成为全社会的一个良好的习惯。

（三）税收政策与法律执行的职责

“徒法不足以自行”是公认的法治道理。党的十八大以来，以习近平同志为核心的党中央提出了全面依法治国的重大决策。其基本点就是要在全社会形成法治国家、法治政府和法治社会的全方位法治环境。并且强调要不断强化国家政策和法律的执行力。在政治上强调政治意识、大局意识、核心意识、看齐意识，坚决反对政策和法律执行中的“两面人”。并以雷霆般的督查、巡视、问责等有效手段和措施，严厉打击“上有政策，下有对策”和“选择性执法”等违反政策和法律的行为，大大增强了国家政策与法律的执行力。在此背景下，能够使国家税收政策与法律得到有效的执行，是相关党政机关在各自的职权范围内应有的职责。其中，按照我国财政税收管理体制，财政与税务机关是主管机关，其他机关是配合协助机关。①

与此同时，在税收政策与法律执行中，也会发现既有政策与法律实施中存在的问题。对此，财政税务及相关机关有职责向税收政策与法律的制定机关反映，使税收政策与法律能够通过废、立、改得以完善。

（四）完成税收征收任务和宏观调控目标的职责

按照预算法规定，我国实行年度财政预算制度。为此，按照每一年度的财政预算，税收征收任务的完成，就成为税收机关的具体职责。但税收征收机关的征税行为，不是为征税而征税，其最终的目的是在保障国家政权正常运行的情况下，为实现经济增长、充分就业、物价稳定、国际收支平衡以及国家安全等宏观调控目标提供财力保障。税收征收任务职责的履行，一要按照法定程序进行，保护纳税人的合法权益；二要根据当年国内外经济形势的变化，按照国务院的部署安排对于税收征收任务作出及时的调整。典型的如，2020 年突发公共卫生事件，受新型冠状病毒肺炎疫情影响，武汉等地封城，商品流转大范围受阻，全国各类企业一度停摆，进出口受阻，税收丧失了“税源”基础。为此，必须对当年的税收任务作出及时调整。有关财政收入的短缺，可以采取其他手段实现。也为此，党中央及时调整宏观调控政策，提

① 参见 2015 年《税收征收管理法》第 5 条第一款。

出了在特殊时期的“六稳、六保”政策，即稳就业、稳金融、稳外贸、稳外资、稳投资、稳预期工作，以及保居民就业、保基本民生、保市场主体、保粮食能源安全、保产业链供应链稳定、保基层运转。国务院决定在当年发行一万亿元的抗疫特别国债，以弥补税收的不足。国家税务总局及时出台了《关于优化纳税缴费服务配合做好新型冠状病毒感染肺炎疫情防控工作的通知》等文件，广大税务工作者坚守岗位，为企业及时办理相关的缴税、减税、免税及延期缴税提供高效服务，履行了应有的职责，维护了社会稳定。

（五）税收宏观调控信息的公开的职责

在国家法治治理中，法治政府的标志之一就是信息公开。因为只有信息公开，才能保障人民的知情权，才有利于人民民主监督权利的行使。为此，2007 年 4 月 5 日，国务院公布《政府信息公开条例》，自 2008 年 1 月 1 日起施行，2019 年 4 月 3 日，国务院令第 711 号对该条例进行修订。按照该条例规定，对涉及公众利益调整、需要公众广泛知晓或者需要公众参与决策的政府信息，行政机关应当主动公开。并且属于政府应当主动公开的政府信息包括：一是行政法规、规章和规范性文件；二是机关职能、机构设置、办公地址、办公时间、联系方式、负责人姓名；三是国民经济和社会发展规划、专项规划、区域规划及相关政策；四是国民经济和社会发展统计信息；五是办理行政许可和其他对外管理服务事项的依据、条件、程序以及办理结果；六是实施行政处罚、行政强制的依据、条件、程序以及本行政机关认为具有一定社会影响的行政处罚决定；七是财政预算、决算信息；八是行政事业性收费项目及其依据、标准；九是政府集中采购项目的目录、标准及实施情况；十是重大建设项目的批准和实施情况；十一是扶贫、教育、医疗、社会保障、促进就业等方面的政策、措施及其实施情况；十二是突发公共事件的应急预案、预警信息及应对情况；十三是环境保护、公共卫生、安全生产、食品药品、产品质量的监督检查情况；十四是公务员招考的职位、名额、报考条件等事项以及录用结果；十五是法律、法规、规章和国家有关规定所规定的应当主动公开的其他政府信息。[①] 在这些政府法定主动公开的信息项目中，第一项至第七项与税收税务管理有直接的关联性。此外，《条例》还规定，除行政机关主动公开的政府信息外，公民、法人或者其他组织可以向地方各级人民政府、对外以自己名义履行行政管理职能的县级以上人民政府部门（含该条

① 参见 2019 年《政府信息公开条例》第 19 条、第 20 条。

例第十条第二款规定的派出机构、内设机构）申请获取相关政府信息。①

与此同时，根据该条例规定，一些政府掌握的信息属于不公开的范畴。一是依法确定为国家秘密的政府信息，法律、行政法规禁止公开的政府信息，以及公开后可能危及国家安全、公共安全、经济安全、社会稳定的政府信息，不予公开；二是涉及商业秘密、个人隐私等公开会对第三方合法权益造成损害的政府信息，行政机关不得公开。但是，第三方同意公开或者行政机关认为不公开会对公共利益造成重大影响的，予以公开；三是行政机关的内部事务信息，包括人事管理、后勤管理、内部工作流程等方面的信息，可以不予公开。行政机关在履行行政管理职能过程中形成的讨论记录、过程稿、磋商信函、请示报告等过程性信息以及行政执法案卷信息，可以不予公开。法律、法规、规章规定上述信息应当公开的，从其规定。②

《政府信息公开条例》的相关规定，为确定税务机关信息公开职责权限的边界提供了基本的法律依据。

（六）为纳税人提供服务便利及保护纳税人权益的职责

依据上述税收法律关系之原理，虽然国家与纳税人之间形成了单务的法律关系，但作为代表国家行使税收管理的机关与纳税人之间则会形成互为权利义务的双务关系。其中，对于税务机关而言，最重要的职责（义务）就是要为纳税人提供服务便利以及保护纳税人的合法权益。特别在当前的网络时代，税务机关应当充分利用网络系统服务于纳税人，便利纳税人、扣缴义务人、税收代理人的缴税事务，并履行对纳税人的保密义务，还应当按照国务院“放管服”改革要求，尽量简化税务登记、申报等事宜。

在保护纳税人权益方面，实体内容主要体现为帮助纳税人确定其所缴纳的税种，准确计算相关税收数额，确有困难的办理延期手续。在程序法方面，严格按照法定程序办理税收事务，保障纳税人法律救济权利的实现。

（七）对税收行为及活动进行监督检查的职责权限

根据《税收征收管理法》确定的税务基本制度，对税收行为及活动进行税收检查是征税机关的一项基本职责。③ 为此，税务机关设立有专门的税务稽查部门。税务稽查部门及其工作人员，应严格履行针对纳税人的税收检查职责，在法定权限内行使职权。不能不作为，更不能乱作为。在履行职责权限

---

① 参见 2019 年《政府信息公开条例》第 27 条。

② 参见 2019 年《政府信息公开条例》第 14 条~第 16 条。

③ 参见 2005 年《税收征收管理法》第 11 条。

的方式和方法上，既包括常规性检查，也包括根据举报线索的突击检查。对于检查中发现的问题，应当依法及时处理。

（八）履行奖惩结合的职责

奖惩结合是我国经济法的一项重要原则。税法是我国经济法的重要表现。因此，税收机关在履行职责时，必须贯彻奖惩结合的原则。对于依法纳税的单位和个人要积极予以奖励，并加大税收优惠力度。而对于税收违法行为要坚决地依法查处。特别是对于刑法规定的税收犯罪行为，司法机关应当及时地予以制裁，以维护税收秩序，保障国家税收利益的实现。

第三节 纳税人的权利义务

纳税人的权利义务是税收法律关系的重要内容。根据税收法律关系原理，纳税人的权利义务集中表现为在税收征收关系中，纳税人与税收征收机关之间的权利与义务关系。而且，这种权利义务关系是双务的，即纳税人享有的权利，就是税收征收机关应尽的义务或职责；与此同时，纳税人应当履行的义务，则是税收征收机关应有的权利、职责或职权。为了全面规范纳税人的权利义务，国家税务总局结合税收征收管理法及其细则的基本规定，于2009年11月6日以1号公告形式，发布了《关于纳税人权利与义务的公告》，明确了我国纳税人在税收征收关系中的十四项基本权利和十项基本义务。2018年6月15日，根据国务院机构改革的决定，国家税务总局对公告进行了修改，取消了地方税务局的提法。

一、纳税人的基本权利

（一）纳税人的知情权

纳税人有权向税务机关了解国家税收法律、行政法规的规定以及与纳税程序有关的情况，包括：现行税收法律、行政法规和税收政策规定；办理税收事项的时间、方式、步骤以及需要提交的资料；应纳税额核定及其他税务行政处理决定的法律依据、事实依据和计算方法；与税务机关在纳税、处罚和采取强制执行措施时发生争议或纠纷时，可以采取的法律救济途径及需要满足的条件。

（二）纳税人的保密权

纳税人有权要求税务机关为纳税人的情况保密。税务机关应依法为纳税人的商业秘密和个人隐私保密，主要包括纳税人的技术信息、经营信息和纳税人、主要投资人以及经营者不愿公开的个人事项。上述事项，如无法律、行政法规明确规定或者纳税人的许可，税务机关不能对外部门、社会公众和其他个人提供。但根据法律规定，税收违法行为信息不属于保密范围。

（三）纳税人的税收监督权

纳税人对税务机关违反税收法律、行政法规的行为，如税务人员索贿受贿、徇私舞弊、玩忽职守，不征或者少征应征税款，滥用职权多征税款或者故意刁难等，可以进行检举和控告。同时，纳税人对其他纳税人的税收违法行为也有权进行检举。

（四）纳税申报方式选择权

纳税人可以直接到办税服务厅办理纳税申报或者报送代扣代缴、代收代缴税款报告表，也可以按照规定采取邮寄、数据电文或者其他方式办理上述申报、报送事项。但采取邮寄或数据电文方式办理上述申报、报送事项的，需经纳税人的主管税务机关批准。

纳税人如采取邮寄方式办理纳税申报，应当使用统一的纳税申报专用信封，并以邮政部门收据作为申报凭据。邮寄申报以寄出的邮戳日期为实际申报日期。数据电文方式是指税务机关确定的电话语音、电子数据交换和网络传输等电子方式。纳税人如采用电子方式办理纳税申报，应当按照税务机关规定的期限和要求保存有关资料，并定期书面报送给税务机关。

（五）纳税人申请延期申报权

纳税人如不能按期办理纳税申报或者报送代扣代缴、代收代缴税款报告表，应当在规定的期限内向税务机关提出书面延期申请，经核准，可在核准的期限内办理。经核准延期办理申报、报送事项的，应当在税法规定的纳税期内按照上期实际缴纳的税额或者税务机关核定的税额预缴税款，并在核准的延期内办理税款结算。

（六）纳税人申请延期缴纳税款权

如纳税人因有特殊困难，不能按期缴纳税款的，经省、自治区、直辖市税务机关批准，可以延期缴纳税款，但是最长不得超过 3 个月。计划单列市税务机关可以参照省级税务机关的批准权限，审批纳税人的延期缴纳税款申请。

纳税人满足以下任何一个条件，均可以申请延期缴纳税款：一是因不可抗力，导致纳税人发生较大损失，正常生产经营活动受到较大影响的；二是当期货币资金在扣除应付职工工资、社会保险费后，不足以缴纳税款的。

（七）纳税人申请退还多缴税款权

对纳税人超过应纳税额缴纳的税款，税务机关发现后，将自发现之日起10日内办理退还手续；如纳税人自结算缴纳税款之日起3年内发现的，可以向税务机关要求退还多缴的税款并加算银行同期存款利息。税务机关将自接到纳税人退还申请之日起30日内查实并办理退还手续，涉及从国库中退库的，依照法律、行政法规有关国库管理的规定退还。

（八）纳税人依法享受税收优惠权

纳税人可以依照法律、行政法规的规定书面申请减税、免税。减税、免税的申请须经法律、行政法规规定的减税、免税审查批准机关审批。减税、免税期满，应当自期满次日起恢复纳税。减税、免税条件发生变化的，应当自发生变化之日起15日内向税务机关报告；不再符合减税、免税条件的，应当依法履行纳税义务。

如纳税人享受的税收优惠需要备案的，应当按照税收法律、行政法规和有关政策规定，及时办理事前或事后备案。

（九）纳税人委托税务代理权

纳税人有权就以下事项委托税务代理人代为办理：办理、变更或者注销税务登记、除增值税专用发票外的发票领购手续、纳税申报或扣缴税款报告、税款缴纳和申请退税、制作涉税文书、审查纳税情况、建账建制、办理财务、税务咨询、申请税务行政复议、提起税务行政诉讼以及国家税务总局规定的其他业务。

（十）陈述与申辩权

纳税人对税务机关作出的决定，享有陈述权、申辩权。如果纳税人有充分的证据证明自己的行为合法，税务机关不得对纳税人实施行政处罚；即使纳税人的陈述或申辩不充分合理，税务机关也会向纳税人解释实施行政处罚的原因。税务机关不会因纳税人的申辩而加重处罚。

（十一）纳税人对未出示税务检查证和税务检查通知书的拒绝检查权

税务机关派出的人员进行税务检查时，应当向纳税人出示税务检查证和税务检查通知书；对未出示税务检查证和税务检查通知书的，纳税人有权拒绝检查。

（十二）纳税人税收法律救济权

纳税人对税务机关作出的决定，依法享有申请行政复议、提起行政诉讼、请求国家赔偿等权利。

纳税人、纳税担保人同税务机关在纳税上发生争议时，必须先依照税务机关的纳税决定缴纳或者解缴税款及滞纳金或者提供相应的担保，然后可以依法申请行政复议；对行政复议决定不服的，可以依法向人民法院起诉。如纳税人对税务机关的处罚决定、强制执行措施或者税收保全措施不服的，可以依法申请行政复议，也可以依法向人民法院起诉。

当税务机关的职务违法行为给纳税人和其他税务当事人的合法权益造成侵害时，纳税人和其他税务当事人可以要求税务行政赔偿。主要包括：一是纳税人在限期内已缴纳税款，税务机关未立即解除税收保全措施，使纳税人的合法权益遭受损失的；二是税务机关滥用职权违法采取税收保全措施、强制执行措施或者采取税收保全措施、强制执行措施不当，使纳税人或者纳税担保人的合法权益遭受损失的。

（十三）纳税人依法要求听证的权利

对纳税人作出规定金额以上罚款的行政处罚之前，税务机关应向纳税人送达《税务行政处罚事项告知书》，告知纳税人已经查明的违法事实、证据、行政处罚的法律依据和拟将给予的行政处罚。对此，纳税人有权要求举行听证。税务机关将应纳税人的要求组织听证。如纳税人认为税务机关指定的听证主持人与本案有直接利害关系，纳税人有权申请主持人回避。

对应当进行听证的案件，税务机关不组织听证，行政处罚决定不能成立。但纳税人放弃听证权利或者被正当取消听证权利的除外。

（十四）纳税人索取有关税收凭证的权利

税务机关征收税款时，必须给纳税人开具完税凭证。扣缴义务人代扣、代收税款时，纳税人要求扣缴义务人开具代扣、代收税款凭证时，扣缴义务人应当开具。税务机关扣押商品、货物或者其他财产时，必须开付收据；查封商品、货物或者其他财产时，必须开付清单。

二、纳税人的基本义务

（一）纳税人依法进行税务登记的义务

纳税人应当自领取营业执照之日起 30 日内，持有关证件，向税务机关申报办理税务登记。税务登记主要包括领取营业执照后的设立登记、税务登记内容发生变化后的变更登记，依法申请停业、复业登记，依法终止纳税义务的注销登记等。在各类税务登记管理中，纳税人应该根据税务机关的规定分别提交相关资料，及时办理。同时，纳税人应当按照税务机关的规定使用税务登记证件。税务登记证件不得转借、涂改、损毁、买卖或者伪造。

（二）纳税人依法设置账簿、保管账簿和有关资料以及依法开具、使用、取得和保管发票的义务

纳税人应当按照有关法律、行政法规和国务院财政、税务主管部门的规定设置账簿，根据合法、有效凭证记账，进行核算；从事生产、经营的，必须按照国务院财政、税务主管部门规定的保管期限保管账簿、记账凭证、完税凭证及其他有关资料；账簿、记账凭证、完税凭证及其他有关资料不得伪造、变造或者擅自损毁。

此外，纳税人在购销商品、提供或者接受经营服务以及从事其他经营活动中，应当依法开具、使用、取得和保管发票。

（三）纳税人财务会计制度和会计核算软件备案的义务

纳税人的财务、会计制度或者财务、会计处理办法和会计核算软件，应当报送税务机关备案。纳税人的财务、会计制度或者财务、会计处理办法与国务院或者国务院财政、税务主管部门有关税收的规定抵触的，应依照国务院或者国务院财政、税务主管部门有关税收的规定计算应纳税款、代扣代缴和代收代缴税款。

（四）纳税人按照规定安装、使用税控装置的义务

国家根据税收征收管理的需要，积极推广使用税控装置。纳税人应当按照规定安装、使用税控装置，不得损毁或者擅自改动税控装置。如纳税人未按规定安装、使用税控装置，或者损毁或者擅自改动税控装置的，税务机关有权责令纳税人限期改正，并可根据情节轻重处以规定数额内的罚款。

（五）纳税人按时、如实申报的义务

纳税人必须依照法律、行政法规规定或者税务机关依照法律、行政法规的规定确定的申报期限、申报内容如实办理纳税申报，报送纳税申报表、财务会计报表以及税务机关根据实际需要要求纳税人报送的其他纳税资料。

作为扣缴义务人，纳税人必须依照法律、行政法规规定或者税务机关依照法律、行政法规的规定确定的申报期限、申报内容如实报送代扣代缴、代收代缴税款报告表以及税务机关根据实际需要要求纳税人报送的其他有关资料。

纳税人即使在纳税期内没有应纳税款，也应当按照规定办理纳税申报。享受减税、免税待遇的，在减税、免税期间应当按照规定办理纳税申报。

（六）纳税人按时缴纳税款的义务

纳税人应当按照法律、行政法规规定或者税务机关依照法律、行政法规的规定确定的期限，缴纳或者解缴税款。

未按照规定期限缴纳税款或者未按照规定期限解缴税款的，税务机关除责令限期缴纳外，从滞纳税款之日起，按日加收滞纳税款0.05%的滞纳金。

（七）代扣代缴人代扣、代收税款的义务

如代扣代缴人按照法律、行政法规规定负有代扣代缴、代收代缴税款义务，必须依照法律、行政法规的规定履行代扣、代收税款的义务。代扣代缴义务人依法履行代扣、代收税款义务时，纳税人不得拒绝。纳税人拒绝的，代扣代缴义务人应当及时报告税务机关处理。

（八）纳税人接受依法检查的义务

纳税人、代扣代缴义务人有接受税务机关依法进行税务检查的义务，应主动配合税务机关按法定程序进行税务检查，如实地向税务机关反映自己的生产经营情况和执行财务制度的情况，并按有关规定提供报表和资料，不得隐瞒和弄虚作假，不能阻挠、刁难税务机关的检查和监督。

（九）及时提供信息的义务

纳税人除通过税务登记和纳税申报向税务机关提供与纳税有关的信息外，还应及时提供其他信息。如纳税人有歇业、经营情况变化、遭受各种灾害等特殊情况的，应及时向税务机关说明，以便税务机关依法妥善处理。

（十）纳税人报告其他涉税信息的义务

为了保障国家税收能够及时、足额征收入库，税收法律还规定了纳税人有义务向税务机关报告如下涉税信息：一是纳税人有义务就纳税人与关联企业之间的业务往来，向当地税务机关提供有关的价格、费用标准等资料。纳税人有欠税情形而以财产设定抵押、质押的，应当向抵押权人、质权人说明纳税人的欠税情况。二是企业合并、分立的报告义务。纳税人有合并、分立情形的，应当向税务机关报告，并依法缴清税款。合并时未缴清税款的，应当由合并后的纳税人继续履行未履行的纳税义务；分立时未缴清税款的，分立后的纳税人对未履行的纳税义务应当承担连带责任。三是报告全部账号的义务。如纳税人从事生产、经营，应当按照国家有关规定，持税务登记证件，在银行或者其他金融机构开立基本存款账户和其他存款账户，并自开立基本存款账户或者其他存款账户之日起15日内，向纳税人的主管税务机关书面报告全部账号；发生变化的，应当自变化之日起 15 日内，向纳税人的主管税务机关书面报告。四是处分大额财产报告的义务。如纳税人的欠缴税款数额在 5 万元以上，纳税人在处分不动产或者大额资产之前，应当向税务机关报告。

本章小结

税收法律关系是研习税法、应用税法的基础。税收法律关系遵循法学理论中的一般原理，也有其基本特征。在税收法律关系的主体、客体和内容要素构成方面，体现出与其他法律关系的不同之处。但其核心是国家与纳税人之间、国家与征税机关之间，以及税收征收机关及其税务机关与纳税人、扣缴义务人、税务协助人之间权力（权利）、义务（职责、职权）的配置。

重点思考题

1. 简述税收法律关系的概念和特征。
2. 简述税收法律关系的单务性。
3. 简述国家税收机关的职责。
4. 简述纳税人的基本权利和义务。

第五章 商品流转税法

商品是用于交换的劳动产品。作为人类的劳动产品只有通过交换才能成为商品并实现其价值。在市场经济条件下，一个产品从生产到消费，通常要经过生产、批发、零售等环节才能到消费者手中，为此，就会产生商品流转问题。商品流转税就是对商品流转所征收的一种税。此外，当劳务被视为商品时，也有一个商品交换流转的过程。改革开放以来，我国大力发展商品经济及其市场经济，使商品流转的规模大幅度地稳定增长。国家先后开征增值税、营业税、消费税等，使商品流转税成为我国最大的一类税，是我国保障国家财政收入的基础性税种。并且，按照“一税一法”原则，国家先后出台了增值税法、营业税法、消费税法等。2011 年，经国务院批准，财政部、国家税务总局联合下发营业税改增值税试点方案。从 2012 年 1 月 1 日起，在上海交通运输业和部分现代服务业进行“营改增”试点，并逐步扩大范围。至 2016 年 3 月 18 日，国务院常务会议决定，自 2016 年 5 月 1 日起，全国推开“营改增”试点，2017 年 10 月 30 日营业税正式废止。此外，关税也是重要的商品流转税，只不过涉及关税流转的范围是在境内外之间。有关关税的内容将在本书第十章专门阐述。目前，国内的商品流转税主要是指增值税、消费税。本章阐述增值税法、消费税法以及在商品流转环节涉及的烟叶税法和车辆购置税法的规定。

第一节 商品流转税法概述

一、商品流转税的概念和特征

在国际上，商品流转税统称“商品与劳务税”。它是指以纳税人的商品流转额为征税对象的一类税收。商品流转类税与其他类别的税相比，呈现出以下明显的特征：

（一）商品流转税的征税对象是商品活动及其流转额

首先，商品流转税所指的商品有狭义与广义之分。狭义的商品即是指以实物（货物）形态表现的商品；而广义的商品还包括为狭义商品提供劳务或服务，以及经济主体单独开展的为人类提供各种劳务或服务的活动。为此，通常情况下，对前者可征收商品税（如增值税、消费税）；对后者可征收劳务服务税（如营业税）。

其次，就流转额而言，商品流转额是指因销售或购进商品而发生的货币金额，既可以是销售收入额，也可以是购进商品支付的金额。但在提供劳务或服务性商品服务中，其商品流转额或狭义商品意义上的非商品流转额，则是指各种劳务收入或服务性业务收入金额。即营业额或营业收入。

（二）商品流转税是国家调控初次国民收入分配的重要方式

通说认为，商品流转类税被称为“价格税”“成本税”。其基本含义是，对于企业而言，国家对于商品生产者、销售者以及提供劳务和服务者征收增值税、营业税、消费税等商品流转税，可以计算于成本，构成其商品价格的组成部分。这样，国家征收商品流转税就等于参与了国民收入的初次分配，商品流转税率的高低直接影响商品的价格及其销售，具有调节经济的重要功能，是国家宏观调控的重要手段，是价格调控与税率调控的结合。流转税法对不同商品课征负担不同的流转税，可以鼓励或拟制某种商品生产流通。流转税对商品课税，直接影响消费，可以调节消费与储蓄的比例。

（三）商品流转税是间接税

从税收实践来看，商品流转税的间接税属性是指该类税收名义上是由企业和有关组织作为纳税人缴税，但实际的负担者，即真实的纳税人是每一个消费者。因此，消费是商品流转税的基础，只要有消费行为的存在，就会产生商品流转税。对于人类来说，由于吃、穿、住、用、行具有“刚性”消费的一面，商品流转税的征收，可以保证税收的稳定来源，成为税收收入的“基本盘”，国家还可以利用商品流转税调节享受型消费和奢侈性消费。

与此同时，商品流转税的间接性还意味着无论是工业企业，还是商业企业，只要一开始生产、经营和服务，就存在一个缴纳商品流转税的问题。

二、我国流转税法的历史沿革

（一）1994 年以前的商品流转税法

商品流转税是随着商品交换的出现而产生的。在我国古代，虽未形成完整的流转税法，但对商品征收流转税的历史延续了 3000 多年之久。周代的“关市之征”和“山泽之赋”即是我国流转税的萌芽。在漫长的封建社会，商品流转税的范围不断扩大，至国民党政府时期，商品流转税已经成为主要的税种。

中华人民共和国成立之初，老解放区继续沿用各根据地时期的税收制度；新解放区则基本上暂用国民党政府税法，征收货物税、营业税、交易税等流转税。1950 年 1 月，政务院颁布《全国税政实施要则》，统一全国税政，规定开征的商品流转税主要有：货物税、工商业税（营业税）和关税，并随后按税种公布相应的税收条例。

1952 年 12 月 31 日，政务院财经委员会颁布《关于税制若干修正及实行日期的通告》，对卷烟等 22 种产品征收的货物税、营业税、印花税、棉纱统销税、棉花交易税等简化合并为商品流转税，在工业环节按销售额一次征收。

1958 年 9 月，全国人大常委会第 101 次会议通过《工商统一税条例（草案）》，将货物税、商品流通税、营业税、印花税简化合并为工商统一税，以工农业产品和服务性业务的流转额为征税对象，在商品的生产和零售两个环节征收。

1972 年 3 月，国务院批准财政部拟定的《工商税条例（草案）》，将国营企业、集体企业缴纳的工商统一税、城市房地产税、车辆使用牌照税、屠宰税简化合并为工商税，并将盐税作为一个税目列入工商税的征收范围。

1984 年，我国全面改革工商税。国务院根据全国人大授权，于 1984 年 9 月 18 日发布《产品税暂行条例（草案）》《增值税暂行条例（草案）》《营业税暂行条例（草案）》，对商品流转额和非商品营业额分别征收产品税、增值税、营业税。

（二）1994 年至 2012 年的流转税法

1984 年的全面工商税制改革，初步构建了我国商品流转税法体系，确立了商品流转税法在我国税制中的主体地位，但仍存在一些问题。主要表现在：税制比较复杂，税率档次过多，名义税率高，减免税失控，税基不断被侵蚀，产品税与增值税存在重复征税，内资、涉外企业流转税法不统一等方面。

针对以上问题，1993 年 12 月 13 日，国务院颁布《增值税暂行条例》《营业税暂行条例》《消费税暂行条例》，对商品流转税进行了重大改革。1993 年 12 月 29 日全国人大常委会通过《关于外商投资企业和外国企业适用增值税、消费税、营业税等税收暂行条例的决定》，自 1994 年 1 月 1 日起施行。1958 年 9 月 13 日国务院公布试行的《工商统一税条例（草案）》同时废止，从而统一了内资、涉外企业适用的商品流转税法。

从2006年4月1日起，消费税有较大调整，增加了电池、涂料、高尔夫球及球具、高档手表、游艇、木制一次性筷子、实木地板等税目，调整了成品油的征税范围，取消了“护肤护发品”税目，同时对原有税目的税率进行了调整，以促进资源节约和环境保护。从2009年1月1日起，新修订的《增值税暂行条例》允许抵扣购进设备税含进项税，实现了从生产型向消费型的转变。

（三）2012年至2017年的营改增

从2012年1月1日起，国家启动营改增试点，先在上海试点，逐步推向全国。试点行业也先从交通运输业和部分现代服务业开始，之后逐步推广到所有商业和服务业。2016年4月29日国务院出台《关于印发全面推开营改增试点后调整中央与地方增值税收入划分过渡方案的通知》。该通知提出，全面推开营改增试点将于2016年5月1日实施。按照党的十八届三中全会关于“保持现有中央和地方财力格局总体稳定，结合税制改革，考虑税种属性，进一步理顺中央和地方收入划分”的要求，同时考虑到税制改革未完全到位，推进中央与地方事权和支出责任划分改革还有一个过程，国务院决定，制定全面推开营改增试点后调整中央与地方增值税收入划分的过渡方案。其基本原则是：一是保持现有财力格局不变。既要保障地方既有财力，不影响地方财政平稳运行，又要保持目前中央和地方财力大体“五五”格局。二是注重调动地方积极性。适当提高地方按税收缴纳地分享增值税的比例，有利于调动地方发展经济和培植财源的积极性，缓解当前经济下行压力。三是兼顾好东中西部利益关系。以2014年为基数，将中央从地方上划收入通过税收返还方式给地方，确保既有财力不变。调整后，收入增量分配向中西部地区倾斜，重点加大对欠发达地区的支持力度，推进基本公共服务均等化。同时，在加快地方税体系建设、推进中央与地方事权和支出责任划分改革过程中，做好过渡方案与下一步财税体制改革的衔接。其主要内容有：一是以2014年为基数核定中央返还和地方上缴基数。二是所有行业企业缴纳的增值税均纳入中央和地方共享范围。三是中央分享增值税的50%。四是地方按税收缴纳地分享增值税的50%。五是中央上划收入通过税收返还方式给地方，确保地方既有财力不变。六是中央集中的收入增量通过均衡性转移支付分配给地方，主要用于加大对中西部地区的支持力度。对于实施时间和过渡期限，该方案与全面推开营改增试点同步实施，即自2016年5月1日起执行。过渡期暂定2至3年，届时根据中央与地方事权和支出责任划分、地方税体系建设等改革进展情况，研究是否适当调整。

2017 年 10 月 30 日国务院第 191 次常务会议通过《国务院关于废止〈中华人民共和国营业税暂行条例〉和修改〈中华人民共和国增值税暂行条例〉的决定》。2017 年 11 月 19 日，国务院令第 691 号正式发布，自公布之日起施行。其基本内容包括：一是将《增值税暂行条例》第一条修改为："在中华人民共和国境内销售货物或者加工、修理修配劳务（以下简称劳务），销售服务、无形资产、不动产以及进口货物的单位和个人，为增值税的纳税人，应当依照本条例缴纳增值税。"二是将《增值税暂行条例》第二条第一款修改为："增值税税率：（一）纳税人销售货物、劳务、有形动产租赁服务或者进口货物，除本条第二项、第四项、第五项另有规定外，税率为 17%。（二）纳税人销售交通运输、邮政、基础电信、建筑、不动产租赁服务，销售不动产，转让土地使用权，销售或者进口下列货物，税率为 11%：1. 粮食等农产品、食用植物油、食用盐；2. 自来水、暖气、冷气、热水、煤气、石油液化气、天然气、二甲醚、沼气、居民用煤炭制品；3. 图书、报纸、杂志、音像制品、电子出版物；4. 饲料、化肥、农药、农机、农膜；5. 国务院规定的其他货物。（三）纳税人销售服务、无形资产，除本条第一项、第二项、第五项另有规定外，税率为 6%。（四）纳税人出口货物，税率为零；但是，国务院另有规定的除外。（五）境内单位和个人跨境销售国务院规定范围内的服务、无形资产，税率为零。"三是将第四条第一款中的"销售货物或者提供应税劳务（以下简称销售货物或者应税劳务）"修改为"销售货物、劳务、服务、无形资产、不动产（以下统称应税销售行为）"，将第五条、第六条第一款、第七条、第十一条第一款、第十九条第一款第一项中的"销售货物或者应税劳务"修改为"发生应税销售行为"。四是将第八条第一款中的"购进货物或者接受应税劳务（以下简称购进货物或者应税劳务）"、第九条中的"购进货物或者应税劳务"修改为"购进货物、劳务、服务、无形资产、不动产"。将第八条第二款第三项中的"按照农产品收购发票或者销售发票上注明的农产品买价和 13% 的扣除率计算的进项税额"修改为"按照农产品收购发票或者销售发票上注明的农产品买价和 11% 的扣除率计算的进项税额，国务院另有规定的除外"。删去第八条第二款第四项，增加一项，作为第四项："自境外单位或者个人购进劳务、服务、无形资产或者境内的不动产，从税务机关或者扣缴义务人取得的代扣代缴税款的完税凭证上注明的增值税额"。五是将第十条修改为："下列项目的进项税额不得从销项税额中抵扣：（一）用于简易计税方法计税项目、免征增值税项目、集体福利或者个人消费的购进货物、劳务、服务、无形资产和不动产；（二）非正常损失的购进货物，以及相关的劳务和交通运输服务；（三）非正常损失的在产品、产成品所耗用的购进货物（不包括固定资产）、劳务和交通运输服务；（四）国务院规定的其他项目。”六是将第十二条修改为：“小规模纳税人增值税征收率为3%，国务院另有规定的除外。”七是将第二十一条第一款和第二款第二项中的“销售货物或者应税劳务”修改为“发生应税销售行为”；将第二款第一项修改为：“（一）应税销售行为的购买方为消费者个人的”；删去第二款第三项。八是将第二十二条第一款第二项修改为：“（二）固定业户到外县（市）销售货物或者劳务，应当向其机构所在地的主管税务机关报告外出经营事项，并向其机构所在地的主管税务机关申报纳税；未报告的，应当向销售地或者劳务发生地的主管税务机关申报纳税；未向销售地或者劳务发生地的主管税务机关申报纳税的，由其机构所在地的主管税务机关补征税款”；将第一款第三项中的“销售货物或者应税劳务”修改为“销售货物或者劳务”。九是在第二十五条第一款中的“具体办法由国务院财政、税务主管部门制定”之前增加“境内单位和个人跨境销售服务和无形资产适用退（免）税规定的，应当按期向主管税务机关申报办理退（免）税”。十是增加一条，作为第二十七条：“纳税人缴纳增值税的有关事项，国务院或者国务院财政、税务主管部门经国务院同意另有规定的，依照其规定。”①

与此同时，按照十三届全国人大常委会的立法规划，《增值税法》和《消费税法》被列入全国人大的立法规划。国务院颁发的暂行条例，可望由全国人大制定的正式法律所取代。

第二节　增值税法

一、增值税法概述

（一）增值税的基本原理

就商品流转税而言，从生产到消费，每增加一个环节可以征收一次税，这样就存在一个重复征税的问题。因此，为避免各环节的重复征税，即产生

① 参见2017年《国务院关于废止〈中华人民共和国营业税暂行条例〉和修改〈中华人民共和国增值税暂行条例〉的决定》。

了针对商品流转环节增值额征收的增值税。由此，增值税就是针对商品流转各环节增值部分征税的商品流转税。与普通商品税比较，增值税避免了商品流转各环节的重复征税，减轻了企业和消费者的负担，体现了商品税的科学性，为世界各国所施行。

从增值税的计算原理来看，应当采取扣除法，以商品流转本环节的销售收入扣除上一环节的进价成本后所剩部分或新增价值，再加上商品流转本环节的附加值，即本环节的应纳税额。但由于在具体实践中计算的烦琐性，有时难以准确计算，税务管理成本较高。为此，为简化税务管理，增值税法采取法定的固定比例予以扣除及征收相应的税收，具体依据是通过特殊的增值税发票，实施定额扣除。在具体实践中纳税人可依据上家企业给自己开具的增值税发票，计算应纳税额，依法缴税。由此促使国家对于增值税发票实行严格管理，严厉打击增值税发票的弄虚作假，保证增值税征收的顺利实现。

（二）我国增值税法的历史演变

世界上最早开征增值税的是法国。1954 年，法国将生产阶段的营业税改为增值税，开启了增值税立法及征收的先河。

我国从 1979 年开始在部分城市试行增值税。1982 年，财政部制定了《增值税试行办法》，自 1983 年 1 月 1 日起在全国试行。1984 年 9 月，国务院颁布《增值税暂行条例（草案）》，自 1984 年 10 月 1 日起在全国执行。此后，至 1993 年底，财政部通过发布规定，不断改进增值税立法。1993 年 12 月 13 日，国务院正式颁布《增值税暂行条例》（以下简称《条例》），自 1994 年 1 月 1 日起施行。该《条例》按照普遍征收、中性、简化、多环节多次征收原则对增值税进行改革，将增值税的征收范围由工业领域扩大到商品流通领域，增值税的税率由 12 档简化为 2 档。2008 年 11 月 5 日，国务院第 34 次常务会议首次修正《增值税暂行条例》，自 2009 年 1 月 1 日起施行。修正后的《增值税暂行条例》允许抵扣购进设备税含进项税，实现了增值税从生产型向消费型的转变。2008 年 12 月 18 日，财政部、国家税务总局公布《增值税暂行条例实施细则》。2011 年 10 月 28 日，财政部、国家税务总局发布《关于修改〈中华人民共和国增值税暂行条例实施细则〉和〈中华人民共和国营业税暂行条例实施细则〉的决定》。

2012 年开始启动“营改增”改革，2016 年全面推行，2017 年 10 月 30 日，国务院第 191 次常务会议通过《国务院关于废止〈中华人民共和国营业税暂行条例〉和修改〈中华人民共和国增值税暂行条例〉的决定》。具体内容已如上述。截至目前，全国人大常委会拟在国务院现行《增值税暂行条例》基础上，制定颁发《增值税法》。

我国的增值税属于中央和地方共享税。其所得收入由中央政府与地方政府共享，现分配比例是各50%。它是目前中央政府和地方政府保障税基的主要税种，其税收收入居各税种之首。

2019年11月27日，财政部、国家税务总局向全社会公布《增值税法（征求意见稿）》，并对增值税法的制定作出以下说明：

关于起草背景。根据党的十九大“深化税收制度改革”和十九届四中全会“推进国家治理体系和治理能力现代化”精神，按照十三届全国人大常委会立法规划和《深化财税体制改革总体方案》“推进依法治税”有关要求，为完善税收法律制度，建立现代增值税制度体系，财政部、税务总局联合起草了《增值税法（征求意见稿）》，并就《增值税法》的制定作出说明。

关于制定《增值税法》的必要性和可行性。1993年12月13日，国务院发布了《增值税暂行条例》，自1994年1月1日起对在我国境内销售货物、加工修理修配劳务以及进口货物的单位和个人征收增值税。根据《条例》授权，1993年12月25日，财政部印发了《增值税暂行条例实施细则》。2016年3月23日，经国务院批准，财政部、税务总局联合印发了《关于全面推开营业税改征增值税试点的通知》，全面推开营业税改征增值税试点，将建筑业、房地产业、金融业、生活服务业等全部原营业税纳税人，纳入增值税征税范围。为了巩固营改增试点成果，2017年10月30日，国务院常务会议通过了《国务院关于废止〈中华人民共和国营业税暂行条例〉和修改〈中华人民共和国增值税暂行条例〉的决定（草案）》，全面取消营业税，调整完善《条例》相关规定。经过八年十大步的改革，我国已经基本建立了现代增值税制度，为增值税立法夯实了制度基础。目前，增值税相关改革措施已全部推出，立法条件成熟。为以法律形式巩固改革成果，按照保持现行税制框架总体不变以及保持现行税收负担水平总体不变的原则，整合了《条例》和相关规定，并适当调整完善相关内容，形成了《征求意见稿》。

关于制定《增值税法》的总体考虑，一是坚持以习近平新时代中国特色社会主义思想为指导，构建适应我国国情的现代增值税制度。按照深化税收制度改革、构建科学财税体制的要求，以法律的形式巩固“营改增”及增值税改革成果，同时为促进经济发展及培育新业态新模式预留制度空间。二是贯彻增值税税收中性和效率原则，进一步发挥增值税筹集财政收入的作用。

通过立法巩固营改增成果，实现增值税对货物和服务的全覆盖，建立消费型增值税制度框架，促进产业转型升级，实现新旧动能接续转换，推动经济高质量发展。三是按照推进国家治理体系和治理能力现代化的要求，构建与新税制模式相适应的税收征管制度。提出增值税纳税申报、发票管理等要求，提高征管效率，防止税收漏洞。

关于《征求意见稿》共9章47条，主要内容如下：

关于征税范围。《征求意见稿》基本延续了《条例》的规定，为巩固“营改增”成果，将“加工、修理修配劳务”并入“服务”，将“销售金融商品”从“服务”中单列，即增值税的征税范围为：在境内销售货物、服务、无形资产、不动产和金融商品，以及进口货物。

关于纳税人和扣缴义务人。借鉴国际经验，《征求意见稿》规定，在境内发生应税交易且销售额达到增值税起征点的单位和个人，以及进口货物的收货人，为增值税的纳税人。销售额未达到增值税起征点的单位和个人，不是增值税纳税人，但可以自愿选择登记为增值税纳税人缴纳增值税。境外单位和个人在境内发生应税交易的，以购买方为扣缴义务人。

关于税率和征收率。为巩固“营改增”及深化增值税改革成果，《征求意见稿》对《条例》中规定的税率进行了相应的调整，将销售货物、加工修理修配服务、有形动产租赁服务以及进口货物等适用税率调整为13%；将销售交通运输、邮政、基础电信、建筑、不动产租赁服务、不动产，转让土地使用权，销售或者进口农产品等货物的适用税率调整为9%；销售服务、无形资产、金融商品的适用税率为6%，保持不变。同时，明确增值税征收率为3%。

关于销售额。《征求意见稿》基本延续了《条例》的现行规定，明确销售额是纳税人发生应税交易取得的与之相关的对价，包括全部货币或者非货币形式的经济利益。

关于期末留抵退税制度。为巩固深化增值税改革成果，按照增值税原理，《征求意见稿》借鉴国际经验，建立期末留抵退税制度，并授权国务院财政、税务主管部门制定具体办法。

关于混合销售、兼营的规定。为巩固营改增成果，解决纳税人特殊情形的征税问题，《征求意见稿》延续“混合销售”从主、“兼营”分别核算纳税的理念，明确混合销售应从主适用税率或者征收率；兼营应当分别核算适用不同税率或者征收率的销售额，未分别核算的，从高适用税率。

关于税收减免。《征求意见稿》沿用了《条例》和原营业税暂行条例中的法定免税项目；同时明确除法定免税以外，根据国民经济和社会发展的需要，或者由于突发事件等原因对纳税人经营活动产生重大影响的，国务院可以制定增值税专项优惠政策，报全国人民代表大会常务委员会备案。

关于计税期间。为落实深化“放管服”改革精神，进一步减少纳税人办税频次，减轻纳税人申报负担，《征求意见稿》取消“1 日、3 日和 5 日”三个计税期间，新增“半年”的计税期间。

关于税收征管。结合征管实践，《征求意见稿》明确增值税由税务机关征收，进口货物的增值税由税务机关委托海关代征。明确了纳税人、扣缴义务人的如实申报义务、发票管理及法律责任的原则性规定。

关于过渡期安排。为平稳过渡，增值税法公布前出台的税收政策，确需延续的，按照国务院规定最长可以延至该法施行后的 5 年止。待过渡期结束，按照《征求意见稿》第三十条，根据国民经济和社会发展的需要，国务院可以制定专项优惠政策，报全国人民代表大会常务委员会备案后继续执行。

二、增值税法的立法结构

根据现行《增值税暂行条例》规定，分析增值税立法结构如下：

（一）增值税的征税主体

增值税由税务机关负责征收。进口货物的增值税由海关代征。个人携带或者邮寄进境自用物品的增值税，连同关税一并计征。具体办法由国务院关税税则委员会会同有关部门制定。

（二）增值税的纳税主体

增值税的纳税主体为在中华人民共和国境内销售货物或者加工、修理修配劳务（以下简称劳务），销售服务、无形资产、不动产以及进口货物的单位和个人。

上述所谓单位是指企业、行政单位、事业单位、军事单位、社会团体及其他单位，所谓个人是指个体工商户和其他个人。

增值税的纳税主体的特殊性表现为，纳税人被分为一般纳税人和小规模纳税人两种。其中，小规模纳税人是指年应税销售额在规定标准以下，并且会计核算不健全，不能按照规定报送税务资料的增值税纳税人。根据《增值税暂行条例实施细则》规定，小规模纳税人的标准为：一是从事货物生产或者提供应税劳务的纳税人，以及以从事货物生产或者提供应税劳务为主，并兼营货物批发或者零售的纳税人，年应征增值税销售额（以下简称应税销售额）在50万元以下（含本数，下同）的。二是除本条第一款第（一）项规定以外的纳税人，年应税销售额在80万元以下的。[①] 本条第一款所称以从事货物生产或者提供应税劳务为主，是指纳税人的年货物生产或者提供应税劳务的销售额占年应税销售额的比重在50%以上。三是年应税销售额超过小规模纳税人标准的其他个人按小规模纳税人纳税；非企业性单位、不经常发生应税行为的企业可选择按小规模纳税人纳税。四是如果小规模纳税人会计核算健全，能够提供准确税务资料的，可以向主管税务机关办理登记，不作为小规模纳税人，依照《增值税暂行条例》以一般纳税人有关规定计算应纳税额。[②]

一般纳税人则是指应税销售额超过法定的小规模纳税人标准，且会计核算制度健全，能按照规定报送税务资料的企业和企业性单位。对一般纳税人的认定包括其分支机构。

值得注意的是，增值税法将纳税人分为一般纳税人和小规模纳税人，其实践意义在于：一般纳税人通常可以按照增值税发票抵扣税收，而小规模纳税人则不享有此待遇，为此，增值税法对于一般纳税人和小规模纳税人采取了不同的税率计算。一般纳税人是税务机关重点关注和培植的对象，实施专门登记管理，是保障增值税稳定的基础。

此外，中华人民共和国境外的单位或者个人在境内销售劳务，在境内未设有经营机构的，以其境内代理人为扣缴义务人；在境内没有代理人的，以购买方为扣缴义务人。

（三）增值税的征税对象

一般而言，增值税的征税对象为在中华人民共和国境内销售货物或者加工、修理修配劳务（以下简称劳务），销售服务、无形资产、不动产以及进口货物的行为或活动。但现实经济实践中比较复杂。需要在法律层面予以具体规范，以便于法律适用。为此，现行的《增值税暂行条例实施细则》予以了具体规定，即《增值税暂行条例》所称货物，是指有形动产，包括电力、热力、气体在内。所称加工，是指受托加工货物，即委托方提供原料及主要材料，受托方按照委托方的要求，制造货物并收取加工费的业务。所称修理修配，是指受托对损伤和丧失功能的货物进行修复，使其恢复原状和功能的业

---

① 2017年“营改增”以来，一般纳税人和小规模纳税人的划分标准，统一调整为：以年应征增值税销售额为标准，超过500万元的为一般纳税人，不超过500万元的为小规模纳税人。

② 参见2011年《增值税暂行条例实施细则》第28条、第29条。

务。所称销售货物，是指有偿转让货物的所有权。所称提供加工、修理修配劳务（以下简称应税劳务），是指有偿提供加工、修理修配劳务。单位或者个体工商户聘用的员工为本单位或者雇主提供加工、修理修配劳务，不包括在内。所称有偿，是指从购买方取得货币、货物或者其他经济利益。所称在中华人民共和国境内（以下简称境内）销售货物或者提供加工、修理修配劳务是指：销售货物的起运地或者所在地在境内；提供的应税劳务发生在境内。[①]

特别规定，单位或者个体工商户的下列行为，视同销售货物：将货物交付其他单位或者个人代销；销售代销货物；设有两个以上机构并实行统一核算的纳税人，将货物从一个机构移送其他机构用于销售，但相关机构设在同一县（市）的除外；将自产或者委托加工的货物用于非增值税应税项目；将自产、委托加工的货物用于集体福利或者个人消费；将自产、委托加工或者购进的货物作为投资，提供给其他单位或者个体工商户；将自产、委托加工或者购进的货物分配给股东或者投资者；将自产、委托加工或者购进的货物无偿赠送其他单位或者个人。[②]

（四）税率及其计算依据

1. 增值税的税率

在税率规定上，根据2017年修订的《增值税暂行条例》规定，对于一般纳税人，增值税税率分为17%、11%、6%及零税率四个档次：其中，除另有规定外，纳税人销售货物、劳务、有形动产租赁服务或者进口货物的税率为17%；纳税人销售交通运输、邮政、基础电信、建筑、不动产租赁服务，销售不动产，转让土地使用权，销售或者进口：粮食等农产品、食用植物油、食用盐；自来水、暖气、冷气、热水、煤气、石油液化气、天然气、二甲醚、沼气、居民用煤炭制品；图书、报纸、杂志、音像制品、电子出版物；饲料、化肥、农药、农机、农膜；国务院规定的其他货物，其税率为11%；除另有规定外，纳税人销售服务、无形资产以及增值电信服务的税率为6%；除国务院另有规定外，纳税人出口货物，税率为零；境内单位和个人跨境销售国务院规定范围内的服务、无形资产的，税率为零。此外，税率的调整，由国务院决定。从2019年4月1日起，根据国务院决定，11%的征收部分调整为9%。

对于小规模纳税人的增值税，其征收率为3%，国务院另有规定的除外。

然而，随着改革的深入，为减轻企业负担，并适应营改增，截至2021

① 参见2011年《增值税暂行条例实施细则》第2条、第3条、第8条。

② 参见2011年《增值税暂行条例实施细则》第4条。

年，增值税的实际税目及税率详见表13：

表13 增值税税目、税率一览表①

税目	征收范围	税率（%）
1. 出口货物	不包括国家禁止出口的货物（如天然牛黄、麝香、铜和铜基合金等）和国家限制出口的部分货物（如矿砂及精矿、钢铁初级产品、原油、车用汽油、煤炭、原木、尿素产品、山羊绒、鳗鱼苗和某些援外货物）	0
2. 农业产品	包括粮食、蔬菜、烟叶（不包括复烤烟叶）、茶叶（包括各种毛茶）、园艺植物、药用植物、油料植物、纤维植物、糖料植物和其他植物，林业产品，水产品，畜牧产品，动物皮张、动物毛绒和其他动物组织	9
3. 食用植物油	包括芝麻油、花生油、豆油、菜籽油、葵花籽油、棉籽油、玉米胚油、茶油、胡麻油、核桃油和以上述油为原料生产的混合油	9
4. 食用盐		9
5. 自来水		9
6. 暖气、冷气和热水	含利用工业余热生产、回收的暖气、热水	9
7. 煤气	包括焦炉煤气、发生炉煤气和液化气	9
8. 石油液化气		9
9. 天然气	包括气田天然气、油田天然气、煤田天然气和其他天然气	9
10. 二甲醚		9
11. 沼气	包括天然沼气、人工生产的沼气	9
12. 居民用煤炭制品	包括煤球、煤饼、蜂窝煤和引火煤	9

① 资料来源参见刘佐著：《2021年中国税制概览》（第25版），经济科学出版社2021年版，第30—33页。

续表

税目	征收范围	税率（%）
13. 图书、报纸、杂志、音像制品和电子出版物	对于中国共产党和各民主党派、人民代表大会、人民政治协商会议、人民政府、工会、共青团、妇联、残疾人联合会、科学技术协会、新华社和军事部门的机关报刊，专为少年儿童、老年人出版发行的报刊，中学、小学课本，少数民族文字出版物，盲文图书、期刊，经批准在内蒙古、广西、西藏、宁夏、新疆五个自治区注册的出版单位出版的出版物，其他规定的图书、报刊、音像制品，电子出版物，少数民族文字出版物的印刷、制作业务，图书批发、零售，电影企业销售的电影拷贝和转让电影版权等，在增值税方面可以享受一定的优惠，如，先征后退、免税、减税、退税和即征即退等	9
14. 饲料	包括单一饲料、混合饲料和配合饲料，不包括直接用于动物饲养的粮食、饲料添加剂	9
15. 化肥	包括化学氮肥、磷肥、钾肥、复合肥料、微量元素肥和其他化肥	9
16. 农药	包括杀虫剂、杀菌剂、除草剂、植物生长调节剂、植物性农药、微生物农药、卫生用药和其他农药原药、农药制剂	9
17. 农业机械	包括拖拉机、土壤耕整机械、农田基本建设机械、种植机械、植物保护管理机械、收获机械、场上作业机械、排灌机械、农副产品加工机械、农业运输机械（不包括三轮农用运输车以外的农用汽车）、畜牧业机械、渔业机械（不包括机动渔船）、林业机械（不包括森林砍伐机械和集材机械）、小农具（不包括农业机械零部件）、农用挖掘机、养鸡和养猪系列产品	9
18. 农用塑料薄膜		9
19. 原油	包括天然原油、人造原油	13
20. 其他货物	包括纳税人销售、进口的上述货物以外的货物	13
21. 加工、修理和修配劳务		13
22. 销售服务		

续表

税目	征收范围	税率（%）
（1）交通运输服务	包括陆路运输服务、水路运输服务、航空运输服务、航天运输服务和管道运输服务，无运输工具承运业务	9
（2）邮政服务	包括邮政普遍服务、邮政特殊服务和其他邮政服务	9
（3）电信服务		
①基础电信服务		9
②增值电信服务		6
（4）建筑服务	包括工程服务、安装服务、修缮服务、装饰服务和其他建筑服务	9
（5）金融服务	包括贷款服务、直接收费金融服务、保险服务和及金融商品转让	6
（6）现代服务		
①不动产租赁服务		9
②有形动产租赁服务		13
③其他服务	包括研发和技术服务、信息技术服务、文化创意服务、物流辅助服务、融资租赁服务、鉴证咨询服务、广播影视服务、商务辅助服务和其他现代服务	6
（7）生活服务	包括文化体育服务、教育医疗服务、旅游娱乐服务、餐饮住宿服务、居民日常服务和其他生活服务	6
（8）中国境内单位、个人跨境提供应税服务	包括国际运输服务、航天运输服务、规定的向中国境外单位提供的完全在中国境外消费的服务等	0
23. 销售无形资产		
（1）转让土地使用权		9
（2）转让无形资产	转让技术、商标、著作权、商誉、自然资源和其他权益性无形资产使用权、所有权	6

续表

税目	征收范围	税率（%）
（3）中国境内单位、个人跨境转让无形资产	转让技术、商标、著作权、商誉、自然资源和其他权益性无形资产使用权、所有权	0
24. 销售不动产	转让建筑物、构筑物等不动产所有权	9

上述情况表明，2016年以来，经过“营改增”，增值税的税目涉及24个项目，税率也有了较大的调整，最高为13%，最低为0，突破了既有法规的规定，需要在正式法律出台时予以确认。

2. 增值税的计算方法

在税率计算方法上，《增值税暂行条例》作出以下基本规定：

第一，纳税人兼营不同税率的项目，应当分别核算不同税率项目的销售额；未分别核算销售额的，从高适用税率。

第二，除《增值税暂行条例》第十一条小规模纳税人的规定外[①]，纳税人销售货物、劳务、服务、无形资产、不动产（以下统称应税销售行为），应纳税额为当期销项税额抵扣当期进项税额后的余额。应纳税额计算公式如下：

应纳税额=当期销项税额-当期进项税额

当期销项税额小于当期进项税额不足抵扣时，其不足部分可以结转下期继续抵扣。

第三，纳税人发生应税销售行为，按照销售额和条例规定的税率计算收取的增值税额，为销项税额。销项税额计算公式如下：

销项税额=销售额×税率

第四，销售额为纳税人发生应税销售行为收取的全部价款和价外费用，但是，其不包括收取的销项税额。销售额以人民币计算。纳税人以人民币以外的货币结算销售额的，应当折合成人民币计算。其中，这里所称价外费用，包括价外向购买方收取的手续费、补贴、基金、集资费、返还利润、奖励费、违约金、滞纳金、延期付款利息、赔偿金、代收款项、代垫款项、包装费、包装物租金、储备费、优质费、运输装卸费以及其他各种性质的价外收费。

① 2017年《增值税暂行条例》第11条规定，小规模纳税人发生应税销售行为，实行按照销售额和征收率计算应纳税额的简易办法，并不得抵扣进项税额。应纳税额计算公式：应纳税额=销售额×征收率。小规模纳税人的标准由国务院财政、税务主管部门规定。

但下列项目不包括在内：一是受托加工应征消费税的消费品所代收代缴的消费税。二是同时符合以下条件的代垫运输费用：承运部门的运输费用发票开具给购买方的；纳税人将该项发票转交给购买方的。三是同时符合以下条件代为收取的政府性基金或者行政事业性收费：由国务院或者财政部批准设立的政府性基金，由国务院或者省级人民政府及其财政、价格主管部门批准设立的行政事业性收费；收取时开具省级以上财政部门印制的财政票据；所收款项全额上缴财政；销售货物的同时代办保险等而向购买方收取的保险费，以及向购买方收取的代购买方缴纳的车辆购置税、车辆牌照费。

第五，纳税人发生应税销售行为的价格明显偏低并无正当理由的，由主管税务机关核定其销售额。

第六，纳税人购进货物、劳务、服务、无形资产、不动产支付或者负担的增值税额，为进项税额。并且，下列进项税额准予从销项税额中抵扣：一是从销售方取得的增值税专用发票上注明的增值税额。二是从海关取得的海关进口增值税专用缴款书上注明的增值税额。三是购进农产品，除取得增值税专用发票或者海关进口增值税专用缴款书外，按照农产品收购发票或者销售发票上注明的农产品买价和11%的扣除率计算的进项税额，国务院另有规定的除外。① 进项税额计算公式为：进项税额=买价×扣除率。四是自境外单位或者个人购进劳务、服务、无形资产或者境内的不动产，从税务机关或者扣缴义务人取得的代扣代缴税款的完税凭证上注明的增值税额。

上述准予抵扣的项目和扣除率的调整，由国务院决定。

第七，纳税人购进货物、劳务、服务、无形资产、不动产，取得的增值税扣税凭证不符合法律、行政法规或者国务院税务主管部门有关规定的，其进项税额不得从销项税额中抵扣。

第八，下列项目的进项税额不得从销项税额中抵扣：一是用于简易计税方法计税项目、免征增值税项目、集体福利或者个人消费的购进货物、劳务、服务、无形资产和不动产；二是非正常损失的购进货物，以及相关的劳务和交通运输服务；三是非正常损失的在产品、产成品所耗用的购进货物（不包括固定资产）、劳务和交通运输服务；四是国务院规定的其他项目。

第九，纳税人进口货物，按照组成计税价格和条例规定的税率计算应纳

---

① 根据《财政部 税务总局 海关总署 关于深化增值税改革有关政策的公告》（2019 第 39 号）第二条规定，纳税人购进农产品，原适用 10%扣除率的，扣除率调整为 9%。纳税人购进用于生产或者委托加工 13%税率货物的农产品，按照 10%扣除率计算进项税额。

税额。组成计税价格和应纳税额计算公式如下：

组成计税价格=关税完税价格+关税+消费税

应纳税额=组成计税价格×税率

（五）增值税的税收优惠

属于免征增值税的法定项目包括：农业生产者销售的自产农产品。所称农业，是指种植业、养殖业、林业、牧业、水产业。农业生产者，包括从事农业生产的单位和个人。农产品，是指初级农产品，具体范围由财政部、国家税务总局确定；避孕药品和用具；古旧图书。所称古旧图书，是指向社会收购的古书和旧书；直接用于科学研究、科学试验和教学的进口仪器、设备；外国政府、国际组织无偿援助的进口物资和设备；由残疾人的组织直接进口供残疾人专用的物品；销售的自己使用过的物品。所称自己使用过的物品，是指其他个人自己使用过的物品。

除上述规定外，增值税的免税、减税项目由国务院规定，任何地区、部门均不得规定免税、减税项目。

纳税人兼营免税、减税项目的，应当分别核算免税、减税项目的销售额；未分别核算销售额的，不得免税、减税。

纳税人销售额未达到国务院财政、税务主管部门规定的增值税起征点的，免征增值税；达到起征点的，依照条例规定全额计算缴纳增值税。[①] 对此，现行《增值税暂行条例实施细则》规定，增值税起征点的适用范围限于个人。

增值税起征点的幅度：销售货物的，为月销售额 2000~5000 元；销售应税劳务的，为月销售额 1500~3000 元；按次纳税的，为每次（日）销售额 150~200 元。省、自治区、直辖市财政厅（局）和税务局应在规定的幅度内，根据实际情况确定本地区适用的起征点，并报财政部、国家税务总局备案。[②]

（六）增值税纳税义务发生时间与缴税期限

增值税纳税义务发生时间：一是发生应税销售行为，为收讫销售款项或者取得索取销售款项凭据的当天；先开具发票的，为开具发票的当天。二是进口货物，为报关进口的当天。增值税扣缴义务发生时间为纳税人增值税纳

① 参见 2017 年《增值税暂行条例》第 15 条、第 16 条、第 17 条。

② 截至 2021 年，按照新的规定，销售货物，提供劳务和应税服务，按期纳税的，起征点为月销售额 5000 元至 20000 元；按次（日）纳税的，起征点为每次（日）销售额 300 元至 500 元。另外，自 2019 年至 2021 年，月销售额 10 万元以下（以一个季度为一个纳税期的，季度销售额 30 万元以下）的增值税小规模纳税人，可以免征增值税。2021 年 4 月 1 日至 2022 年 12 月 31 日，月销售额调整为 15 万元以下，季销售额调整为 45 万元以下。

税义务发生的当天。①

以上收讫销售款项或者取得索取销售款项凭据的当天，按销售结算方式的不同，具体为：采取直接收款方式销售货物，不论货物是否发出，均为收到销售款或者取得索取销售款凭据的当天；采取托收承付和委托银行收款方式销售货物，为发出货物并办妥托收手续的当天；采取赊销和分期收款方式销售货物，为书面合同约定的收款日期的当天，无书面合同的或者书面合同没有约定收款日期的，为货物发出的当天；采取预收货款方式销售货物，为货物发出的当天，但生产销售生产工期超过12个月的大型机械设备、船舶、飞机等货物，为收到预收款或者书面合同约定的收款日期的当天；委托其他纳税人代销货物，为收到代销单位的代销清单或者收到全部或者部分货款的当天。未收到代销清单及货款的，为发出代销货物满180天的当天；销售应税劳务，为提供劳务同时收讫销售款或者取得索取销售款的凭据的当天；纳税人发生视同销售货物行为，为货物移送的当天。②

增值税的纳税期限分别为1日、3日、5日、10日、15日、1个月或者1个季度。纳税人的具体纳税期限，由主管税务机关根据纳税人应纳税额的大小分别核定；不能按照固定期限纳税的，可以按次纳税。其中，以1个季度为纳税期限的规定适用于小规模纳税人、银行、财务公司、信托投资公司、信用社和财政部、国家税务总局规定的其他纳税人。

纳税人以1个月或者1个季度为1个纳税期的，自期满之日起15日内申报纳税；以1日、3日、5日、10日或者15日为1个纳税期的，自期满之日起5日内预缴税款，于次月1日起15日内申报纳税并结清上月应纳税款。

扣缴义务人解缴税款的期限，依照上述规定执行。

纳税人进口货物，应当自海关填发海关进口增值税专用缴款书之日起15日内缴纳税款。③

（七）增值税缴税环节与地点

纳税人发生应税销售行为，应当向索取增值税专用发票的购买方开具增值税专用发票，并在增值税专用发票上分别注明销售额和销项税额。但属于下列情形之一的，不得开具增值税专用发票：一是应税销售行为的购买方为消费者个人的；二是发生应税销售行为适用免税规定的。

---

① 参见2017年《增值税暂行条例》第19条。

② 参见2011年《增值税暂行条例实施细则》第38条。

③ 参见2017年《增值税暂行条例》第23条、第24条。

关于增值税纳税地点，第一，固定业户应当向其机构所在地的主管税务机关申报纳税。总机构和分支机构不在同一县（市）的，应当分别向各自所在地的主管税务机关申报纳税；经国务院财政、税务主管部门或者其授权的财政、税务机关批准，可以由总机构汇总向总机构所在地的主管税务机关申报纳税。第二，固定业户到外县（市）销售货物或者劳务，应当向其机构所在地的主管税务机关报告外出经营事项，并向其机构所在地的主管税务机关申报纳税；未报告的，应当向销售地或者劳务发生地的主管税务机关申报纳税；未向销售地或者劳务发生地的主管税务机关申报纳税的，由其机构所在地的主管税务机关补征税款。第三，非固定业户销售货物或者劳务，应当向销售地或者劳务发生地的主管税务机关申报纳税；未向销售地或者劳务发生地的主管税务机关申报纳税的，由其机构所在地或者居住地的主管税务机关补征税款。第四，进口货物，应当向报关地海关申报纳税。扣缴义务人应当向其机构所在地或者居住地的主管税务机关申报缴纳其扣缴的税款。①

纳税人出口货物适用退（免）税规定的，应当向海关办理出口手续，凭出口报关单等有关凭证，在规定的出口退（免）税申报期内按月向主管税务机关申报办理该项出口货物的退（免）税；境内单位和个人跨境销售服务和无形资产适用退（免）税规定的，应当按期向主管税务机关申报办理退（免）税。具体办法由国务院财政、税务主管部门制定。②

出口货物办理退税后发生退货或者退关的，纳税人应当依法补缴已退的税款。

（八）征收管理

增值税的征收管理，依照《税收征收管理法》及条例有关规定执行。纳税人缴纳增值税的有关事项，国务院或者国务院财政、税务主管部门经国务院同意另有规定的，依照其规定。

由于增值税发票是纳税人的计算缴税额抵扣的重要法律证据，对于增值税的准确、合理征收意义重大，且容易被不法者弄虚作假，因此，在增值税征收管理中，对增值税发票的严格管理，是增值税征收管理的重点内容。为此，《发票管理办法》规定，增值税专用发票由国务院税务主管部门确定的企业印制；其他发票，按照国务院税务主管部门的规定，由省、自治区、直辖市税务机关确定的企业印制。禁止私自印制、伪造、变造发票。国务院税务

① 参见2017年《增值税暂行条例》第22条。

② 参见2017年《增值税暂行条例》第25条。

主管部门可以根据增值税专用发票管理的特殊需要，制定增值税专用发票的具体管理办法。①

随着网络技术的普及，国家税务总局于2020年将增值税发票选择确认平台升级为增值税发票综合服务平台，为纳税人提供发票用途确认、风险提示、信息下载等服务。纳税人取得增值税专用发票、机动车销售统一发票、收费公路通行费增值税电子普通发票后，如需用于申报抵扣增值税进项税额或申请出口退税、代办退税，应当登录增值税发票综合服务平台确认发票用途。增值税发票综合服务平台登录地址由国家税务总局各省（自治区、直辖市和计划单列市）税务局（以下简称各省税务局）确定并公布。纳税人应当按照发票用途确认结果申报抵扣增值税进项税额或申请出口退税、代办退税。纳税人已经申报抵扣的发票，如改用于出口退税或代办退税，应当向主管税务机关提出申请，由主管税务机关核实情况并调整用途。纳税人已经确认用途为申请出口退税或代办退税的发票，如改用于申报抵扣，应当向主管税务机关提出申请，经主管税务机关核实该发票尚未申报出口退税，并将发票电子信息回退后，由纳税人调整用途。

纳税人通过增值税电子发票公共服务平台开具的增值税电子普通发票，属于税务机关监制的发票，采用电子签名代替发票专用章，其法律效力、基本用途、基本使用规定等与增值税普通发票相同。

纳税人办理增值税普通发票、增值税电子普通发票、收费公路通行费增值税电子普通发票、机动车销售统一发票、二手车销售统一发票票种核定事项，除税务机关按规定确定的高风险等情形外，主管税务机关应当即时办结。

纳税人同时丢失已开具增值税专用发票或机动车销售统一发票的发票联和抵扣联，可凭加盖销售方发票专用章的相应发票记账联复印件，作为增值税进项税额的抵扣凭证、退税凭证或记账凭证。

纳税人丢失已开具增值税专用发票或机动车销售统一发票的抵扣联，可凭相应发票的发票联复印件，作为增值税进项税额的抵扣凭证或退税凭证；纳税人丢失已开具增值税专用发票或机动车销售统一发票的发票联，可凭相应发票的抵扣联复印件，作为记账凭证。②

值得注意的是，上述有关增值税立法结构之总结，其基本依据是现行的规定，待正式的增值税法公布后，上述内容将有所调整，其他税种也一样。

---

① 参见2019年《发票管理办法》第7条、第44条。

② 参见2020年国家税务总局《关于增值税发票综合服务平台等事项的公告》第1条~第4条。

第三节 消费税法

从市场经济角度分析，消费即社会需求。社会需求界定着社会生产的基本方面，反过来社会生产又促进着消费。从消费的类别来看，消费可分为个人居民消费、企业生产消费和公共消费。其中，居民个人消费又可以分为基本消费、享受型消费和奢侈型消费。按照税法原理，在商品流转环节，所有的居民个人消费已经通过有关单位和个人缴纳了增值税。但是，为了引导享受性、奢侈性的高消费，或其他特定目的，对于特定消费，在征税增值税的基础上，再征收一次消费税，即构成了消费税收关系，需以消费税法予以调整。

一、消费税法概述

消费税是指以特定消费品为征税对象的一种税。消费税的最大特点是对消费品的征税具有选择性。并且，随着经济和社会的发展，消费税的征税对象需要进行调整。

从 1994 年起，我国为了调整产业结构，引导消费方向，保证国家财政收入，开始征收消费税。其基本法律依据是，1993 年 12 月 13 日，国务院颁布的《消费税暂行条例》和 1993 年 12 月 25 日财政部颁发的《消费税暂行条例实施细则》。此外，还有财政部、国家税务总局针对消费税具体问题颁发的各项规范性文件。

随着经济的快速发展，消费税征收的一些问题凸显，其主要表现为征收范围较窄，不利于在更大范围内发挥消费税的宏观调控作用；1993 年法规规定的某些高档消费品，已经逐渐具有大众消费的特征，不应当再征收消费税。典型的如普通化妆品；有些应税产品的税率结构与国内产业结构、消费水平和消费结构的变化已经不相适应；消费税促进节约资源和环境保护的作用有待加强。为了解决这些问题，2006 年 3 月 20 日财政部、国家税务总局联合下发通知，从当年 4 月 1 日起，对我国消费税的税目、税率及相关政策进行了重大调整。该次调整是 1994 年税制改革以来最大规模的一次，对纳税人的利益影响深远。至 2008 年 11 月 10 日，国务院又全面修订了《消费税暂行条例》，自 2009 年 1 月 1 日起施行新的消费税法。2008 年 12 月 15 日，财政部、国家税务总局颁布新的《消费税暂行条例实施细则》，并与《消费税暂行条例》同步施行。这两部法律是截至目前我国施行的消费税法。还有一些国家税务总局颁发的规范性文件，以解决消费税法执行中的具体问题。

按照第十三届全国人大常委会的立法规划，根据《立法法》规定，《消费税法》已经列入法律立法的规划。

2019 年 12 月 3 日，财政部、国家税务总局向全社会公布了《消费税法（征求意见稿）》，并对《征求意见稿》进行了如下说明①：

关于制定《消费税法》的必要性和可行性。1993 年 12 月，国务院颁布了《消费税暂行条例》（以下简称《条例》），规定自 1994 年 1 月 1 日起，选择烟、酒、汽柴油等部分消费品开征消费税。2008 年 11 月，根据消费税历次政策调整和改革情况，国务院对《条例》进行了修订，并于 2009 年 1 月 1 日起实施。1994 年至 2018 年，累计征收国内消费税 105176 亿元，其中 2018 年征收 10632 亿元。按照党的十八届三中全会《中共中央关于全面深化改革若干重大问题的决定》提出的“调整消费税征收范围、环节、税率，把高耗能、高污染产品及部分高档消费品纳入征收范围”的要求，从 2014 年启动了新一轮消费税改革，出台了多项改革措施，这些改革措施在转方式、调结构、促发展，以及增加财政收入等方面起到了积极作用。目前，消费税相关改革要求已经落实，立法条件成熟。制定消费税法，有利于完善消费税法律制度，增强其科学性、稳定性和权威性，有利于构建适应社会主义市场经济需要的现代财政制度，有利于深化改革开放和推进国家治理体系和治理能力现代化。

关于制定本法的总体考虑。一是延续消费税基本制度框架，保持制度稳定。消费税自 1994 年开征以来，经历了几次重大的制度调整，包括 2006 年消费税制度改革，2008 年成品油税费改革，2014 年以来新一轮消费税改革等。经过逐步改革和完善，税制框架基本成熟，税制要素基本合理，运行也基本平稳，因此，《征求意见稿》保持了现行税制框架和税负水平总体不变。二是将已实施的消费税改革和政策调整内容体现在法律草案中。为了充分体现改革成果，结合现行政策和征管实践，对不适应经济社会发展和改革要求的内容，作出适当调整和完善，将《条例》上升为法律。主要根据征收环节变化，统一调整纳税人范围表述；结合改革成果，补充和完善税目税率表。三是根据消费税调控特点，授权国务院调整税率。消费税是调节税种，对生产和消费行为具有重要调节职能。国务院需要根据经济发展、产业政策、行业发展和居民消费水平的变化等因素，对消费税税率进行相机调整。因此，

① 参见 2019 年《消费税法（征求意见稿）》。

《征求意见稿》设置了对消费税税率的授权条款。四是根据消费税改革需要，在消费税法中设置衔接性条款。按照党中央、国务院关于健全地方税体系、中央与地方收入划分改革的有关要求，后移消费税部分消费品征收环节等消费税改革工作一直在推进中。考虑到这些工作在消费税立法后仍将持续，需要依法授权国务院组织开展相关试点。

关于《征求意见稿》的主要内容包括以下九个方面：

关于纳税人。《条例》中纳税人的规定，涉及生产、委托加工、进口、销售等多个概念。随着消费税改革的推进，消费税征收环节又增加了批发、零售，考虑到生产、批发、零售都会发生销售行为，《征求意见稿》对相关概念进行了整合，统一表述为在我国境内销售、委托加工和进口应税消费品的单位和个人（第一条），并对消费品自用情形进行单独表述。（第三条）

关于征税对象和税率。《征求意见稿》延续了《条例》的做法，采用《消费税税目税率表》的方式确定消费税具体征税对象和税率，明确了国务院调整税率的授权条款。（第二条）

关于应纳税额计算。《征求意见稿》延续了《条例》的现行规定，为避免专业名词产生歧义，《条例》中“消费税实行从价定率、从量定额，或者从价定率和从量定额复合计税的办法计算应纳税额”，调整表述为“消费税实行从价计税、从量计税，或者从价和从量复合计税的办法计算应纳税额”。（第四条）

关于计税价格。《征求意见稿》延续了《条例》关于兼营不同税率应税消费品销售额分别核算的规定。（第五条）参照国际通行概念和《价格法》的规定，《征求意见稿》对《条例》中对销售额的定义进行了修改，即销售额是指纳税人销售应税消费品取得的与之相关的对价，包括全部货币或者非货币形式的经济利益。以人民币计算销售额，以人民币以外货币结算的，应当折合成人民币计算。（第六条）《征求意见稿》延续了《条例》对自用应税消费品、委托加工应税消费品、进口应税消费品等计税价格的规定，并规定了具体的计算公式。为保持前后概念统一，将《条例》中“自产自用”和“生产”的表述调整为“自用”和“销售”。（第七条、第八条、第九条）

关于抵扣政策。《征求意见稿》延续了《条例》中关于委托加工收回应税消费品抵扣政策，同时按照现行政策，对外购应税消费品的十项抵扣政策进行明确，涉及卷烟、鞭炮焰火、高尔夫球及球具、木制一次性筷子、实木地板、成品油、啤酒、葡萄酒、高档化妆品等，对于抵扣凭证管理也进行了

规定。（第十一条、第十二条、第十三条）

关于税收减免。结合现行政策执行情况，《征求意见稿》延续了《条例》中对纳税人出口应税消费品，免征消费税的政策。同时，根据消费税政策调控的特点和税收政策实践，明确了国务院可以规定免征或者减征消费税，报全国人民代表大会常务委员会备案。（第十四条）

关于纳税义务发生时间。结合税收征管实践，《征求意见稿》对《条例》中“纳税人生产的应税消费品，于纳税人销售时纳税”进行了细化规定，即“纳税人销售应税消费品，纳税义务发生时间为收讫销售款项或者取得索取销售款项凭据的当天；先开具发票的，为开具发票的当天”。补充和完善了关于委托加工应税消费品、自用应税消费品、进口应税消费品等相关纳税义务发生时间的规定。（第十六条）

关于税收征管。结合征管实践，《征求意见稿》中补充对纳税人申报应税消费品计税数量明显偏低时的核定权限，增加海关作为核定部门，即纳税人申报的应税消费品的计税价格和数量明显偏低且不具有合理商业目的的，税务机关、海关有权核定其计税价格和数量。（第十条）《征求意见稿》延续了《条例》对消费税征收主体的表述，同时明确海关应当将受托代征消费税的信息和货物出口报关的信息共享给税务机关。（第十五条）《征求意见稿》延续了《条例》关于纳税地点、税收征收管理的相关规定。（第十七条、第十九条）为落实深化“放管服”改革精神，进一步减少纳税人办税频次，减轻纳税人申报负担，《征求意见稿》取消“一日、三日和五日”等三个计税期间，新增“半年”的计税期间。（第十八条）《征求意见稿》增加了消费税共治条款，明确相关部门需要配合税务机关消费税管理活动，加强消费税征收管理，有利于维护健康公平的消费税法制环境，也有利于后续消费税改革的顺利实施。与增值税法草案保持基本一致。（第二十一条）

关于消费税改革试点。为落实党中央、国务院关于健全地方税体系、中央与地方收入划分改革的有关要求，《征求意见稿》增加了实施消费税改革试点的表述，并授权国务院规定具体实施办法，即“国务院可以实施消费税改革试点，调整消费税的税目、税率和征收环节，试点方案报全国人民代表大会常务委员会备案。”（第二十条）

截至 2021 年，我国的消费税属于中央税，其所得全部归中央政府支配，是中央政府财政收入的主要来源之一。

二、消费税法的立法结构

（一）消费税征税主体

消费税由税务机关征收，进口的应税消费品的消费税由海关代征。

个人携带或者邮寄进境的应税消费品的消费税，连同关税一并计征。具体办法由国务院关税税则委员会会同有关部门制定。

（二）消费税的纳税人

在中华人民共和国境内生产、委托加工和进口法定的消费品的单位和个人，以及国务院确定的销售法定的消费品的其他单位和个人，为消费税的纳税人。所称单位，是指企业、行政单位、事业单位、军事单位、社会团体及其他单位。所称个人，是指个体工商户及其他个人。

（三）消费税的征税对象

根据规定，一是在中华人民共和国境内生产、委托加工和进口法定的消费品的行为；二是国务院确定的销售法定的消费品的行为。其中，所称在中华人民共和国境内，是指生产、委托加工和进口属于应当缴纳消费税的消费品的起运地或者所在地在境内。

（四）消费税的税目和税率及计算依据

1. 消费税的税目税率

消费税的税目是其征税对象的具体化。税率是与各税目相应的税率。消费税税目、税率的调整，由国务院决定。现行执行的税目和税率，可参见表14。

表14 消费税税目税率表

税目	征收范围	税率
一、烟		
（一）卷烟		
1. 甲类卷烟	包括每标准条（200支）调拨价格在70元（不包括增值税）以上的卷烟、进口卷烟和国家规定的其他卷烟	销售额×56%+每支0.003元
2. 乙类卷烟	包括每标准条（200支）调拨价格不足70元（不包括增值税）以上的卷烟	销售额×36%+每支0.003元
3. 卷烟批发		销售额×11%+每支0.005元

续表

税目	征收范围	税率
（二）雪茄烟		36%
（三）烟丝	包括斗烟、莫合烟、烟末、水烟和黄红烟丝	30%
二、酒		
（一）白酒		销售额×20%+每500克（500毫升）0.5元
（二）黄酒		每吨240元
（三）啤酒		
1. 甲类啤酒	每吨出厂价格在3000元（不包括增值税）以上的，娱乐业、饮食业自制的	每吨250元
2. 乙类啤酒	每吨出厂价格不足3000元（不包括增值税）的	每吨220元
（四）其他酒	包括糠麸白酒、其他原料酒、土甜酒、复制酒、果木酒、汽酒和药酒等	10%
三、高档化妆品	包括生产环节销售价格、进口环节完税价格（上述价格均不包括增值税）每毫升（克）10元或者每片（张）15元以上的美容、修饰类化妆品和护肤类化妆品，成套化妆品	15%
四、贵重首饰、珠宝玉石	包括各种金银珠宝首饰和经采掘、打磨、加工的各种珠宝玉石	
（一）金、银首饰，钻石、钻石饰品		5%
（二）其他贵重首饰、珠宝玉石		10%
五、鞭炮、焰火	包括各种鞭炮、焰火，通常分为喷花类、旋转类、旋转升空类、火箭类、吐珠类、线香类、小礼花类、烟雾类、造型玩具类、爆竹类、摩擦炮类、组合烟花类和礼花弹类	15%
六、成品油		
（一）汽油	包括车用汽油和航空汽油	每升1.52元

续表

税目	征收范围	税率
（二）柴油		每升 1.20 元
（三）航空煤油		每升 1.20 元
（四）石脑油	包括汽油、柴油、航空煤油和溶剂油以外的各种轻质油	每升 1.52 元
（五）溶剂油		每升 1.52 元
（六）润滑油	包括矿物性润滑油、矿物性润滑油基础油、植物性润滑油、动物性润滑油和化工原料合成润滑油	每升 1.52 元
（七）燃料油		每升 1.20 元
七、摩托车		
1、气缸容量（排气量，下同）在 250 毫升（含 250 毫升）以下的	包括轻便摩托车和摩托车（两轮车、边三轮车和正三轮车）	3%
2、气缸容量在 250 毫升以上的	同上	10%
八、小汽车		
（一）乘用车	不超过 9 个座位	
1. 气缸容量（排气量，下同）在 1.0 升（含 1.0 升）以下的		1%
2. 气缸容量在 1.0 升以上至 1.5 升（含 1.5 升）的		3%
3. 气缸容量在 1.5 升以上至 2.0 升（含 2.0 升）的		5%

续表

税目	征收范围	税率
4. 气缸容量在2.0升以上至2.5升（含2.5升）的		9%
5. 气缸容量在2.5升以上至3.0升（含3.0升）的		12%
6. 气缸容量在3.0升以上至4.0升（含4.0升）的		25%
7. 气缸容量在4.0升以上的		40%
（二）中轻型商用客车	10个座位至23个座位	5%
（三）超豪华小汽车	包括每辆零售价格130万元（不包括增值税）以上的乘用车和中轻型商用客车	10%
九、高尔夫球及球具	包括高尔夫球、高尔夫球杆和高尔夫球包（袋）	10%
十、高档手表	包括每只销售价格（不包括增值税）在1万元以上的各类手表	20%
十一、游艇		10%
十二、木制一次性筷子		5%
十三、实木地板	包括各类规格的实木地板、实木指接地板、实木复合地板和用于装饰墙壁、天棚的侧端面为榫、槽的实木装饰板	5%
十四、电池		4%
十五、涂料		4%

上述列表表明，现行的消费税法涉及的消费品征收项目共十五个方面，其各自的征税目的不尽相同。一是对奢侈高消费的限制，例如，对贵重首饰

及珠宝玉石、高档化妆品、高尔夫球及球具、高档手表及游艇的消费。此外，这部分高消费也应当为国家税收作出贡献；二是过度消费对人类健康有害的商品消费，典型的如烟草、酒及酒精、鞭炮及焰火等；三是高耗能消费品消费，主要指成品油、摩托车、小汽车的消费；四是有利于节约资源，保护环境，如，对木制一次性筷子、实木地板、电池的消费。

总之，我国目前选择十五个类别的消费品征收消费税，其立法目的是在调节相关消费行为的同时，也可以为国家增加稳定的税收收入。并且，随着经济和社会的发展，这些项目将会有所调整。典型的如，随着各地加强环境保护，鞭炮逐渐被禁止生产和销售，对其再征收消费税已无实际意义。

2. 消费税税率的计算依据

第一，消费税实行从价定率、从量定额，或者从价定率和从量定额复合计税（以下简称复合计税）的办法计算应纳税额。

应纳税额计算公式：

实行从价定率办法计算的应纳税额=销售额×比例税率

实行从量定额办法计算的应纳税额=销售数量×定额税率

实行复合计税办法计算的应纳税额=销售额×比例税率+销售数量×定额税率

上述所称销售数量，是指应税消费品的数量。具体为：销售应税消费品的，为应税消费品的销售数量；自产自用应税消费品的，为应税消费品的移送使用数量；委托加工应税消费品的，为纳税人收回的应税消费品数量；进口应税消费品的，为海关核定的应税消费品进口征税数量。

实行从量定额办法计算应纳税额的应税消费品，计量单位的换算标准为：黄酒 1 吨=962 升；啤酒 1 吨=988 升；汽油 1 吨=1388 升；柴油 1 吨=1176 升；航空煤油 1 吨=1246 升；石油 1 吨=1385 升；溶剂油 1 吨=1282 升；润滑油 1 吨=1126 升；燃料油 1 吨=1015 升。

纳税人销售的应税消费品，以人民币计算销售额。纳税人以人民币以外的货币结算销售额的，应当折合成人民币计算。

第二，销售额为纳税人销售应税消费品向购买方收取的全部价款和价外费用。其中，价外费用是指价外向购买方收取的手续费、补贴、基金、集资费、返还利润、奖励费、违约金、滞纳金、延期付款利息、赔偿金、代收款项、代垫款项、包装费、包装物租金、储备费、优质费、运输装卸费以及其他各种性质的价外收费。但下列项目不包括在内：一是同时符合以下条件的代垫运输费用：(1) 承运部门的运输费用发票开具给购买方的。(2) 纳税人将该项发票转交给购买方的。二是同时符合以下条件代为收取的政府性基金或者行政事业性收费：(1) 由国务院或者财政部批准设立的政府性基金，由国务院或者省级人民政府及其财政、价格主管部门批准设立的行政事业性收费。(2) 收取时开具省级以上财政部门印制的财政票据；(3) 所收款项全额上缴财政。

第三，纳税人自产自用的应税消费品，按照纳税人生产的同类消费品的销售价格计算纳税；没有同类消费品销售价格的，按照组成计税价格计算纳税。

实行从价定率办法计算纳税的组成计税价格计算公式：

组成计税价格=（成本+利润）÷（1-比例税率）

实行复合计税办法计算纳税的组成计税价格计算公式：

组成计税价格=（成本+利润+自产自用数量×定额税率）÷（1-比例税率）

上述所称成本，是指应税消费品的产品生产成本。所称利润，是指根据应税消费品的全国平均成本利润率计算的利润。应税消费品全国平均成本利润率由国家税务总局确定。

第四，委托加工的应税消费品，按照受托方的同类消费品的销售价格计算纳税；没有同类消费品销售价格的，按照组成计税价格计算纳税。

实行从价定率办法计算纳税的组成计税价格计算公式：

组成计税价格=（材料成本+加工费）÷（1-比例税率）

实行复合计税办法计算纳税的组成计税价格计算公式：

组成计税价格=（材料成本+加工费+委托加工数量×定额税率）÷（1-比例税率）

上述所称材料成本是指委托方所提供加工材料的实际成本。委托加工应税消费品的纳税人，必须在委托加工合同上如实注明（或者以其他方式提供）材料成本，凡未提供材料成本的，受托方主管税务机关有权核定其材料成本。所称加工费，是指受托方加工应税消费品向委托方所收取的全部费用（包括代垫辅助材料的实际成本）。

第五，进口的应税消费品，按照组成计税价格计算纳税。

实行从价定率办法计算纳税的组成计税价格计算公式：

组成计税价格=（关税完税价格+关税）÷（1-消费税比例税率）

实行复合计税办法计算纳税的组成计税价格计算公式：

组成计税价格=（关税完税价格+关税+进口数量×消费税定额税率）÷（1-消费税比例税率）

上述所称所称关税完税价格，是指海关核定的关税计税价格。

第六，纳税人应税消费品的计税价格明显偏低并无正当理由的，由主管税务机关核定其计税价格。其中，计税价格的核定权限规定为：卷烟、白酒和小汽车的计税价格由国家税务总局核定，送财政部备案；其他应税消费品的计税价格由省、自治区和直辖市税务局核定；进口的应税消费品的计税价格由海关核定。

第七，纳税人兼营不同税率的应当缴纳消费税的消费品（以下简称应税消费品），应当分别核算不同税率应税消费品的销售额、销售数量；未分别核算销售额、销售数量，或者将不同税率的应税消费品组成成套消费品销售的，从高适用税率。所称纳税人兼营不同税率的应当缴纳消费税的消费品，是指纳税人生产销售两种税率以上的应税消费品。

（五）消费税的减免

纳税人自产自用的应税消费品，用于连续生产应税消费品的，不纳税；对纳税人出口应税消费品，免征消费税，国务院另有规定的除外。出口应税消费品的免税办法，由国务院财政、税务主管部门规定；委托加工的应税消费品直接出售的，不再缴纳消费税。

除上述一般规定外，截至 2021 年，根据有关规范性文件对下列事项规定免征消费税：

1. 下列项目可以免征进口环节的消费税：

（1）外国政府、国际组织无偿赠送的进口物资；

（2）边境居民通过互市贸易进口规定范围以内的生活用品。每人每日价值人民币 8000 元以下的部分。

2. 下列项目可以免征消费税：

（1）成品油生产企业在生产成品油过程中作为燃料、动力和原料消耗的自产成品油，用外购和委托加工收回的已税汽油生产的乙醇汽油，利用废弃动植物油脂生产的纯生物柴油，2018 年 11 月 1 日至 2023 年 10 月 31 日期间以回收的废矿物油为原料生产的润滑油基础油、汽油和柴油等工业油料；

（2）子午线轮胎；

（3）无汞原电池、金属氢氧化物镍蓄电池、锂原电池、锂离子蓄电池、太阳能电池、燃料电池和全钒液流电池；

（4）施工状态下挥发性有机物含量每升420克以下的涂料；

（5）外国驻华使馆、领事馆及其有关人员购买且列名的中国生产的应税消费品。

3. 航空煤油可以暂时缓征消费税。

4. 纳税人销售的应税消费品，由于质量等原因由购买者退回时，经机构所在地或者居住地税务机关审核批准，可以退还已经缴纳的消费税。

（六）消费税义务发生时间及纳税期限

消费税纳税义务发生时间，分不同情况予以规定。

第一，纳税人销售应税消费品的，按不同的销售结算方式分别为：

一是采取赊销和分期收款结算方式的，为书面合同约定的收款日期的当天，书面合同没有约定收款日期或者无书面合同的，为发出应税消费品的当天。

二是采取预收货款结算方式的，为发出应税消费品的当天。

三是采取托收承付和委托银行收款方式的，为发出应税消费品并办妥托收手续的当天。

四是采取其他结算方式的，为收讫销售款或者取得索取销售款凭据的当天。

第二，纳税人自产自用应税消费品的，为移送使用的当天。

第三，纳税人委托加工应税消费品的，为纳税人提货的当天。

第四，纳税人进口应税消费品的，为报关进口的当天。

消费税的纳税期限分别为1日、3日、5日、10日、15日、1个月或者1个季度。纳税人的具体纳税期限，由主管税务机关根据纳税人应纳税额的大小分别核定；不能按照固定期限纳税的，可以按次纳税。

纳税人以1个月或者1个季度为1个纳税期的，自期满之日起15日内申报纳税；以1日、3日、5日、10日或者15日为1个纳税期的，自期满之日起5日内预缴税款，于次月1日起15日内申报纳税并结清上月应纳税款。

纳税人进口应税消费品，应当自海关填发海关进口消费税专用缴款书之日起15日内缴纳税款。

（七）消费税的纳税环节及地点

纳税人生产的应税消费品，于纳税人销售时纳税。纳税人自产自用的应税消费品，用于连续生产应税消费品的，不纳税；用于其他方面的，于移送使用时纳税。其中，所称用于其他方面，是指纳税人将自产自用应税消费品用于生产非应税消费品、在建工程、管理部门、非生产机构、提供劳务、馈赠、赞助、集资、广告、样品、职工福利、奖励等方面。所称销售，是指有偿转让应税消费品的所有权。所称有偿，是指从购买方取得货币、货物或者其他经济利益。所称用于连续生产应税消费品，是指纳税人将自产自用的应税消费品作为直接材料生产最终应税消费品，自产自用应税消费品构成最终应税消费品的实体。

委托加工的应税消费品，除受托方为个人外，由受托方在向委托方交货时代收代缴税款。委托加工的应税消费品，委托方用于连续生产应税消费品的，所纳税款准予按规定抵扣。所称委托加工的应税消费品，是指由委托方提供原料和主要材料，受托方只收取加工费和代垫部分辅助材料加工的应税消费品。对于由受托方提供原材料生产的应税消费品，或者受托方先将原材料卖给委托方，然后再接受加工的应税消费品，以及由受托方以委托方名义购进原材料生产的应税消费品，不论在财务上是否作销售处理，都不得作为委托加工应税消费品，而应当按照销售自制应税消费品缴纳消费税。委托加工的应税消费品直接出售的，不再缴纳消费税。委托个人加工的应税消费品，由委托方收回后缴纳消费税。进口的应税消费品，于报关进口时纳税。

纳税人销售的应税消费品，以及自产自用的应税消费品，除国务院财政、税务主管部门另有规定外，应当向纳税人机构所在地或者居住地的主管税务机关申报纳税。委托加工的应税消费品，除受托方为个人外，由受托方向机构所在地或者居住地的主管税务机关解缴消费税税款。进口的应税消费品，应当向报关地海关申报纳税。

（八）消费税的征收管理

消费税的征收管理，依照《税收征收管理法》及条例有关规定执行。

第四节 烟叶税法

一、烟叶税法概述

烟叶税是以纳税人收购烟叶的收购金额为计税依据征收的一种税。烟叶税是典型的在商品流转环节征收的税。

1958 年我国颁布实施《农业税条例》。该条例规定，下列的农业收入征收农业税：（一）粮食作物和薯类作物的收入；（二）棉花、麻类、烟叶、油料、糖料和其他经济作物的收入；（三）园艺作物的收入；（四）经国务院规定或者批准征收农业税的其他收入。①

1983年，国务院以《农业税条例》为依据，选择特定农业产品征收农林特产农业税。当时农业特产农业税征收范围不包括烟叶，对烟叶另外征收产品税和工商统一税。1994年我国进行了财政体制和税制改革，国务院决定取消原产品税和工商统一税，将原农林特产农业税与原产品税和工商统一税中的农林牧水产品税目合并，改为统一征收农业特产农业税，并于同年1月30日发布《国务院关于对农业特产收入征收农业税的规定》（国务院令第143号）。其中规定对烟叶在收购环节征收，税率为31%。1999年，将烟叶特产农业税的税率下调为20%。2004年6月，根据《中共中央国务院关于促进农民增加收入若干政策的意见》，财政部、国家税务总局下发《关于取消除烟叶外的农业特产农业税有关问题的通知》，该通知规定，从2004年起，除对烟叶暂保留征收农业特产农业税外，取消对其他农业特产品征收的农业特产农业税。2005年12月29日，第十届全国人大常委会第十九次会议决定，《农业税条例》自2006年1月1日起废止。至此，对烟叶征收农业特产农业税失去了法律依据。为此，2006年4月28日，国务院公布了《烟叶税暂行条例》（以下简称《条例》），并自公布之日起施行。该条例规定，在中华人民共和国境内收购烟叶的单位为烟叶税的纳税人。纳税人应当依照本条例规定缴纳烟叶税。烟叶税实行比例税率，税率为20%。烟叶税税率的调整，由国务院决定。

2006年5月15日，国家税务总局发布《关于开征烟叶税有关税收会计统计核算问题的通知》，要求各税收会计核算单位应在“应征税收、待征税收、减免税金、上解税收、入库税收、提退税金、待清理呆账税金、待处理损失税金、损失税金核销”等会计科目下增设“烟叶税”明细科目，用以核算烟叶税的征收和入库情况。并对相关会计核算问题进行了规定。

2006年5月18日，财政部、国家税务总局印发《关于烟叶税若干具体问题的规定》的通知。《条例》所称“收购烟叶的单位”是指依照《烟草专卖法》的规定有权收购烟叶的烟草公司或者受其委托收购烟叶的单位。依照《烟草专卖法》查处没收的违法收购的烟叶，由收购罚没烟叶的单位按照购买

① 参见1958年《农业税条例》第4条。

金额计算缴纳烟叶税。《条例》所称“晾晒烟叶”，包括列入名晾晒烟名录的晾晒烟叶和未列入名晾晒烟名录的其他晾晒烟叶。《条例》所称“收购金额”，包括纳税人支付给烟叶销售者的烟叶收购价款和价外补贴。按照简化手续、方便征收的原则，对价外补贴统一暂按烟叶收购价款的10%计入收购金额征税。收购金额计算公式如下：收购金额=收购价款×（1+10%）；《条例》所称“烟叶收购地的主管税务机关”，是指烟叶收购地的县级地方税务局或者其所指定的税务分局、所。《条例》所称“收购烟叶的当天”，是指纳税人向烟叶销售者付讫收购烟叶款项或者开具收购烟叶凭据的当天。[①]

2006年9月27日，云南省地方税务局发布《关于烟叶税征收管理有关问题的通知》指出，在烟叶税征收管理工作中反映和暴露出一些不规范的问题，部分地方没有实行严格的纳税申报制度，少数地方还没有规定纳税期限。为了进一步理顺烟叶税的征收管理，规范征管工作，按照国家税务总局提出的烟叶税征管工作要坚持“统一、接轨、规范”的方针和纳入法制化、专业化、信息化的轨道的要求，现将有关问题重申如下，并请认真贯彻落实。一是建立健全烟叶税纳税申报制度，规范申报纳税管理。烟叶税属于工商税收性质，各地地方税务机关要按照《烟叶税暂行条例》《税收征收管理法》以及烟叶税的有关规定，建立健全烟叶税的纳税申报制度，实行统一、规范、严格的纳税申报，要切实解决烟叶税征管中出现的无申报、不按规定申报等问题。二是规定烟叶税的纳税期限。主管地方税务机关应根据《烟叶税暂行条例》第十条规定，确定烟叶税的纳税期限，要求纳税人按照规定的纳税期限申报纳税，确保税款的及时、稳定、均衡入库。三是按照《财政部 国家税务总局印发〈关于烟叶税若干具体问题的规定〉的通知》，各县（市、区）地方税务局应确定一个烟叶税的主管税务机关，认真负责地做好烟叶税征收管理工作，达到烟叶税征收实现“开门红”的要求。

2006年7月28日，重庆市地方税务局《关于做好烟叶税征收管理工作的通知》提出，一是在征收管理上，烟叶税由收购烟叶的各区县烟草公司机构所在地的地方税务机关负责征收管理。各区县烟草公司当月的应纳税款应于次月10日前向主管税务机关申报纳税。烟草公司申报烟叶税应使用烟叶税纳税申报表（见附件）。税务机关征收烟叶税统一使用税收通用缴款书。二是在预算级次上，根据《重庆市人民政府关于确定烟叶税预算收入级次的通知》，

---

① 参见2006年财政部、国家税务总局印发的《关于烟叶税若干具体问题的规定的通知》。

烟叶税全部划为区县（自治县、市）级固定收入。三是在有关要求方面，产烟地区的地方税务机关要高度重视和认真组织好烟叶税的征收管理工作，加强政策宣传和业务培训，正确执行烟叶税暂行条例及有关规定。产烟地区的地方税务机关要主动与当地烟草公司联系，摸清烟叶生产、收购情况，了解烟草公司的经营管理特点和财务核算制度，做好税源分析和监管工作。烟叶税不得委托其他单位代征。[①]

2006 年 6 月 14 日，辽宁省财政厅、辽宁省地方税务局转发财政部、国家税务总局印发关于烟叶税若干具体问题的规定的通知规定，一是按照《烟叶税暂行条例》第八条规定，[②] 我省烟叶税纳税人要在纳税义务发生之日起 15 日内申报交纳烟叶税。二是为进一步完善烟叶税申报制度，我省烟叶税纳税人在申报纳税时要使用通用申报表交纳烟叶税。[③]

2016 年 10 月 17 日，国家税务总局政策法规司对全社会公开了《烟叶税法（征求意见稿）》。该《征求意见稿》说明指出，为落实税收法定原则，按照党中央批准的《贯彻落实税收法定原则的实施意见》要求，根据《国务院 2016 年立法工作计划》安排，财政部、税务总局起草了《烟叶税法（征求意见稿）》（以下简称《征求意见稿》）。其有关情况说明如下[④]：

1. 制定烟叶税法的必要性和可行性

2006 年 4 月 28 日国务院颁布了《烟叶税暂行条例》（以下简称《条例》），规定烟叶税由烟草公司在收购烟叶时按烟叶收购金额（包括收购价款和价外补贴）的 20%缴纳。《条例》自颁布施行以来，运行比较平稳规范，无需进行大的制度调整，在其基础上制定法律的条件已经成熟。制定烟叶税法，是贯彻落实税收法定原则的迫切要求和重要体现，有利于进一步完善烟叶税法律制度，增强其科学性、稳定性和权威性，有利于构建适应社会主义市场经济需要的现代财政制度，有利于深化改革开放和推进国家治理体系和治理能力现代化。

2. 制定烟叶税法的指导思想和基本原则

在指导思想方面：贯彻落实党的十八大和十八届三中、四中、五中全会

---

① 参见重庆市地方税务局：《关于做好烟叶税征收管理工作的通知》（渝地税发［2006］197 号）。

② 参见 2006 年《烟叶税暂行条例》第 8 条。

③ 参见辽宁省财政厅、辽宁省地方税务局：《转发财政部、国家税务总局关于烟叶税若干具体问题的规定的通知》（辽财预［2006］302 号）。

④ 参见 2016 年《烟叶税法（征求意见稿）》。

精神，以及《贯彻落实税收法定原则的实施意见》有关要求，立足我国国情，优化烟叶税税制，完善烟叶税法律制度。在基本原则方面，要求：（1）平稳过渡。烟叶税税制相对比较稳定，税收要素基本合理，从实际执行情况看，不需要进行全面改革，宜保持现行税制框架和税负水平基本不变，平移上升为法律。（2）统筹兼顾。税制设计兼顾烟农、烟草公司和地方政府的利益，并与烟草专卖专营管理体制和烟叶生产组织形式相适应，同时考虑地区差异，使各方利益协调统一。（3）方便征管。力求税制简便、易行，增强可操作性，提高征管效率。

3.《征求意见稿》的主要内容

《征求意见稿》共 14 条，基本延续了《条例》的现行规定。

关于纳税人。《征求意见稿》明确，烟叶税的纳税人为在我国境内收购烟叶的单位，即依照《烟草专卖法》的规定有权收购烟叶的烟草公司或者受其委托收购烟叶的单位。（《征求意见稿》第一条）

关于征税对象。《征求意见稿》规定，烟叶税的征税对象为烟叶，包括晾晒烟叶、烤烟叶。（《征求意见稿》第二条）

关于计税依据。我国实行烟叶专卖专营管理体制，烟叶生产具有高度计划性，属于订单农产品。实践中，纳税人除在收购时支付给烟叶生产者收购价款外，还需对烟草种植地区和烟叶生产者给予专用物资补贴、专业化服务补贴和其他相关补贴。现行的烟叶税制以纳税人收购烟叶支付的总价款（包括收购价款和价外补贴）为计税依据，符合烟叶生产组织形式的实际，客观反映了烟草公司支付给烟农的实际经济利益，保持了税基的完整性。考虑烟叶收购价外补贴仍将长期存在，《征求意见稿》延续了现行规定，明确烟叶税的计税依据为纳税人收购烟叶支付的价款总额，包括收购价款和价外补贴。（《征求意见稿》第三条）《征求意见稿》修改了价外补贴统一按收购价款的10%计算的现行规定，改为由省级人民政府根据本地区纳税人给予烟叶生产销售者的实际补贴金额核定价外补贴折算成收购价款的比例。主要理由是：烟叶税作为地方税种，规定由省级人民政府核定具体折算比例，有利于更好地平衡地区间差异和地方利益诉求，使税制更加科学合理。（《征求意见稿》第四条）

关于税率。《征求意见稿》规定烟叶税实行比例税率，税率为 20%，即维持了《条例》的现行规定，确保税法平稳实施。（《征求意见稿》第五条）

关于应纳税额。《征求意见稿》规定，应纳税额=价款总额×税率。（《征

求意见稿》第六条）

关于征收机关。《征求意见稿》规定，烟叶税由税务机关征收，改变了《条例》“烟叶税由地方税务机关征收”的表述。主要理由是：一些省份未单独设置地方税务局，这样表述更准确。（《征求意见稿》第七条）同时，《征求意见稿》新增了“纳税人应当向烟叶收购地的县级税务局或者其所指定的税务分局、所申报纳税”的规定，有利于纳税人申报。（《征求意见稿》第八条）

关于纳税义务发生时间。《征求意见稿》明确，烟叶税的纳税义务发生时间为纳税人向烟叶生产销售单位和个人付讫收购烟叶款项或者开具收购烟叶凭据的当天，较《条例》“烟叶税的纳税义务发生时间为纳税人收购烟叶的当天”的规定，更加具体、清晰。（《征求意见稿》第九条）

关于纳税期限。《征求意见稿》明确，烟叶税的纳税期限为一个月，纳税人应当自期满之日起15日内申报纳税，改变了《条例》“纳税人应当自纳税义务发生之日起30日内申报纳税。具体纳税期限由主管税务机关核定”的规定，更加规范、具体，更有利于依法征纳税。（《征求意见稿》第十条）

关于具体实施办法。考虑到烟叶税属于地方税种，烟叶生产销售具有较强的地域特点，地方有结合实际制定烟叶税具体实施办法的需要，《征求意见稿》规定，省级人民政府可以根据本法制定烟叶税具体实施办法（《征求意见稿》第十三条）。

2017年12月27日，第十二届全国人民代表大会常务委员会第三十一次会议通过《烟叶税法》，自2018年7月1日起施行。2006年4月28日国务院公布的《烟叶税暂行条例》同时废止。

截至2021年，烟叶税属于地方税种，所得收入归地方政府支配。

二、烟叶税法的立法结构

根据《烟叶税法》规定，烟叶税法的立法结构如下①：

（一）烟叶税的征税主体

烟叶税由税务机关依照《烟叶税法》和《税收征收管理法》的有关规定征收管理。纳税人应当向烟叶收购地的主管税务机关申报缴纳烟叶税。

（二）烟叶税的纳税人

在中华人民共和国境内，依照《烟草专卖法》的规定收购烟叶的单位为

---

① 参见2017年《烟叶税法》。

烟叶税的纳税人。本法所称烟叶是指生产烟草制品所需的烤烟和名晾晒烟，名晾晒烟的名录由国务院烟草专卖行政主管部门规定。未列入名晾晒烟名录的其他晾晒烟可以在集市贸易市场出售。烟叶由烟草公司或者其委托单位按照国家规定的收购标准统一收购，其他单位和个人不得收购。①

（三）烟叶税的征税对象

在中华人民共和国境内，依照《烟草专卖法》的规定，收购烟叶的单位为烟叶税的征税对象。

（四）烟叶税的税率及计税依据

烟叶税的税率为20%。烟叶税的计税依据为纳税人收购烟叶实际支付的价款总额。烟叶税的应纳税额按照纳税人收购烟叶实际支付的价款总额乘以税率计算。

（五）烟叶税的减免

烟叶税法无减免规定。

（六）烟叶税的义务发生时间与缴纳期限

烟叶税的纳税义务发生时间为纳税人收购烟叶的当日。

烟叶税按月计征，纳税人应当于纳税义务发生月终了之日起15日内申报并缴纳税款。

（七）烟叶税的缴税地点

纳税人应当向烟叶收购地的主管税务机关申报缴纳烟叶税。

（八）烟叶税的征收

烟叶税由税务机关依照《烟叶税法》和《税收征收管理法》的有关规定征收管理。

第五节　车辆购置税

一、车辆购置税法概述

车辆购置税是对在境内购置规定车辆的单位和个人征收的一种税，它由车辆购置附加费演变而来。2000年10月22日，国务院常务会通过《车辆购置税暂行条例》，自2001年1月1日起施行。该条例规定，在中华人民共和

① 参见2015年《烟草专卖法》第7条、第10条。

国境内购置该条例规定的车辆（以下简称应税车辆）的单位和个人，为车辆购置税的纳税人，应当依照该条例缴纳车辆购置税。① 车辆购置税的征税对象是个人或单位购置车辆的行为，其特定目的是对车辆消费的鼓励或限制。

2005年11月15日，国家税务总局发布《车辆购置税征收管理办法》，对有关车辆购置税的申报、税收缴纳、减免等作出规定。根据2011年12月19日国家税务总局令第27号《国家税务总局关于修改〈车辆购置税征收管理办法〉的决定》修订。2014年12月2日，国家税务总局令第33号重新公布《车辆购置税征收管理办法》，增加了一些新的内容，例如，关于二手车买卖缴税问题等。根据2015年12月28日《国家税务总局关于修改〈车辆购置税征收管理办法〉的决定》和2018年6月15日《国家税务总局关于修改部分税务部门规章的决定》修正。2019年6月24日，国家税务总局2019年度第2次局务会议审议通过《国家税务总局关于废止〈车辆购置税征收管理办法〉的决定》。

2017年8月7日，财政部、国家税务总局公布《关于〈中华人民共和国车辆购置税法〉（征求意见稿）》，公开征求社会意见。2018年12月29日，第十三届全国人民代表大会常务委员会第七次会议通过《车辆购置税法》，自2019年7月1日起施行。2000年10月22日国务院公布的《车辆购置税暂行条例》同时废止。

为贯彻落实《车辆购置税法》，2019年5月23日财政部、税务总局发布《关于车辆购置税有关具体政策的公告》，自2019年7月1日起施行。其主要内容如下：

1. 地铁、轻轨等城市轨道交通车辆，装载机、平地机、挖掘机、推土机等轮式专用机械车，以及起重机（吊车）、叉车、电动摩托车，不属于应税车辆。

2. 纳税人购买自用应税车辆实际支付给销售者的全部价款，依据纳税人购买应税车辆时相关凭证载明的价格确定，不包括增值税税款。

3. 纳税人进口自用应税车辆，是指纳税人直接从境外进口或者委托代理进口自用的应税车辆，不包括在境内购买的进口车辆。

4. 纳税人自产自用应税车辆的计税价格，按照同类应税车辆（即车辆配置序列号相同的车辆）的销售价格确定，不包括增值税税款；没有同类应税

---

① 参见《车辆购置税暂行条例》第1条。

车辆销售价格的，按照组成计税价格确定。组成计税价格计算公式如下：

组成计税价格=成本×（1+成本利润率）

属于应征消费税的应税车辆，其组成计税价格中应加计消费税税额。

上述公式中的成本利润率，由国家税务总局各省、自治区、直辖市和计划单列市税务局确定。

5. 城市公交企业购置的公共汽电车辆免征车辆购置税中的城市公交企业，是指由县级以上（含县级）人民政府交通运输主管部门认定的，依法取得城市公交经营资格，为公众提供公交出行服务，并纳入《城市公共交通管理部门与城市公交企业名录》的企业；公共汽电车辆是指按规定的线路、站点票价营运，用于公共交通服务，为运输乘客设计和制造的车辆，包括公共汽车、无轨电车和有轨电车。

6. 车辆购置税的纳税义务发生时间以纳税人购置应税车辆所取得的车辆相关凭证上注明的时间为准。

7. 已经办理免税、减税手续的车辆因转让、改变用途等原因不再属于免税、减税范围的，纳税人、纳税义务发生时间、应纳税额按以下规定执行：（一）发生转让行为的，受让人为车辆购置税纳税人；未发生转让行为的，车辆所有人为车辆购置税纳税人。（二）纳税义务发生时间为车辆转让或者用途改变等情形发生之日。（三）应纳税额计算公式如下：

应纳税额=初次办理纳税申报时确定的计税价格×（1-使用年限×10%）×10%-已纳税额

应纳税额不得为负数。

使用年限的计算方法是，自纳税人初次办理纳税申报之日起，至不再属于免税、减税范围的情形发生之日止。使用年限取整计算，不满一年的不计算在内。

8. 已征车辆购置税的车辆退回车辆生产或销售企业，纳税人申请退还车辆购置税的，应退税额计算公式如下：

应退税额=已纳税额×（1-使用年限×10%）

应退税额不得为负数。

使用年限的计算方法是，自纳税人缴纳税款之日起，至申请退税之日止。[①]

---

① 参见2019年财政部、税务总局印发的《关于车辆购置税有关具体政策的公告》。

值得注意的是，在车辆购置环节中，发达国家通常的做法是采取轻税政策，即征收额都较低。美国的车辆购置税属于地方税，各州收取比例不同，最多的州也只有6%左右。欧洲只征收增值税。各国税率不同，意大利和法国在20%左右。但发达国家更重视购车之后的使用阶段燃油税的开征，燃油税才是发达国家汽车税收的重头。其中，欧盟各国的燃油税率普遍在200%以上，而日本的燃油税率大概为120%。国务院在2006年曾经计划开征燃油税，但是，为了促进汽车产业的发展，不致于导致普通民众买得起车而养不起车，进而减少对车辆的购置，我国的燃油税一直没有开征。然而，为了为庞大的公路维修筹集专门资金，在未来合适的时机，并且在电动车辆不能完全替代燃油车辆的情况下，我国仍有必要开征燃油税，以便替代目前征收的过路费。开征燃油税后，也有利于车辆拥有者节约使用车辆。

截至2021年，车辆购置税属于中央税，所得收入归中央政府支配，并专门用于交通事业建设。

二、车辆购置税法的立法结构

根据《车辆购置税法》规定，车辆购置税法的立法结构如下[①]：

（一）车辆购置税的征税主体

车辆购置税由税务机关负责征收。

（二）车辆购置税的纳税主体

在中华人民共和国境内购置汽车、有轨电车、汽车挂车、排气量超过150毫升的摩托车（以下统称应税车辆）的单位和个人。所称购置，是指以购买、进口、自产、受赠、获奖或者其他方式取得并自用应税车辆的行为。

（三）车辆购置税的征税对象

单位和个人在中华人民共和国境内购置汽车、有轨电车、汽车挂车、排气量超过150毫升的摩托车（以下统称应税车辆）的行为。

（四）车辆购置税的税率及计税依据

车辆购置税的税率为10%。

车辆购置税实行一次性征收。购置已征车辆购置税的车辆，不再征收车辆购置税。

车辆购置税的应纳税额按照应税车辆的计税价格乘以税率计算。

---

① 参见2018年《车辆购置税法》。

应税车辆的计税价格，按照下列规定确定：纳税人购买自用应税车辆的计税价格，为纳税人实际支付给销售者的全部价款，不包括增值税税款；纳税人进口自用应税车辆的计税价格，为关税完税价格加上关税和消费税；纳税人自产自用应税车辆的计税价格，按照纳税人生产的同类应税车辆的销售价格确定，不包括增值税税款；纳税人以受赠、获奖或者其他方式取得自用应税车辆的计税价格，按照购置应税车辆时相关凭证载明的价格确定，不包括增值税税款。

纳税人申报的应税车辆计税价格明显偏低，又无正当理由的，由税务机关依照《税收征收管理法》的规定核定其应纳税额。

纳税人以外汇结算应税车辆价款的，按照申报纳税之日的人民币汇率中间价折合成人民币计算缴纳税款。

（五）车辆购置税的减免

截至 2021 年，根据有关规定，下列车辆免征车辆购置税：

1. 依照法律规定应当予以免税的外国驻华使馆、领事馆和国际组织驻华机构及其有关人员自用的车辆；

2. 中国人民解放军和中国人民武装警察部队列入装备订货计划的车辆；

3. 悬挂应急救援专用号牌的国家综合性消防救援车辆；

4. 设有固定装置的非运输专用作业车辆；

5. 城市公交企业购置的公共汽电车辆；

6. 回国服务的在外留学人员用现汇购买一辆个人自用国产小汽车、长期来华定居专家进口一辆自用小汽车；

7. 防汛、森林消防部门用于指挥、检查、调度、报汛（警）和联络，由指定厂家生产的设有固定装置的制定型号的车辆；

8. 2021 年至 2022 年期间购置的新能源汽车。

另外，2018 年 7 月 1 日至 2023 年 12 月 31 日期间购置的挂车，可以减半征收车辆购置税。

根据国民经济和社会发展的需要，国务院可以规定减征或者其他免征车辆购置税的情形，报全国人民代表大会常务委员会备案。

免税、减税车辆因转让、改变用途等原因不再属于免税、减税范围的，纳税人应当在办理车辆转移登记或者变更登记前缴纳车辆购置税。计税价格以免税、减税车辆初次办理纳税申报时确定的计税价格为基准，每满一年扣减 10%。

纳税人将已征车辆购置税的车辆退回车辆生产企业或者销售企业的，可以向主管税务机关申请退还车辆购置税。退税额以已缴税款为基准，自缴纳税款之日至申请退税之日，每满一年扣减10%。

（六）车辆购置税的纳税环节

车辆购置税实行一车一申报制度。

纳税人购买自用应税车辆的，应自购买之日起60日内申报纳税；进口自用应税车辆的，应自进口之日起60日内申报纳税；自产、受赠、获奖或者以其他方式取得并自用应税车辆的，应自取得之日起60日内申报纳税。

免税车辆因转让、改变用途等原因，其免税条件消失的，纳税人应在免税条件消失之日起60日内到主管税务机关重新申报纳税。

免税车辆发生转让，但仍属于免税范围的，受让方应当自购买或取得车辆之日起60日内到主管税务机关重新申报免税。

纳税人应当在向公安机关交通管理部门办理车辆注册登记前，缴纳车辆购置税。公安机关交通管理部门办理车辆注册登记，应当根据税务机关提供的应税车辆完税或者免税电子信息对纳税人申请登记的车辆信息进行核对，核对无误后依法办理车辆注册登记。

（七）车辆购置税的纳税地点及时间期限

纳税人购置应税车辆，应当向车辆登记地的主管税务机关申报缴纳车辆购置税；购置不需要办理车辆登记的应税车辆的，应当向纳税人所在地的主管税务机关申报缴纳车辆购置税。

车辆购置税的纳税义务发生时间为纳税人购置应税车辆的当日。纳税人应当自纳税义务发生之日起60日内申报缴纳车辆购置税。

（八）车辆购置税的征收管理

车辆购置税的征收管理，依照《车辆购置税法》和《税收征收管理法》的规定执行。纳税人、税务机关及其工作人员违反《车辆购置税法》规定的，依照《税收征收管理法》和有关法律法规的规定追究法律责任。税务机关和公安、商务、海关、工业和信息化等部门应当建立应税车辆信息共享和工作配合机制，及时交换应税车辆和纳税信息资料。

本章小结

通过本章学习可以看到，在社会主义市场经济条件下，基于商品生产交换的普遍性、日常性，商品流转税是国家税收稳定的基础。在目前及今后长期阶段，以庞大的市场消费为基础，通过增值税、消费税等的征收，可以保障财政收入的"基本盘"。与此同时，商品流转税属于间接税、价格税、成本税，其征收于企业的生产、经营和服务环节，可以起到调节市场的作用，是国家进行宏观调控的重要手段。目前的增值税法、消费税法立足于增值税、消费税的基本原理，在对相关概念、范畴作出法律界定的基础上，按照税收立法结构，对相关内容做出规定，有利于增值税、消费税的合理规范征收。但《暂行条例》的立法形式，不符合《立法法》的新要求，正式的增值税法、消费税法应当尽快出台。烟叶税是我国农业税废除后，针对农产品耕种销售保留的一个税种，对其予以立法，有利于调节我国烟草产品的生产和消费。对于购买车辆征税，是世界各国的普遍做法，改革开放以来，汽车已经成为平常百姓自由买购的商品，汽车购销市场的繁荣成为重要的经济增长点，截至 2018 年年末，全国民用汽车保有量 24028 万辆（包括三轮汽车和低速货车 906 万辆），比上年末增长 10.5%，其中私人汽车保有量 20730 万辆，增长 10.9%。民用轿车保有量 13451 万辆，增长 10.4%，其中私人轿车 12589 万辆，增长 10.3%。[①] 据此，对车辆购置行为立法征收车辆购置税，有利于调节车辆市场。

重点思考题

1. 商品流转税是什么？其基本特征是什么？
2. 简述增值税的立法结构。
3. 消费税是什么？
4. 简述消费税的立法结构。
5. 我国烟叶税法的立法结构是怎样的？
6. 我国车辆购置税的立法结构是怎样的？

---

① 国家统计局：《2018 年国民经济和社会发展统计公报》。

第六章

收益税法

收益是指人类在经济和社会活动所取得的利益或所得。这种收益，可以是以货币形式表现的金钱利益，也可以是非金钱利益，如名誉、物产权利等。税法上讲的收益则仅指金钱利益，即货币所得。相应的，收益税法亦称之为所得税法。它首创于1799年的英国，在当时，它只是一种为筹措军费而开征的临时性税收，此后逐渐成为一个世界各国通行的税种，但各国的称谓不尽相同。典型的如市政所得税、个人所得税、工资税、公司所得税、自然人税和法人税等。在目前，国际上通行的收益税主要指个人所得税和公司（企业）所得税，我国亦然。

第一节　收益税法概述

一、收益税的概念和特征

税法上讲的收益亦称为所得，它是指一国境内居民个人、非居民个人、企业和其他经济组织在一定时期内，通过参与生产经营与非生产经营活动所得的纯收益或纯收入。因此，所谓收益税或所得税，就是以一国境内居民个人、非居民个人、企业和其他经济组织在一定时期内，依法所得的纯收益或纯收入为征税对象的税收。与商品流转税及其他税种相比，收益税具有以下基本特征：

（一）收益税的纳税主体为一国境内居民个人、非居民个人、企业和其他经济组织

首先，收益税中的居民个人、非居民个人以个人身份作为纳税人，具有个人在经济和社会活动中的特定身份。其意味着不论本国人还是外国人或无国籍人，只要依法获得税法意义上的收益或收入，除非税法另有规定，均应当依法纳税，履行自己的纳税义务。这与宪法规定不同，宪法规范的仅仅是本国的居民或公民，而所得税法指的居民和非居民，不仅包括本国人，也包括按照本国法律依法应当缴纳个人所得税的外国人和无国籍人。企业亦然。

其次，在组织机构方面，基于是否创造经济利益的基本判断，收益税法排除了以公益目的为主的国家机关、事业单位、社会团体等组织机构缴纳收益税的可能性。把收益税的征收及其税源基础限定于企业法人和其他经济组织，符合现代社会经济活动与非经济活动划分的基本原则。

（二）收益税的征收对象是纳税人的纯收益

按照经济学原理及其实践，居民个人、非居民个人、企业法人和其他经济组织通过经济与社会活动所取得的收益可分为毛利润和纯利润。毛利润指包含了从事经济与社会活动所花费的成本、费用等的收益。而纯利润则是指在剔除各项经济与社会活动的成本、费用之后的收益，或“纯利”。这种纯收益或纯利，才是一定时期内纳税人的真实收益或所得。因此，当国家征收收益税从中拿走一部分时，与纳税人之间产生直接的利害关系。纳税人对于收益税必然极其关注和敏感。这是收益税，特别是个人所得税的社会关注度较高的基本原因。

（三）收益税属于直接税，主要目的是调节收入差距

与商品流转间接税不同，收益税直接以纳税人的纯收益为征税对象，不可能转嫁于消费者。一方面，导致如上所述的社会关注度较高；另一方面，在市场经济条件下，一个现实的问题就是贫富差距较大，存在“二八定律”。[①] 因此，通过收益税由较高收益的居民个人、企业依法缴纳个人所得税和企业所得税，可以起到平衡个人之间和企业之间收益差距的目的。由此，从宏观调控角度分析，国家征收收益税的目的，不仅仅是保障实现税收目的，更为重要的是平衡收入差距。

（四）量能课税，公平负税

按照税法原理，所有的税收均应当坚持经济法的适度原则，与国民经济发展相适应，坚持量能课税原则。但在收益税中，量能课税原则特别重要。多得多缴，少得少缴，不得不缴，是收益税必须坚持的原则。事实上，在没有收益的情况下，哪来的收益税？因此，增加收益税的基本办法就是要通过分配收入制度的改革，逐步增加居民个人及家庭收入，通过营造良好的营商环境使企业发展并有所收益，才能保障收益税的税源基础。在这方面，通过改革开放，中国居民个人的收入大幅增长，为个人所得税的征收奠定了良好

---

① 市场经济的“二八定律”是指，基于优胜劣汰或其他原因，社会财富被大部分集中于20%人手中的现象。为此，国家应当采取干预措施，通过分配政策改进，尽量实现社会财富的均等。

的基础。目前，大力进行政府的“放管服”改革，为企业发展创造营商环境，其目的之一，就是为企业所得税的征收创造条件。与此同时，通过各种减免措施的实施，促进企业发展。

如果从公平负税角度分析，一方面，量能课税直接蕴涵着公平负税之意；另一方面，税法规定面前人人平等，没有任何人和企业可以逾越税法而不缴税。

（五）国内外收益税的管辖与协调

由于收益税的纳税主体，不仅包括本国居民，还包括长期在本国居住或虽然不在本国居住，但在本国有收益的外国居民；不仅包括本国企业在本国的收益，也包括本国企业在外国的收益以及外国企业在本国的收益。由此，就会涉及本国税收管辖权与外国税收管辖权的协调问题。为避免重复征税，世界各国的法治惯例是，可通过双边或多边协定，解决重复征税引发的税收冲突问题。而在本国的收益税法中，也应当对此作出专门的规定。

（六）强化收益税，有利于培养公民企业的纳税意识，推进国家治理法治化

收益税属于直接税，体现了公民个人和企业对国家建设的贡献。由于直接体现国家与纳税人的利害关系，在法治社会不健全，公民、企业纳税意识不强的情况下，也是公民、企业千方百计避税甚至违法不缴税的重点领域。这种现象的存在，极不利于国家的法治建设。同时，宪法规定的公民纳税的基本义务，也难以落到实处。为此，强化收益税，有利于培养公民、企业自觉纳税的意识，使自觉纳税成为全社会的行为准则与习惯。正因为如此，2020 年 10 月，《中共中央关于制定国民经济和社会发展第十四个五年规划和二〇三五年远景目标的建议》明确提出，完善现代税收制度，健全地方税、直接税体系，优化税制结构，适当提高直接税比重，深化税收征管制度改革。

二、我国收益税法的历史沿革

我国在民国时期即开征所得税。

中华人民共和国成立后，政务院于 1950 年颁布的《全国税政实施要则》，规定对个人征收薪金报酬所得税和利息所得税，但薪金所得税实际未开征；利息所得税从 1950 年 4 月开征，到 1959 年基于当时的形势停征。就企业所得税而言，按照社会主义原理，企业，特别是社会主义工商改造后的国有企业、集体企业实施向国家缴纳利润的办法。在当时，我国长期实行低收入政策，

收益税的作用基本未发挥，直至实行改革开放。

（一）个人所得税法的演变

1980年9月，为适应改革开放的需要，第五届全国人大第三次会议通过并公布了《个人所得税法》。该法规定，在中华人民共和国境内居住满1年的个人，从中国境内和境外取得的所得，都按照本法的规定缴纳个人所得税。不在中华人民共和国境内居住或者居住不满1年的个人，只就从中国境内取得的所得，缴纳个人所得税。但在当时，由于我国个人收入仍处于低收入阶段，该法的实际征收对象主要是针对来华投资工作，且收入较高的外籍人士、华侨以及港、澳、台同胞。至1986年，经过6年的改革开放，我国居民收入有所增长，并出现地区差异。为此，国务院于1986年颁布了只适用于中国公民的《个人收入调节税暂行条例》，并同时出台了《城乡个体工商户所得税暂行条例》，进而形成了对个人所得课税的“一法两条例”并存的法律格局。

1993年，国家开始推行社会主义市场经济。参照国际惯例，在第八届全国人大常委会对“一法两条例”进行修改、合并基础上，制定了修改后的《个人所得税法》，1994年1月28日国务院发布142号令，出台《个人所得税法实施条例》使个人收益税得以统一。此后，为适应经济和社会的变化，《个人所得税法》又先后于1999年、2005年、2007年6月、2007年12月、2011年、2018年进行了六次修正。为与之相适应，国务院的实施条例也作了相应的修改。目前最新的是国务院2018年12月18日国务院令第707号第四次修订的《个人所得税法实施条例》。此外，财政部、国家税务总局针对个人所得税法执行中的具体问题发布有相当数量的规范性文件，形成了我国的个人所得税法体系。

（二）企业所得税法的演变

就内资企业而言，企业所得税的立法起源于改革开放之初的“利改税”。由于各类企业享有经营自主权，成为独立承担责任的民事主体，1983年，国家开征国营企业所得税。1985年开征集体企业所得税。1988年开征私营企业所得税。这样，以不同所有制为基础，形成了与改革初期计划商品经济相适应的内资企业所得税体系及其税制。这种情况随着商品经济的进一步深入发展，特别是1993年社会主义市场经济体制的确立，需要制定有利于各类企业公平竞争及提升创造力的企业所得税统一税制。为此，国务院于1993年发布《企业所得税暂行条例》，财政部于1994年发布《企业所得税暂行条例实施细则》，统一了对内资企业的所得税及其税制，为发展社会主义市场经济奠定了税制基础。

就外商投资企业而言，1978 年改革开放以后，大批外国投资涌入我国，在我国设立中外合资企业、中外合作企业和外资企业，外商投资企业的税收问题日益突出。与此同时，我国也需要通过税收优惠的政策吸引外资，扩大对外开放。为此，1980 年 9 月 10 日第五届全国人民代表大会第三次会议通过《中外合资经营企业所得税法》。该法规定，在中华人民共和国境内的中外合资经营企业（以下简称合营企业），从事生产、经营所得和其他所得，都按照本法的规定缴纳所得税。合营企业在中国境内和境外的分支机构，从事生产、经营所得和其他所得，由总机构汇总缴纳所得税。合营企业的所得税税率为 30%，另按应纳所得税额附征 10%的地方所得税。1981 年 12 月 13 日第五届全国人民代表大会第四次会议通过并于 1982 年 1 月 1 日施行的《外国企业所得税法》规定，外国企业所得税的纳税人为在我国境内设立机构、从事独立经营或与我国企业合作生产、合作经营的外国公司、企业和其他经济组织；以及在我国境内虽未设立机构，但取得来源于我国的所得的外国公司、企业和其他经济组织。对外商投资企业和外国企业在中国设立的机构、场所所取得的经营所得税率为 30%，地方所得税税率为 3%，总体税负是 33%。对外国企业在中国境内未设立机构、场所而有来源于中国境内的所得，或者虽然设立机构、场所，但其所得与其机构、场所没有实际联系的，税率为 20%。这样，就形成了对“三资企业”的两部企业所得税法。然而，随着我国对外开放力度的加大，两部税法已经不能适应多渠道、多方式引进外资和国外先进技术的需要，优惠政策的不同，在征收对象、征收方式上也不符合国际惯例。为此，1991 年 4 月 9 日第七届全国人民代表大会第四次会议通过了《外商投资企业和外国企业所得税法》，进而实现了外商投资“三资企业所得税”法治的统一，国务院也出台了相应的实施细则。

以上发展历程表明，截至 1993 年，我国虽然实现了内资企业所得税法和外商投资企业所得税法的各自统一，但是内资企业所得税制与外商投资企业所得税制的不统一，仍然不符合社会主义市场经济所有企业公平竞争的要求。尤其是为了获得税收优惠，出现了许多“假外资企业”，给税收监管带来了障碍。为了建立企业统一公平竞争秩序，也为了促进内资企业升级换代，第十届全国人大五次会议于 2007 年 3 月 6 日通过了统一的《企业所得税法》，结束了内资、外资企业所得税制不统一的法律局面。该法规定，在中华人民共和国境内，企业和其他取得收入的组织（以下统称企业）为企业所得税的纳税人，依照本法的规定缴纳企业所得税。但个人独资企业、合伙企业不适用该法。[①] 同时规定，该法公布前已经批准设立的企业，依照当时的税收法律、行政法规规定，享受低税率优惠的，按照国务院规定，可以在该法施行后5年内，逐步过渡到该法规定的税率；享受定期减免税优惠的，按照国务院规定，可以在该法施行后继续享受到期满为止，但因未获利而尚未享受优惠的，优惠期限从该法施行年度起计算。法律设置的发展对外经济合作和技术交流的特定地区内，以及国务院已规定执行上述地区特殊政策的地区内新设立的国家需要重点扶持的高新技术企业，可以享受过渡性税收优惠，具体办法由国务院规定[②]。国家已确定的其他鼓励类企业，可以按照国务院规定享受减免税优惠。至此，我国实现了企业所得税税制的统一。

2017年2月24日，第十二届全国人民代表大会常务委员会第二十六次会议通过《关于修改〈中华人民共和国企业所得税法〉的决定》，对《企业所得税法》进行了第一次修正。将第九条修改为："企业发生的公益性捐赠支出，在年度利润总额12%以内的部分，准予在计算应纳税所得额时扣除；超过年度利润总额12%的部分，准予结转以后三年内在计算应纳税所得额时扣除。"2018年12月29日第十三届全国人民代表大会常务委员会第七次会议通过《关于修改〈中华人民共和国电力法〉等四部法律的决定》，其中，涉及对《企业所得税法》的第二次修正，将第五十一条第一款中的"非居民企业在中国境内设立两个或者两个以上机构、场所的，经税务机关审核批准"修改为"非居民企业在中国境内设立两个或者两个以上机构、场所，符合国务院税务主管部门规定条件的"。

2007年11月28日国务院第197次常务会议通过《企业所得税法实施条例》，自2008年1月1日起施行，根据2019年4月23日国务院公布的《国务院关于修改部分行政法规的决定》进行了第一次修订。一是将第五十一条修改为："企业所得税法第九条所称公益性捐赠，是指企业通过公益性社会组织或者县级以上人民政府及其部门，用于符合法律规定的慈善活动、公益事业的捐赠。"二是第五十二条修改为："本条例第五十一条所称公益性社会组织，是指同时符合下列条件的慈善组织以及其他社会组织：（一）依法登记，具有法人资格；（二）以发展公益事业为宗旨，且不以营利为目的；（三）全部资产及其增值为该法人所有；（四）收益和营运结余主要用于符合该法人设立目

---

① 参见2018年《企业所得税法》第1条。

② 参见2018年《企业所得税法》第57条。

的的事业；（五）终止后的剩余财产不归属任何个人或者营利组织；（六）不经营与其设立目的无关的业务；（七）有健全的财务会计制度；（八）捐赠者不以任何形式参与该法人财产的分配；（九）国务院财政、税务主管部门会同国务院民政部门等登记管理部门规定的其他条件。三是第五十三条第一款修改为："企业当年发生以及以前年度结转的公益性捐赠支出，不超过年度利润总额12%的部分，准予扣除。"四是删去第一百二十七条。

第二节　个人所得税法

一、个人所得税法概述

个人所得税法历史悠久，经过二百多年的发展，在西方国家已成为其主要税种。但在我国，要征收个人所得税，就得大幅度地提高人民的收入，培植税源，并在市场经济发展中，通过个人所得税的征收主要解决收入分配不公的问题，同时使税收收入得以保障。与此同时，由于个人所得税法权利义务的确定，直接关系纳税人的切身利益，个人所得税的开征和法律的修改是社会民众关注度最高的税种。为了稳定经济和税收秩序，防止政府部门随意侵蚀纳税人的利益，也不适宜用暂行条例规定予以调整。为此，我国的个人所得税法从1980年起，就由全国人大通过颁发《个人所得税法》的法律形式予以规定。宪法明确规定："中华人民共和国公民有依照法律纳税的义务。"从而为个人所得税的征收奠定了最高法律基础。

自1980年我国出台《个人所得税法》以来，先后七次予以修正，从中可以看出我国个人收入水平的逐步提高，以及个人所得税税制的历史演变和逐渐完善。

1993年10月31日，第八届全国人民代表大会常务委员会第四次会议审议了国务院关于《个人所得税法修正案（草案）》的提案，为了深化税制改革，简化税制，公平税负，决定对《个人所得税法》作出十一个方面的修改。其主要内容有：

1. 将第一条修改为："在中国境内有住所，或者无住所而在境内居住满一年的个人，从中国境内和境外取得的所得，依照本法规定缴纳个人所得税。在中国境内无住所又不居住或者无住所而在境内居住不满一年的个人，从中国境内取得的所得，依照本法规定缴纳个人所得税。"

2. 将第二条修改为："下列各项个人所得，应纳个人所得税：一、工资、薪金所得；二、个体工商户的生产、经营所得；三、对企事业单位的承包经营、承租经营所得；四、劳务报酬所得；五、稿酬所得；六、特许权使用费所得；七、利息、股息、红利所得；八、财产租赁所得；九、财产转让所得；十、偶然所得；十一、经国务院财政部门确定征税的其他所得。”

3. 将第三条修改为：“个人所得税的税率：一、工资、薪金所得，适用超额累进税率，税率为5%至45%（税率表附后）。二、个体工商户的生产、经营所得和对企事业单位的承包经营、承租经营所得，适用5%至35%的超额累进税率（税率表附后）。三、稿酬所得，适用比例税率，税率为20%，并按应纳税额减征30%。四、劳务报酬所得，适用比例税率，税率为20%。对劳务报酬所得一次收入畸高的，可以实行加成征收，具体办法由国务院规定。五、特许权使用费所得，利息、股息、红利所得，财产租赁所得，财产转让所得，偶然所得和其他所得，适用比例税率，税率为20%。”

4. 将第四条修改为：“下列各项个人所得，免纳个人所得税：一、省级人民政府、国务院部委和中国人民解放军军以上单位，以及外国组织、国际组织颁发的科学、教育、技术、文化、卫生、体育、环境保护等方面的奖金；二、储蓄存款利息，国债和国家发行的金融债券利息；三、按照国家统一规定发给的补贴、津贴；四、福利费、抚恤金、救济金；五、保险赔款；六、军人的转业费、复员费；七、按照国家统一规定发给干部、职工的安家费、退职费、退休工资、离休工资、离休生活补助费；八、依照我国有关法律规定应予免税的各国驻华使馆、领事馆的外交代表、领事官员和其他人员的所得；九、中国政府参加的国际公约、签订的协议中规定免税的所得；十、经国务院财政部门批准免税的所得。”

5. 增加一条，作为第五条：“有下列情形之一的，经批准可以减征个人所得税：一、残疾、孤老人员和烈属的所得；二、因严重自然灾害造成重大损失的；三、其他经国务院财政部门批准减税的。”

6. 将第五条改为第六条，增加两款，分别作为第二款、第三款，将这一条修改为：“应纳税所得额的计算：一、工资、薪金所得，以每月收入额减除费用800元后的余额，为应纳税所得额。二、个体工商户的生产、经营所得，以每一纳税年度的收入总额，减除成本、费用以及损失后的余额，为应纳税所得额。三、对企事业单位的承包经营、承租经营所得，以每一纳税年度的收入总额，减除必要费用后的余额，为应纳税所得额。四、劳务报酬所得、稿酬所得、特许权使用费所得、财产租赁所得，每次收入不超过4000元的，减除费用800元；4000元以上的，减除20%的费用，其余额为应纳税所得额。五、财产转让所得，以转让财产的收入额减除财产原值和合理费用后的余额，为应纳税所得额。六、利息、股息、红利所得，偶然所得和其他所得，以每次收入额为应纳税所得额。个人将其所得对教育事业和其他公益事业捐赠的部分，按照国务院有关规定从应纳税所得中扣除。对在中国境内无住所而在中国境内取得工资、薪金所得的纳税义务人和在中国境内有住所而在中国境外取得工资、薪金所得的纳税义务人，可以根据其平均收入水平、生活水平以及汇率变化情况确定附加减除费用，附加减除费用适用的范围和标准由国务院规定。"

7. 增加一条，作为第七条："纳税义务人从中国境外取得的所得，准予其在应纳税额中扣除已在境外缴纳的个人所得税税额。但扣除额不得超过该纳税义务人境外所得依照本法规定计算的应纳税额。"

8. 将第六条改为第八条，修改为："个人所得税，以所得人为纳税义务人，以支付所得的单位或者个人为扣缴义务人。在两处以上取得工资、薪金所得和没有扣缴义务人的，纳税义务人应当自行申报纳税。"

9. 将第七条改为第九条，增加三款，分别作为第二款、第三款、第四款，将这一条修改为："扣缴义务人每月所扣的税款，自行申报纳税人每月应纳的税款，都应当在次月7日内缴入国库，并向税务机关报送纳税申报表。工资、薪金所得应纳的税款，按月计征，由扣缴义务人或者纳税义务人在次月7日内缴入国库，并向税务机关报送纳税申报表。特定行业的工资、薪金所得应纳的税款，可以实行按年计算、分月预缴的方式计征，具体办法由国务院规定。个体工商户的生产、经营所得应纳的税款，按年计算，分月预缴，由纳税义务人在次月7日内预缴，年度终了后3个月内汇算清缴，多退少补。对企事业单位的承包经营、承租经营所得应纳的税款，按年计算，由纳税义务人在年度终了后30日内缴入国库，并向税务机关报送纳税申报表。纳税义务人在1年内分次取得承包经营、承租经营所得的，应当在取得每次所得后的7日内预缴，年度终了后3个月内汇算清缴，多退少补。从中国境外取得所得的纳税义务人，应当在年度终了后30日内，将应纳的税款缴入国库，并向税务机关报送纳税申报表。"

10. 将第八条改为第十条，修改为："各项所得的计算，以人民币为单位。所得为外国货币的，按照国家外汇管理机关规定的外汇牌价折合成人民币缴纳税款。"

11. 将第十条改为第十一条，修改为：“对扣缴义务人按照所扣缴的税款，付给2%的手续费。”

以上修正从1994年1月1日起执行。

1999年8月30日，第九届全国人大常委会第十一次会议通过《关于修改〈个人所得税法〉的决定》，对《个人所得税法》进行第二次修正。其内容有二：一是删去第四条第二项中的“储蓄存款利息”；二是增加一条，作为第十二条：“对储蓄存款利息所得征收个人所得税的开征时间和征收办法由国务院规定。”

2005年10月27日第十届全国人民代表大会常务委员会第十八次会议通过《全国人民代表大会常务委员会关于修改〈中华人民共和国个人所得税法〉的决定》，对《个人所得税法》进行第三次修正，自2006年1月1日起施行。这次修正的内容：一是第六条第一款第一项修改为：“工资、薪金所得，以每月收入额减除费用1600元后的余额，为应纳税所得额。”同时，对“个人所得税税率表一”的附注作相应修改。二是第八条修改为：“个人所得税，以所得人为纳税义务人，以支付所得的单位或者个人为扣缴义务人。个人所得超过国务院规定数额的，在两处以上取得工资、薪金所得或者没有扣缴义务人的，以及具有国务院规定的其他情形的，纳税义务人应当按照国家规定办理纳税申报，扣缴义务人应当按照国家规定办理全员全额扣缴申报。”

2007年6月29日，第十届全国人民代表大会常务委员会第二十八次会议通过《关于修改〈中华人民共和国个人所得税法〉的决定》对《个人所得税法》进行第四次修正。其内容为将第十二条修改为：“对储蓄存款利息所得开征、减征、停征个人所得税及其具体办法，由国务院规定。”

2007年12月29日，第十届全国人民代表大会常务委员会第三十一次会议通过《全国人民代表大会常务委员会关于修改〈中华人民共和国个人所得税法〉的决定》，对《个人所得税法》进行第五次修正，自2008年3月1日起施行。其修正内容是将第六条第一款第一项修改为：“工资、薪金所得，以每月收入额减除费用2000元后的余额，为应纳税所得额。”同时，对“个人所得税税率表一”的附注作相应修改。

2011年6月30日，第十一届全国人民代表大会常务委员会第二十一次会议通过《全国人民代表大会常务委员会关于修改〈中华人民共和国个人所得税法〉的决定》，对《个人所得税法》进行第六次修正，自2011年9月1日起施行。其修改内容为：一是第三条第一项修改为“工资、薪金所得，适用超额累进税率，税率为3%至45%（税率表附后）。”二是第六条第一款第一项修改为“工资、薪金所得，以每月收入额减除费用3500元后的余额，为应纳税所得额。”三是第九条中的“7日内”修改为“15日内”。四是对个人所得税税率表一（工资、薪金所得适用）进行修改；五是对个人所得税税率表二（个体工商户的生产、经营所得和对企事业单位的承包经营、承租经营所得适用）进行修改。

2018年8月31日，第十三届全国人民代表大会常务委员会第五次会议通过《全国人民代表大会常务委员会关于修改〈中华人民共和国个人所得税法〉的决定》，对《个人所得税法》进行第七次修正，自2019年1月1日起施行。这次修正变动幅度较大，涉及以下重要内容：

1. 将第一条修改为：“在中国境内有住所，或者无住所而一个纳税年度内在中国境内居住累计满183天的个人，为居民个人。居民个人从中国境内和境外取得的所得，依照本法规定缴纳个人所得税。在中国境内无住所又不居住，或者无住所而一个纳税年度内在中国境内居住累计不满183天的个人，为非居民个人。非居民个人从中国境内取得的所得，依照本法规定缴纳个人所得税。纳税年度，自公历1月1日起至12月31日止。”

2. 将第二条修改为：“下列各项个人所得，应当缴纳个人所得税：（一）工资、薪金所得；（二）劳务报酬所得；（三）稿酬所得；（四）特许权使用费所得；（五）经营所得；（六）利息、股息、红利所得；（七）财产租赁所得；（八）财产转让所得；（九）偶然所得。居民个人取得前款第一项至第四项所得（以下称综合所得），按纳税年度合并计算个人所得税；非居民个人取得前款第一项至第四项所得，按月或者按次分项计算个人所得税。纳税人取得前款第五项至第九项所得，依照本法规定分别计算个人所得税。”

3. 将第三条修改为：“个人所得税的税率：（一）综合所得，适用3%至45%的超额累进税率（税率表附后）；（二）经营所得，适用5%至35%的超额累进税率（税率表附后）；（三）利息、股息、红利所得，财产租赁所得，财产转让所得和偶然所得，适用比例税率，税率为20%。”

4. 将第四条中的“免纳”修改为“免征”。在第六项中的“复员费”后增加“退役金”。将第七项中的“退休工资、离休工资”修改为“基本养老金或者退休费、离休费”。将第十项修改为：“国务院规定的其他免税所得。”增加一款，作为第二款：“前款第十项免税规定，由国务院报全国人民代表大会常务委员会备案。”

5. 将第五条修改为："有下列情形之一的，可以减征个人所得税，具体幅度和期限，由省、自治区、直辖市人民政府规定，并报同级人民代表大会常务委员会备案：（一）残疾、孤老人员和烈属的所得；（二）因自然灾害遭受重大损失的。国务院可以规定其他减税情形，报全国人民代表大会常务委员会备案。"

6. 将第六条修改为："应纳税所得额的计算：（一）居民个人的综合所得，以每一纳税年度的收入额减除费用 6 万元以及专项扣除、专项附加扣除和依法确定的其他扣除后的余额，为应纳税所得额。（二）非居民个人的工资、薪金所得，以每月收入额减除费用 5000 元后的余额为应纳税所得额；劳务报酬所得、稿酬所得、特许权使用费所得，以每次收入额为应纳税所得额。（三）经营所得，以每一纳税年度的收入总额减除成本、费用以及损失后的余额，为应纳税所得额。（四）财产租赁所得，每次收入不超过 4000 元的，减除费用 800 元；4000 元以上的，减除 20%的费用，其余额为应纳税所得额。（五）财产转让所得，以转让财产的收入额减除财产原值和合理费用后的余额，为应纳税所得额。（六）利息、股息、红利所得和偶然所得，以每次收入额为应纳税所得额。劳务报酬所得、稿酬所得、特许权使用费所得以收入减除 20%的费用后的余额为收入额。稿酬所得的收入额减按 70%计算。个人将其所得对教育、扶贫、济困等公益慈善事业进行捐赠，捐赠额未超过纳税人申报的应纳税所得额 30%的部分，可以从其应纳税所得额中扣除；国务院规定对公益慈善事业捐赠实行全额税前扣除的，从其规定。本条第一款第一项规定的专项扣除，包括居民个人按照国家规定的范围和标准缴纳的基本养老保险、基本医疗保险、失业保险等社会保险费和住房公积金等；专项附加扣除，包括子女教育、继续教育、大病医疗、住房贷款利息或者住房租金、赡养老人等支出，具体范围、标准和实施步骤由国务院确定，并报全国人民代表大会常务委员会备案。"

7. 将第七条修改为："居民个人从中国境外取得的所得，可以从其应纳税额中抵免已在境外缴纳的个人所得税税额，但抵免额不得超过该纳税人境外所得依照本法规定计算的应纳税额。"

8. 增加一条，作为第八条："有下列情形之一的，税务机关有权按照合理方法进行纳税调整：（一）个人与其关联方之间的业务往来不符合独立交易原则而减少本人或者其关联方应纳税额，且无正当理由；（二）居民个人控制的，或者居民个人和居民企业共同控制的设立在实际税负明显偏低的国家

（地区）的企业，无合理经营需要，对应当归属于居民个人的利润不作分配或者减少分配；（三）个人实施其他不具有合理商业目的的安排而获取不当税收利益。税务机关依照前款规定作出纳税调整，需要补征税款的，应当补征税款，并依法加收利息。”

9. 将第八条改为两条，分别作为第九条、第十条，修改为：“个人所得税以所得人为纳税人，以支付所得的单位或者个人为扣缴义务人。纳税人有中国公民身份号码的，以中国公民身份号码为纳税人识别号；纳税人没有中国公民身份号码的，由税务机关赋予其纳税人识别号。扣缴义务人扣缴税款时，纳税人应当向扣缴义务人提供纳税人识别号。”“有下列情形之一的，纳税人应当依法办理纳税申报：（一）取得综合所得需要办理汇算清缴；（二）取得应税所得没有扣缴义务人；（三）取得应税所得，扣缴义务人未扣缴税款；（四）取得境外所得；（五）因移居境外注销中国户籍；（六）非居民个人在中国境内从两处以上取得工资、薪金所得；（七）国务院规定的其他情形。扣缴义务人应当按照国家规定办理全员全额扣缴申报，并向纳税人提供其个人所得和已扣缴税款等信息。”

10. 将第九条改为四条，分别作为第十一条、第十二条、第十三条、第十四条，第十一条：“居民个人取得综合所得，按年计算个人所得税；有扣缴义务人的，由扣缴义务人按月或者按次预扣预缴税款；需要办理汇算清缴的，应当在取得所得的次年 3 月 1 日至 6 月 30 日内办理汇算清缴。预扣预缴办法由国务院税务主管部门制定。居民个人向扣缴义务人提供专项附加扣除信息的，扣缴义务人按月预扣预缴税款时应当按照规定予以扣除，不得拒绝。非居民个人取得工资、薪金所得，劳务报酬所得，稿酬所得和特许权使用费所得，有扣缴义务人的，由扣缴义务人按月或者按次代扣代缴税款，不办理汇算清缴。”第十二条：“纳税人取得经营所得，按年计算个人所得税，由纳税人在月度或者季度终了后 15 日内向税务机关报送纳税申报表，并预缴税款；在取得所得的次年 3 月 31 日前办理汇算清缴。纳税人取得利息、股息、红利所得，财产租赁所得，财产转让所得和偶然所得，按月或者按次计算个人所得税，有扣缴义务人的，由扣缴义务人按月或者按次代扣代缴税款。”第十三条：“纳税人取得应税所得没有扣缴义务人的，应当在取得所得的次月 15 日内向税务机关报送纳税申报表，并缴纳税款。纳税人取得应税所得，扣缴义务人未扣缴税款的，纳税人应当在取得所得的次年 6 月 30 日前，缴纳税款；税务机关通知限期缴纳的，纳税人应当按照期限缴纳税款。居民个人从中国境外取得所得的，应当在取得所得的次年3月1日至6月30日内申报纳税。非居民个人在中国境内从两处以上取得工资、薪金所得的，应当在取得所得的次月15日内申报纳税。纳税人因移居境外注销中国户籍的，应当在注销中国户籍前办理税款清算。”第十四条：“扣缴义务人每月或者每次预扣、代扣的税款，应当在次月15日内缴入国库，并向税务机关报送扣缴个人所得税申报表。纳税人办理汇算清缴退税或者扣缴义务人为纳税人办理汇算清缴退税的，税务机关审核后，按照国库管理的有关规定办理退税。”

11. 增加一条作为第十五条：“公安、人民银行、金融监督管理等相关部门应当协助税务机关确认纳税人的身份、金融账户信息。教育、卫生、医疗保障、民政、人力资源社会保障、住房城乡建设、公安、人民银行、金融监督管理等相关部门应当向税务机关提供纳税人子女教育、继续教育、大病医疗、住房贷款利息、住房租金、赡养老人等专项附加扣除信息。个人转让不动产的，税务机关应当根据不动产登记等相关信息核验应缴的个人所得税，登记机构办理转移登记时，应当查验与该不动产转让相关的个人所得税的完税凭证。个人转让股权办理变更登记的，市场主体登记机关应当查验与该股权交易相关的个人所得税的完税凭证。有关部门依法将纳税人、扣缴义务人遵守本法的情况纳入信用信息系统，并实施联合激励或者惩戒。”

12. 将第十条改为第十六条，修改为：“各项所得的计算，以人民币为单位。所得为人民币以外的货币的，按照人民币汇率中间价折合成人民币缴纳税款。”

13. 将第十二条改为第十八条，修改为：“对储蓄存款利息所得开征、减征、停征个人所得税及其具体办法，由国务院规定，并报全国人民代表大会常务委员会备案。”

14. 增加一条，作为第十九条：“纳税人、扣缴义务人和税务机关及其工作人员违反本法规定的，依照《税收征收管理法》和有关法律法规的规定追究法律责任。”

15. 将第十三条改为第二十条，修改为：“个人所得税的征收管理，依照本法和《税收征收管理法》的规定执行。”

16. 将个人所得税税率表一（工资、薪金所得适用）进行了修改。

17. 将个人所得税税率表二（个体工商户的生产、经营所得和对企事业单位的承包经营、承租经营所得适用）进行了修改。

此外，对条文顺序作了相应调整。本决定自2019年1月1日起施行。自

2018年10月1日至2018年12月31日，纳税人的工资、薪金所得，先行以每月收入额减除费用5000元以及专项扣除和依法确定的其他扣除后的余额为应纳税所得额，依照本决定第十六条的个人所得税税率表一（综合所得适用）按月换算后计算缴纳税款，并不再扣除附加减除费用；个体工商户的生产、经营所得，对企事业单位的承包经营、承租经营所得，先行依照本决定第十七条的个人所得税税率表二（经营所得适用）计算缴纳税款。《个人所得税法》根据本决定作相应修改，重新公布。

从以上七次修正《个人所得税法》的历史来看，从1980年到2018年国家频繁地修正个人所得税法，不断完善税制是其他税种没有的。结合修正情况及现行规定，我国个人所得税的征收呈现出以下基本特征：

第一，税收征收的起征点随着居民收入增长逐步增加。

按照税法原理，在规定起征点的情况下，个人所得税纳税人的收入只对超过起征点的部分征税。因此，在有规定起征点时，起征点以下的收入是当然扣除内容。对此，我国从1980年的800元起征点，先后经过2005年的1600元、2007年的2000元、2011年的3500元和2018年5000元的历史变革，反映了居民收入的增长程度。在历次起征点变更过程中，全国人大和国务院广泛听取社会各界意见，社会参与度空前高涨，体现了社会主义民主立法的原则。

第二，税收的征收采用了比例税累进制的计算方式。

按收入比例征税计较简单，但是如果把应税额分成档次，以累进方式进行计算，更能准确地反映各个档次纳税人应当负担的税收，体现了个人所得税的科学性。对此，我国个人所得税的征收一开始就借鉴国外经验，以累进制方式设计税率的计算。以现行法律规定看，对于一般居民采用适用3%至45%的七级超额累进税率；对于经营者的经营所得适用5%至35%的五级超额累进税率。同时，取消原来规定的税收加成制度，体现了所得税征收的公平性。

第三，税收征税实现了由单项征收模式向综合模式的转变。

1980年开始设计的税收征收模式为单项计算累进合计的方法。2018年个人所得税税制改革，将单项计算，改为对工资薪金所得、劳务报酬所得、稿酬所得、特许权适用费所得四项内容的综合计算，并以年收入超过6万元作为起征点，完成了个人所得税由单项计算征收模式向综合计算征收模式的转变，其更有利于简化税制，有利于纳税人收入的稳定性。

与此同时，2018年的改革内容还包括了居民个人按照国家规定的范围和标准缴纳的基本养老保险、基本医疗保险、失业保险等社会保险费和住房公积金等；专项附加扣除，包括子女教育、继续教育、大病医疗、住房贷款利息或者住房租金、赡养老人等支出可以申报扣除的规定，体现了法律以人为本的人文关怀。

第四，增加了纳税协助人的规定。

2018年个人所得税法修正，明确了在个人所得税征收中相关机关和部门单位的协助职责，涉及公安、人民银行、金融监督管理等相关部门、教育、卫生、医疗保障、民政、人力资源社会保障、住房城乡建设、不动产登记部门、市场主体登记机关的职责，为这些部门协助税务机关做好个人所得税征收工作提供了基本的法律依据。

截止2021年，个人所得税属于中央政府与地方政府共享税，是中央政府和地方政府税收收入的主要来源之一。截至2021年，中央政府分享60%，地方政府分享40%。

二、个人所得税法的立法结构

根据《个人所得税法》及其实施条例的最新规定，我国个人所得税法的立法结构可以作以下分析①：

（一）个人所得税的征税主体

根据规定，我国个人所得税的征税主体为各级税务机关。军队人员个人所得税征收事宜，按照有关规定执行。

（二）个人所得税的纳税主体

按照现行规定，个人所得税的纳税主体分为居民个人和非居民个人两类。其中，居民个人是指在中国境内有住所，或者无住所而一个纳税年度内在中国境内居住累计满183天的个人；非居民个人是指在中国境内无住所又不居住，或者无住所而一个纳税年度内在中国境内居住累计不满183天的个人。所称在中国境内有住所，是指因户籍、家庭、经济利益关系而在中国境内习惯性居住。

个人所得税以所得人为纳税人，以支付所得的单位或者个人为扣缴义务人。对扣缴义务人按照所扣缴的税款，付给2%的手续费。

---

① 参见2018年《个人所得税法》。

纳税人可以委托扣缴义务人或者其他单位和个人办理汇算清缴。

（三）个人所得税的征税对象及税目

1. 征税对象的确定

对于居民而言，个人所得税的征税对象为其从中国境内和境外取得的所得；对于非居民而言，个人所得税的征税对象为从中国境内取得的所得。

上述所称从中国境内和境外取得的所得，分别是指来源于中国境内的所得和来源于中国境外的所得。除国务院财政、税务主管部门另有规定外，下列所得，不论支付地点是否在中国境内，均为来源于中国境内的所得：

一是因任职、受雇和履约等在中国境外提供劳务取得的所得。

二是中国境外企业和其他组织支付且负担的稿酬所得。

三是许可各种特许权在中国境外使用取得的所得。

四是在中国境外从事生产、经营活动取得的与上述活动相关的所得。

五是在中国境外企业、其他组织和非居民个人取得的利息、股息和红利所得。

六是将财产出租给承租人在中国境外使用取得的所得。

七是转让中国境外的不动产，对中国境外企业和其他组织投资形成的股票、股权和其他权益性资产；在中国境外转让其他财产取得的所得；转让对中国境外企业和其他组织投资形成的权益性资产，该权益性资产被转让前3年（连续36个月）以内的任一时间，被投资企业和其他组织的资产公允价值50%以上直接或者间接来自中国境内的不动产的，取得的所得为来源于中国境内的所得。

八是中国境外企业、其他组织和非居民个人支付且负担的偶然所得。

2. 个人所得税的税目

具体的税目，即征税对象的具体项目包括：

第一项：工资、薪金所得。是指个人因任职或者受雇取得的工资、薪金、奖金、年终加薪、劳动分红、津贴、补贴以及与任职或者受雇有关的其他所得。

第二项：劳务报酬所得。是指个人从事劳务取得的所得，包括从事设计、装潢、安装、制图、化验、测试、医疗、法律、会计、咨询、讲学、翻译、审稿、书画、雕刻、影视、录音、录像、演出、表演、广告、展览、技术服务、介绍服务、经纪服务、代办服务以及其他劳务取得的所得。

第三项：稿酬所得。是指个人因其作品（包括文字作品、书画作品、摄影作品和其他作品）以图书、报刊等形式出版、发表而取得的所得。

第四项：特许权使用费所得。是指个人提供专利权、商标权、著作权、非专利技术以及其他特许权的使用权取得的所得；提供著作权的使用权取得的所得，不包括稿酬所得。

第五项：经营所得。是指：个体工商户从事生产、经营活动取得的所得，个人独资企业投资人、合伙企业的个人合伙人来源于境内注册的个人独资企业、合伙企业生产、经营的所得；个人依法从事办学、医疗、咨询以及其他有偿服务活动取得的所得；个人对企业、事业单位承包经营、承租经营以及转包、转租取得的所得；个人从事其他生产、经营活动取得的所得。

第六项：利息、股息、红利所得。是指个人拥有债权、股权等而取得的利息、股息、红利所得。

第七项：财产租赁所得。是指个人出租不动产、机器设备、车船以及其他财产取得的所得。

第八项：财产转让所得。是指个人转让有价证券、股权、合伙企业中的财产份额、不动产、机器设备、车船以及其他财产取得的所得。

第九项：偶然所得。是指个人得奖、中奖、中彩以及其他偶然性质的所得。

个人取得的所得，难以界定应纳税所得项目的，由国务院税务主管部门确定。

对股票转让所得征收个人所得税的办法，由国务院另行规定，并报全国人民代表大会常务委员会备案。①

居民个人取得上述第一项至第四项所得（以下简称综合所得），按纳税年度合并计算个人所得税；非居民个人取得上述第一项至第四项所得，按月或者按次分项计算个人所得税。纳税人上述第五项至第九项所得，依照个人所得税法规定分别计算个人所得税。

（四）个人所得税的税率及计算依据

1. 个人所得税的税率

（1）居民个人综合所得，适用3%至45%的超额累进税率，详见表15：

① 参见2018年《个人所得税法实施条例》第6条、第7条。

表 15 居民个人所得税综合所得超额累进税率表

级数	应纳税所得额	税率（%）	速算扣除数（元）
1	不超过 36000 元的	3	0
2	超过 36000 元至 144000 元的部分	10	2520
3	超过 144000 元至 300000 元的部分	20	16920
4	超过 300000 元至 420000 元的部分	25	31920
5	超过 420000 元至 660000 元的部分	30	52920
6	超过 660000 元至 960000 元的部分	35	85920
7	超过 960000 元的部分	45	181920

（2）非居民个人所得税税率

对于非居民个人取得工资、薪金所得，以每月收入额减除费用 5000 元人民币以后的余额为应纳所得额；取得劳务报酬所得、稿酬所得和特许权使用费所得，以每次收入减除 20%的费用后的余额为应纳税所得额，其中，稿酬所得的应纳税所得额减按 70%计算。上述劳务报酬所得、稿酬所得和特许权使用费所得，属于一次性收入的，以取得该项收入为一次；属于同一项目连续收入的，以一个月以内取得的收入为一次。具体所得税税率见表 16：

表 16 非居民个人所得税税率表

级数	应纳税所得额	税率（%）	速算扣除数（元）
1	不超过 3000 元的	3	0
2	超过 3000 元至 12000 元的部分	10	210
3	超过 12000 元至 25000 元的部分	20	1410
4	超过 25000 元至 35000 元的部分	25	2660
5	超过 35000 元至 55000 元的部分	30	4410
6	超过 55000 元至 80000 元的部分	35	7160
7	超过 80000 元的部分	45	15160

（3）经营所得，适用 5%至 35%的超额累进税率。详见表 17：

表 17　个人经营所得超额累进税率表

级数	全年应纳税所得额	税率（%）	速算扣除数（元）
1	不超过 30000 元的	5	0
2	超过 30000 元至 90000 元的部分	10	1500
3	超过 90000 元至 300000 元的部分	20	10500
4	超过 300000 元至 500000 元的部分	30	40500
5	超过 500000 元的部分	35	65500

（4）利息、股息、红利所得，财产租赁所得，财产转让所得和偶然所得，适用比例税率，税率为 20%。

2. 个人所得税的计算

（1）一般计算方法

根据现行规定，应纳税所得额的计算方法：

第一，居民个人的综合所得，以每一纳税年度的收入额减除费用 6 万元以及专项扣除、专项附加扣除和依法确定的其他扣除后的余额，为应纳税所得额。

第二，非居民个人的工资、薪金所得，以每月收入额减除费用 5000 元后的余额为应纳税所得额；劳务报酬所得、稿酬所得、特许权使用费所得，以每次收入额为应纳税所得额。

第三，经营所得，以每一纳税年度的收入总额减除成本、费用以及损失后的余额，为应纳税所得额。所称成本、费用，是指生产、经营活动中发生的各项直接支出和分配计入成本的间接费用以及销售费用、管理费用、财务费用；所称损失，是指生产、经营活动中发生的固定资产和存货的盘亏、毁损、报废损失，转让财产损失，坏账损失，自然灾害等不可抗力因素造成的损失以及其他损失。

取得经营所得的个人，没有综合所得的，计算其每一纳税年度的应纳税所得额时，应当减除费用 6 万元、专项扣除、专项附加扣除以及依法确定的其他扣除。专项附加扣除在办理汇算清缴时减除。从事生产、经营活动，未提供完整、准确的纳税资料，不能正确计算应纳税所得额的，由主管税务机关核定应纳税所得额或者应纳税额。

第四，财产租赁所得，每次收入不超过 4000 元的，减除费用 800 元；4000 元以上的，减除 20%的费用，其余额为应纳税所得额。

第五，财产转让所得，以转让财产的收入额减除财产原值和合理费用后的余额，为应纳税所得额。财产原值，按照下列方法确定：有价证券，为买入价以及买入时按照规定交纳的有关费用；建筑物，为建造费或者购进价格以及其他有关费用；土地使用权，为取得土地使用权所支付的金额、开发土地的费用以及其他有关费用；机器设备、车船，为购进价格、运输费、安装费以及其他有关费用。其他财产，参照前款规定的方法确定财产原值。纳税人未提供完整、准确的财产原值凭证，不能按照规定的方法确定财产原值的，由主管税务机关核定财产原值。

所称合理费用，是指卖出财产时按照规定支付的有关税费。财产转让所得，按照一次转让财产的收入额减除财产原值和合理费用后的余额计算纳税。

第六，利息、股息、红利所得和偶然所得，以每次收入额为应纳税所得额。

劳务报酬所得、稿酬所得、特许权使用费所得以收入减除20%的费用后的余额为收入额，稿酬所得的收入额减按70%计算。

上述第二项、第四项、第六项所称每次，分别按照下列方法确定：劳务报酬所得、稿酬所得、特许权使用费所得，属于一次性收入的，以取得该项收入为一次；属于同一项目连续性收入的，以一个月内取得的收入为一次；财产租赁所得，以1个月内取得的收入为一次；利息、股息、红利所得，以支付利息、股息、红利时取得的收入为一次；偶然所得，以每次取得该项收入为一次。

居民个人从中国境内和境外取得的综合所得、经营所得，应当分别合并计算应纳税额；从中国境内和境外取得的其他所得，应当分别单独计算应纳税额。

（2）可扣除与抵免项目

第一，个人将其所得对教育、扶贫、济困等公益慈善事业进行捐赠，捐赠额未超过纳税人申报的应纳税所得额30%的部分，可以从其应纳税所得额中扣除；国务院规定对公益慈善事业捐赠实行全额税前扣除的，从其规定。所称个人将其所得对教育、扶贫、济困等公益慈善事业进行捐赠，是指个人将其所得通过中国境内的公益性社会组织、国家机关向教育、扶贫、济困等公益慈善事业的捐赠；所称应纳税所得额，是指计算扣除捐赠额之前的应纳税所得额。

第二，居民个人的专项扣除，包括居民个人按照国家规定的范围和标准缴纳的基本养老保险、基本医疗保险、失业保险等社会保险费和住房公积金等；专项附加扣除，包括子女教育、继续教育、大病医疗、住房贷款利息或者住房租金、赡养老人等支出，具体范围、标准和实施步骤由国务院确定，并报全国人民代表大会常务委员会备案。所称依法确定的其他扣除，包括个人缴付符合国家规定的企业年金、职业年金，个人购买符合国家规定的商业健康保险、税收递延型商业养老保险的支出，以及国务院规定可以扣除的其他项目。专项扣除、专项附加扣除和依法确定的其他扣除，以居民个人一个纳税年度的应纳税所得额为限额；一个纳税年度扣除不完的，不结转以后年度扣除。

第三，居民个人从中国境外取得的所得，可以从其应纳税额中抵免已在境外缴纳的个人所得税税额，但抵免额不得超过该纳税人境外所得依照本法规定计算的应纳税额。所称已在境外缴纳的个人所得税税额，是指居民个人来源于中国境外的所得，依照该所得来源国家（地区）的法律应当缴纳并且实际已经缴纳的所得税税额。所称纳税人境外所得依照本法规定计算的应纳税额，是居民个人抵免已在境外缴纳的综合所得、经营所得以及其他所得的所得税税额的限额（以下简称抵免限额）。除国务院财政、税务主管部门另有规定外，来源于中国境外一个国家（地区）的综合所得抵免限额、经营所得抵免限额以及其他所得抵免限额之和，为来源于该国家（地区）所得的抵免限额。居民个人在中国境外一个国家（地区）实际已经缴纳的个人所得税税额，低于依照前款规定计算出的来源于该国家（地区）所得的抵免限额的，应当在中国缴纳差额部分的税款；超过来源于该国家（地区）所得的抵免限额的，其超过部分不得在本纳税年度的应纳税额中抵免，但是可以在以后纳税年度来源于该国家（地区）所得的抵免限额的余额中补扣，补扣期限最长不得超过 5 年。居民个人申请抵免已在境外缴纳的个人所得税税额，应当提供境外税务机关出具的税款所属年度的有关纳税凭证。①

（3）税务机关的调整

有下列情形之一的，税务机关有权按照合理方法进行纳税调整：

第一，个人与其关联方之间的业务往来不符合独立交易原则而减少本人或者其关联方应纳税额，且无正当理由；

第二，居民个人控制的，或者居民个人和居民企业共同控制的设立在实

① 参见 2018 年《个人所得税法实施条例》第 21 条。

际税负明显偏低的国家（地区）的企业，无合理经营需要，对应当归属于居民个人的利润不作分配或者减少分配；

第三，个人实施其他不具有合理商业目的的安排而获取不当税收利益。

税务机关依照前款规定作出纳税调整，需要补征税款的，应当补征税款，并依法加收利息。

各项所得的计算，以人民币为单位。所得为人民币以外的货币的，按照人民币汇率中间价折合成人民币缴纳税款。

个人所得的形式，包括现金、实物、有价证券和其他形式的经济利益；所得为实物的，应当按照取得的凭证上所注明的价格计算应纳税所得额，无凭证的实物或者凭证上所注明的价格明显偏低的，参照市场价格核定应纳税所得额；所得为有价证券的，根据票面价格和市场价格核定应纳税所得额；所得为其他形式的经济利益的，参照市场价格核定应纳税所得额。①

（五）个人所得税的减免优惠

截至2021年，根据有关规定，个人所得税的减免规定如下：

1. 依现行规定，免征个人所得税项目有：

（1）省级人民政府、国务院部委和中国人民解放军军以上单位，以及外国组织、国际组织颁发的科学、教育、技术、文化、卫生、体育、环境保护等方面的奖金。

（2）个人持有中国财政部发行的债券和经国务院批准发行的金融债券取得的利息；教育储蓄存款利息；财政部门确定的其他专项储蓄存款和储蓄性专项基金存款利息；2009年以后发行的地方政府债券利息。

（3）按照国家统一规定发给的补贴、津贴。所称按照国家统一规定发给的补贴、津贴，是指按照国务院规定发给的政府特殊津贴、院士津贴，以及国务院规定免予缴纳个人所得税的其他补贴、津贴。

（4）福利费、抚恤金、救济金。所称福利费，是指根据国家有关规定，从企业、事业单位、国家机关、社会组织提留的福利费或者工会经费中支付给个人的生活补助费；所称救济金，是指各级人民政府民政部门支付给个人的生活困难补助费。

（5）保险赔款。

（6）军人的转业费、复员费、退役金。

---

① 参见2018年《个人所得税法实施条例》第8条。

（7）按照国家统一规定发给干部、职工的安家费、退职费、基本养老金或者退休费、离休费、离休生活补助费。

（8）依照有关法律规定应予免税的各国驻华使馆、领事馆的外交代表、领事官员和其他人员的所得；该所得是指依照《外交特权与豁免条例》和《领事特权与豁免条例》规定免税的所得。

（9）中国政府参加的国际公约、签订的协议中规定免税的所得。

（10）企业、事业单位按照规定缴付的基本养老保险费、基本医疗保险费和失业保险费，个人领（支）取的原来提存的基本养老保险费、基本医疗保险费和失业保险费和住房公积金。

（11）生育妇女按照县级以上人民政府根据国家规定制定的生育保险办法，取得的生育津贴、生育医疗费和其他生育保险性质的津贴、补贴。

（12）工伤职工及其亲属按照国务院发布的《工伤保险条例》取得的工伤保险待遇，包括工伤职工按照规定取得的一次性伤残补助金、伤残津贴、一次性工伤医疗补助金、一次性伤残就业补助金、工伤医疗待遇、住院伙食补助费、外地就医交通食宿费用、工伤康复费用、辅助器费用和生活护理费等；职工因工死亡，其近亲属按照规定取得的丧葬补助金、供养亲属抚恤金和一次性工亡补助金等。

（13）依法宣告破产的企业职工从本企业取得的一次性安置费。

（14）被拆迁人按照有关城镇房屋拆迁管理办法规定的标准取得的拆迁补偿款。

（15）符合规定的见义勇为基金会和类似组织奖励见义勇为者的奖金、奖品，经过税务机关核准的。

（16）国务院规定的其他免税所得。此项免税规定由国务院报全国人民代表大会常委会备案。

2. 根据规定，暂时免征个人所得税的项目如下：

（1）在中国境内的储蓄机构取得的储蓄存款利息所得。

（2）证券市场个人投资者取得的证券交易结算资金利息所得。

（3）在上海证券交易所、深圳证券交易所转让上市公司发行和转让市场取得的上市公司股票的所得，转让证券投资基金的所得。

（4）个人购买福利彩票、体育彩票，一次性中奖所得不超过 1 万元的；个人取得单张有奖发票，所得不超过 800 元的。

（5）个人转让自用 5 年以上并且是家庭唯一生活用房取得的所得。

（6）个人举报、协查各种违法、犯罪行为获得的奖金。

（7）个人办理代扣代缴税款手续，按照规定取得的手续费。

（8）已经达到离休、退休年龄，由于工作需要而留任的享受政府特殊津贴的专家、学者，在延缓办理离休、退休期间取得的工资、薪金所得。

（9）符合规定的外国专家取得的工资、薪金所得。

3. 减税项目

依现行规定，有下列情形之一的，可以减征个人所得税，具体幅度和期限，由省、自治区、直辖市人民政府规定，并报同级人民代表大会常务委员会备案：

（1）残疾、孤老人员和烈属的所得。

（2）因自然灾害遭受重大损失的。

例如，内蒙古自治区人民政府规定：残疾人员、烈属取得的综合所得和经营所得，可以减征50%的个人所得税；孤老人员取得的上述所得，可以减征100%的个人所得税。纳税人因自然灾害遭受重大损失的，3年内可以减征100%的个人所得税。[①] 四川省人民政府规定：残疾人员取得的综合所得和经营所得，限额减征年应纳个人所得税6000元；孤老人员、烈属取得的上述所得，限额减征年应纳个人所得税10000元。因自然灾害遭受重大损失的纳税人来源于受灾区的所得，可以自受灾当年起3年内减征个人所得税，其中，第一年减征90%；第二年减征70%；第三年减征50%。[②]

（六）个人所得税的申报与缴税期限

1. 个人所得税的申报

有下列情形之一的，纳税人应当依法办理纳税申报：

第一，取得综合所得需要办理汇算清缴；

第二，取得应税所得没有扣缴义务人；

第三，取得应税所得，扣缴义务人未扣缴税款；

第四，取得境外所得；

第五，因移居境外注销中国户籍；

第六，非居民个人在中国境内从两处以上取得工资、薪金所得；

---

① 内蒙古自治区人民政府关于明确我区残疾孤老人员和烈属所得等个人所得税政策的通知（内政发〔2019〕3号）。

② 四川省人民政府关于明确残疾、孤老人员和烈属所得减征个人所得税等有关政策的通知（川府发〔2019〕26号）。

第七，国务院规定的其他情形。

扣缴义务人应当按照国家规定办理全员全额扣缴申报，并向纳税人提供其个人所得和已扣缴税款等信息。

2. 纳税期限

第一，居民个人取得综合所得，按年计算个人所得税；有扣缴义务人的，由扣缴义务人按月或者按次预扣预缴税款；需要办理汇算清缴的，应当在取得所得的次年 3 月 1 日至 6 月 30 日内办理汇算清缴。预扣预缴办法由国务院税务主管部门制定。居民个人向扣缴义务人提供专项附加扣除信息的，扣缴义务人按月预扣预缴税款时应当按照规定予以扣除，不得拒绝。非居民个人取得工资、薪金所得，劳务报酬所得，稿酬所得和特许权使用费所得，有扣缴义务人的，由扣缴义务人按月或者按次代扣代缴税款，不办理汇算清缴。

第二，纳税人取得经营所得，按年计算个人所得税，由纳税人在月度或者季度终了后 15 日内向税务机关报送纳税申报表，并预缴税款；在取得所得的次年 3 月 31 日前办理汇算清缴。纳税人取得利息、股息、红利所得，财产租赁所得，财产转让所得和偶然所得，按月或者按次计算个人所得税，有扣缴义务人的，由扣缴义务人按月或者按次代扣代缴税款。

第三，纳税人取得应税所得没有扣缴义务人的，应当在取得所得的次月 15 日内向税务机关报送纳税申报表，并缴纳税款。纳税人取得应税所得，扣缴义务人未扣缴税款的，纳税人应当在取得所得的次年 6 月 30 日前，缴纳税款；税务机关通知限期缴纳的，纳税人应当按照期限缴纳税款。

居民个人从中国境外取得所得的，应当在取得所得的次年 3 月 1 日至 6 月 30 日内申报纳税。非居民个人在中国境内从两处以上取得工资、薪金所得的，应当在取得所得的次月 15 日内申报纳税。纳税人因移居境外注销中国户籍的，应当在注销中国户籍前办理税款清算。

第四，扣缴义务人每月或者每次预扣、代扣的税款，应当在次月 15 日内缴入国库，并向税务机关报送扣缴个人所得税申报表。

（七）纳税地点

纳税人办理纳税申报的地点以及其他有关事项的具体办法，由国务院税务主管部门制定。

（八）征收管理

个人所得税的征收管理，依照本法和《税收征收管理法》的规定执行。

公安、人民银行、金融监督管理等相关部门应当协助税务机关确认纳税人的身份、金融账户信息。教育、卫生、医疗保障、民政、人力资源社会保障、住房城乡建设、公安、人民银行、金融监督管理等相关部门应当向税务机关提供纳税人子女教育、继续教育、大病医疗、住房贷款利息、住房租金、赡养老人等专项附加扣除信息。

个人转让不动产的，税务机关应当根据不动产登记等相关信息核验应缴的个人所得税，登记机构办理转移登记时，应当查验与该不动产转让相关的个人所得税的完税凭证。个人转让股权办理变更登记的，市场主体登记机关应当查验与该股权交易相关的个人所得税的完税凭证。

有关部门依法将纳税人、扣缴义务人遵守本法的情况纳入信用信息系统，并实施联合激励或者惩戒。

第三节 企业所得税法

企业是一国生产力的基础。没有企业的发展就没有经济发展的基础，也就没有财政与税源基础。为此，通过大力发展企业，为企业发展营造良好的生产经营及服务环境是一国宏观调控的应有决策，尤其在市场经济条件下更是如此。

一、企业所得税法概述

企业所得税是以企业在法定期限内的纯收益为征税对象的税。所谓纯收益，也是为其法定年度内剔除各项成本、费用之后的所得或收入。按照现代经济学原理，该项收入的分配有三：一是用于企业的再生产；二是用于企业投资人的分配；三是上缴国家征收的所得税。由此说明，一方面，为了满足公共财政的需要，企业所得收益需向国家缴纳所得税是企业的一项基本义务；另一方面，国家征收企业所得税的多少，与企业能否再生产以及企业投资人的利益存在“此消彼长”的关系。国家可以利用企业所得税达到调节经济的目的。为此，在市场经济条件下，企业所得税是世界各国普遍征收的一种税。

我国的企业所得税源于改革开放，其走过了一个逐渐完善的过程，至2007年才完成了企业所得税的统一征收。2007年以来，又经过2017年、2018年对企业所得税法两次修正。2017年的修正将第九条修改为：“企业发生的公益性捐赠支出，在年度利润总额12%以内的部分，准予在计算应纳税所得额时扣除；超过年度利润总额12%的部分，准予结转以后三年内在计算应纳税所得额时扣除。”2018年的修正将第五十一条第一款中的“非居民企业在中国境内设立两个或者两个以上机构、场所的，经税务机关审核批准”修改为“非居民企业在中国境内设立两个或者两个以上机构、场所，符合国务院税务主管部门规定条件的”。总结起来，其呈现出以下基本特征：

（一）企业所得税纳税主体的选择性

企业是从事生产、经营和服务活动的社会组织。在市场经济条件下，企业的分类包括公司股份制企业、合伙企业和独资企业三大类。按照《民法典》，又分为法人型企业和非法人型企业。就企业所得税而言，法人型企业是企业所得税的重要来源，为此，企业所得税法主要规范法人型企业的所得税行为，并将合伙企业、个人独资企业以及个体工商户的所得税行为由个人所得税法调整，体现了企业所得税法在主体上的选择性特点。

（二）企业所得税税率的相对稳定性

与个人所得税相比，我国企业所得税的税率，自 2007 年企业所得税法确定以来，基本上未变动。从而，使企业所得税的征收相对稳定，既有利于企业对所得应缴税款的预测，也有利于税务机关的监测、预测。

（三）企业所得税的优惠政策体现了国家产业调节的方向

在企业所得税法的立法结构中，有关优惠政策的规定最为重要。它体现了国家宏观调控对企业发展的政策导向，体现了国家对于企业发展的鼓励和支持。企业按照所得税法的优惠规定，确定自己的发展方向，既能够享受国家税收的优惠待遇，反之亦然，是典型的的宏观调控表现。而这种调控，不仅仅体现在经济常态之下，在发生重大自然灾害或重大公共卫生事件的情况下，国务院可以根据企业所得税法的授权，对企业实行税收减、免和延期缴纳的措施，促进经济恢复。

截至 2021 年，企业所得税属于中央和地方共享税，其所得由中央政府和地方政府共享，除规定的中央政府收入外，其余部分中央政府分享 60%，地方政府分享 40%，是中央政府和地方政府税收收入的主要来源之一。

二、企业所得税法的立法结构

根据现行《企业所得税法》规定，企业所得税法的立法结构如下[①]：

（一）企业所得税的征税主体

对此，《企业所得税法》未作具体规定，按照《税收征收管理法》规定，

---

① 参见 2018 年《企业所得税法》。

企业所得税由主管企业的税务机关负责征收。

（二）企业所得税的纳税主体

企业所得税的纳税主体为在中华人民共和国境内，企业和其他取得收入的组织（统称为企业）。但个人独资企业、合伙企业不适用《企业所得税法》，其所得按照《个人所得税法》规定缴纳。按照《企业所得税法》规定，该法中所称的“企业”分为居民企业和非居民企业两类。其中，居民企业，是指依法在中国境内成立，或者依照外国（地区）法律成立但实际管理机构在中国境内的企业。居民企业应当就其来源于中国境内、境外的所得缴纳企业所得税。

非居民企业，是指依照外国（地区）法律成立且实际管理机构不在中国境内，但在中国境内设立机构、场所的，或者在中国境内未设立机构、场所，但有来源于中国境内所得的企业。非居民企业在中国境内设立机构、场所的，应当就其所设机构、场所取得的来源于中国境内的所得，以及发生在中国境外但与其所设机构、场所有实际联系的所得，缴纳企业所得税。非居民企业在中国境内未设立机构、场所的，或者虽设立机构、场所但取得的所得与其所设机构、场所没有实际联系的，应当就其来源于中国境内的所得缴纳企业所得税。在此情况下，实行源泉扣缴，以支付人为扣缴义务人，税款由扣缴义务人在每次支付或者到期应支付时，从支付或者到期应支付的款项中扣缴。

对非居民企业在中国境内取得工程作业和劳务所得应缴纳的所得税，税务机关可以指定工程价款或者劳务费的支付人为扣缴义务人。

对于香港特别行政区、澳门特别行政区和台湾地区成立的企业，参照关于非居民企业的规定缴纳企业所得税。

（三）企业所得税的征税对象

企业所得税的征税对象为企业的应纳税所得额。该所得额指每一纳税年度的收入总额，减除不征税收入、免税收入、各项扣除以及允许弥补的以前年度亏损后的余额。

企业以货币形式和非货币形式从各种来源取得的收入，为收入总额。包括销售货物收入；提供劳务收入；转让财产收入；股息、红利等权益性投资收益；利息收入；租金收入；特许权使用费收入；接受捐赠收入；其他收入。但财政拨款、依法收取并纳入财政管理的行政事业性收费、政府性基金以及国务院规定的其他不征税收入为不征税收入。

关于可以扣除的项目包括：一是企业实际发生的与取得收入有关的、合理的支出，包括成本、费用、税金[①]、损失和其他支出；二是企业发生的公益性捐赠支出，在年度利润总额12%以内的部分，准予在计算应纳税所得额时扣除；超过年度利润总额12%的部分，准予结转以后3年内在计算应纳税所得额时扣除；三是下列支出不得扣除：向投资者支付的股息、红利等权益性投资收益款项；企业所得税税款；税收滞纳金；罚金、罚款和被没收财物的损失；企业所得税法规定以外的捐赠支出；赞助支出；未经核定的准备金支出；与取得收入无关的其他支出。四是企业按照规定计算的固定资产折旧，准予扣除，但下列固定资产不得计算折旧扣除：房屋、建筑物以外未投入使用的固定资产；以经营租赁方式租入的固定资产；以融资租赁方式租出的固定资产；已足额提取折旧仍继续使用的固定资产；与经营活动无关的固定资产；单独估价作为固定资产入账的土地；其他不得计算折旧扣除的固定资产。五是企业按照规定计算的无形资产摊销费用，准予扣除。但下列无形资产不得计算摊销费用扣除：自行开发的支出已在计算应纳税所得额时扣除的无形资产；自创商誉；与经营活动无关的无形资产；其他不得计算摊销费用扣除的无形资产。六是企业发生的下列支出作为长期待摊费用，按照规定摊销的，准予扣除：已足额提取折旧的固定资产的改建支出；租入固定资产的改建支出；固定资产的大修理支出；其他应当作为长期待摊费用的支出。七是企业对外投资期间，投资资产的成本在计算应纳税所得额时不得扣除。八是企业使用或者销售存货，按照规定计算的存货成本，准予在计算应纳税所得额时扣除。九是企业转让资产，该项资产的净值，准予在计算应纳税所得额时扣除。十是法律特别规定，企业的下列支出，可以在计算应纳税所得额时加计扣除：开发新技术、新产品、新工艺发生的研究开发费用；安置残疾人员及国家鼓励安置的其他就业人员所支付的工资。

另外规定，企业在汇总计算缴纳企业所得税时，其境外营业机构的亏损不得抵减境内营业机构的盈利。企业纳税年度发生的亏损，准予向以后年度结转，用以后年度的所得弥补，但结转年限最长不得超过5年。

上述有关收入、扣除的具体范围、标准和资产的税务处理的具体办法，《企业所得税法》授权由国务院财政、税务主管部门规定。

---

① 这里的税金是指企业发生的除企业所得税和允许抵扣的增值税以外的各项税金及其附加。

（四）企业所得税的税率及计算依据

1. 企业所得税的基本税率

企业所得税的税率为25%。对于非居民企业在中国境内未设立机构、场所的，或者虽设立机构、场所但取得的所得与其所设机构、场所没有实际联系的，应当就其来源于中国境内的所得缴纳企业所得，适用税率为20%。

2. 企业所得应纳税额的计算

企业所得税税额的计算，对于从事境内业务的企业而言，企业的应纳税所得额乘以适用税率，减除税收优惠税额后的余额，为应纳税额。对于有境外业务的企业，则其企业所得税税额的计算为：企业的应纳税所得额乘以适用税率，减除税收优惠规定的减免和抵免的税额后的余额，为应纳税额。为此，企业所得税专门就税收抵免做出规定。

关于抵免，企业所得税法规定，企业取得的下列所得已在境外缴纳的所得税税额，可以从其当期应纳税额中抵免，抵免限额为该项所得依照本法规定计算的应纳税额；超过抵免限额的部分，可以在以后5个年度内，用每年度抵免限额抵免当年应抵税额后的余额进行抵补：一是居民企业来源于中国境外的应税所得。二是非居民企业在中国境内设立机构、场所，取得发生在中国境外但与该机构、场所有实际联系的应税所得。居民企业从其直接或者间接控制的外国企业分得的来源于中国境外的股息、红利等权益性投资收益，外国企业在境外实际缴纳的所得税税额中属于该项所得负担的部分，可以作为该居民企业的可抵免境外所得税税额，在规定的抵免限额内抵免。

对于非居民企业以源泉扣缴法由代扣代缴人计算时，股息、红利等权益性投资收益和利息、租金、特许权使用费所得，以收入全额为应纳税所得额；转让财产所得，以收入全额减除财产净值后的余额为应纳税所得额；其他所得，参照前两项规定的方法计算应纳税所得额。

法律明确规定，在计算应纳税所得额时，企业财务、会计处理办法与税收法律、行政法规的规定不一致的，应当依照税收法律、行政法规的规定计算。

3. 特别纳税调整

一是企业与其关联方之间的业务往来，不符合独立交易原则而减少企业或者其关联方应纳税收入或者所得额的，税务机关有权按照合理方法调整。企业与其关联方共同开发、受让无形资产，或者共同提供、接受劳务发生的成本，在计算应纳税所得额时应当按照独立交易原则进行分摊。

二是企业可以向税务机关提出与其关联方之间业务往来的定价原则和计算方法，税务机关与企业协商、确认后，达成预约定价安排。

三是企业向税务机关报送年度企业所得税纳税申报表时，应当就其与关联方之间的业务往来，附送年度关联业务往来报告表。税务机关在进行关联业务调查时，企业及其关联方，以及与关联业务调查有关的其他企业，应当按照规定提供相关资料。

四是企业不提供与其关联方之间业务往来资料，或者提供虚假、不完整资料，未能真实反映其关联业务往来情况的，税务机关有权依法核定其应纳税所得额。

五是由居民企业，或者由居民企业和中国居民控制的设立在实际税负明显低于法律规定税率水平的国家（地区）的企业，并非由于合理的经营需要而对利润不作分配或者减少分配的，上述利润中应归属于该居民企业的部分，应当计入该居民企业的当期收入。

六是企业从其关联方接受的债权性投资与权益性投资的比例超过规定标准而发生的利息支出，不得在计算应纳税所得额时扣除。

七是企业实施其他不具有合理商业目的的安排而减少其应纳税收入或者所得额的，税务机关有权按照合理方法调整。

八是税务机关依照本章规定作出纳税调整，需要补征税款的，应当补征税款，并按照国务院规定加收利息。

（五）企业所得税法的免税、减税

截至2021年，根据有关规定，企业所得税的免税、减税政策措施如下：

1. 可列为免税收入的收入：

（1）国债利息收入及2009年以后年度发行的地方政府债券利息收入。

（2）符合条件的居民企业之间的股息、红利等权益性投资收益。

（3）在中国境内设立机构、场所的非居民企业从居民企业取得的与上述机构、场所有实际联系的股息、红利等权益性投资收益。

（4）符合条件的非营利性组织的收入。

2. 可以免征企业所得税的项目：

（1）蔬菜、谷物、薯类、油料、豆类、棉花、麻类、糖料、水果和坚果的种植。

（2）农作物新品种的选育。

（3）中药材的种植。

（4）林木的培育、种植。

（5）牲畜、家禽的饲养。

（6）林产品的采集。

（7）灌溉、农产品初加工、兽医、农技推广、农机作业和维修等农、林、牧、渔服务业项目。

（8）远洋捕捞。

3. 可以减半征收企业所得税的项目：

（1）花卉、茶、其他饮料作物和香料作物的种植。

（2）海水养殖、内陆养殖。

4. 公共基础设施项目的减免

企业从事国家重点扶持的公共基础设施项目投资经营（不包括企业承包经营、承包建设和内部自建自用项目）的所得，可以自项目建成并投入运营以后取得第一笔生产、经营收入所属纳税年度起，第1年至第3年免征企业所得税；第4年至第6年减半征收企业所得税。

5. 环保、节水项目的减免

企业从事符合条件的环境保护、节能节水项目的所得，可以自项目取得第一笔生产、经营收入起，第1年至第3年免征企业所得税；第4年至第6年减半征收企业所得税。

6. 居民企业技术转让取得收入的减免

居民企业取得技术转让所得，符合规定条件，在一个纳税年度内所得不超过500万元的部分，可以免征企业所得税；超过500万元的部分，可以减半征收企业所得税。

7. 对非居民企业的优惠

非居民企业没有在中国境内设立机构、场所，取得来源于中国境内的所得；或者虽然在中国境内设立机构、场所，但是取得来源于中国境内的所得与其在中国境内所设立的机构、场所没有实际联系，可以减按10%的税率征收企业所得税。中国政府与外国政府签订的有关税收协定有更优惠规定的，可以按照有关税收协定的规定执行。

8. 外国政府、组织的免税

对于外国政府向中国政府提供优惠贷款取得的利息，以及国际金融组织向中国政府、居民企业提供优惠贷款取得的利息，可以免征企业所得税。

9. 对外商投资者的优惠

中国境外投资者从中国境内居民企业分配的利润直接投资于非禁止外商投资的项目和领域，符合规定条件的，可以暂时不征收企业所得税。该投资者享受优惠待遇后，被投资企业发生重组符合特殊性重组条件的，并按照特殊性重组进行税务处理的，可以继续享受暂不征收企业所得税的待遇。

10. 对小微企业的优惠

从事非国家限制和禁止的行业，并符合规定条件的小型微利企业，可以减按 20%的税率征收企业所得税。（1）工业企业，年度应纳税所得额不超过 30 万元，从业人数不超过 100 人，资产总额不超过 3000 万元；（2）其他企业，年度应纳税所得额不超过 30 万元，从业人数不超过 80 人，资产总额不超过 1000 万元。

自 2019 年至 2021 年，小型微利企业年应纳税所得额不超过 100 万元的部分，可以减按 25%计入应纳税所得额；年应纳税所得额超过 100 万元不超过 300 万元的部分，可以减按 50%计入应纳税所得额。2021 年 1 月 1 日至 2022 年 12 月 31 日，可以减按 25%计入应纳税所得额修改为 12.5%。

11. 对高科技企业的优惠

拥有核心自主知识产权，并同时符合下列条件的国家需要重点扶持的高新技术企业，可以减按 15%的税率征收企业所得税：

（1）产品（服务）属于经国务院批准，科学技术部、财政部和国家税务总局公布的《国家重点支持的高新技术领域》规定的范围；

（2）研究开发经费占销售收入的比例不低于规定的比例；

（3）高新技术产品（服务）收入占企业总收入的比例不低于规定的比例；

（4）科技人员占企业职工总数的比例不低于规定的比例；

（5）高新技术企业认定管理办法规定的其他条件。

12. 对技术先进型服务企业的优惠

经过认定，并同时符合下列条件的技术先进型服务企业，可以减按 15%的税率征收企业所得税：

（1）在中国境内（不包括港、澳、台）注册的企业法人；

（2）从事技术先进型服务业务认定范围内的技术先进服务业务，采用先进技术或者具备较强的研发能力；

（3）具有大专以上学历的员工占企业职工总数的 50%以上；

（4）从事技术先进型服务业务认定范围中的技术先进型业务取得的收入占企业当年总收入的50%以上；

（5）从事离岸服务外包业务取得的收入不低于当年企业总收入的35%。

13. 对民族自治地方企业的优惠

民族自治地方的自治机关对本民族自治地方的企业应当缴纳企业所得税中地方分享的部分，可以决定减征、免征。自治州、自治县决定减征、免征的，须报所在地省（自治区、直辖市）人民政府批准。

14. 企业特定支出的扣除

企业的下列支出，可以在计算企业所得税应纳所得额时加计扣除：

（1）企业开展研究和开发活动中实际发生的研发费用，没有形成无形资产计入当期损益的，可以在据实扣除基础上按照本年度实际发生额的50%从本年度应纳税所得额中扣除；已经形成无形资产的，可以按照无形资产成本的150%在企业所得税前摊销。该规定适用于会计核算健全、实行查账征收并能够准确归集研究开发费用的居民企业。但不适用于烟草制造业、住宿和餐饮业、批发和零售业、房地产业、租赁和商业服务业、娱乐业，以及财政部和国家税务总局规定的七个行业。

（2）企业安置残疾人员就业的，可以在按照规定支付给残疾职工工资据实扣除基础上，按照支付给残疾职工工资的100%加计扣除。

（3）企业安置国家鼓励安置的其他就业人员所支付的工资，加计扣除办法由国务院另行规定。

15. 对创业投资企业的优惠

创业投资企业采取股权投资方式投资于未上市的中小高新技术企业2年以上的，可以按照其投资额的70%，在股权持有满2年的当年抵扣该创业投资企业的企业所得税应纳税所得额；当年该创业投资企业的企业所得税应纳税所得额不足抵扣的，可以在以后年度结转抵扣。

16. 对资源综合利用企业的优惠

企业已经国务院批准，财政部、国家税务总局、国家发展和改革委员会公布的《资源综合利用企业所得税优惠目录》规定的共生、伴生矿产资源、废水（废液）、废气和废渣，再生资源等资源作为主要原材料，生产非国家限制和禁止并符合国家和行业相关标准的产品取得的收入，可以减按90%计入收入总额，但上述原材料占生产产品材料的比例不能低于《资源综合利用企业所得税优惠目录》规定的标准。

17. 购置并使用专用设备的优惠

企业利用自筹资金和银行贷款购置并使用经国务院批准，财政部、国家税务总局和国家有关部门公布的《环境保护专用设备企业所得税优惠目录》《节能节水专用设备企业所得税优惠目录》《安全生产专用设备企业所得税优惠目录》规定的环境保护、节能节水和安全生产等专用设备的，该专用设备的投资额的10%可以抵扣企业本纳税年度的应纳企业所得税；本纳税年度的应纳企业所得税不足抵免的，可以在以后5个纳税年度结转抵免。该规定要求企业对专用设备应当自用。如果在5年内转让、出租的，应当停止享受优惠，并补缴已经抵免的企业所得税；受让方可以享受优惠。

18. 对特定区域高新技术企业的优惠

在深圳、珠海、汕头、厦门、海南经济特区和上海浦东新区登记的国家需要重点扶持的高新技术企业，在经济特区和上海浦东新区取得的所得，可以自取得第一笔生产、经营收入所属纳税年度起，第1年至第2年免征企业所得税；第3年至第5年按照25%的法定税率减半征收企业所得税。

19. 对集成电路软件产业的优惠

集成电路软件产业在计税收入、税前扣除、固定资产折旧、无形资产摊销、税率、免税、减税和再投资退税方面可以享受一定的优惠。

20. 证券市场的优惠

证券投资基金从证券市场取得的收入，投资者从证券投资基金分配中取得的收入，证券投资基金管理人运用基金买卖股票、债券取得的差价收入，均暂不征收企业所得税。

21. 企业招用贫困和失业人口就业优惠

自2019年至2021年，企业招用建档立卡贫困人口、在人力资源社会保障部门公共就业服务机构登记失业半年以上且持《就业创业证》和《就业失业登记证》的人员，可以按照规定扣减企业所得税。

22. 环境污染治理企业优惠

自2019年至2021年，负责环境污染治理设施运营维护的企业，符合规定条件的，可以减按15%的税率缴纳企业所得税。

23. 金融企业优惠

自2020年至2023年，金融机构、小额贷款公司取得的农户小额贷款利息，保险公司为种植业、养殖业提供保险业务取得的保费，在计算企业所得税应纳所得额时，可以按照90%减计收入。

24. 西部企业优惠

自2021年至2030年，设立在国家规定的西部地区和其他地区，以政府发布的《西部地区鼓励类产业目录》中规定的产业项目为主营业务，且当年主营业务收入占企业总收入60%以上的企业，可以减按15%的税率征收企业所得税。

综上，企业同时从事适用不同企业所得税优惠待遇项目的，其优惠项目应当单独计算所得，并合理分摊企业的期间费用；没有单独计算的，不能享受企业所得税优惠。

此外，根据国民经济和社会发展需要，或者由于突发事件等原因对企业经营活动产生重大影响的，国务院可以相机抉择地制定企业所得税的专项优惠措施，报全国人民代表大会常委会备案。

（六）企业所得税的义务发生时间与纳税期限

一是企业所得税按纳税年度计算。纳税年度自公历1月1日起至12月31日止。企业在一个纳税年度中间开业，或者终止经营活动，使该纳税年度的实际经营期不足12个月的，应当以其实际经营期为一个纳税年度。企业依法清算时，应当以清算期间作为一个纳税年度。

二是企业所得税分月或者分季预缴。企业应当自月份或者季度终了之日起15日内，向税务机关报送预缴企业所得税纳税申报表，预缴税款。企业应当自年度终了之日起5个月内，向税务机关报送年度企业所得税纳税申报表，并汇算清缴，结清应缴应退税款。企业在报送企业所得税纳税申报表时，应当按照规定附送财务会计报告和其他有关资料。

三是企业在年度中间终止经营活动的，应当自实际经营终止之日起60日内，向税务机关办理当期企业所得税汇算清缴。企业应当在办理注销登记前，就其清算所得向税务机关申报并依法缴纳企业所得税。

四是扣缴义务人每次代扣的税款，应当自代扣之日起7日内缴入国库，并向所在地的税务机关报送扣缴企业所得税报告表。

（七）企业所得税的纳税地点

除税收法律、行政法规另有规定外，居民企业以企业登记注册地为纳税地点；但登记注册地在境外的，以实际管理机构所在地为纳税地点。

非居民企业在中国境内有机构、场所的，以机构、场所所在地为纳税地点。非居民企业在中国境内设立两个或者两个以上机构、场所，符合国务院税务主管部门规定条件的，可以选择由其主要机构、场所汇总缴纳企业所得税。

非居民企业在中国无机构、场所的，以扣缴义务人所在地为纳税地点。

（八）企业所得税的征收管理

企业所得税的征收管理除《企业所得税法》规定外，依照《税收征收管理法》的规定执行。

中华人民共和国政府同外国政府订立的有关税收协定与企业所得税法有不同规定的，依照协定的规定办理。

法律授权国务院制定实施条例。①

本章小结

通过本章学习可知，与商品流转税属于“间接税”形成鲜明对比的是，收益税法属于典型的“直接税”，且对于个人和企业而言具有普遍性。因此，有关个人所得税和企业所得税的征收及其立法，受到社会的普遍关注。它关系着国家和个人、企业之间利益关系的基本划分，也是国家调节基于市场经济发展所带来的分配不公问题的基本手段之一。国家通过立法，强制性地征收个人所得税、企业所得税，一是保障国家税收来源；二是调节收入分配关系；三是更为重要的是树立个人、企业自觉履行纳税义务法治意识。正因为这样，在市场发达国家，将收益税视为第一大类税种，我国也在向这个方向努力。从收益税法的突出特点来看，征税对象税目的选择、税收征收的累进制设计以及起征点、减免政策措施、可扣除项目的规定和政府相机抉择的阶段性政策调整，以及其依托的经济基础和社会需求的演变是学习收益税法应当重点掌握的内容。

重点思考题

1. 什么是收益税？收益税主要包括哪些？
2. 个人所得税的纳税主体、征收对象分别是什么？
3. 我国个人所得税征收的基本特征是什么？
4. 我国企业所得税征收的基本特征是什么？
5. 企业所得税的纳税主体、征收对象分别是什么？

---

① 2007 年 12 月 6 日国务院公布《企业所得税法实施条例》。2018 年《企业所得税法》修正后，国务院根据 2019 年 4 月 23 日《国务院关于修改部分行政法规的决定》，对《企业所得税实施条例》进行了修订。

第七章
财产税法

财产税是国家为了促进既有财产的合理利用而征收的一种税收。财产税所指的财产通常是指居民、企业及社会组织所有的不动产和相关动产。例如，土地、房产、车船等。与相关财产税相应的税法构成一国的财产税法及其体系。

第一节 财产税法概述

一、财产税的基本认识

财产税是一个古老的税种。财产税的设立比商品税和所得税要早得多。在国外，早在古希腊、罗马时代，就开始征收财产税，古希腊财产税的课税范围包括土地、房屋、奴隶、牲畜、家具、钱财；古罗马财产税的课税范围包括农具、钱财、衣物等。在我国，秦汉时期征收的车船税、牲畜税、山泽园池税，属于财产税的范畴。现代意义的财产税始于1892年的荷兰，以后德国、丹麦、瑞典、挪威等国相继开征了财产税。随着社会经济的发展，社会财富不断增加，财产税的征收范围也逐步由不动产扩展到动产，并一度成为一些国家的主要税种。但随着商品税和所得税的兴起，财产税已经逐步退出主体税种地位，国家对财政征收税收的目的，也由主要保障税收收入，转变为促进财产的合理利用。在目前，世界各国的财产税，主要表现为房产税、地产税、车船税、遗产税、财产赠与税等。

在我国目前，财产税主要表现为房产税、车船税。但关于与土地有关的税收是否属于财产税的问题，一些教材均把其归类为财产税①。但是，由于我国宪法和法律规定，土地属于国家或集体所有，任何单位和个人均没有所有权。中华人民共和国成立以后，在很长时期内由各单位或个人无偿使用，各单位或个人不能从中收益，更谈不上征收财产税。改革开放以后，20世纪80

① 张守文主编：《税法原理》（第9版），法律出版社2019年版。

年代，先在深圳试点使用权有偿使用，后逐步在全国推广，发展至今，所有权、使用权、经营权三权分置所形成的管理模式被法律所确认，其基本点在于把土地作为一种“公有资源”对待，由国家宏观调控。其改革的目的是通过建立在土地公共所有权基础上的土地使用权和经营权的合理行使，使土地资源得到有效的利用，与此同时，对于耕地实行特别的保护措施，因而，与国外实行的土地制度有很大的不同。在此情况下，由于土地不属于占有人、使用人的财产，也就失去了土地相关税收作为财产税的理论基础。为此，本教材参考有关教材，将土地一类的税种统一放在资源税法一章阐述，① 本章重点阐述与财产所有联系密切的房产税法和车船税法。

二、财产税的基本特征

财产类税收与其他类别的税收相比，有一些明显的特征。

（一）财产税的逻辑前提是纳税人对财产的所有

从各国财产税的施行来看，纳税人缴纳财产税正是体现了其对相关财产拥有法律上认可的所有权，即从民法角度分析，其拥有物权。而任何财产的所有及其使用均应当保持其合理性、正当性和合法性。这是国家征收财产税，纳税人缴纳财产税的基本逻辑。而在所有权与使用权及财产经营权相分离的情况下，让财产使用者或经营者缴纳财产税，在理论上缺乏根据。

（二）财产税的收入相对稳定

由于国家对于纳税人的财产实行登记制，因此，国家通过房产和车辆登记掌控着财产的基本情况，因此，涉及财产拥有、增值或流转时，财产税的税收收入相对稳定，税源比较充足，通常不会受到经济形势变动的影响。尤其在大数据背景下，国家对于财产的掌控更容易。

（三）财产税属于直接税

财产税直接对财产所有者征收，很难转嫁于消费者，且与财产拥有的多少有关。多则多缴，少则少缴，并且可以通过财产税的征收，促使财产所有者节约利用财产，预防财产的闲置，或对财产的不合理使用。典型的如，一些人拥有多套房产出租获利，而更多的人却没有房子住，达不到“居者有其屋”的目的。为此，党中央提出“房子是用来住的，不是用来炒的”，进而加强了对房地产的宏观调控，其基本措施之一，就是进行房产税或房地产税的

---

① 徐孟洲、徐阳光著：《税法》（第7版），中国人民大学出版社2019年版。

改革试点，其意图是通过强化房产税，促使多占房者能够使房产合理流转和使用，促使房产能够合理的分配和使用。

（四）财产税大多属于地方税

由于财产的分散性及各地情况存在较大的差异，因此，在中央税和地方税的体制下，财产税大多数属于地方税，其收入也用于地方建设。因此，在中央授权的情况下，地方可以根据本地经济发展情况，决定本地相关财产税的开征及征税力度，通过财产税的征收调节本地经济和社会发展。

三、中华人民共和国财产税法的历史演变

中华人民共和国成立后，我国建立了以生产资料公有制为基础的社会主义经济制度，绝大部分财产属于国家或集体所有，个人拥有的财产种类和数量较少，居民之间个人财产的占有量也相对均衡。在这种情况下，既不具备对居民财产普遍征收财产税的社会基础，也没有运用财产税来调节居民收入的必要性。因此，中华人民共和国成立后，我国虽然也开征过房产税、城市房地产税、车船使用牌照税等，但征收的范围十分有限，税收收入较少，而且一直没有形成完整的体系。

改革开放以来，随着商品经济特别是市场经济的大发展，社会财富的分配形式发生了巨变，多种经济成分并存发展的格局，使居民收入水平大幅度提高。一方面，市场经济发展导致大量非国有财产的增长；另一方面，也出现了财产拥有使用的不平衡。针对这种情况，国家先后发布相关税法，开征或强化了相关的财产税。在房产税方面，自 2009 年 1 月起，原有的《城市房地产税暂行条例》被废止，代之以《房产税暂行条例》调节房产税，且主要涉及经营性房产。近几年来，为了解决房地产利用的突出问题，国家又在重庆、上海进行房产税改革的试点，为《房产税法》的出台积累经验。并随着个人拥有车辆的大量增加，于 2006 年，将车船使用税与车船使用牌照税合并为统一的车船税，适用于所有拥有车船的单位和个人。此外，按照 1994 年税制改革要求，还准备开征遗产税和财产赠与税，但由于时机不成熟，一直没有开征。

第二节　房产税法

一、房产税法概述

房产税是以房产为征税对象，依据房产价格或房产租金收入向房产所有人或经营者征收的一种税。在我国，由于房屋产权有年限限制，因而，房产所有人缴纳房产税的年限也受到房产所有权的法律限制。而对房产租金收入征收房产税的依据则为房产所有者与租赁者签订的《房屋租赁合同》，其权利和义务基础也来自政府颁发的不动产权属登记证所记载的权限。另外，对房产进行征税的目的，主要是促进房产的合理使用，防治房产闲置。

中华人民共和国成立以来，我国对房产进行征税可分为四个时期：

第一个时期为建国初期的新民主主义时期。1951 年 8 月 8 日，政务院发布《城市房地产税暂行条例》，该条例规定，开征房地产税之城市，由中央人民政府财政部核定，未经核定者，不得开征。房地产税由产权所有人交纳，产权出典者，由承典人交纳；产权所有人、承典人不在当地或产权未确定及租典纠纷未解决者，均由代管人或使用人代为报交。①

第二个时期，从 1956 年完成社会主义改造到"文革"结束的社会主义建设时期。通过对私有房屋的社会主义改造，房产基本归国家或集体所有或经租。由于土地也收归国家或集体所有，房地产税基本停征。

第三个时期为改革开放时期。随着房地产商品化改革的推进，1986 年 9 月 15 日，国务院发布《房产税暂行条例》，自 1986 年 10 月 1 日起施行。该条例规定，房产税在城市、县城、建制镇和工矿区征收。房产税由产权所有人缴纳。产权属于全民所有的，由经营管理的单位缴纳。产权出典的，由承典人缴纳。产权所有人、承典人不在房产所在地的，或者产权未确定及租典纠纷未解决的，由房产代管人或者使用人缴纳。该规定的产权所有人、经营管理单位、承典人、房产代管人或者使用人，统称为纳税义务人。房产税依照房产原值一次减除 10%至 30%后的余值计算缴纳。具体减除幅度，由省、自治区、直辖市人民政府规定。房产税按年征收、分期缴纳。纳税期限由省、自治区、直辖市人民政府规定。本条例由财政部负责解释；施行细则由省、自治区、直辖市人民政府制定，抄送财政部备案。该条例根据 2011 年 1 月 8

① 参见 1951 年《城市房地产税暂行条例》第 2 条、第 3 条。

日《国务院关于废止和修改部分行政法规的决定》修订。将第八条中的"《中华人民共和国税收征收管理暂行条例》"修改为"《中华人民共和国税收征收管理法》"，该条例颁布后，根据条例授权，各省、自治区、直辖市制定了实施细则。

第四个时期为房产税改革试点和法律立法时期。2011 年 1 月底，国务院常务会议同意在部分城市进行对个人住房征收房产税改革试点，具体征收办法由试点省（自治区、直辖市）人民政府从实际出发制定。1 月 28 日，上海和重庆两地发布对个人住房征收房产税试点方案，并开始施行。上海针对本市居民家庭在当地新购且属于该居民家庭第二套及以上的住房，家庭人均居住面积超过 60 平方米的，以及非本市居民家庭在本市新购的住房，适用税率暂定为 0.6%。重庆房产税的征收对象为个人拥有的独栋别墅（不论存量房还是增量房）、房价达到当地均价两倍以上的个人新购高档住房，以及在重庆市无户籍、无企业、无工作的个人新购二套及二套以上住房，税率为 0.5%—1.2%之间。该两地的试点一个位于发达的东部地区，一个位于欠发达的西部地区，具有一定的代表意义。两地的试点，对于制定好《房产税法》提供了经验。鉴于人民群众对于房地产发展的强烈不满，房地产改革以及《房产税法》的立法呼之欲出。

2014 年，中共十八届四中全会将房地产税的立法作为重点领域的立项任务提了出来，各方也在加紧努力，但是，房产税法或房地产税法的出台尚有许多难点问题未能解决。例如，房地产税能否成为外界所期待的调控房价、调节贫富差距的利器？房地产税征税范围是由中央决定，还是由地方决定？房地产税免征税额和免税对象将会如何确定？各地情况千差万别，税率如何确定？房地产税与现有的房产税、城镇土地使用税、土地增值税、契税、耕地占用税以及相关土地基金是怎样的关系？等等。特别是人民群众对房地产税的立法期望值很高，这给全国人大的立法形成了较大的压力，必须予以慎重对待，只有交上让党和人民满意的答卷，才能完成好房产税立法的任务。有关房地产税法的草案已经多次在内部征求意见，下一步还需要在全社会公开意见后，才能进入人大的审议程序。为了制定好房地产税法，2021 年 10 月 23 日第十三届全国人大常委会第三十一次会议通过《关于授权国务院在部分地区开展房地产税改革试点工作的决定》（以下简称《决定》）。该《决定》规定，试点地区的房地产征税对象为居住用和非居住用等各类房地产，不包括依法拥有的农村宅基地及其上住宅。土地使用权人、房屋所有权人为房地产税的纳税人。非居住用房地产继续按照《房产税暂行条例》《城镇土地使用税暂行条例》执行。根据《决定》，试点期限为5年。

至2021年，房产税属于地方税，所得收入归地方政府支配，是地方政府税收收入的重要来源之一。

二、房产税法的立法结构

根据现行《房产税暂行条例》及相关规定，房产税法的立法结构如下①：

（一）房产税的征税主体

房产税由房产所在地的税务机关征收。江西省规定，房产税由房产所在地的税务机关征收。对城镇居民应纳的房产税，由于税源分散，当地税务机关征收有困难的，可委托城镇居民委员会代征，并按规定付给代征手续费。② 河北省规定，同一纳税人的房产跨越两个或者两个以上行政区域的，由房产所在地的税务机关分别征收。③ 天津市规定，房产税由房产所在地的区、县税务机关征收。凡财务上不是独立核算的单位，其房产税由总机构所在地的税务机关征收。外省市驻津单位，不论是否独立核算，一律在本市所在区、县税务机关纳税。④ 上海市规定，房产税由房产所在地的税务机关征收。纳税义务人在本市境内跨区、县设立的各类分支机构和其他房产，凡财务上不是独立核算的，可由总机构或产权所有人所在地税务机关合并征收。涉外“三资企业”由市税务局直接征收。⑤

（二）房产税的纳税人

《房产税暂行条例》规定，房产税由产权所有人缴纳。产权属于全民所有的，由经营管理的单位缴纳。产权出典的，由承典人缴纳。产权所有人、承典人不在房产所在地的，或者产权未确定及租典纠纷未解决的，由房产代管人或者使用人缴纳。产权所有人、经营管理单位、承典人、房产代管人或者使用人，统称为纳税义务人（以下简称纳税人）。江西省规定，在房产税开征范围内的所有房产，不论房产自用、出租、出借、出典等，除《条例》和本细则规定免税者外，一律由房产产权所有人、经营管理单位或承典人缴纳房产税；产权所有人、承典人不在当地，或者产权未确定以及租典纠纷未解决

---

① 参见2011年《房产税暂行条例》。

② 参见2018年《江西省房产税实施细则》第10条。

③ 参见2020年《河北省房产税实施办法》第8条。

④ 参见1999年《天津市实施〈中华人民共和国房产税暂行条例〉的细则》第13条。

⑤ 参见1986年《上海市房产税实施细则》第4条。

的，由房产代管人或者使用人缴纳。①重庆市规定，纳税人为应税住房产权所有人。产权人为未成年人的，由其法定监护人纳税。产权出典的，由承典人纳税。产权所有人、监护人、承典人不在房产所在地的，或者产权未确定及租典纠纷未解决的，由代管人或使用人纳税。应税住房产权共有的，共有人应主动约定纳税人，未约定的，由税务机关指定纳税人。②河北省规定，凡在征收房产税的地区范围内，已构成固定建筑的房屋，均应由其产权所有人、经营管理人、承典人、代管人或者使用人（以下简称纳税人）缴纳房产税。③上海市规定，房产税由产权所有人缴纳。产权属于全民所有的，由经营管理的单位缴纳。产权出典的，由承典人缴纳。产权所有人、承典人不在本市或产权未确定及租典纠纷未解决的，其代管人或使用人缴纳。个人共有的房产，由共有人推定代表缴纳。房产产权转移时，承受人应督促原产权所有人缴清各期税款，否则由产权承受人负责缴纳。④

（三）房产税的征税对象

《房产税暂行条例》规定，房产税的征税对象为依法应税房产及房产租金收入。具体包括：一是位于城市、县城、建制镇和工矿区经营房产的原值一次减除10%至30%后的余值；二是房产租金收入。

重庆市试点规定，一是试点采取分步实施的方式。首批纳入征收对象的住房为：1. 个人拥有的独栋商品住宅。2. 个人新购的高档住房。高档住房是指建筑面积交易单价达到上两年主城九区新建商品住房成交建筑面积均价2倍（含2倍）以上的住房。3. 在重庆市同时无户籍、无企业、无工作的个人新购的首套及以上的普通住房。新购住房是指《暂行办法》施行之日起购买的住房（包括新建商品住房和存量住房）。新建商品住房购买时间以签订购房合同并提交房屋所在地房地产交易与权属登记中心的时间为准，存量住房购买时间以办理房屋权属转移、变更登记手续时间为准。二是未列入征税范围的个人高档住房、多套普通住房，将适时纳入征税范围。⑤而上海市的试点规定，其征收对象为本市居民家庭在本市新购且属于该居民家庭第二套及以上的住房（包括新购的二手存量住房和新建商品住房）和非本市居民家庭在本

① 参见2018年《江西省房产税实施细则》第3条。

② 参见2017年《重庆市关于开展对部分个人住房征收房产税改革试点的暂行办法》第3条。

③ 参见2020年《河北省房产税实施办法》第3条。

④ 参见1986年《上海市房产税实施细则》第3条。

⑤ 参见2017年《重庆市关于开展对部分个人住房征收房产税改革试点的暂行办法》第2条。

市新购的住房。除上述征收对象以外的其他个人住房按国家制定的有关个人住房房产税规定执行。新购住房的购房时间以购房合同网上备案的日期为准。居民家庭住房套数根据居民家庭（包括夫妻双方及其未成年子女）在本市拥有的住房情况确定。①

（四）房产税的税率及计算

《房产税暂行条例》规定，房产税的税率，依照房产余值计算缴纳的，税率为1.2%；依照房产租金收入计算缴纳的，税率为12%。房产税依照房产原值一次减除10%至30%后的余值计算缴纳。具体减除幅度，由省、自治区、直辖市人民政府规定。没有房产原值作为依据的，由房产所在地税务机关参考同类房产核定。房产出租的，以房产租金收入为房产税的计税依据。对此，大部分地方规定为按照房产原值一次减除30%后的余值作为房产税的计税依据。

内蒙古自治区规定，房产税采用从价和从租两种计征办法：从价计征的，每年按房产原值一次减去10%后的余值的1.2%征收房产税。2019年1月1日到2021年12月31日，前款规定的房产原值一次减除比例暂由10%调整为30%。从租计征的，每年按房产租金收入的12%征收房产税。以折旧形式使用房产的，按从价计征办法征收房产税。②

重庆市规定，一是独栋商品住宅和高档住房建筑面积交易单价在上两年主城九区新建商品住房成交建筑面积均价3倍以下的住房，税率为0.5%；3倍（含3倍）至4倍的，税率为1%；4倍（含4倍）以上的税率为1.2%。二是在重庆市同时无户籍、无企业、无工作的个人新购首套及以上的普通住房，税率为0.5%。应税住房的计税价值为房产交易价。条件成熟时，以房产评估值作为计税依据。独栋商品住宅和高档住房一经纳入应税范围，如无新的规定，无论是否出现产权变动均属纳税对象，其计税交易价和适用的税率均不再变动。属于本办法规定的应税住房用于出租的，按本办法的规定征收房产税，不再按租金收入征收房产税。对于个人住房房产税应纳税额的计算：应纳税额=应税建筑面积×建筑面积交易单价×税率。应税建筑面积是指纳税人应税住房的建筑面积扣除免税面积后的面积。其中，扣除免税面积以家庭为单位，一个家庭只能对一套应税住房扣除免税面积。纳税人在本办法施行前拥有的独栋商品住宅，免税面积为180平方米；新购的独栋商品住宅、高

---

① 参见2011年《上海市开展对部分个人住房征收房产税试点的暂行办法》。

② 参见2019年《内蒙古自治区房产税实施细则》第3条。

档住房，免税面积为 100 平方米。纳税人家庭拥有多套新购应税住房的，按时间顺序对先购的应税住房计算扣除免税面积。在重庆市同时无户籍、无企业、无工作的个人的应税住房均不扣除免税面积。[①]

上海市规定，房产税依照房产原值一次减除 20%的余值计算缴纳。房产原值包括房屋不可分割的附属设备，没有房产原值或原值明显不合理、不足为依据的，由当地税务机关参考同类房产核定。房产出租的，以房产租金收入为房产税的计税依据。[②]

福建省规定，房产税以房产原值，一律减除 25%后的余值计算缴纳。房产原值的计算，按现行财务制度规定办理。账房不符或没有房产原值可查以及不符合财务制度规定的，可按房屋现状，分为框架结构、混合结构、砖（石）木结构、其他结构等若干类，由当地税务机关参考同类房屋调整账务或核定计征。[③] 河北省规定，房产原值的确定：（1）依据纳税单位固定资产账页记载的金额确定；（2）未记入固定资产账户，但按有关的财务制度规定，房屋累计造价已达到固定资产标准的房产，按累计造价确定；（3）无房产原值和财务制度的自有房产，由房产所在地的地方税务机关，参考房产管理部门同一年代兴建的同类房屋的造价核定；（4）购买的房屋，按购进的价格确定。与房屋不可分割的水、暖气、煤气、电器设备，应计算在房产原值内。[④] 天津市规定，没有房产原值可作为依据的，其房产原值暂定为：平房每建筑平方米 400 元，楼房每建筑平方米 800 元，均按减除 30%后的余值计征。此项房产原值只供计算房产税税款使用。[⑤] 山西省规定，1980 年底以前修建的房屋，依照房产原值一次减除 30%后的余值计算缴纳；1981 年 1 月 1 日以后修建的房屋，依照房产原值一次减除 20%后的余值计算缴纳。[⑥]

另外，根据规定，具备房屋功能的地下建筑，也应当缴纳房产税。一是工业用途的地下建筑，以建筑物原值的 50%— 60%作为应税房产原值；商业和其他用途的地下建筑，以建筑物原值的 70%— 80%作为应税房产原值。建筑物原值折算为应税房产原值的具体比例，由各省、自治区、直辖市和计划单列市财政、税务机关在上述规定的幅度内自行确定。二是与地上房屋相连

---

① 参见 2017 年《重庆市个人住房房产税征收管理实施细则》第 8 条、第 9 条。

② 参见 1986 年《上海市房产税实施细则》第 5 条。

③ 参见 1986 年《福建省房产税实施管理细则》第 7 条。

④ 参见 2020 年《河北省房产税实施办法》第 5 条。

⑤ 参见 1999 年《天津市实施〈中华人民共和国房产税暂行条例〉的细则》第 5 条。

⑥ 参见 1986 年《山西省实施〈中华人民共和国房产税暂行条例〉的细则》第 4 条。

的地下建筑，如房屋的地下室、地下停车场和商场的地下部分等，应当将地下建筑与地上建筑视为一个整体，按照地上房屋缴纳房产税。三是出租的地下建筑，应当按照出租地上房屋缴纳房产税。

（五）房产税的减免

《房产税暂行条例》规定及有关规定，下列房产可以免征房产税：

1. 国家机关、人民团体、军队自用的房产。

2. 由财政部门拨付事业经费的单位自用的房产。

3. 企业所办的学校、托儿所和幼儿园自用的房产。

4. 非营利性医疗机构、疾病控制机构和妇幼保健机构等医疗、卫生机构自用的房产。营利性医疗机构取得的收入直接用于改善医疗条件的，自取得执业登记之日起 3 年内，自用的房产也可以免征房产税。

5. 非营利性科研机构自用的房产。

6. 宗教寺庙、公园、名胜古迹自用的房产。

7. 个人所有非营业用的房产，但国务院批准的征税试点城市除外。

8. 经过有关部门鉴定停止使用的毁损房屋和危险房屋。

9. 行政单位、企业、事业单位、社会团体和个人投资兴办的福利性、非营利性老年服务机构自用的房产。

10. 公益性未成年校外活动场所自用的房产。

11. 国家机关、军队、人民团体、财政补助事业单位、居民委员会和村民委员会拥有的体育场馆；经费自理的事业单位、体育社会团体、体育基金会和体育类民办非企业单位拥有并运营管理的体育场馆，符合条件的，用于体育活动的房产。

12. 在基建工地建造的为工地服务的各种临时性房屋，在施工期间可以免征房产税。

13. 房屋大修停用半年以上的，在大修期间可以免征房产税。

14. 经财政部批准免税的其他房产。

根据规定，截至 2021 年，下列房产暂免征税、定期免税和减税：

1. 铁路运输企业经国务院批准进行股份制改革成立的企业和由中国铁路总公司及其铁路运输企业与地方政府、企业、其他投资者共同出资成立的合资铁路运输企业自用的房产，可以暂时免征房产税。

2. 企业、事业单位、社会团体和其他组织按照市场价格向个人出租住房的收入，个人出租住房的收入，可以减按 4%的税率征收房产税。

3. 企业拥有并运营管理的大型体育场馆用于体育活动的房产，可以减半征收房产税。

4. 自2019年至2021年，增值税小规模纳税人可以按照规定减征房产税。

5. 自2019年至2021年，农产品批发市场、农贸市场专门用于经营农产品的房产，可以免征房产税；同时经营其他产品的农产品批发市场、农贸市场使用的房产，可以按照其他产品与农产品交易场地面积的比例确定征免房产税。

6. 自2019年6月1日至2025年12月31日，为社区提供养老、托育和家政服务的机构自有和通过承租、无偿使用等方式取得并用于提供上述服务的房产，可以免征房产税。

纳税人纳税确有困难的，可由省、自治区、直辖市人民政府确定，定期减征或者免征房产税。

纳税单位与免税单位共同使用房屋的，应当按照各自使用的部分划分，分别缴纳或免纳房产税。

免税单位出租房产和非本单位业务用的生产、经营用房，应当缴纳房产税。

房地产开发企业建造的商品房，在出售以前不征收房产税，已经使用和出租、出借的除外。

关于个人住房征税试点，各地规定不一。例如，重庆市试点规定，一是对农民在宅基地上建造的自有住房，暂免征收房产税。二是在重庆市同时无户籍、无企业、无工作的个人拥有的普通应税住房，如纳税人在重庆市具备有户籍、有企业、有工作任一条件的，从当年起免征税，如已缴纳税款的，退还当年已缴税款。三是因自然灾害等不可抗力因素，纳税人纳税确有困难的，可向地方税务机关申请减免税和缓缴税款。[①]

（六）房产税的缴纳期限

《房产税暂行条例》规定，房产税按年征收、分期缴纳。纳税期限由省、自治区、直辖市人民政府规定。例如，内蒙古自治区规定，房产税按年征收，每半年缴纳一次。具体缴纳时间为每年5月和11月。注销的纳税人，应当在注销当月缴清房产税。[②] 江西省规定，房产税的纳税期限为：房产管理部门按

① 参见2017年《重庆市关于开展对部分个人住房征收房产税改革试点的暂行办法》第7条。

② 参见2019年《内蒙古自治区房产税实施细则》第5条。

月缴纳，企业及其他单位和个人按季缴纳。[①]

（七）房产税的纳税地点

房产税的纳税地点为房产登记所在地税务机关。

（八）房产税的征收管理

《房产税暂行条例》规定，房产税的征收管理，依照《税收征收管理法》的规定办理。本条例由财政部负责解释；施行细则由省、自治区、直辖市人民政府制定，抄送财政部备案。对此，各地均规定，房产税的征收管理依照《税收征收管理法》的规定及各地的税收征收管理实施细则规定办理。典型的如，黑龙江省规定，纳税人违反《条例》和本细则规定，偷税、抗税、逾期缴纳税款的处罚以及对揭发、检举人的奖励，依照《税收征收管理暂行条例》和《黑龙江省实施〈中华人民共和国税收征收管理暂行条例〉办法》等有关规定办理。[②]

第三节 车船税法

一、车船税法概述

车船税是依照法律规定，对在我国境内的车辆、船舶，按照规定的税目、计税单位和年税额标准计算征收的一种税。

中华人民共和国成立后，1951 年 9 月 13 日，政务院颁布了《车船使用牌照税暂行条例》。该条例规定，凡在开征车船使用牌照税之地区行驶车、船者，均依本条例之规定，向税务机关交纳车船使用牌照税。由此，在全国范围内征收车船使用牌照税[③]；1986 年国务院颁布了《车船使用税暂行条例》，开征车船使用税，但对外商投资企业、外国企业及外籍个人仍征收车船使用牌照税；[④] 2006 年 12 月，国务院制定了《车船税暂行条例》，对包括外资企业和外籍个人在内的各类纳税人统一征收车船税。该条例规定，凡在中华人民共和国境内拥有并且使用车船的单位和个人，为车船使用税的纳税义务人，

---

① 参见参见 2018 年《江西省房产税实施细则》第 8 条。

② 参见 1988 年《黑龙江省实施〈中华人民共和国房产税暂行条例〉的细则》第 11 条。

③ 参见 1951 年《车船使用牌照税暂行条例》第 1 条。

④ 参见 1986 年《车船使用税暂行条例》第 1 条。

都应当依照本条例的规定缴纳车船使用税。① 该条例自 2007 年 1 月 1 日起施行。1951 年 9 月 13 日原政务院发布的《车船使用牌照税暂行条例》和 1986 年 9 月 15 日国务院发布的《车船使用税暂行条例》同时废止。

2011 年 2 月 25 日第十一届全国人民代表大会常务委员会第十九次会议通过《车船税法》，自 2012 年 1 月 1 日起施行。2006 年 12 月 29 日国务院公布的《车船税暂行条例》同时废止。根据 2019 年 4 月 23 日第十三届全国人民代表大会常务委员会第十次会议于 2019 年 4 月 23 日通过的《全国人民代表大会常务委员会关于修改〈中华人民共和国建筑法〉等八部法律的决定》对《车船税法》作出修改，将第三条增加一项，作为第四项："（四）悬挂应急救援专用号牌的国家综合性消防救援车辆和国家综合性消防救援专用船舶"。

2011 年 12 月 5 日中华人民共和国国务院令第 611 号公布《车船税法实施条例》，自 2012 年 1 月 1 日起施行。2019 年 3 月 2 日根据《国务院关于修改部分行政法规的决定》，国务院对《车船税法实施条例》进行了修订。车船税法的制定，不仅仅是由暂行条例上升到法律高度，也体现出一些明显的特点：

1. 扩大征税范围

《暂行条例》规定，车船税的征税范围是依法应当在车船管理部门登记的车船，不需登记的单位内部作业车船不征税。《车船税法》除对依法应当在车船登记管理部门登记的车船继续征税外，将在机场、港口以及其他企业内部场所行驶或者作业且依法不需在车船登记管理部门登记的车船也纳入征收范围。

2. 改革乘用车计税依据

《暂行条例》对乘用车（微型、小型客车）按辆征收。《车船税法》采用与车辆在价值上存在着正相关关系的"排气量"作为计税依据，对乘用车按"排气量"划分为七个档次征收。

3. 调整税负结构和税率

一是为更好地发挥车船税的调节功能，体现引导汽车消费和促进节能减排的政策导向，《车船税法》对占汽车总量 72%左右的乘用车税负，按发动机排气量大小分别作了降低、不变和提高的结构性调整。其中，对占现有乘用车总量 87%左右、排气量在 2.0 升及以下的乘用车，税额幅度适当降低或维持不变；对占现有乘用车总量 10%左右、排气量为 2.0 升以上至 2.5 升（含）

① 参见 2006 年《车船税暂行条例》第 1 条。

的中等排量乘用车，税额幅度适当调高；对占现有乘用车总量3%左右、排气量为2.5升以上的较大和大排量乘用车，税额幅度有较大提高。二是为支持交通运输业发展，车船税法对占汽车总量28%左右的货车、摩托车以及船舶（游艇除外）仍维持原税额幅度不变；对载客9人以上的客车，税额幅度略作提高；对挂车由原来与货车适用相同税额改为减按货车税额的50%征收。三是将船舶中的游艇单列出来，按长度征税，并将税额幅度确定为每米600元至2000元。

4. 完善税收优惠

《车船税法》及实施条例除了保留省、自治区、直辖市人民政府可以对公共交通车船给予定期减免税优惠外，还增加了对节约能源和使用新能源的车船、对受严重自然灾害影响纳税困难以及有其他特殊原因确需减免税的车船，可以减征或者免征车船税等税收优惠。

5. 强化部门配合

由于机动车数量庞大、税源分散，仅靠税务机关征管难度较大，需要与车船管理部门建立征收管理的协作机制，以提高征收绩效，防止税源流失。为此，《车船税法》规定，公安、交通运输、农业、渔业等车船登记管理部门、船舶检验机构和车船税扣缴义务人的行业主管部门应当在提供车船有关信息等方面，协助税务机关加强车船税的征收管理。同时，实施条例规定公安机关交通管理部门在办理车辆相关登记和定期检验手续时，经核查，对没有提供依法纳税或者免税证明的，不予办理相关手续。

按照《车船税法》规定，省、自治区、直辖市人民政府根据当地实际情况，可以对公共交通车船，农村居民拥有并主要在农村地区使用的摩托车、三轮汽车和低速载货汽车定期减征或者免征车船税。车船税按年申报缴纳。具体申报纳税期限由省、自治区、直辖市人民政府规定。① 为此，各地根据法律授权对车船税的征收制定了相应的实施办法。较新的如，2019年3月21日，内蒙古自治区人民政府对2013年出台的《内蒙古自治区实施〈中华人民共和国车船税法〉办法》进行修正后重新公布。该办法在免征车船税方面，增加了“农村牧区居民拥有并主要在农村牧区使用的摩托车、三轮汽车和低速载货汽车。”而在纳税期限方面则明确规定，车船税按年申报，分月计算，一次性缴纳。纳税年度为公历1月1日至12月31日。由扣缴义务人代收代缴

① 参见2019年《车船税法》第5条。

车船税的，纳税人应当在办理机动车交通事故责任强制保险的同时缴纳车船税。纳税人新购置车船且自行申报缴纳车船税的，应当自纳税义务发生之次月30日前缴纳车船税。又对公共交通车船作出规定，即本办法所称公共交通车船，是指依法取得运营资格，执行物价部门规定的票价标准，按照规定时间、线路和站点运营，供公众乘用并承担部分社会公益性服务或者执行政府指令性任务的车船。[①] 其他省份，也结合本省的实际情况，作出了相应的规定。而2011年北京市发布的《北京市实施〈中华人民共和国车船税法〉办法》，则根据北京市交通状况，明确规定，在本市车辆登记管理部门登记为公交客运、公路客运的公共交通车辆以及农村居民拥有并主要在农村地区使用的摩托车、三轮汽车和低速载货汽车暂免征收车船税。对受地震、洪涝等严重自然灾害影响纳税困难以及其他特殊原因确需减免税的车船，由市政府在灾情发生以后视灾情程度确定减免期限和数额，并向社会公布，同时报国务院备案。对本市实施交通管理限行措施期间，本市乘用车辆按年减征2个月应纳税额计算全年应纳税款。[②]

截至2021年，车船税属于地方税，车船税所得收入归地方政府支配。

二、车船税法的立法结构

根据《车船税法》及相关规定，车船税法的立法结构如下[③]：

（一）车船税的征税主体

车船税由税务机关负责征收。

税务机关可以在车船登记管理部门、车船检验机构的办公场所集中办理车船税征收事宜。公安机关交通管理部门在办理车辆相关登记和定期检验手续时，经核查，对没有提供依法纳税或者免税证明的，不予办理相关手续。

（二）车船税的纳税主体

车船税的纳税主体指的是在中华人民共和国境内属于车船税法所附《车船税税目税额表》规定的车辆、船舶（以下简称车船）的所有人或者管理人。所有人是指在我国境内拥有车船的单位和个人；管理人是指对车船具有管理权或者使用权，不具有所有权的单位。上述单位，包括在中国境内成立的行

① 参见2019年《内蒙古自治区实施〈中华人民共和国车船税法〉办法》第4条、第9条、第12条。

② 参见2012年《北京市实施〈中华人民共和国车船税法〉办法》第4条。

③ 参见2019年《车船税法》。

政机关、企业、事业单位、社会团体以及其他组织；上述个人，包括个体工商户以及其他个人。

车船税法所称车辆、船舶，一是指依法应当在车船登记管理部门登记的机动车辆和船舶；二是指依法不需要在车船登记管理部门登记的在单位内部场所行驶或者作业的机动车辆和船舶。

从事机动车第三者责任强制保险业务的保险机构为机动车车船税的扣缴义务人，应当在收取保险费时依法代收车船税，并出具代收税款凭证。由保险机构在办理机动车交强险业务时代收代缴机动车的车船税，可以方便纳税人缴纳车船税，节约征纳双方的成本，实现车辆车船税的源泉控管。

（三）车船税的征税对象

根据《车船税法》规定，车船税的征税对象为属于《车船税税目税额表》规定的应税车辆和船舶。据目前的规定，以下五大类车辆、船舶属于征税对象：

第一，核定载客人数 9 人（含）以下的乘用车。按发动机汽缸容量（排气量）分档。

第二，商用车，包括客车（核定载客人数 9 人以上，包括电车）和货车（包括半挂牵引车、三轮汽车和低速载货汽车等）。

第三，挂车。其中，不包括拖拉机。其又分为专用作业车和轮式专用机械车。

第四，摩托车。

第五，船舶。具体包括：一是机动船舶（拖船、非机动驳船分别按照机动船舶税额的 50%计算）；二是游艇。船舶，是指各类机动、非机动船舶以及其他水上移动装置，但是，船舶上装备的救生艇筏和长度小于 5 米的艇筏除外。其中，机动船舶是指用机器推进的船舶；拖船是指专门用于拖（推）动运输船舶的专业作业船舶；非机动驳船，是指在船舶登记管理部门登记为驳船的非机动船舶；游艇是指具备内置机械推进动力装置，长度在 90 米以下，主要用于游览观光、休闲娱乐、水上体育运动等活动，并应当具有船舶检验证书和适航证书的船舶。

（四）车船税的税率及计算依据

根据车船税法及有关规定，目前执行的车船税税目及税额如表 18 所示：

表 18 车船税税目税额

车辆类别	税目	计税单位	年基准税额	备注
乘用车（按发动机汽缸排气量）分档	1.0 升（含）以下的	每辆	每年 60 元至 360 元	核定载客人数 9 人（含）以下
	1.0 升以上至 1.6 升（含）的	每辆	每年 300 元至 540 元	
	1.6 升以上至 2.0 升（含）的	每辆	每年 360 元至 660 元	
	2.0 升以上至 2.5 升（含）的	每辆	每年 660 元至 1200 元	
	2.5 升以上至 3.0 升（含）的	每辆	每年 1200 元至 2400 元	
	3.0 升以上至 4.0 升（含）的	每辆	每年 2400 元至 3600 元	
	4.0 升以上的	每辆	每年 3600 元至 5400 元	
商用车	客车	每辆	每年 480 元至 1440 元	核定载客人数 9 人以上，包括电车
	货车	整备质量每吨	每年 16 元至 120 元	包括半挂牵引车、三轮汽车和低速载货汽车和客货两用车（多用货车）等
挂车		整备质量每吨	按照货车税额的 50%计算	
其他车辆	专用作业车	整备质量每吨	每年 16 元至 120 元	不包括拖拉机
	轮式专用机械车	整备质量每吨	每年 16 元至 120 元	不包括拖拉机
摩托车		每辆	每年 36 元至 180 元	

续表

车辆类别	税　　目	计税单位	年基准税额	备　注
船　舶	机动船舶	净吨位每吨	不超过200吨的，每吨每年3元； 超过200吨至2000吨的，每吨每年4元； 超过2000吨至10000吨的，每吨每年5元； 超过10000吨的，每吨每年6元	拖船、非机动驳船分别按照相同净吨位机动船舶适用税率的50%计算，拖船的净吨位按发动机功率1千瓦折合0.67吨计算
	游艇	艇身长度每米	不超过10米的，每米每年600元； 超过10米至18米的，每米每年900元； 超过18米至30米的，每米每年1300元； 超过30米的，每米每年2000元； 辅助动力帆艇，每米每年600元	

车船税的税率，按照以上分类以不同的计税方法征税。

法律授权车辆的具体适用税额由省、自治区、直辖市人民政府依照本法所附《车船税税目税额表》规定的税额幅度和国务院的规定确定。

省、自治区、直辖市人民政府根据车船税法所附《车船税税目税额表》确定车辆具体适用税额，应当遵循以下原则：一是乘用车依排气量从小到大递增税额；二是客车按照核定载客人数20人以下和20人（含）以上两档划分，递增税额。

省、自治区、直辖市人民政府确定的车辆具体适用税额，应当报国务院备案。

车船税法和实施条例所涉及的排气量、整备质量、核定载客人数、净吨位、千瓦、艇身长度，以车船登记管理部门核发的车船登记证书或者行驶证所载数据为准。

依法不需要办理登记的车船和依法应当登记而未办理登记或者不能提供车船登记证书、行驶证的车船，以车船出厂合格证明或者进口凭证标注的技术参数、数据为准；不能提供车船出厂合格证明或者进口凭证的，由主管税务机关参照国家相关标准核定，没有国家相关标准的参照同类车船核定。

车船税法所附《车船税税目税额表》中车辆、船舶的含义如下：

乘用车，是指在设计和技术特性上主要用于载运乘客及随身行李，核定载客人数包括驾驶员在内不超过9人的汽车。

商用车，是指除乘用车外，在设计和技术特性上用于载运乘客、货物的汽车，划分为客车和货车。

半挂牵引车，是指装备有特殊装置用于牵引半挂车的商用车。

三轮汽车，是指最高设计车速不超过每小时50公里，具有三个车轮的货车。

低速载货汽车，是指以柴油机为动力，最高设计车速不超过每小时70公里，具有四个车轮的货车。

挂车，是指就其设计和技术特性需由汽车或者拖拉机牵引，才能正常使用的一种无动力的道路车辆。

专用作业车，是指在其设计和技术特性上用于特殊工作的车辆。

轮式专用机械车，是指有特殊结构和专门功能，装有橡胶车轮可以自行行驶，最高设计车速大于每小时20公里的轮式工程机械车。

摩托车，是指无论采用何种驱动方式，最高设计车速大于每小时50公里，或者使用内燃机，其排量大于50毫升的两轮或者三轮车辆。

船舶，是指各类机动、非机动船舶以及其他水上移动装置，但是船舶上装备的救生艇筏和长度小于5米的艇筏除外。其中，机动船舶是指用机器推进的船舶；拖船是指专门用于拖（推）动运输船舶的专业作业船舶；非机动驳船，是指在船舶登记管理部门登记为驳船的非机动船舶；游艇是指具备内置机械推进动力装置，长度在90米以下，主要用于游览观光、休闲娱乐、水上体育运动等活动，并应当具有船舶检验证书和适航证书的船舶。

（五）车船税的减免

《车船税法》规定，下列车船免征车船税：

一是捕捞、养殖渔船。是指在渔业船舶登记管理部门登记为捕捞船或者养殖船的船舶。

二是军队、武装警察部队专用的车船。是指按照规定在军队、武装警察部队车船登记管理部门登记，并领取军队、武警牌照的车船。

三是警用车船。是指公安机关、国家安全机关、监狱、劳动教养管理机关和人民法院、人民检察院领取警用牌照的车辆和执行警务的专用船舶。

四是悬挂应急救援专用号牌的国家综合性消防救援车辆和国家综合性消防救援专用船舶。

五是依照法律规定应当予以免税的外国驻华使领馆、国际组织驻华代表机构及其有关人员的车船。

对节约能源、使用新能源的车船可以减征或者免征车船税；对受严重自然灾害影响纳税困难以及有其他特殊原因确需减税、免税的，可以减征或者免征车船税。具体办法由国务院规定，并报全国人民代表大会常务委员会备案。

省、自治区、直辖市人民政府根据当地实际情况，可以对公共交通车船，农村居民拥有并主要在农村地区使用的摩托车、三轮汽车和低速载货汽车定期减征或者免征车船税。

临时入境的外国车船和香港特别行政区、澳门特别行政区、台湾地区的车船，不征收车船税。

按照规定缴纳船舶吨税的机动船舶，自车船税法实施之日起5年内免征车船税。

依法不需要在车船登记管理部门登记的机场、港口、铁路站场内部行驶或者作业的车船，自车船税法实施之日起5年内免征车船税。

（六）车船税的义务发生时间与纳税期限

车船税纳税义务发生时间为取得车船所有权或者管理权的当月。车船税按年申报缴纳。具体申报纳税期限由省、自治区、直辖市人民政府规定。

（七）车船税的纳税地点

车船税的纳税地点为车船的登记地或者车船税扣缴义务人所在地。依法不需要办理登记的车船，车船税的纳税地点为车船的所有人或者管理人所在地。

（八）车船税的征收管理

车船税的征收管理，依照车船税法和《税收征收管理法》的规定执行。公安、交通运输、农业、渔业等车船登记管理部门、船舶检验机构和车船税扣缴义务人的行业主管部门应当在提供车船有关信息等方面，协助税务机关加强车船税的征收管理。车辆所有人或者管理人在申请办理车辆相关登记、定期检验手续时，应当向公安机关交通管理部门提交依法纳税或者免税证明。公安机关交通管理部门核查后办理相关手续。

本章小结

通过本章学习可知，财产税是一个古老的税种。国家之所以以税法手段对个人和企业及其他组织拥有的财产进行征税，其根本目的在于促使财产的合理使用，使其发挥应有的经济和社会效益。与此同时，鉴于国家治理体系下，个人、企业及其他组织拥有的财产很难隐瞒，具有可控性。因此，财产税的征收具有稳定性的特点。但是，基于财产所有权、使用权、经营权三权分置的现实，在我国公有制条件下，对使用权予以征税是否应当归属于财产税，在我国学界存在争议。在此情况下，本书对于与土地有关的税收归类于资源税，以突出其资源合理利用之税法目的，体现了中国特色社会主义的鲜明特色。对公认的房产税法、车船税法原理及立法结构的学习，是本章的重点内容。

重点思考题

1. 财产税的基本特征。
2. 简述我国房产税的改革。
3. 相较暂行条例，车船税法有哪些改革特点？

第八章
资源与环境保护税法

第一节　资源与环境保护税法概述

在人类发展史上，土地、水、森林、草原、矿产等自然资源一直是人类赖以生产和生活的基本要素。但自然资源具有自然禀赋的特点，且在各地域分布不均衡。同样的资源，由于在不同地区的利用和开采条件存在差异，致使人类在不同的地段投入相同的资本和劳动，所获得的收益大不相同。在资源富集区投入相对少量的资本和劳动即可获益，而在资源贫乏的区域则与之相反。由此，在经济学领域，研究如何平衡地租级差收益的地租理论一直占有重要的地位。与此同时，经济法学提出了“国家适度干预”的理论，即通过“国家适度干预”，采取相应的措施，解决基于自然禀赋不同而带来的级差收益问题，其中的一个重要措施，就是通过征收资源税来干预人类对自然资源的合理利用。这就是传统资源税的基本理论和实践基础。也就是说，传统的资源税法主要解决的是资源利用中的级差收益问题。然而，经过几千年的开采利用，自然资源的承载力逐步减弱，一些不可再生资源出现枯竭现象，迫使人类不得不把资源的保护放在比解决资源级差收益更为重要的地位。因此，当代资源保护税及资源保护的理念和实践价值，更符合当今社会法治的要求。在此理念下，一切与资源有关的税收均可纳入资源保护税的范畴。资源保护税就是国家为实现资源保护而开征的税收，资源保护税法就是有关资源保护方面的税收法律规范的总称。资源保护税，除传统意义上的“资源税”外，还应包括对土地资源占有、使用所征税的税收。从其基本特征来看，资源保护税除具有财产税的一般特征以外，还可以根据国家对资源保护政策的调整，通过对资源占有、使用、开采、利用等实施相应的税收，以实现资源保护的目的。这是时代赋予其重要的新的特征。另外，鉴于自然资源的地域属性比较明显，在资源保护税的立法上，赋予地方一定的立法权有其必要性。

就环境保护税而言，人类对于环境生态保护的重视始于20世纪70年代，随着全球“环境保护运动”的兴起，有关通过开征环境保护税，遏制日益严重的环境污染被提上日程，为此，一些经济发达的国家陆续开征了环境保护税。但对于经济不够发达国家而言，由于一直受到经济发展与环境保护相互矛盾的困扰，有关环境保护问题虽然被提出，但是在经济发展遭遇困境时，却常常将环境保护让位于经济发展。为此，一些国际组织不得不进行干预，特别是有关针对大气污染带来的气候应对谈判和协定，对于各国的经济发展影响较大。因此，有关环境保护税的开征，既与各国经济发展的阶段有关，也与其法治环境有关。

就我国的情况而言，我国虽然地大物博，但国家一直重视对自然资源的合理利用，尤其是耕地的保护。所以，开征资源税，不仅仅是要解决资源收益的级差问题，更要起到资源保护的作用。经过改革开放 40 多年的发展，一些不可再生资源已经出现枯竭现象，对其采取强力保护的要求更为迫切。然而，有关环境保护税的开征，却经过了一个发展过程。改革开放之初，我国经济薄弱，环境保护问题也不突出，因此，虽然提出了环境保护问题，但经济发展是首要的任务，有关环境保护中的应对措施主要是排污费的征收。在党中央的领导下，国家依法治国战略实施步伐的加快，有关对环境污染行为由收费转变为收税，实现费税平移，并通过开征环境保护税，实现环境保护的法治治理，具有重大的理论和实践意义。因此，我国环境保护税的开征，是“税收法定主义”的重要体现。

第二节　资源税法

一、资源税法概述

资源税是对法定应税资源的开采、利用及销售所征税的税收。它是国家保护自然资源的重要举措。

1984 年 9 月 18 日，国务院发布《资源税条例（草案）》，自同年 10 月 1 日起施行。其主要内容是：凡在中国境内从事原油、天然气、煤炭、金属矿产品和其他非金属矿产品资源开发的单位和个人，均为资源税的纳税义务人。资源税的征税范围是原油、天然气、煤炭、金属矿产品和其他非金品的销售收入。按超率累进税率计算缴纳资源税。采取分期预缴，年终结算，多退少补方法征收。该条例（草案）还对税务管理、违章处理及法律责任等作了具体规定。1986 年 6 月和 9 月，财政部先后发出通知，决定对原油、天然气和煤炭改为按实际产量或实际销量定额计征。与此同时，1984 年 9 月 18 日发布《盐税条例（草案）》是我国建国后第一个盐税条例。该条例主要规定了在中国境内从事生产、经营和进口盐的单位，为盐税的纳税义务人。盐税实行从量定额征收，即根据盐的不同产区的资源条件和成本利润情况，以吨盐为单位确定不同的税额。盐税税额最高为160.8元，最低为40元。对盐税实行盐源控制，税不重征的原则。与此同时，《盐税条例（草案）》还对减税、免税、税收征收管理、违章处理以及法律责任等作了具体规定。

1993年12月25日，国务院发布《资源税暂行条例》，自1994年1月1日起施行，同时废除了上述两个条例（草案），实现了资源税的统一征收。1994年1月18日，国家税务总局关于印发《资源税若干问题的规定》的通知对《资源税暂行条例》的实施进行了规定，原财政部税务总局、国家税务总局根据原资源税、盐税的条例及细则作出的各项征税规定，自1994年1月1日起一律废止。

2011年9月21日，国务院第173次常务会议通过《国务院关于修改〈中华人民共和国资源税暂行条例〉的决定》，自2011年11月1日起施行。该暂行条例规定，在中华人民共和国领域及管辖海域开采本条例规定的矿产品或者生产盐（以下称开采或者生产应税产品）的单位和个人，为资源税的纳税人，应当依照该条例缴纳资源税。资源税的税目、税率，依照本条例所附《资源税税目税率表》及财政部的有关规定执行。

表19 2011年资源税税目税率表

税目		税率
一、原油		销售额的5%—10%
二、天然气		销售额的5%—10%
三、煤炭	焦煤	每吨8—20元
	其他煤炭	每吨0.3—5元
四、其他非金属矿原矿	普通非金属矿原矿	每吨或者每立方米0.5—20元
	贵重非金属矿原矿	每千克或者每克拉0.5—20元
五、黑色金属矿原矿		每吨2—30元
六、有色金属矿原矿	稀土矿	每吨0.4—60元
	其他有色金属矿原矿	每吨0.4—30元
七、盐	固体盐	每吨10—60元
	液体盐	每吨2—10元

税目、税率的部分调整，由国务院决定。

纳税人具体适用的税率，在本条例所附《资源税税目税率表》规定的税率幅度内，根据纳税人所开采或者生产应税产品的资源品位、开采条件等情况，由财政部商国务院有关部门确定；财政部未列举名称且未确定具体适用税率的其他非金属矿原矿和有色金属矿原矿，由省、自治区、直辖市人民政府根据实际情况确定，报财政部和国家税务总局备案。

资源税的应纳税额，按照从价定率或者从量定额的办法，分别以应税产品的销售额乘以纳税人具体适用的比例税率或者以应税产品的销售数量乘以纳税人具体适用的定额税率计算。

纳税人开采或者生产不同税目应税产品的，应当分别核算不同税目应税产品的销售额或者销售数量；未分别核算或者不能准确提供不同税目应税产品的销售额或者销售数量的，从高适用税率。

在资源税的减免方面，纳税人开采或者生产应税产品，自用于连续生产应税产品的，不缴纳资源税；自用于其他方面的，视同销售，依照本条例缴纳资源税。属于减征或者免征资源税的情形包括：一是开采原油过程中用于加热、修井的原油，免税。二是纳税人开采或者生产应税产品过程中，因意外事故或者自然灾害等原因遭受重大损失的，由省、自治区、直辖市人民政府酌情决定减税或者免税。三是国务院规定的其他减税、免税项目。四是纳税人的减税、免税项目，应当单独核算销售额或者销售数量；未单独核算或者不能准确提供销售额或者销售数量的，不予减税或者免税。

在征收管理方面，资源税由税务机关征收。收购未税矿产品的单位为资源税的扣缴义务人。资源税的征收管理，依照《税收征收管理法》及该条例有关规定执行。纳税人销售应税产品，纳税义务发生时间为收讫销售款或者取得索取销售款凭据的当天；自产自用应税产品，纳税义务发生时间为移送使用的当天。纳税人应纳的资源税，应当向应税产品的开采或者生产所在地主管税务机关缴纳。纳税人在本省、自治区、直辖市范围内开采或者生产应税产品，其纳税地点需要调整的，由省、自治区、直辖市税务机关决定。纳税人的纳税期限为 1 日、3 日、5 日、10 日、15 日或 1 个月，由主管税务机关根据实际情况具体核定。不能按固定期限计算纳税的，可以按次计算纳税。纳税人以 1 个月为一期纳税的，自期满之日起 10 日内申报纳税；以 1 日、3 日、5 日、10 日或者 15 日为一期纳税的，自期满之日起 5 日内预缴税款，于次月 1 日起 10 日内申报纳税并结清上月税款。扣缴义务人的解缴税款期限，比照前两款的规定执行。条例实施办法由财政部和国家税务总局制定。

2011 年 10 月 28 日，财政部部务会议和国家税务总局局务会议修订通过《资源税暂行条例实施细则》，自 2011 年 11 月 1 日起施行。对资源税暂行条例涉及的相关概念范畴进行了解释，对征收管理重点具体问题予以了补充完善。在资源税暂行条例实施中，由财政部、国家税务总局通过发布规范性文件，解决资源税征收中的具体问题。在地方立法方面，根据国家授权，各地出台了资源税暂行条例的实施办法。

2017 年 11 月 20 日，为了贯彻落实税收法定原则，提高立法公众参与度，广泛凝聚社会共识，推进科学立法、民主立法、开门立法，财政部、国家税务总局起草了《中华人民共和国资源税法（征求意见稿）》。该《征求意见稿》说明指出，1984 年 9 月，国务院发布《资源税条例（草案）》和《盐税条例（草案）》（以下简称两个条例草案），规定自 1984 年 10 月 1 日起，对开采原油、天然气、煤炭等矿产品和生产盐的单位和个人征收资源税。1993 年 12 月，国务院发布《资源税暂行条例》（以下简称《暂行条例》），同时废止了两个条例草案。《暂行条例》规定，自 1994 年 1 月 1 日起将资源税的征收范围扩大到原油、天然气、煤炭、其他非金属矿原矿、黑色金属矿原矿、有色金属矿原矿和盐等七类，并明确实行从量定额的征收办法。2011 年 9 月，国务院对《暂行条例》进行了修订，明确资源税实行从价定率或者从量定额的征收办法。根据党中央、国务院的决策部署，自 2011 年 11 月起，陆续实施了原油、天然气、煤炭等资源税从价计征改革，自 2016 年 7 月起全面实施改革，对绝大部分应税产品实行从价计征方式。改革坚持“清费立税、合理负担、适度分权、循序渐进”的原则，建立了税收与资源价格挂钩的自动调节机制，增强了税收弹性，形成了规范公平、调控合理、征管高效的资源税制度，有效发挥了其组织收入、调节经济、促进资源节约集约利用和生态环境保护的功能作用。1994 年至 2016 年，全国累计征收资源税 7972 亿元，年均增长 14.8%，其中 2016 年征收资源税 951 亿元。总的看，资源税制度已比较规范和完善，制定法律的条件已基本成熟。党的十九大报告明确指出，“坚持节约资源和保护环境的基本国策”“推进资源全面节约和循环利用”。为了更好地发挥税收促进资源节约和环境保护的作用，必须加快制定资源税法，完善资源税法律制度，增强其科学性、稳定性和权威性，构建适应中国特色社会主义新时代需要的现代财税制度，推进国家治理体系和治理能力现代化进程。

关于制定资源税法的总体考虑：一是坚持资源税改革政策。考虑到资源税改革已全面完善了税制要素、健全了征管措施、优化了税收制度，可保持改革确定的税制框架和税负水平基本不变，全面实行从价计征方式，将改革成果上升为法律；二是赋予地方适当税收管理权限。考虑到我国地区之间资源禀赋、开采条件等差异较大，在不影响全国统一市场秩序的前提下，由地方在《资源税税目税率表》规定的税率幅度内确定具体适用税率；三是授权国务院开展水等资源税试点。考虑到对水等自然资源征税需先行开展试点，目前立法条件还不成熟，可依法授权国务院组织开展相关试点工作。

在《征求意见稿》的主要内容方面：

一是关于纳税人。与《暂行条例》保持一致，《征求意见稿》规定：资源税的纳税人为在中华人民共和国领域和管辖的其他海域开采矿产品或者生产盐的单位和个人。(第一条)

二是关于征税对象。《暂行条例》规定，资源税的征税对象为矿产品原矿和盐。考虑大部分矿山企业实行采矿、选矿一体化生产并主要销售选矿产品，资源税从价计征改革政策明确，资源税的征税对象为原矿或者选矿产品，为此，《征求意见稿》规定：资源税的征税对象为矿产品和盐，矿产品是指原矿和选矿产品。(第二条)

三是关于税目税率。实施资源税从价计征改革时，财政部、税务总局列明了20多种主要矿产品税目，其他矿产品税目由省级人民政府确定。为保持税法的规范性和严肃性，根据《矿产资源法实施细则》规定的矿产资源分类细目，《征求意见稿》所附《资源税税目税率表》统一列明了能源矿产、金属矿产、非金属矿产和盐4大类、146个税目。对新探明的矿产品，由国务院提出税目、税率建议，报全国人民代表大会常务委员会决定。实施资源税从价计征改革时，对主要由中央企业开采的油气资源以及我国储量较大的稀土、钨、钼等重要战略资源，由财政部、税务总局统一确定固定税率；对其他税目由财政部、税务总局规定幅度税率，并由省级人民政府在规定的税率幅度内确定具体适用税率，或提出适用税率建议报财政部、税务总局批准。根据实际执行情况，《征求意见稿》除对个别税目的税率幅度适当调整外，基本维持了现行税率确定方式和税率水平，在《资源税税目税率表》中规定了各税目的固定税率或者幅度税率。对规定幅度税率的税目，由省级人民政府提出具体适用税率建议，报同级人民代表大会常务委员会决定，并报全国人民代

表大会常务委员会和国务院备案。（第三条）

四是关于计征方式和应纳税额。全面实施资源税改革后，对绝大部分应税产品已实行从价计征；对经营分散、难以控管的少数应税产品，由省级人民政府根据实际情况确定从价计征或者从量计征。《征求意见稿》充分吸收了改革成果，对绝大部分应税产品实行从价计征，对少数应税产品可选择实行从价计征或者从量计征，具体方式由省级人民政府提出，报同级人民代表大会常务委员会决定。《征求意见稿》规定，对实行从价计征的应税产品，应纳税额按照应税产品的销售额乘以具体适用的比例税率计算；对实行从量计征的应税产品，应纳税额按照应税产品的销售数量乘以具体适用的定额税率计算。其中，应税产品的销售额或者销售数量，根据纳税人销售应税产品的不同形态，分别按照纳税人销售的原矿、选矿和盐的销售额或者销售数量确定。

五是关于税收优惠。《征求意见稿》基本延续了《暂行条例》和资源税改革政策规定，明确了 4 项减免税情形：第一，考虑到油气生产、运输过程中需耗用油气资源的工艺特点，对开采原油以及油田范围内运输原油过程中用于加热的油气免税；第二，考虑到深水油气勘探开发技术复杂、投资大、风险高，为支持深水油气勘探开发，从深水油气田开采的油气减征 30%资源税；第三，考虑到衰竭期矿山开采难度大、成本高，从衰竭期矿山开采的矿产品，经国土资源等主管部门认定，减征 30%资源税；第四，为提高资源综合利用率，从低丰度油气田、低品位矿、尾矿、废石中采选的矿产品，经国土资源等主管部门认定，减征 20%资源税。此外，国务院可以根据国民经济和社会发展的需要规定其他免征或者减征资源税情形，报全国人民代表大会常务委员会备案。

六是《中共中央关于全面深化改革若干重大问题的决定》提出，逐步将资源税征收范围扩展到水、森林、草原等自然资源。根据党中央、国务院决策部署，自 2016 年 7 月起在河北省实施了水资源税改革试点，并将扩大试点范围。考虑到水资源税改革处于试点阶段，水资源税制度仍需通过试点探索和完善，目前立法条件尚不成熟。同时，对森林、草原等其他自然资源征收资源税的条件还不具备。为保障征收水等资源税有法可依，《征求意见稿》规定，国务院可以组织开展水等资源税改革试点，待立法条件成熟后，再通过法律予以规定。

七是关于中外合作开采油气资源缴纳资源税问题。2011 年 9 月，国务院修改了《对外合作开采海洋石油资源条例》《对外合作开采陆上石油条例》，规定对中外合作开采海洋和陆上油气资源不再缴纳矿区使用费，统一缴纳资源税。同时明确，对2011年11月1日前已订立对外合作开采海洋和陆上油气资源合同的，继续缴纳矿区使用费，不缴纳资源税；合同期满后，依法缴纳资源税。由于矿区使用费设有起征点且费率低（约为1%），而油气资源税税率为6%，同时，对外合作开采油气资源合同期限较长（20年至50年不等），对2011年11月1日之前签订油气开采合同的中外企业与其他企业适用不同的税费制度，造成企业之间负担不公平，不利于促进公平竞争。考虑到资源税法实施后，开采应税产品的单位和个人均须缴纳资源税，为保持税法的统一性和权威性，促进税制统一和税负公平，《征求意见稿》明确，自本法施行之日起，中外合作开采原油、天然气并缴纳矿区使用费的中国企业和外国企业，依照本法规定缴纳资源税，不再缴纳矿区使用费。（第十八条）

此外，《征求意见稿》对不同税目应税产品销售额或销售数量的核算（第七条），视同销售情形（第八条），减税、免税项目销售额或销售数量的核算（第十一条）、税收征管（第十二条至第十五条）和法律责任（第十六条）等作了规定。

上述《征求意见稿》经过近两年的立法程序，在2019年8月26日，第十三届全国人民代表大会常务委员会第十二次会议通过《中华人民共和国资源税法》（以下简称《资源税法》），自2020年9月1日起施行。

自《资源税法》出台以来，先后有江苏省、山东省、宁夏回族自治区、陕西省、广西壮族自治区、江西省、甘肃省、福建省、四川省、云南省、北京市、天津市、山西省、广东省、河北省、河南省、浙江省、湖北省、湖南省、西藏自治区、贵州省、重庆市、安徽省、海南省、黑龙江省、新疆维吾尔自治区人大常委会以决定的形式，根据法律授权，就资源税具体适用税率、计征方式和免税或者减税办法做出规定。例如，2020年9月19日，新疆维吾尔自治区第十三届人民代表大会常务委员会第十八次会议通过《新疆维吾尔自治区人民代表大会常务委员会关于自治区资源税具体适用税率、计征方式及减免税办法的决定》与《资源税法》同步实施。该决定规定，一是资源税法规定实行幅度税率的资源税税目，具体适用税率按照本决定所附《新疆维吾尔自治区资源税税目税率表》执行。二是资源税法规定可以选择实行从价计征或者从量计征的六个资源税税目：地热、石灰岩、矿泉水资源税实行从价计征；砂石、其他粘土、天然卤水资源税实行从量计征。三是属于减征或者免征资源税的情形：纳税人开采或者生产应税产品过程中，因自然灾害或者不可抗力造成的意外事故等原因遭受重大损失的，自造成损失当月起 12 个月内减征 50%资源税；纳税人开采伴生矿，伴生矿与主矿产品销售额分开核算的，伴生矿矿产品减征 30%资源税；纳税人开采尾矿，免征资源税。纳税人符合前款规定的，可以向税务机关申报减征或者免征资源税，并将相关资料留存备查。自然灾害、不可抗力造成的意外事故，由县级以上人民政府应急管理部门认定，伴生矿、尾矿由州、市（地）级以上人民政府自然资源部门认定。四是税务机关与自然资源、应急管理等相关部门应当建立工作配合机制。根据工作需要，税务机关可以要求自然资源、应急管理等部门提供伴生矿、尾矿、自然灾害、意外事故等证明材料以及与减免税相关的其他信息，相关部门应当在税务部门送达书面函件的 15 个工作日内给予回复。[①]

表 20　2020 年新疆维吾尔自治区资源税税目税率表

<table>
<tr><th>序号</th><th colspan="2">税目</th><th>征收对象</th><th>税率</th></tr>
<tr><td rowspan="2">1</td><td rowspan="11">能源矿产
（6 个）</td><td rowspan="2">煤</td><td>原矿</td><td>6%</td></tr>
<tr><td>选矿</td><td>5%</td></tr>
<tr><td>2</td><td>煤成（层）气</td><td>原矿</td><td>1%</td></tr>
<tr><td rowspan="2">3</td><td rowspan="2">油页岩</td><td>原矿</td><td>2%</td></tr>
<tr><td>选矿</td><td>1. 50%</td></tr>
<tr><td rowspan="2">4</td><td rowspan="2">油砂</td><td>原矿</td><td>1. 50%</td></tr>
<tr><td>选矿</td><td>1%</td></tr>
<tr><td>5</td><td>地热</td><td>原矿</td><td>4%</td></tr>
<tr><td rowspan="2">6</td><td rowspan="2">天然沥青</td><td>原矿</td><td>2. 50%</td></tr>
<tr><td>选矿</td><td>2%</td></tr>
</table>

① 参见 2020 年《新疆维吾尔自治区人民代表大会常务委员会关于自治区资源税具体适用税率、计征方式及减免税办法的决定》。

续表

序号	税目			征收对象	税率
7	金属矿产（32个）	黑色金属（5个）	铁	原矿	8.50%
				选矿	5%
8			锰	原矿	4%
				选矿	3.50%
9			铬	原矿	3%
				选矿	2.50%
10-11			钒、钛	原矿	6%
				选矿	5%
12-13		有色金属（27个）	铜、镍	原矿	8%
				选矿	4%
14-15			铅、锌	原矿	10%
				选矿	6%
16-17			锡、锑	原矿	5%
				选矿	4%
18			铝土矿	原矿	8%
				选矿	7%
19			金	原矿	6%
				选矿	5%
20			铍	原矿	5.50%
				选矿	3%
21			锂	原矿	5%
				选矿	2%
22			钴	原矿	5%
				选矿	4%
23-24			铋、镁	原矿	3%
				选矿	2%
25			银	原矿	6%
				选矿	5%

续表

序号	税目			征收对象	税率
26-27			铂、钯	原矿	8%
				选矿	6%
28			锶	原矿	2.50%
				选矿	2%
29-35			铷、铯、镓、铟、镉、硒、碲	原矿	3%
				选矿	2%
36			铌	原矿	6%
				选矿	5%
37			钽	原矿	10%
				选矿	8%
38			锗	原矿	5%
				选矿	4%
39	非金属矿产（59个）	矿物类（36个）	高岭土	原矿	4%
				选矿	3.50%
40			石灰石	原矿	6%
				选矿	5%
41			磷	原矿	7.50%
				选矿	6%
42			石墨	原矿	5%
				选矿	3.50%
43-44			萤石、硫铁矿	原矿	3.50%
				选矿	3%
45-46			天然石英砂、脉石英	原矿	4%
				选矿	3.50%
47			长石	原矿	3%
				选矿	2.50%
48			滑石	原矿	9%
				选矿	6%

续表

序号	税目			征收对象	税率
49			菱镁矿	原矿	10%
				选矿	4%
50-51			芒硝、钠硝石	原矿	5%
				选矿	3%
52			膨润土	原矿	5%
				选矿	4%
53			陶瓷土	原矿	2%
				选矿	1.50%
54			硅灰石	原矿	10%
				选矿	8.50%
55			珍珠岩	原矿	4%
				选矿	3.50%
56-57			云母、石棉	原矿	3%
				选矿	2.50%
58-59			毒重石、石榴子石	原矿	2.50%
				选矿	2%
60-61			蛭石、红柱石	原矿	5%
				选矿	3%
62			石膏	原矿	12%
				选矿	8.50%
63-64			叶腊石、沸石	原矿	6%
				选矿	5%
65			其他粘土（铸型用粘土、砖瓦用粘土、陶粒用粘土、水泥配料用粘土、水泥配料用红土、水泥配料用黄土、水泥配料用泥岩、保温材料用土）	选矿	1.3元/立方米

续表

序号	税目			征收对象	税率
66			自然硫	原矿	5%
				选矿	4%
67			粉石英	原矿	3%
				选矿	2%
68			耐火粘土	原矿	7%
				选矿	6%
69-72			明矾石、水晶、砷、硼	原矿	5%
				选矿	4%
73			重晶石	原矿	4%
				选矿	3%
74			方解石	原矿	5%
				选矿	4%
75-76		岩石类（21个）	大理石、花岗岩	原矿	3.50%
				选矿	3%
77			白云岩	原矿	10%
				选矿	8%
78			石英岩	原矿	4%
				选矿	3.50%
79-83			砂岩、安山岩、玄武岩、角闪岩、页岩	原矿	3%
				选矿	2.50%
84-85			辉绿岩、蛇纹岩	原矿	2%
				选矿	1.50%
86-90			泥灰岩、辉长岩、板岩、闪长岩、霞石正长岩	原矿	3%
				选矿	2.50%
91			泥岩	原矿	5%
				选矿	3.50%
92-93			片麻岩、辉石岩	原矿	4%
				选矿	3%

续表

序号	税目			征收对象	税率
94		宝玉石类（2个）	凝石灰	原矿	2.50%
				选矿	2%
95			砂石	原矿	1元/立方米
				选矿	1.3元/立方米
96-97			宝石、玉石	原矿	10%
				选矿	8%
98	水气矿产（1个）	矿泉水		原矿	3%
99		钠盐		选矿	6%
100		钾盐		选矿	13.50%
101		天然卤水		原矿	3元/吨
102		镁盐		选矿	13.50%

前文概述大致反映了我国资源税的法治过程，其有一个逐步完善的过程。经过了由选择性征税到全面征税的发展路径。而且，也与资源利用的新产业、新业态紧密联系，典型的如，对矿泉水开发利用征收税收。进而，逐步扩大了资源税征收的范围，保障资源税的税收来源，对资源保护具有有利的作用。

截至2021年，资源税属于中央与地方共享税。所得收入由中央政府和地方政府共享。其中，海洋石油企业缴纳的资源税收入归中央政府支配，其余部分归地方政府支配。随着国家对资源保护力度的增强，在今后的征收中有较大的空间。

二、资源税法的立法结构

根据《资源税法》规定，资源税法的立法结构如下①：

（一）资源税征税主体

资源税由税务机关依照资源税法和《税收征收管理法》的规定征收管理。

（二）资源税纳税主体

在中华人民共和国领域和中华人民共和国管辖的其他海域开发应税资源

① 参见2019年《资源税法》。

的单位和个人。收购资源税未税矿产品的独立矿山、联合企业以及其他单位为资源税代扣代缴义务人。扣缴义务人履行代扣代缴的适用范围是：收购的除原油、天然气、煤炭以外的资源税未税矿产品。

（三）资源税征收对象

资源税的征收对象是有关单位和个人开采销售的应税资源。资源税应税资源的具体范围，由资源税法所附《资源税税目税率表》（以下简称《税目税率表》）确定。根据现行的《税目税率表》，具体的应税资源包括：

1. 能源矿产

包括：原油、天然气、页岩气、天然气水合物、煤、煤成（层）气、铀、钍、油页岩、油砂、天然沥青、石煤、地热。

2. 金属矿产

包括：（1）黑色金属（铁、锰、铬、钒、钛）；（2）有色金属（铜、铅、锌、锡、镍、锑、镁、钴、铋、汞、铝土矿、钨、钼、金、银、铂、钯、钌、锇、铱、铑、轻稀土、中重稀土、铍、锂、锆、锶、铷、铯、铌、钽、锗、镓、铟、铊、铪、铼、镉、硒、碲）。

3. 非金属矿产

包括：（1）矿物类，包括高岭土、石灰岩、磷、石墨、萤石、硫铁矿、自然硫、天然石英砂、脉石英、粉石英、水晶、工业用金刚石、冰洲石、蓝晶石、硅线石（矽线石）、长石、滑石、刚玉、菱镁矿、颜料矿物、天然碱、芒硝、钠硝石、明矾石、砷、硼、碘、溴、膨润土、硅藻土、陶瓷土、耐火粘土、铁矾土、凹凸棒石粘土、海泡石粘土、伊利石粘土、累托石粘土叶蜡石、硅灰石、透辉石、珍珠岩、云母、沸石、重晶石、毒重石、方解石、蛭石、透闪石、工业用电气石、白垩、石棉、蓝石棉、红柱石、石榴子石、石膏、其他粘土，指铸型用粘土、砖瓦用粘土、陶粒用粘土、水泥配料用粘土、水泥配料用红土、水泥配料用黄土、水泥配料用泥岩、保温材料用粘土）；（2）岩石类，包括大理岩、花岗岩、白云岩、石英岩、砂岩、辉绿岩、安山岩、闪长岩、板岩、玄武岩、片麻岩、角闪岩、页岩、浮石、凝灰岩、黑曜岩、霞石正长岩、蛇纹岩、麦饭石、泥灰岩、含钾岩石、含钾砂页岩、天然油石、橄榄岩、松脂岩、粗面岩、辉长岩、辉石岩、正长岩、火山灰、火山渣、泥炭、砂石；（3）宝玉石类，包括宝石、玉石、宝石级金刚石、玛瑙、黄玉、碧玺。

4. 水气矿产

包括：二氧化碳气、硫化氢气、氦气、氡气、矿泉水。

5. 盐类

包括：钠盐、钾盐、镁盐、锂盐、天然卤水、海盐。

（四）资源税税率及计税依据

资源税的税率按照不同应税资源的原矿开采或选矿，分别设计了不同的税率。详细情况见下表所示。

表 21　2019 年能源矿产资源税税目税率表

税目		征税对象	税率
能源矿产	原油	原矿	6%
	天然气、页岩气、天然气水合物	原矿	6%
	煤	原矿或者选矿	2%—10%
	煤成（层）气	原矿	1%—2%
	铀、钍	原矿	4%
	油页岩、油砂、天然沥青、石煤	原矿或者选矿	1%—4%
	地热	原矿	1%—20% 或者每立方米 1—30 元

表 22　2019 年金属矿产、非金属矿产、水气矿产及盐资源税税目税率表

税目			征税对象	税率
金属矿产	黑色金属	铁、锰、铬、钒、钛	原矿或者选矿	1%—9%
	有色金属	铜、铅、锌、锡、镍、锑、镁、钴、铋、汞	原矿或者选矿	2%—10%
		铝土矿	原矿或者选矿	2%—9%
		钨	选矿	6. 5%
		钼	选矿	8%
		金、银	原矿或者选矿	2%—6%
		铂、钯、钌、锇、铱、铑	原矿或者选矿	5%—10%
		轻稀土	选矿	7%—12%
		中重稀土	选矿	20%
		铍、锂、锆、锶、铷、铯、铌、钽、锗、镓、铟、铊、铪、铼、镉、硒、碲	原矿或者选矿	2%—10%

续表

税目			征税对象	税率
非金属矿产	矿物类	高岭土	原矿或者选矿	1%—6%
		石灰岩	原矿或者选矿	1%—6%或者每吨（或者每立方米）1—10元
		磷	原矿或者选矿	3%—8%
		石墨	原矿或者选矿	3%—12%
		萤石、硫铁矿、自然硫	原矿或者选矿	1%—8%
		天然石英砂、脉石英、粉石英、水晶、工业用金刚石、冰洲石、蓝晶石、硅线石（矽线石）、长石、滑石、刚玉、菱镁矿、颜料矿物、天然碱、芒硝、钠硝石、明矾石、砷、硼、碘、溴、膨润土、硅藻土、陶瓷土、耐火粘土、铁矾土、凹凸棒石粘土、海泡石粘土、伊利石粘土、累托石粘土	原矿或者选矿	1%—12%
		叶蜡石、硅灰石、透辉石、珍珠岩、云母、沸石、重晶石、毒重石、方解石、蛭石、透闪石、工业用电气石、白垩、石棉、蓝石棉、红柱石、石榴子石、石膏	原矿或者选矿	2%—12%
		其他粘土（铸型用粘土、砖瓦用粘土、陶粒用粘土、水泥配料用粘土、水泥配料用红土、水泥配料用黄土、水泥配料用泥岩、保温材料用粘土）	原矿或者选矿	1%—5%或者每吨（或者每立方米）0.1—5元
		大理岩、花岗岩、白云岩、石英岩、砂岩、辉绿岩、安山岩、闪长岩、板岩、玄武岩、片麻岩、角闪岩、页岩、浮石、凝灰岩、黑曜岩、霞石正长岩、蛇纹岩、麦饭石、泥灰岩、含钾岩石、含钾砂页岩、天然油石、橄榄岩、松脂岩、粗面岩、辉长岩、辉石岩、正长岩、火山灰、火山渣、泥炭	原矿或者选矿	1%—10%

续表

税目			征税对象	税率
	岩石类	砂石	原矿或者选矿	1%—5%或者每吨（或者每立方米）0.1—5元
	宝玉石类	宝石、玉石、宝石级金刚石、玛瑙、黄玉、碧玺	原矿或者选矿	4%—20%
水气矿产	二氧化碳气、硫化氢气、氦气、氡气		原矿	2%—5%
	矿泉水		原矿	1%—20%或者每立方米1—30元
盐	钠盐、钾盐、镁盐、锂盐		选矿	3%—15%
	天然卤水		原矿	3%—15%或者每吨（或者每立方米）1—10元
	海盐			2%—5%

上述资源税税目税率表中规定实行幅度税率的，其具体适用税率由省、自治区、直辖市人民政府统筹考虑该应税资源的品位、开采条件以及对生态环境的影响等情况，在税目税率表规定的税率幅度内提出，报同级人民代表大会常务委员会决定，并报全国人民代表大会常务委员会和国务院备案。税目税率表中规定征税对象为原矿或者选矿的，应当分别确定具体适用税率。

资源税按照税目税率表实行从价计征或者从量计征。税目税率表中规定可以选择实行从价计征或者从量计征的，具体计征方式由省、自治区、直辖市人民政府提出，报同级人民代表大会常务委员会决定，并报全国人民代表大会常务委员会和国务院备案。

实行从价计征的，应纳税额按照应税资源产品（以下简称应税产品）的销售额乘以具体适用税率计算。实行从量计征的，应纳税额按照应税产品的销售数量乘以具体适用税率计算。应税产品为矿产品的，包括原矿和选矿产品。

纳税人开采或者生产不同税目应税产品的，应当分别核算不同税目应税产品的销售额或者销售数量；未分别核算或者不能准确提供不同税目应税产品的销售额或者销售数量的，从高适用税率。

（五）资源税的减免

纳税人开采或者生产应税产品自用的，应当依照资源税法规定缴纳资源税；但是，自用于连续生产应税产品的，不缴纳资源税。

属于免征资源税的情形：一是开采原油以及在油田范围内运输原油过程中用于加热的原油、天然气；二是煤炭开采企业因安全生产需要抽采的煤成（层）气。

截至2021年，属于减征资源税的情形：一是从低丰度油气田开采的原油、天然气，减征20%资源税；二是高含硫天然气、三次采油和从深水油气田开采的原油、天然气，减征30%资源税；三是稠油、高凝油减征40%资源税；四是从衰竭期矿山开采的矿产品，减征30%资源税；五是自2014年12月1日至2023年8月31日，充填开采置换出来的煤炭，减征50%；六是自2018年4月1日至2021年3月31日，页岩气减征30%；七是自2019年至2021年，增值税小规模纳税人可以在50%的幅度内减征。

根据国民经济和社会发展需要，国务院对有利于促进资源节约集约利用、保护环境等情形可以规定免征或者减征资源税，报全国人民代表大会常务委员会备案。

属于省、自治区、直辖市可以决定免征或者减征资源税的情形包括：纳税人开采或者生产应税产品过程中，因意外事故或者自然灾害等原因遭受重大损失；纳税人开采共伴生矿、低品位矿、尾矿。该规定的免征或者减征资源税的具体办法，由省、自治区、直辖市人民政府提出，报同级人民代表大会常务委员会决定，并报全国人民代表大会常务委员会和国务院备案。

纳税人的免税、减税项目，应当单独核算销售额或者销售数量；未单独核算或者不能准确提供销售额或者销售数量的，不予免税或者减税。

（六）资源税的义务发生时间与纳税期限

纳税人销售应税产品，纳税义务发生时间为收讫销售款或者取得索取销售款凭据的当日；自用应税产品的，纳税义务发生时间为移送应税产品的当日。

资源税按月或者按季申报缴纳；不能按固定期限计算缴纳的，可以按次申报缴纳。纳税人按月或者按季申报缴纳的，应当自月度或者季度终了之日起15日内，向税务机关办理纳税申报并缴纳税款；按次申报缴纳的，应当自纳税义务发生之日起15日内，向税务机关办理纳税申报并缴纳税款。

(七) 资源税的纳税地点

纳税人应当向应税产品开采地或者生产地的税务机关申报缴纳资源税。

(八) 资源税的征收管理

税务机关与自然资源等相关部门应当建立工作配合机制，加强资源税征收管理。纳税人、税务机关及其工作人员违反资源税法规定的，依照《税收征收管理法》和有关法律法规的规定追究法律责任。

国务院根据国民经济和社会发展需要，依照本法的原则，对取用地表水或者地下水的单位和个人试点征收水资源税。征收水资源税的，停止征收水资源费。

水资源税根据当地水资源状况、取用水类型和经济发展等情况实行差别税率。水资源税试点实施办法由国务院规定，报全国人民代表大会常务委员会备案。

国务院自《资源税法》施行之日起 5 年内，就征收水资源税试点情况向全国人民代表大会常务委员会报告，并及时提出修改法律的建议。

中外合作开采陆上、海上石油资源的企业依法缴纳资源税。

2011 年 11 月 1 日前已依法订立中外合作开采陆上、海上石油资源合同的，在该合同有效期内，继续依照国家有关规定缴纳矿区使用费，不缴纳资源税；合同期满后，依法缴纳资源税。

第三节　土地增值税法

一、土地增值税法概述

土地增值费，也称土地收益金。它是指土地使用者将其所使用的土地使用权转让（含连同地面建筑物一同转让）给第三者时，就其转让土地交易额按规定比例向财政部门缴纳的价款，或土地使用者将其所使用的土地使用权出租（含连同地面建筑物一同出租）给其他使用者时，就其所获得的租金收入按规定比例向财政部门缴纳的价款。

1992 年 4 月 27 日，国家物价局和建设部发布《关于解决在房地产交易中国有土地收益流失问题的通知》。该通知指出，近年来，随着我国经济体制改革的深入，房地产市场的不断扩大，对促进国民经济发展和对外开放都产生了重要作用。但由于房地产交易市场刚刚形成，宏观调控和微观管理还很不健全，使房产价格上涨过猛，房地产交易中部分属于国家的土地收益流向了单位和个人，给国家造成了损失。为了加强房地产交易市场管理，解决城镇房地产交易中国有土地收益流失问题，促进房地产交易市场的健康发展，根据《城镇国有土地使用权出让和转让暂行条例》和有关规定，决定暂时实行在房地产交易中国家收取部分国有土地收益的措施。由此，国家针对国有土地使用权转让与出租的土地收益征收土地收益金或土地增值费，并在各地试点推行一年多。

1993 年 11 月 26 日，为了规范土地、房地产市场交易秩序，合理调节土地增值收益，维护国家权益，国务院第十二次常务会议通过《土地增值税暂行条例》，自 1994 年 1 月 1 日起施行。各地区的土地增值费征收办法，与本条例相抵触的，同时停止执行。实现了由费到税的改革。根据 2011 年 1 月 8 日国务院令第 588 号《国务院关于废止和修改部分行政法规的决定》，对《土地增值税暂行条例》进行了修订。将《条例》第八条中的“征用”修改为“征收、征用”。

1995 年 1 月 27 日，财政部根据《土地增值税暂行条例》第十四条授权，制定《土地增值税暂行条例实施细则》，自发布之日起施行。随后，各地积极响应。例如，1995 年 4 月 20 日，云南省政府发布《云南省土地增值税征收管理暂行规定》，自发布之日起施行。1995 年 6 月 13 日，贵州省人民政府常务会议通过《贵州省人民政府关于征收土地增值税的若干规定》，自发布之日起施行。

由此，土地增值税的征收管理一直至今。为了实现土地增值税的人大法治化管理，《土地增值税法》被列入第十三届全国人大常委会的立法计划，2019 年 7 月 16 日，按照党的十八届三中全会决定关于落实税收法定原则要求，以及健全地方税体系改革方案有关内容，财政部、税务总局联合起草了《土地增值税法（征求意见稿）》（以下简称《征求意见稿》）。并就起草情况说明如下：[①]

第一，制定《土地增值税法》的必要性和可行性。

1993 年 12 月 13 日，国务院发布了《土地增值税暂行条例》（以下简称《条例》），自 1994 年 1 月 1 日起对转让国有土地使用权、地上建筑物及附着物的单位和个人征收土地增值税。根据《条例》授权，财政部于 1995 年 1 月

① 参见 2019 年《土地增值税法（征求意见稿）》。

印发了《土地增值税暂行条例细则》。《条例》施行20多年以来，税制比较健全，运行平稳，上升为法律的条件和时机已经成熟。土地增值税立法是贯彻落实税收法定原则的重要步骤，也是健全地方税体系改革的重要内容，有利于完善土地增值税制度，增强权威性和执法刚性，发挥土地增值税筹集财政收入、调节土地增值收益分配、促进房地产市场健康稳定发展的作用，有利于健全我国的房地产税收体系、推进国家治理体系和治理能力现代化。

第二，制定《土地增值税法》的总体考虑。

从实际执行情况来看，现行土地增值税税制要素基本合理，征管制度比较健全，宜保持现行税制框架和税负水平总体不变，将《条例》上升为法律。同时，对不适应经济社会发展和改革要求的个别内容，进行适当调整。

第三，《征求意见稿》的主要内容。

（一）关于征税范围

《条例》规定，转让国有土地及地上建筑物、构筑物并取得收入的单位和个人应缴纳土地增值税。在此基础上，《征求意见稿》将出让、转让集体土地使用权、地上的建筑物及其附着物（以下简称集体房地产）纳入征税范围。同时，拟将目前对集体房地产征收的土地增值收益调节金取消。

调整征税范围的主要考虑是为了与土地制度改革相衔接。为贯彻落实十八届三中全会决定要求，2014年，中共中央办公厅、国务院办公厅明确要求建立集体经营性建设用地（以下简称集建地）入市制度，并要求建立兼顾国家、集体、个人的土地增值收益分配机制，合理提高个人收益。2015年以来，全国33个试点地区开展了农村土地征收、集建地入市、宅基地制度改革三项改革试点，允许集建地入市和转让，实行与国有建设用地同等入市、同权同价。目前，试点地区通过征收土地增值收益调节金的过渡办法，对土地增值收益进行调节。《土地管理法（修正案）》（草案）已提请全国人大常委会初次审议，删去了从事非农业建设必须使用国有土地或者征为国有的原集体土地的规定。为了建立土地增值收益分配机制，使税制与建立城乡统一建设用地市场的土地制度改革相衔接，《征求意见稿》将集体房地产纳入了征税范围，同时，拟取消土地增值收益调节金，使立法前后集体房地产负担总体稳定。

（二）关于税率和计税依据

《征求意见稿》延续了《条例》的规定，明确土地增值税仍实行四级超率累进税率，并以转移房地产所取得的增值额为计税依据。

（三）关于扣除项目

《征求意见稿》将《条例》第六条第五款授权财政部规定的其他扣除项目调整为国务院规定的其他扣除项目，主要考虑是：集体、国有房地产的成本构成差异较大，且不同地区集建地入市方式、途径、形态、用途等差异也很大，成本构成和级差收益千差万别，再者集体房地产入市目前仍处于试点阶段，相关管理制度还在探索和逐步健全过程中，相关扣除项目难以做出统一规定。

（四）关于税收优惠

《征求意见稿》在延续《条例》优惠规定的基础上，对个别政策做了适当调整。一是吸收了现行税收优惠政策中关于建造增值率低于20%的保障性住房免税的规定。二是增加授权国务院可规定减征或免征土地增值税的其他情形。主要考虑是国务院需要根据经济社会发展形势，相机决定一些阶段性、过渡性优惠政策，如企业改制重组土地增值税政策、房地产市场调控相关的土地增值税政策等。三是将建造增值率低于20%的普通住宅免税的规定，调整为授权省级政府结合本地实际决定减征或是免征，以体现因地制宜、因城施策的房地产市场调控政策导向，落实地方政府主体责任。四是增加授权省级人民政府对房地产市场较不发达、地价水平较低地区集体房地产减征或免征土地增值税的规定。主要原因是出让集建地级差收益的地区差异巨大，为了建立兼顾国家、集体、个人土地收益分配机制，适当下放税政管理权限，有必要授权省级政府因地制宜制定集体房地产相关税收优惠政策。

（五）关于纳税义务发生时间和申报纳税期限

《征求意见稿》增加了关于纳税义务发生时间的规定，明确为房地产转移合同签订的当日。同时，为简化缴税程序、方便纳税人，《征求意见稿》调整了申报缴税期限。一是将《条例》中分开设置的纳税申报和缴纳税款两个时间期限合并为申报缴纳期限。二是将申报缴税期限由《条例》规定的房地产转移合同签订之日后7日内申报并在税务机关核定期限内缴税，调整为区分不同类型纳税人，规定不同的期限。对于从事房地产开发的纳税人，自纳税义务发生月份终了之日起15日内，申报预缴土地增值税；达到清算条件后90日内，申报清算土地增值税。对于其他纳税人，自纳税义务发生之日起30日内申报缴税。

（六）关于征收管理模式

按照党中央、国务院关于深化“放管服”改革的有关要求，《征求意见稿》规定了房地产开发项目实行先预缴后清算的制度，并将现行税务机关根据纳税人提供的资料进行清算审核的做法，调整为从事房地产开发的纳税人应自行完成清算，结清应缴税款或向税务机关申请退税。

截至目前，土地增值税法尚未出台，但上述土地增值税法征求意见稿，大致反映了土地增值税立法的方向。土地增值税属于地方税，所得收入归地方政府支配。

二、土地增值税法的立法结构

根据现行的《土地增值税暂行条例》及其实施细则，土地增值税的立法结构如下：

（一）土地增值税的征税主体

土地增值税由税务机关征收。

（二）土地增值税的纳税主体

土地增值税的纳税人，指在中国境内以出售和其他方式有偿转让国有土地使用权、地上的建筑物（包括地上、地下的各种附属设施）及其附着物并取得收入的单位和个人。所称的单位，是指各类企业、单位、事业单位、国家机关和社会团体及其他组织。所称个人，包括个体经营者。

（三）土地增值税的征税对象

有关单位和个人有偿转让国有土地使用权、地上的建筑物及其附着物并取得的收入。所称的国有土地，是指按国家法律规定属于国家所有的土地。所称的地上的建筑物，是指建于土地上的一切建筑物，包括地上地下的各种附属设施。所称的附着物，是指附着于土地上的不能移动，一经移动即遭损坏的物品。所称的收入，包括转让房地产的全部价款及有关的经济收益。所称的转让国有土地使用权、地上的建筑物及其附着物并取得收入，是指以出售或者其他方式有偿转让房地产的行为。不包括以继承、赠与方式无偿转让房地产的行为。

（四）土地增值税的税率及计税依据

1. 关于税率

土地增值税实行四级超率累进税率。具体标准详见表23：

表 23　土地增值税税率表

级数	计税依据	税率（%）
1	增值额未超过扣除项目金额 50%的部分	30
2	增值额超过扣除项目金额 50%至 100%的部分	40
3	增值额超过扣除项目金额 100%至 200%的部分	50
4	增值额超过扣除项目金额 200%的部分	60

土地增值税按照纳税人转让房地产所取得的增值额和上述规定的税率计算征收。

所列四级超率累进税率，每级“增值额未超过扣除项目金额”的比例，均包括本比例数。计算土地增值税税额，可按增值额乘以适用的税率减去扣除项目金额乘以速算扣除系数的简便方法计算，具体公式如下：

（1）增值额未超过扣除项目金额 50%：土地增值税税额=增值额×30%

（2）增值额超过扣除项目金额 50%，未超过 100%：土地增值税税额=增值额×40%-扣除项目金额×5%

（3）增值额超过扣除项目金额 100%，未超过 200%：土地增值税税额=增值额×50%-扣除项目金额×15%

（4）增值额超过扣除项目金额 200%：土地增值税税额=增值额×60%-扣除项目金额×35%

公式中的 5%、15%、35%为速算扣除系数。

2. 关于扣除项目

纳税人转让房地产所取得的收入减除条例规定扣除项目金额后的余额，为增值额。其中，纳税人转让房地产所取得的收入，包括货币收入、实物收入和其他收入。计算增值额的扣除项目包括：取得土地使用权所支付的金额：开发土地的成本、费用；新建房及配套设施的成本、费用，或者旧房及建筑物的评估价格；与转让房地产有关的税金；五是财政部规定的其他扣除项目。

上述计算增值额的扣除项目，具体为：

一是有关计算范畴的界定。取得土地使用权所支付的金额，是指纳税人为取得土地使用权所支付的地价款和按国家统一规定交纳的有关费用。开发土地和新建房及配套设施（以下简称房地产开发）的成本，是指纳税人房地产开发项目实际发生的成本，包括土地征用及拆迁补偿费、前期工程费、建筑安装工程费、基础设施费、公共配套设施费、开发间接费用。土地征用及拆迁补偿费，包括土地征用费、耕地占用税、劳动力安置费及有关地上、地下附着物拆迁补偿的净支出、安置动迁用房支出等。前期工程费，包括规划、设计、项目可行性研究和水文、地质、勘察、测绘、“三通一平”等支出。建筑安装工程费，是指以出包方式支付给承包单位的建筑安装工程费，以自营方式发生的建筑安装工程费。基础设施费，包括开发小区内道路、供水、供电、供气、排污、排洪、通讯、照明、环卫、绿化等工程发生的支出。公共配套设施费，包括不能有偿转让的开发小区内公共配套设施发生的支出。开发间接费用，是指直接组织、管理开发项目发生的费用，包括工资、职工福利费、折旧费、修理费、办公费、水电费、劳动保护费、周转房摊销等。开发土地和新建房及配套设施的费用（以下简称房地产开发费用），是指与房地产开发项目有关的销售费用、管理费用、财务费用。财务费用中的利息支出，凡能够按转让房地产项目计算分摊并提供金融机构证明的，允许据实扣除，但最高不能超过按商业银行同类同期贷款利率计算的金额。其他房地产开发费用，按规定计算的金额之和的5%以内计算扣除。凡不能按转让房地产项目计算分摊利息支出或不能提供金融机构证明的，房地产开发费用按规定计算的金额之和的10%以内计算扣除。计算扣除的具体比例，由各省、自治区、直辖市人民政府规定。

二是旧房及建筑物的评估价格，是指在转让已使用的房屋及建筑物时，由政府批准设立的房地产评估机构评定的重置成本价乘以成新度折扣率后的价格。评估价格须经当地税务机关确认。

三是与转让房地产有关的税金，是指在转让房地产时缴纳的营业税、城市维护建设税、印花税。因转让房地产交纳的教育费附加，也可视同税金予以扣除。

四是根据条例第六条第（五）项财政部规定的其他扣除项目。对从事房地产开发的纳税人可按规定计算的金额之和，加计20%扣除。

五是土地增值税以纳税人房地产成本核算的最基本的核算项目或核算对象为单位计算。

六是纳税人成片受让土地使用权后，分期分批开发、转让房地产的，其扣除项目金额的确定，可按转让土地使用权的面积占总面积的比例计算分摊，或按建筑面积计算分摊，也可按税务机关确认的其他方式计算分摊。

3. 按照评估价格计算

纳税人有下列情形之一的，按照房地产评估价格计算征收：一是隐瞒、虚报房地产成交价格的；二是提供扣除项目金额不实的；三是转让房地产的成交价格低于房地产评估价格，又无正当理由的。

上述所称的房地产评估价格，是指由政府批准设立的房地产评估机构根据相同地段、同类房地产进行综合评定的价格。评估价格须经当地税务机关确认。所称的隐瞒、虚报房地产成交价格，是指纳税人不报或有意低报转让土地使用权、地上建筑物及其附着物价款的行为。所称的提供扣除项目金额不实的，是指纳税人在纳税申报时不据实提供扣除项目金额的行为。所称的转让房地产的成交价格低于房地产评估价格，又无正当理由的，是指纳税人申报的转让房地产的实际成交价低于房地产评估机构评定的交易价，纳税人又不能提供凭据或无正当理由的行为。

隐瞒、虚报房地产成交价格，应由评估机构参照同类房地产的市场交易价格进行评估。税务机关根据评估价格确定转让房地产的收入。

提供扣除项目金额不实的，应由评估机构按照房屋重置成本价乘以成新度折扣率计算的房屋成本价和取得土地使用权时的基准地价进行评估。税务机关根据评估价格确定扣除项目金额。

转让房地产的成交价格低于房地产评估价格，又无正当理由的，由税务机关参照房地产评估价格确定转让房地产的收入。

（五）土地增值税的减免

截至 2021 年，下列项目经过纳税人申请，税务机关审批，可以免征土地增值税：

1. 纳税人建造普通标准住宅出售[①]，企业、事业单位、社会团体和其他组织转让旧房作为经济适用住房，2019 年至 2020 年期间企业、事业单位、社会团体和其他组织转让旧房作为公租房，增值额未超过扣除项目金额 20%的。所称的普通标准住宅，是指按所在地一般民用住宅标准建造的居住用住宅。高级公寓、别墅、度假村等不属于普通标准住宅。普通标准住宅与其他住宅的具体划分界限由各省、自治区、直辖市人民政府规定。纳税人建造普通标准住宅出售，增值额未超过细则第七条第（一）（二）（三）（五）（六）项扣除项目金额之和

① 由各省、自治区、直辖市人民政府根据国务院办公厅有关规定制定的标准范围内从严掌握。

20%的，免征土地增值税①；增值额超过扣除项目金额之和20%的，应就其全部增值额按规定计税。

2. 由于城市实施规划、国家建设需要依法征用、收回的房地产。

3. 由于城市实施规划、国家建设需要而搬迁，由纳税人自行转让的房地产。

上述所称的因国家建设需要依法征用、收回的房地产，是指因城市实施规划、国家建设的需要而被政府批准征用的房产或收回的土地使用权。因城市实施规划、国家建设的需要而搬迁，由纳税人自行转让原房地产的，比照本规定免征土地增值税。

符合上述免税规定的单位和个人，须向房地产所在地税务机关提出免税申请，经税务机关审核后，免予征收土地增值税。

4. 个人之间互换自有居住用房地产的。

5. 个人因工作调动或改善居住条件而转让原自用住房，经向税务机关申报核准，凡居住满5年或5年以上的，免予征收土地增值税；居住满3年未满5年的，减半征收土地增值税。居住未满3年的，按规定计征土地增值税。

下列项目可以暂时免征土地增值税：

1. 合作建房，一方出土地，一方出资金，建成后按照比例分房自用的。

2. 个人销售住房。

3. 自2018年至2020年，有四种情况可以暂不征收土地增值税。一是按照《公司法》规定，企业整体改制为有限责任公司或者股份有限公司，有限责任公司改制为股份有限公司，改制前的企业将国有土地使用权、地上建筑物及其附着物转移、变更到改制后的企业的；二是按照法律规定或合同约定，两个以上的企业合并为一个企业，且原企业投资主体存续的，原企业将房地产转移、变更为合并以后企业的；三是按照法律规定或合同约定，企业分设为两个以上与原企业投资主体相同的企业，原企业将房地产转移、变更到分

---

① 1995年《土地增值税暂行条例实施细则》第7条规定，条例第六项所列计算增值额的扣除项目，具体是指：（一）取得土地使用权所支付的金额，是指纳税人为取得土地使用权所支付的地价款和按国家统一规定交纳的有关费用。（二）开发土地和新建房及配套设施的成本，是指纳税人房地产开发项目实际发生的成本，包括土地征用及拆迁补偿费、前期工程费、建筑安装工程费、基础设施费、公共配套设施费、开发间接费用。（三）开发土地和新建房及配套设施的费用，是指与房地产开发项目有关的销售费用、管理费用、财务费用……（五）与转让房地产有关的税金，是指在转让房地产时缴纳的营业税、城市维护建设税、印花税。因转让房地产交纳的教育费附加，也可视同税金予以扣除。（六）根据条例第六条（五）项规定，对从事房地产开发的纳税人可按本条（一）（二）项规定计算的金额之和，加计20%的扣除。

立以后的企业的；四是单位、个人在改制重组中，将房地产作价入股投资，将房地产转移、变更到被投资的企业的。

（六）土地增值税的义务发生时间及纳税期限

纳税人应当自转让房地产合同签订之日起 7 日内向房地产所在地主管税务机关办理纳税申报，并在税务机关核定的期限内缴纳土地增值税。

（七）土地增值税的纳税地点

土地增值税的纳税地点为房产所在地。所称的房地产所在地，是指房地产的坐落地。纳税人转让房地产坐落在两个或两个以上地区的，应按房地产所在地分别申报纳税。

（八）土地增值税的征收管理

土地管理部门、房产管理部门应当向税务机关提供有关资料，并协助税务机关依法征收土地增值税。所称的土地管理部门、房产管理部门应当向税务机关提供有关资料，是指向房地产所在地主管税务机关提供有关房屋及建筑物产权、土地使用权、土地出让金数额、土地基准地价、房地产市场交易价格及权属变更等方面的资料。

纳税人未按照条例缴纳土地增值税的，土地管理部门、房产管理部门不得办理有关权属变更手续。土地增值税的征收管理，依据《税收征收管理法》及条例有关规定执行。条例由财政部负责解释，实施细则由财政部制定。

第四节　城镇土地使用税法

一、城镇土地使用税法概述

城镇土地使用税法是指国家为了合理利用城镇土地，调节土地级差收入，提高土地使用效率，加强土地管理，制定的用以调整城镇土地使用税征收与缴纳之间权利及义务关系的法律规范。对城镇土地使用实施征收费税是我国特有的税种。它是国家和地方基于城镇国有土地由无偿划拨改为有偿使用后，为调节土地级差收入，提高土地使用效益，加强土地管理的重要措施。

从历史发展情况看，20 世纪 80 年代，对城镇土地的使用，先是在深圳、重庆等地尝试征收费用，而后，在较短的时间内，就实现了由费到税的改革，1988 年 9 月 27 日，国务院发布《城镇土地使用税暂行条例》。该条例自 1988 年 11 月 1 日起施行，各地制定的土地使用费办法同时停止执行。从而实现了由“收费”，到“收税”的转变。该暂行条例根据2006年12月31日《国务院关于修改〈中华人民共和国城镇土地使用税暂行条例〉的决定》第一次修订。其修改的内容包括：（1）第二条增加一款，作为第二款：“前款所称单位，包括国有企业、集体企业、私营企业、股份制企业、外商投资企业、外国企业以及其他企业和事业单位、社会团体、国家机关、军队以及其他单位；所称个人，包括个体工商户以及其他个人。”（2）第四条修改为：“土地使用税每平方米年税额如下：（一）大城市1.5元至30元；（二）中等城市1.2元至24元；（三）小城市0.9元至18元；（四）县城、建制镇、工矿区0.6元至12元。”（3）第十三条修改为：“本条例的实施办法由省、自治区、直辖市人民政府制定。”

根据2011年1月8日《国务院关于废止和修改部分行政法规的决定》第二次修订。为了与土地管理法修改衔接，将《城镇土地使用税暂行条例》第九条中的“征用”修改为“征收”。

根据2013年12月7日《国务院关于修改部分行政法规的决定》第三次修订。为了适应政府“放管服”改革，将《城镇土地使用税暂行条例》第七条中的“由省、自治区、直辖市税务机关审核后，报国家税务局批准”修改为“由县以上地方税务机关批准”。

根据2019年3月2日《国务院关于修改部分行政法规的决定》第四次修订。为了与税务机关机构改革相适应，将《城镇土地使用税暂行条例》第七条中的“地方税务机关”修改为“税务机关”。从中可以看出国务院立法完善的过程。

目前，按照中央的部署安排，为实现“税收法定”目标，有关将《城镇土地使用税暂行条例》上升为《城镇土地使用税法》的工作，已经列入全国人大常委会的工作日程并在积极推动。

与此同时，鉴于城镇土地使用的复杂性，财政部、国家税务总局通过发布通知与公告的形式，对有关问题作出统一规定，以弥补《暂行条例》执行中出现的普遍性问题。

2006年4月30日，财政部、国家税务总局发布《关于集体土地城镇土地使用税有关政策的通知》。根据当前集体土地使用中出现的新情况、新问题，经研究，现将集体土地城镇土地使用税有关政策通知如下：在城镇土地使用税征税范围内实际使用应税集体所有建设用地、但未办理土地使用权流转手续的，由实际使用集体土地的单位和个人按规定缴纳城镇土地使用税。本通知自 2006 年 5 月 1 日起执行，此前凡与本通知不一致的政策规定一律以本通知为准。

2009 年 11 月 22 日，财政部、国家税务总局发布《关于房产税城镇土地使用税有关问题的通知》（财税〔2009〕128 号）。对在城镇土地使用税征税范围内单独建造的地下建筑用地，按规定征收城镇土地使用税。其中，已取得地下土地使用权证的，按土地使用权证确认的土地面积计算应征税款；未取得地下土地使用权证或地下土地使用权证上未标明土地面积的，按地下建筑垂直投影面积计算应征税款。对上述地下建筑用地暂按应征税款的 50% 征收城镇土地使用税。

2019 年 1 月 9 日，为进一步支持农产品流通体系建设，财政部、税务总局作出财税〔2019〕12 号文，决定继续对农产品批发市场、农贸市场给予房产税和城镇土地使用税优惠。自 2019 年 1 月 1 日至 2021 年 12 月 31 日，对农产品批发市场、农贸市场（包括自有和承租，下同）专门用于经营农产品的房产、土地，暂免征收房产税和城镇土地使用税。对同时经营其他产品的农产品批发市场和农贸市场使用的房产、土地，按其他产品与农产品交易场地面积的比例确定征免房产税和城镇土地使用税。

2019 年 1 月 31 日，为支持公共交通发展，财政部、税务总局发布《关于继续对城市公交站场道路客运站场 城市轨道交通系统减免城镇土地使用税优惠政策的通知》（国家税务总局公告 2019 年第 30 号）。从 2019 年 1 月 1 日至 2021 年 12 月 31 日，对城市公交站场、道路客运站场、城市轨道交通系统运营用地，免征城镇土地使用税。

2019 年 4 月 3 日，为支持居民供热采暖，财政部、税务总局发布《关于延续供热企业增值税、房产税、城镇土地使用税优惠政策的通知》（财税〔2019〕38 号）。通知规定，自 2019 年 1 月 1 日至 2020 年 12 月 31 日，对向居民供热收取采暖费的供热企业，为居民供热所使用的厂房及土地免征房产税、城镇土地使用税；对供热企业其他厂房及土地，应当按照规定征收房产税、城镇土地使用税。对专业供热企业，按其向居民供热取得的采暖费收入占全部采暖费收入的比例，计算免征的房产税、城镇土地使用税。对兼营供热企业，视其供热所使用的厂房及土地与其他生产经营活动所使用的厂房及土地是否可以区分，按照不同方法计算免征的房产税、城镇土地使用税。可以区分的，对其供热所使用厂房及土地，按向居民供热取得的采暖费收入占全部采暖费收入的比例，计算免征的房产税、城镇土地使用税。难以区分的，对其全部厂房及土地，按向居民供热取得的采暖费收入占其营业收入的比例，计算免征的房产税、城镇土地使用税。对自供热单位，按向居民供热建筑面积占总供热建筑面积的比例，计算免征供热所使用的厂房及土地的房产税、城镇土地使用税。该通知的优惠措施主要涉及“三北”地区，即北京市、天津市、河北省、山西省、内蒙古自治区、辽宁省、大连市、吉林省、黑龙江省、山东省、青岛市、河南省、陕西省、甘肃省、青海省、宁夏回族自治区和新疆维吾尔自治区。共包括2个直辖市、3个自治区、10个省、2个副省级计划单列市。

2020年3月13日，为进一步促进物流业健康发展，财政部、税务总局发布《关于继续实施物流企业大宗商品仓储设施用地城镇土地使用税优惠政策的公告》（财政部、税务总局公告2020年第16号）。自2020年1月1日起至2022年12月31日止，对物流企业自有（包括自用和出租）或承租的大宗商品仓储设施用地，减按所属土地等级适用税额标准的50%计征城镇土地使用税。

在地方立法方面，各地均出台了本地城镇土地使用税的实施办法。主要涉及对本地土地等级的划分及收税标准、税收减免以及纳税期限的细化规定。

截至2021年，城镇土地使用税属于地方税，所得收入归地方政府支配。

二、城镇土地使用税法的立法结构

根据现行的《城镇土地使用税暂行条例》规定，城镇土地使用税法的立法结构如下[①]：

（一）城镇土地使用税的征税主体

城镇土地使用税由土地所在地的税务机关征收。土地管理机关应当向土地所在地的税务机关提供土地使用权属资料。

（二）城镇土地使用税的纳税主体

在城市、县城、建制镇、工矿区范围内使用土地的单位和个人。所称单位，包括国有企业、集体企业、私营企业、股份制企业、外商投资企业、外国企业以及其他企业和事业单位、社会团体、国家机关、军队以及其他单位；所称个人，包括个体工商户以及其他个人。

城镇土地使用税一般由土地使用权拥有者缴纳。拥有土地使用权的纳税人不在土地所在地的，由代管人或者实际使用人缴纳。土地使用权没有确定

---

① 参见2019年《城镇土地使用税暂行条例》。

或者权属纠纷没有解决的，由实际使用人缴纳。土地使用权共有的，由共有各方按照其实际使用土地的面积分别缴纳。承租集体所有建设用地的，有直接从集体经济组织承租土地的单位或个人缴纳。

（三）城镇土地使用税的征税对象

城镇土地使用税的征收对象是有关单位和个人在城市、县城、建制镇、工矿区范围内使用的应税土地。其中，城市的范围包括市区和郊区。县城的范围为县人民政府所在地的城镇。建制镇的征税范围由各省、自治区和直辖市税务局提出方案，报经当地省级人民政府批准后执行，并报国家税务总局。工矿区为工商业比较发达，人口比较集中，符合建制镇标准，但是，尚未设镇的大中型工矿企业所在地。应税土地包括规定征收范围内的国有和集体所有的土地。在征收范围内单独建造的地下建筑用地，已经取得地下土地使用权证的，按照土地使用权证确认的土地面积计算应征税款；没有取得土地使用证，或者地下土地使用权证上没有标明土地面积的，按照地下建筑垂直投影面积计算应征税款。地下建筑用地暂时按照应征税款的50%征收。

（四）城镇土地使用税的税率与计税依据

土地使用税以纳税人实际占用的土地面积为计税依据，依照规定税额计算征收。土地占用面积的组织测量工作，由省、自治区、直辖市人民政府根据实际情况确定。截至2021年，城镇土地使用税统一的税率，详见表24：

表24　城镇土地使用税税率表

地区	税率（每平方米每年）
1. 大城市	1.5元至30元
2. 中等城市	1.2元至24元
3. 小城市	0.9元至18元
4. 县城、建制镇、工矿区	0.6元至12元

大城市、中等城市和小城市以公安部门登记在册的非农业正式户口人数为依据，按照国务院规定的标准，市区和郊区非农业人口总计超过50万的，为大城市；市区和郊区非农业人口总计超过20万不超过50万的为中等城市；市区和郊区非农业人口总计不超过20万的，为小城市。

省、自治区、直辖市人民政府，应当在条例规定的税额幅度内，根据市政建设状况、经济繁荣程度等条件，确定所辖地区的适用税额幅度。市、县人民政府应当根据实际情况，将本地区土地划分为若干等级，在省、自治区、直辖市人民政府确定的税额幅度内，制定相应的适用税额标准，报省、自治区、直辖市人民政府批准执行。经省、自治区、直辖市人民政府批准，经济落后地区土地使用税的适用税额标准可以适当降低，但降低额不得超过条例规定最低税额的30%。经济发达地区土地使用税的适用税额标准可以适当提高，但须报经财政部批准。

例如，河北省规定，土地使用税每平方米年适用税额幅度如下：石家庄、唐山、邯郸市市区，1.5元至30元；承德、张家口、秦皇岛、廊坊、保定、沧州、衡水、邢台市市区，1.2元至24元；县级市市区，0.9元至18元；县城、建制镇、工矿区，0.6元至12元。设区的市市区、县级市市区、县城、建制镇的范围，依照行政区划确定。设区的市、县（市）人民政府应当根据实际情况，将本地区土地划分为若干等级，在本办法第六条确定的适用税额幅度内，制定相应的适用税额标准。其中，经济落后地区的适用税额标准可以适当降低，但降低额不得超过本办法第六条规定最低适用税额的30%，设区的市、县（市）人民政府制定的适用税额标准报省人民政府批准后执行。①

山西省规定，大、中、小城市和县城、建制镇、工矿区的标准确定及征税范围：城市是指经国务院批准设立的市。市辖区非农业人口总计在50万以上的为大城市；20万至50万的为中等城市；20万以下的为小城市。非农业人口按公安机关在册正式户口人数为依据。城市的征税范围为市辖区。县城是指县级国家机关所在地的城镇。县城的征税范围为县级国家机关所在的城镇行政区域。建制镇指经省人民政府批准设立的城镇。建制镇的征税范围为建制镇所辖行政区域内，除直接用于农、林、牧、渔业的种植、养殖、饲养生产用地和农民居住地以外的所有从事生产经营用的土地。工矿区是指经省人民政府批准，工商业比较发达，人口比较集中，符合国务院规定的建制镇标准，但尚未设立建制镇的大中型工矿企业所在地。城市、县城、建制镇和工矿区的具体征税范围，由设区的市、县级人民政府根据当地实际情况确定。

城镇土地使用税每平方米年税额如下：大城市分为三个等级：一等15元至30元，二等9元至24元，三等3元至9元。中等城市分为三个等级：一等9元至24元，二等6元至15元，三等3元至6元。小城市分为三个等级：一等9元至18元，二等6元至9元，三等1.8元至6元。县城、建制镇、工矿区分为三个等级：一等4.5元至12元，二等2.4元至6元，三等0.9元至3

① 参见2013年《河北省城镇土地使用税实施办法》第6条。

元。贫困县城镇土地使用税税额可以适当降低，但降低额不得超过前款规定最低税额的 30%。非贫困县的建制镇行政区域内除镇人民政府所在地以外的应税生产经营用地可比照前款规定执行。①

（五）城镇土地使用税的减免

截至 2021 年，综合国家规定及各地规定，下列土地可以免征城镇土地使用税：

1. 国家机关、人民团体、军队自用的土地。

2. 由国家财政部门拨付事业经费的单位自用的土地。

3. 企业办的学校、托儿所和幼儿园自用的土地。

4. 非营利性医疗机构、疾病控制机构和妇幼保健机构等医疗、卫生机构自用的土地。营利性医疗机构取得的收入直接用于改善医疗条件的，自其取得执业登记之日起 3 年以内，自用的土地也可以免征城镇土地使用税。

5. 非营利性科研机构自用的土地。

6. 宗教寺庙、公园、名胜古迹自用的土地（不包括其中附设的各类营业单位使用的土地，如在公园里设立的餐馆、茶社等）。

7. 市政街道、广场、绿化地带等公共用地。

8. 直接用于农、林、牧、渔业的生产用地（不包括农副产品加工场地和生活、办公用地），水利设施及其看护管用地。

9. 经批准开山填海整治的土地和改造的废弃土地，从使用的月份起免缴土地使用税 5 年至 10 年。

10. 由财政部另行规定免税的能源、交通用地（主要涉及煤炭、电力、铁路、民航和港口等企业）和其他用地。

11. 行政单位、企业、事业单位、社会团体和个人投资兴办的福利性、非营利性老年服务机构自用的土地。

12. 公益性未成年校外活动场所自用的土地。

13. 个人出租住房、经济适用房住房建设用地。开发商在商品住宅项目中配套建造的经济适用房，能够提供相关材料的，可以按照经济适用住房面积占总建筑面积的比例，免征开发商应当缴纳的城镇土地使用税。

14. 国家机关、军队、人民团体、财政补助事业单位、居民委员会和村民委员会拥有的体育场馆；经费自理的事业单位、体育社会团体、体育基金会和体育类民办非企业单位拥有并运营管理的体育场馆，符合规定条件的，用

---

① 参见 2020 年《山西实施〈中华人民共和国城镇土地使用税暂行条例〉办法》第 5 条、第 6 条。

于体育活动的土地，可以免征城镇土地使用税。企业拥有并运营管理的大型体育场馆用于体育活动的土地，可以减半征收城镇土地使用税。

15. 个人所有的住房和院落用地，免征单位职工家属的宿舍用地。集体、个人举办的学校、医院、托儿所和幼儿园用地，是否征收城镇土地使用税，由各地决定。

下列土地可以暂时免征城镇土地使用税：

1. 石油、天然气（包括页岩气、煤层气）生产建设用地。

2. 城市、县城和建制镇以外工矿区之内的消防、防洪排涝、防风和防沙设施用地。

3. 各类危险品仓库、厂房所需的防火、防爆和防毒等安全防范用地，经过省级税务局批准的。

4. 铁路运输企业经国务院批准进行股份制改革的企业，由中国铁路总公司所述铁路运输企业与地方政府、企业和其他投资者成立的合资铁路运输企业自用的土地。

在一个纳税年度内，月平均实际安置残疾人就业的人数占本单位在职职工总数的比例达到25%以上且按照残疾人10人以上的单位，可以减征或者免征该纳税年度的城镇土地使用税。具体办法由省级财税主管部门确定。

核电站用地在基本建设期间可以减半征收城镇土地使用税。

自2019年至2021年，农产品批发市场、农贸市场专门用于经营农产品的土地，可以免征城镇土地使用税；同时经营其他产品的农产品批发市场、农贸市场使用的土地，可以按照其他产品与农产品交易场地面积的比例征免城镇土地使用税。

自2019年至2021年，增值税小规模纳税人可以按照规定减征城镇土地使用税。

自2019年6月1日至2025年12月31日，为社区提供养老、托育和家政服务的机构自有和通过承租、无偿使用等方式取得并用于提供上述服务的土地，可以免征城镇土地使用税。

自2020年至2022年，物流企业自有和承租的大宗商品仓储设施用地，可以减按所属土地等级适用税率的50%计征城镇土地使用税。

此外，对于免征单位无偿使用纳税单位的土地（如公安机关、海关使用火车站、飞机场和港口等单位的土地），可以免征城镇土地使用税。但是，纳税单位无偿使用免税单位的土地，则应当缴纳城镇土地使用税。

（六）城镇土地使用税的纳税义务发生时间与缴纳期限

土地使用税按年计算、分期缴纳。缴纳期限由省、自治区、直辖市人民政府确定。新征收的土地，依照下列规定缴纳土地使用税：一是征收的耕地，自批准征收之日起满 1 年时开始缴纳土地使用税；二是征收的非耕地，自批准征收次月起缴纳土地使用税。

例如，海南省规定，土地使用税按年计算，分季缴纳。季度终了后 10 日内申报缴纳。年应纳税额在 2500 元以下的，缴纳期限由市、县、自治县和洋浦经济开发区管理局地方税务部门规定。①

广东省规定，土地使用税按年计算，分期缴纳，具体的缴纳期限，由市、县地方税务局确定。②

湖南省规定，土地使用税按年计算，分月或者分季缴纳。具体缴纳期限和日期由主管地方税务机关确定。土地使用不满 1 年或者享受免税期满恢复征税不满 1 年的，按月换算计征。③

（七）城镇土地使用税的纳税地点

甘肃省规定，纳税人应当在土地管理部门核发土地使用手续后 30 日内，向土地所在地的税务部门报送土地权属、面积、位置、使用情况等有关资料，并办理申报登记。④

（八）城镇土地使用税的征收管理

土地使用税的征收管理，依照《税收征收管理法》及各地条例的规定执行。土地使用税收入纳入财政预算管理。条例的实施办法由省、自治区、直辖市人民政府制定。

第五节　耕地占用税法

一、耕地占用税法概述

对于我国这样一个人口大国，耕地具有重要的基础地位。为此，国家对耕地采取严格管制措施。但随着城镇化步伐的加快，城乡发展中，对于耕地

---

① 参见 2009 年《海南省实施〈中华人民共和国城镇土地使用税暂行条例〉办法》第 8 条。

② 参见 2008 年《广东省城镇土地使用税实施细则》第 12 条。

③ 参见 2007 年《湖南省城镇土地使用税实施办法》第 10 条。

④ 参见 2020 年《甘肃省城镇土地使用税实施办法》第 10 条。

的占用成为必然趋势，由此，国家必须采取相应的措施，保持耕地占用的适度性增长，其中，通过对占用耕地的单位和个人开征耕地占用税是一个重要的举措，也是我国税收政策所独有。

1987 年 4 月 1 日，为了合理利用土地资源，加强土地管理，保护农用耕地，国务院发布《耕地占用税暂行条例》（以下简称《暂行条例》）。自发布之日起施行。该条例规定，占用耕地建房或者从事其他非农业建设的单位和个人，都是耕地占用税的纳税义务人（以下简称纳税人），应当按照本条例规定缴纳耕地占用税。耕地占用税以纳税人实际占用的耕地面积计税，按照规定税额一次性征收。耕地占用税的税额规定如下：（一）以县为单位（以下同），人均耕地在 1 亩以下（含 1 亩）的地区，每平方米为 2 元至 10 元；（二）人均耕地在 1 亩至 2 亩（含 2 亩）的地区，每平方米为 1.6 元至 8 元；（三）人均耕地在 2 亩至 3 亩（含 3 亩）的地区，每平方米为 1.3 元至 6.5 元；（四）人均耕地在 3 亩以上的地区，每平方米为 1 至 5 元。农村居民占用耕地新建住宅，按上述规定税额减半征收。经济特区、经济技术开发区和经济发达、人均耕地特别少的地区，适用税额可以适当提高，但是，最高不得超过上述规定税额的 50%。各地适用税额，由省、自治区、直辖市人民政府在上述规定税额范围内，根据本地区情况具体核定。纳税人必须在经土地管理部门批准占用耕地之日起 30 日内缴纳耕地占用税。纳税人按有关规定向土地管理部门办理退还耕地的，已纳税款不予退还。

根据 1987 年《暂行条例》，下列经批准征用的耕地，免征耕地占用税：（一）部队军事设施用地；（二）铁路线路、飞机场跑道和停机坪用地；（三）炸药库用地；（四）学校、幼儿园、敬老院、医院用地。农村革命烈士家属、革命残废军人、鳏寡孤独以及革命老根据地、少数民族聚居地区和边远贫困山区生活困难的农户，在规定用地标准以内新建住宅纳税确有困难的，由纳税人提出申请，经所在地乡（镇）人民政府审核，报经县级人民政府批准后，可以给予减税或者免税。

在税收征收管理方面，1987 年《暂行条例》规定，耕地占用税由财政机关负责征收。土地管理部门在批准单位和个人占用耕地后，应及时通知所在地同级财政机关。获准征用或者占用耕地的单位和个人，应当持县级以上土地管理部门的批准文件向财政机关申报纳税。土地管理部门凭纳税收据或者征用批准文件划拨用地。对获准占用耕地的单位或者个人未在规定的期限内向财政机关申报纳税的，从滞纳之日起，按日加收应纳税款 5‰的滞纳金。对单位或者个人获准征用或者占用耕地超过2年不使用的，按规定税额加征两倍以下耕地占用税；对未经批准或者超过批准限额、超过农民住宅建房规定标准的，由土地管理部门依照《土地管理法》的有关规定处理。纳税人同财政机关在纳税或者违章处理问题上发生争议时，必须首先按照财政机关的决定缴纳税款和滞纳金，然后在10日内向上级财政机关申请复议。上级财政机关应当在接到申诉人的申请之日起30日内作出答复。申诉人对答复不服的，可以在接到答复之日起30日内向人民法院起诉。

在法律适用上，该条例所称耕地是指用于种植农作物的土地。占用前3年内曾用于种植农作物的土地，亦视为耕地。占用鱼塘、园地、菜地及其他农业用地建房或者从事其他非农业建设，按照该条例的规定执行。该条例的规定不适用于外商投资企业。该条例由财政部负责解释；实施办法由各省、自治区、直辖市人民政府根据该条例的规定，结合本地区的实际情况制定，并报财政部备案。

1987年10月26日，财政部发布《关于耕地占用税收入（地方部分）使用管理的暂行办法》，该暂行办法规定，对耕地占用税征收的税款，一半留给地方，建立农业发展专项资金。该办法对于农发资金的使用管理作出规定。对农发资金的使用，必须坚持先征（征收耕地占用税）后用、专款（农发资金）专用的原则。任何地方和部门不准挤占挪用；不准抵顶地方原来安排的和应正常增加的农业基本建设投资、支援农村生产支出以及农林、水利、气象等部门的事业费；不准用于机构、人员的经费开支；不准用于兴建楼、堂、馆、所，也不准用于农业生产以外的其他产业。各省、自治区、直辖市财政部门，应加强对农发资金的管理。要分年度单独编列年度收支预算；年度终了后，要及时编列决算表。无论是预算还是决算，都应列入地方各级财政的总预算和总决算。

2009年3月11日，财政部、国家税务总局发布《关于耕地占用税暂行条例贯彻落实情况的通报》。该通报指出，截至2009年2月中旬，已有北京、天津、河北、内蒙古、吉林、黑龙江、上海、江苏、浙江、安徽、福建、江西、山东、湖南、广西、海南、重庆、四川、云南、西藏、甘肃和新疆等22个省、自治区、直辖市制定出台了实施办法。目前尚未出台实施办法的地方，有山西、辽宁、河南、湖北、广东、贵州、陕西、青海、宁夏等9省（区）。这些地区大都已形成实施办法草案，有的已报当地法制部门审议，有的仍处于财税机关内部征求意见阶段。2008年以来，各地在着手制定实施办法的同时，也积极采取措施，做好各项贯彻落实工作，并以此为契机，大力加强征收管理。2008 年，全国累计征收耕地占用税 314 亿元，同比增长 69.8%。各级地方财政部门和地方税务机关要继续做好条例及细则的贯彻落实工作，对工作中遇到的情况、问题及建议，要及时上报。为健全耕地占用税法律制度，坚持依法征税，目前尚未出台实施办法的地区应加快工作进度，争取早日出台。在实施办法出台前，继续按照《关于上报耕地占用税新条例贯彻情况的通知》要求，按月向国家税务总局报告实施办法制定工作进展情况。

1987 年《耕地占用税暂行条例》运行 20 年后，2007 年 12 月 1 日，国务院废除该条例，重新制定公布新的《耕地占用税暂行条例》。自 2008 年 1 月 1 日起施行。其主要变化为：一是征税主体由财政机关变更为税务机关；二是将适用范围扩大到所有企业，取消了外商投资企业的优惠；三是调整了耕地占用税的税额规定：（一）人均耕地不超过 1 亩的地区（以县级行政区域为单位，下同），每平方米为 10 元至 50 元；（二）人均耕地超过 1 亩但不超过 2 亩的地区，每平方米为 8 元至 40 元；（三）人均耕地超过 2 亩但不超过 3 亩的地区，每平方米为 6 元至 30 元；（四）人均耕地超过 3 亩的地区，每平方米为 5 元至 25 元。国务院财政、税务主管部门根据人均耕地面积和经济发展情况确定各省、自治区、直辖市的平均税额。各地适用税额，由省、自治区、直辖市人民政府在条例规定的税额幅度内，根据本地区情况核定。各省、自治区、直辖市人民政府核定的适用税额的平均水平，不得低于条例规定的平均税额。经济特区、经济技术开发区和经济发达且人均耕地特别少的地区，适用税额可以适当提高，但是提高的部分最高不得超过条例规定的当地适用税额的 50%。占用基本农田的，适用税额应当在条例规定的当地适用税额的基础上提高 50%。四是规定铁路线路、公路线路、飞机场跑道、停机坪、港口、航道占用耕地，减按每平方米 2 元的税额征收耕地占用税。农村居民占用耕地新建住宅，按照当地适用税额减半征收耕地占用税。

至 2018 年 12 月 29 日，又经过 11 年，第十三届全国人民代表大会常务委员会第七次会议通过《耕地占用税法》，自 2019 年 9 月 1 日起施行。2007 年 12 月 1 日国务院公布的《耕地占用税暂行条例》同时废止。该法的颁布使耕地占用税实现了人大法律立法的法治化，并进一步完善了相关规定。

2019 年 8 月 29 日，财政部、税务总局、自然资源部、农业农村部、生态环境部出台《耕地占用税法实施办法》，自 2019 年 9 月 1 日起施行。

2019 年 8 月 30 日，国家税务总局发布《关于耕地占用税征收管理有关事项的公告》，就有关计算及申报表作出统一规定。该公告自 2019 年 9 月 1 日起施行。《国家税务总局关于农业税、牧业税、耕地占用税、契税征收管理暂参照〈中华人民共和国税收征收管理法〉执行的通知》（国税发〔2001〕110 号）、《国家税务总局关于耕地占用税征收管理有关问题的通知》（国税发〔2007〕129 号）、《国家税务总局关于发布〈耕地占用税管理规程（试行）〉的公告》（国家税务总局公告 2016 年第 2 号发布，国家税务总局公告 2018 年第 31 号修改）同时废止。

《耕地占用税法》颁布以后，从 2019 年 5 月 30 日至 2019 年 9 月 25 日，各地人大常委会以决定的形式予以了积极回应。吉林省、天津市、广东省、河北省、广西壮族自治区、新疆维吾尔自治区、四川省、甘肃省、云南省、湖北省、河南省、江苏省、安徽省、山东省、江西省、福建省、北京市、海南省、湖南省、山西省、贵州省、浙江省、重庆市、宁夏回族自治区、黑龙江省以及西藏自治区先后出台了有关本地《耕地占用税适用税额的决定》或批准本地方案的决定，自 2019 年 9 月 1 日起施行。

截至 2021 年，耕地占用税属于地方税，所得收入归地方政府支配。

二、耕地占用税法的立法结构

根据现行《耕地占用税法》《耕地占用税法实施办法》及相关规定，耕地占用税的立法结构如下①：

（一）耕地占用税的征税主体

耕地占用税由税务机关负责征收。

（二）耕地占用税的纳税主体

在中华人民共和国境内占用耕地建设建筑物、构筑物或者从事非农业建设的单位和个人。经批准占用耕地的，纳税人为农用地转用审批文件中标明的建设用地人；农用地转用审批文件中未标明建设用地人的，纳税人为用地申请人，其中用地申请人为各级人民政府的，由同级土地储备中心、自然资源主管部门或政府委托的其他部门、单位履行耕地占用税申报纳税义务。未经批准占用耕地的，纳税人为实际用地人。

（三）耕地占用税的征税对象

单位或者个人在中华人民共和国境内占用耕地建设建筑物、构筑物或者

① 参见 2018 年《耕地占用税法》。

从事非农业建设的行为。所称耕地，是指用于种植农作物的土地。占用耕地建设农田水利设施的，不缴纳耕地占用税。

纳税人因建设项目施工或者地质勘查临时占用耕地，应当依照本法的规定缴纳耕地占用税。纳税人在批准临时占用耕地期满之日起 1 年内依法复垦，恢复种植条件的，全额退还已经缴纳的耕地占用税。临时占用耕地，是指经自然资源主管部门批准，在一般不超过 2 年内临时使用耕地并且没有修建永久性建筑物的行为。依法复垦应由自然资源主管部门会同有关行业管理部门认定并出具验收合格确认书。

因挖损、采矿塌陷、压占、污染等损毁耕地属于税法所称的非农业建设，应依照税法规定缴纳耕地占用税；自自然资源、农业农村等相关部门认定损毁耕地之日起 3 年内依法复垦或修复，恢复种植条件的，比照耕地占用税法规定办理退税。

单位和个人占用园地、林地、草地、农田水利用地、养殖水面、渔业水域滩涂以及其他农用地建设建筑物、构筑物或者从事非农业建设的，依照《耕地占用税法》的规定缴纳耕地占用税。占用农用地的，适用税额可以适当低于本地区按照《耕地占用税法》第四条第二款确定的适用税额，但降低的部分不得超过 50%。具体适用税额由省、自治区、直辖市人民政府提出，报同级人民代表大会常务委员会决定，并报全国人民代表大会常务委员会和国务院备案。其中，园地，包括果园、茶园、橡胶园、其他园地。其他园地，包括种植桑树、可可、咖啡、油棕、胡椒、药材等其他多年生作物的园地。林地，包括乔木林地、竹林地、红树林地、森林沼泽、灌木林地、灌丛沼泽、其他林地，不包括城镇村庄范围内的绿化林木用地，铁路、公路征地范围内的林木用地，以及河流、沟渠的护堤林用地。其他林地，包括疏林地、未成林地、迹地、苗圃等林地。草地，包括天然牧草地、沼泽草地、人工牧草地，以及用于农业生产并已由相关行政主管部门发放使用权证的草地。农田水利用地，包括农田排灌沟渠及相应附属设施用地。养殖水面，包括人工开挖或者天然形成的用于水产养殖的河流水面、湖泊水面、水库水面、坑塘水面及相应附属设施用地。渔业水域滩涂，包括专门用于种植或者养殖水生动植物的海水潮浸地带和滩地，以及用于种植芦苇并定期进行人工养护管理的苇田。

占用农用地建设直接为农业生产服务的生产设施的，不缴纳耕地占用税。直接为农业生产服务的生产设施，是指直接为农业生产服务而建设的建筑物和构筑物。具体包括：储存农用机具和种子、苗木、木材等农业产品的仓储设施；培育、生产种子、种苗的设施；畜禽养殖设施；木材集材道、运材道；农业科研、试验、示范基地；野生动植物保护、护林、森林病虫害防治、森林防火、木材检疫的设施；专为农业生产服务的灌溉排水、供水、供电、供热、供气、通讯基础设施；农业生产者从事农业生产必需的食宿和管理设施；其他直接为农业生产服务的生产设施。

（四）耕地占用税的税率及计税依据

耕地占用税以纳税人实际占用的耕地面积为计税依据，按照规定的适用税额一次性征收，应纳税额为纳税人实际占用的耕地面积（平方米）乘以适用税额。实际占用的耕地面积，包括经批准占用的耕地面积和未经批准占用的耕地面积。

表 25　耕地占用税的税额征收标准

占用面积（以县、自治县、不设区的市、市辖区为单位）	适用税额
人均耕地不超过 1 亩的地区	每平方米为 10 元至 50 元
人均耕地超过 1 亩但不超过 2 亩的地区	每平方米为 8 元至 40 元
人均耕地超过 2 亩但不超过 3 亩的地区	每平方米为 6 元至 30 元
人均耕地超过 3 亩的地区	每平方米为 5 元至 25 元

各地区耕地占用税的适用税额，由省、自治区、直辖市人民政府根据人均耕地面积和经济发展等情况，在前款规定的税额幅度内提出，报同级人民代表大会常务委员会决定，并报全国人民代表大会常务委员会和国务院备案。各省、自治区、直辖市耕地占用税适用税额的平均水平，不得低于本法所附《各省、自治区、直辖市耕地占用税平均税额表》规定的平均税额。在人均耕地低于 0.5 亩的地区，省、自治区、直辖市可以根据当地经济发展情况，适当提高耕地占用税的适用税额，但提高的部分不得超过《耕地占用税法》第四条第二款确定的适用税额的 50%。具体适用税额按照《耕地占用税法》第四条第二款规定的程序确定。

占用基本农田的，应当按照《耕地占用税法》第四条第二款或者第五条确定的当地适用税额，加按 150%征收。基本农田，是指依据《基本农田保护条例》划定的基本农田保护区范围内的耕地。它是指按照一定时期人口和社会经济发展对农产品的需求，依据土地利用总体规划确定的不得占用的耕地。基本农田保护区，是指为对基本农田实行特殊保护而依据土地利用总体规划和依照法定程序确定的特定保护区域。划入基本农田保护区的耕地严格管理，其包括：一是经国务院有关主管部门或者县级以上地方人民政府批准确定的粮、棉、油生产基地内的耕地；二是有良好的水利与水土保持设施的耕地，正在实施改造计划以及可以改造的中、低产田；三是蔬菜生产基地；四是农业科研、教学试验田。根据土地利用总体规划，铁路、公路等交通沿线，城市和村庄、集镇建设用地区周边的耕地，应当优先划入基本农田保护区；需要退耕还林、还牧、还湖的耕地，不应当划入基本农田保护区。[①]

表 26　各省、自治区、直辖市耕地占用税平均税额表

各省、自治区、直辖市	平均税额（元/平方米）
上海	45
北京	40
天津	35
江苏、浙江、福建、广东	30
辽宁、湖北、湖南	25
河北、安徽、江西、山东、河南、重庆、四川	22.5
广西、海南、贵州、云南、陕西	20
山西、吉林、黑龙江	17.5
内蒙古、西藏、甘肃、青海、宁夏、新疆	12.5

（五）耕地占用税的减免

截至 2021 年，根据有关规定，耕地占用税的减免措施包括：

1. 军事设施、学校、幼儿园、社会福利机构、医疗机构占用耕地，免征耕地占用税。其中，免税的军事设施，具体范围为《军事设施保护法》规定的军事设施。[②] 免税的学校，具体范围包括县级以上人民政府教育行政部门批准成立的大学、中学、小学，学历性职业教育学校和特殊教育学校，以及经省级人民政府或其人力资源社会保障行政部门批准成立的技工院校。但学校

① 参见 2011 年《基本农田保护条例》第 2 条、第 10 条。

② 参见 1990 年《中华人民共和国军事设施保护法》第 2 条规定，军事设施，是指国家直接用于军事目的的下列建筑、场地和设备：（一）指挥机关、地面和地下的指挥工程、作战工程；（二）军用机场、港口、码头；（三）营区、训练场、试验场；（四）军用洞库、仓库；（五）军用通信、侦察、导航、观测台站和测量、导航、助航标志；（六）军用公路、铁路专用线，军用通信、输电线路，军用输油、输水管道；（七）国务院和中央军事委员会规定的其他军事设施。

内经营性场所和教职工住房占用耕地的，按照当地适用税额缴纳耕地占用税。免税的幼儿园，具体范围限于县级以上人民政府教育行政部门批准成立的幼儿园内专门用于幼儿保育、教育的场所。免税的社会福利机构，具体范围限于依法登记的养老服务机构、残疾人服务机构、儿童福利机构、救助管理机构、未成年人救助保护机构内，专门为老年人、残疾人、未成年人、生活无着的流浪乞讨人员提供养护、康复、托管等服务的场所。免税的医疗机构，具体范围限于县级以上人民政府卫生健康行政部门批准设立的医疗机构内专门从事疾病诊断、治疗活动的场所及其配套设施。医疗机构内职工住房占用耕地的，按照当地适用税额缴纳耕地占用税。

2. 铁路线路、公路线路、飞机场跑道、停机坪、港口、航道、水利工程占用耕地，减按每平方米 2 元的税额征收耕地占用税。其中，减税的铁路线路，具体范围限于铁路路基、桥梁、涵洞、隧道及其按照规定两侧留地、防火隔离带。专用铁路和铁路专用线占用耕地的，按照当地适用税额缴纳耕地占用税。减税的公路线路，具体范围限于经批准建设的国道、省道、县道、乡道和属于农村公路的村道的主体工程以及两侧边沟或者截水沟。专用公路和城区内机动车道占用耕地的，按照当地适用税额缴纳耕地占用税。减税的飞机场跑道、停机坪，具体范围限于经批准建设的民用机场专门用于民用航空器起降、滑行、停放的场所。减税的港口，具体范围限于经批准建设的港口内供船舶进出、停靠以及旅客上下、货物装卸的场所。减税的航道，具体范围限于在江、河、湖泊、港湾等水域内供船舶安全航行的通道。减税的水利工程，具体范围限于经县级以上人民政府水行政主管部门批准建设的防洪、排涝、灌溉、引（供）水、滩涂治理、水土保持、水资源保护等各类工程及其配套和附属工程的建筑物、构筑物占压地和经批准的管理范围用地。

3. 农村居民在规定用地标准以内占用耕地新建自用住宅，按照当地适用税额减半征收耕地占用税；其中农村居民经批准搬迁，新建自用住宅占用耕地不超过原宅基地面积的部分，免征耕地占用税。

4. 农村烈士遗属、因公牺牲军人遗属、残疾军人以及符合农村最低生活保障条件的农村居民，在规定用地标准以内新建自用住宅，免征耕地占用税。

根据国民经济和社会发展的需要，国务院可以规定免征或者减征耕地占用税的其他情形，报全国人民代表大会常务委员会备案。

按照上述规定，免征或者减征耕地占用税后，纳税人改变原占地用途，不再属于免征或者减征耕地占用税情形的，应当按照当地适用税额补缴耕地占用税。

在农用地转用环节，用地申请人能证明建设用地人符合耕地占用税法第七条第一款规定的免税情形的，免征用地申请人的耕地占用税；在供地环节，建设用地人使用耕地用途符合耕地占用税法第七条第一款规定的免税情形的，由用地申请人和建设用地人共同申请，按退税管理的规定退还用地申请人已经缴纳的耕地占用税。

（六）耕地占用税的纳税义务发生时间与纳税期限

耕地占用税的纳税义务发生时间为纳税人收到自然资源主管部门办理占用耕地手续的书面通知的当日。纳税人应当自纳税义务发生之日起 30 日内申报缴纳耕地占用税。自然资源主管部门凭耕地占用税完税凭证或者免税凭证和其他有关文件发放建设用地批准书。

未经批准占用耕地的，耕地占用税纳税义务发生时间为自然资源主管部门认定的纳税人实际占用耕地的当日。

因挖损、采矿塌陷、压占、污染等损毁耕地的纳税义务发生时间为自然资源、农业农村等相关部门认定损毁耕地的当日。

（七）耕地占用税的缴税地点

纳税人占用耕地，应当在耕地所在地申报纳税。

（八）耕地占用税的征收管理

耕地占用税的征收管理，依照耕地占用税法和《税收征收管理法》的规定执行。

税务机关应当与相关部门建立耕地占用税涉税信息共享机制和工作配合机制。县级以上地方人民政府自然资源、农业农村、水利等相关部门应当定期向税务机关提供农用地转用、临时占地等信息，协助税务机关加强耕地占用税征收管理。县级以上地方人民政府自然资源、农业农村、水利、生态环境等相关部门向税务机关提供的农用地转用、临时占地等信息，包括农用地转用信息、城市和村庄集镇按批次建设用地转而未供信息、经批准临时占地信息、改变原占地用途信息、未批先占农用地查处信息、土地损毁信息、土壤污染信息、土地复垦信息、草场使用和渔业养殖权证发放信息等。各省、自治区、直辖市人民政府应当建立健全本地区跨部门耕地占用税部门协作和信息交换工作机制。纳税人占地类型、占地面积和占地时间等纳税申报数据材料以自然资源等相关部门提供的相关材料为准；未提供相关材料或者材料信息不完整的，经主管税务机关提出申请，由自然资源等相关部门自收到申请之日起30日内出具认定意见。

税务机关发现纳税人的纳税申报数据资料异常或者纳税人未按照规定期限申报纳税的，可以提请相关部门进行复核，相关部门应当自收到税务机关复核申请之日起30日内向税务机关出具复核意见。纳税人的纳税申报数据资料异常或者纳税人未按照规定期限申报纳税的，包括下列情形：一是纳税人改变原占地用途，不再属于免征或者减征耕地占用税情形，未按照规定进行申报的；二是纳税人已申请用地但尚未获得批准先行占地开工，未按照规定进行申报的；三是纳税人实际占用耕地面积大于批准占用耕地面积，未按照规定进行申报的；四是纳税人未履行报批程序擅自占用耕地，未按照规定进行申报的；五是其他应提请相关部门复核的情形。

纳税人、税务机关及其工作人员违反耕地占用税法规定的，依照《中华人民共和国税收征收管理法》和有关法律法规的规定追究法律责任。

在《耕地占用税法》实施后，根据《耕地占用税法》的授权，各地人大常委会就本地适用税率做出决定。例如，山东省规定，一是耕地占用税的适用税额按照《山东省各县（市、区）耕地占用税适用税额表》执行。人均耕地低于0.5亩的县（市、区），耕地占用税的适用税额依照上述规定执行。二是占用园地、林地、草地、农田水利用地、养殖水面、渔业水域滩涂以及其他农用地建设建筑物、构筑物或者从事非农业建设的，耕地占用税的适用税额按照《山东省各县（市、区）耕地占用税适用税额表》执行。①

表27 山东省各县（市、区）耕地占用税适用税额表

设区的市	县（市、区）适用税额
济南市	历下区、市中区、槐荫区、天桥区、历城区、长清区、章丘区、济阳区每平方米30元；莱芜区、钢城区每平方米26.5元；平阴县、商河县每平方米25元
青岛市	市南区、市北区、李沧区每平方米45元；崂山区每平方米40元；黄岛区每平方米35元；城阳区、即墨区、胶州市、平度市、莱西市每平方米30元
淄博市	张店区每平方米40元；淄川区、博山区、周村区、临淄区、桓台县每平方米27元；高青县、沂源县每平方米22.5元

① 山东省人大常委会《关于山东省耕地占用税具体适用税额的决定》，自2019年9月1日起施行。

续表

设区的市	县（市、区）适用税额
枣庄市	市中区、薛城区、滕州市每平方米30元；山亭区每平方米24元；峄城区、台儿庄区每平方米22元
东营市	东营区、河口区、垦利区、广饶县、利津县每平方米21.5元
烟台市	龙口市每平方米38元；芝罘区、福山区每平方米30元；长岛县每平方米27.5元；牟平区、招远市每平方米25.5元；莱州市、栖霞市、海阳市每平方米24.5元；莱阳市每平方米23.5元；蓬莱市每平方米23元；莱山区每平方米20元
潍坊市	潍城区、寒亭区、坊子区、奎文区、临朐县、昌乐县、青州市、诸城市、寿光市、安丘市、高密市、昌邑市每平方米23元
济宁市	任城区、兖州区、微山县、邹城市每平方米35元；鱼台县、金乡县、嘉祥县、汶上县、泗水县、梁山县、曲阜市每平方米30元
威海市	环翠区、文登区、荣成市、乳山市每平方米30元
日照市	东港区、岚山区每平方米30元；五莲县、莒县每平方米23元
临沂市	兰山区、罗庄区、河东区、郯城县、兰陵县、莒南县、沂水县、蒙阴县、平邑县、费县、沂南县、临沭县每平方米22.5元
德州市	德城区、陵城区、禹城市、乐陵市、临邑县、平原县、夏津县、武城县、庆云县、宁津县、齐河县每平方米21.5元
聊城市	东昌府区、临清市、茌平县、东阿县、冠县、高唐县、阳谷县、莘县每平方米21.5元
滨州市	滨城区、沾化区、惠民县、阳信县、无棣县、博兴县、邹平市每平方米21.5元
菏泽市	牡丹区、定陶区、巨野县、曹县、成武县、单县、郓城县、鄄城县、东明县每平方米21.5元
泰安市	泰山区、岱岳区每平方米26元；新泰市、肥城市每平方米25元；宁阳县、东平县每平方米23元

而江西、福建和陕西三个省的人大常委会，则以通过本省实施耕地税具体方案的方式作出决定或决议。例如，2019年7月26日，江西省第十三届人民代表大会常务委员会第十四次会议审查了省人民政府提交的《关于江西省耕地占用税适用税额方案（草案）》，作出了《江西省人民代表大会常务委员会关于批准江西省耕地占用税适用税额方案的决议》。按照方案，一是南昌

市市辖区统一适用税额标准为每平方米 27 元，其他设区市市辖区统一适用税额标准为每平方米 25 元。今后因行政区划调整，由县（市）调整为市辖区的，按上述标准相应调整适用税额。二是对人均耕地低于 0.5 亩的县（市、区），市辖区的适用税额为每平方米 27 元，非市辖区的适用税额在当地耕地占用税适用税额标准的基础上增加每平方米 2.5 元。三是占用园地、林地、草地、农田水利用地、养殖水面、渔业水域滩涂以及其他农用地建设建筑物、构筑物或者从事非农业建设的，按照当地适用税额标准的 70%征收耕地占用税。本方案自 2019 年 9 月 1 日起施行。省人大常委会根据人均耕地面积变化和经济发展等情况，适时对适用税额做出调整。2018 年修正的《江西省耕地占用税实施办法》（江西省人民政府令第 170 号）同时废止。

第六节　环境保护税法

一、环境保护税法概述

1989 年 12 月 26 日，第七届全国人民代表大会常务委员会第十一次会议通过《环境保护法》，自公布之日施行。该法第二十八条规定，排放污染物超过国家或者地方规定的污染物排放标准的企业事业单位，依照国家规定缴纳超标准排污费，并负责治理。《水污染防治法》另有规定的，依照《水污染防治法》的规定执行。征收的超标准排污费必须用于污染的防治，不得挪作他用，具体使用办法由国务院规定。由此，确定了我国的环境污染排放收费制度。

2003 年 1 月 2 日，为了加强对排污费征收、使用的管理，国务院公布的《排污费征收使用管理条例》。该条例规定，直接向环境排放污染物的单位和个体工商户（以下简称排污者），应当依照本条例的规定缴纳排污费。排污者向城市污水集中处理设施排放污水、缴纳污水处理费用的，不再缴纳排污费。排污者建成工业固体废物贮存或者处置设施、场所并符合环境保护标准，或者其原有工业固体废物贮存或者处置设施、场所经改造符合环境保护标准的，自建成或者改造完成之日起，不再缴纳排污费。国家积极推进城市污水和垃圾处理产业化。城市污水和垃圾集中处理的收费办法另行制定。条例规定，排污者应当按照下列规定缴纳排污费：（一）依照大气污染防治法、海洋环境保护法的规定，向大气、海洋排放污染物的，按照排放污染物的种类、数量缴纳排污费。（二）依照水污染防治法的规定，向水体排放污染物的，按照排放污染物的种类、数量缴纳排污费；向水体排放污染物超过国家或者地方规定的排放标准的，按照排放污染物的种类、数量加倍缴纳排污费。（三）依照固体废物污染环境防治法的规定，没有建设工业固体废物贮存或者处置的设施、场所，或者工业固体废物贮存或者处置的设施、场所不符合环境保护标准的，按照排放污染物的种类、数量缴纳排污费；以填埋方式处置危险废物不符合国家有关规定的，按照排放污染物的种类、数量缴纳危险废物排污费。（四）依照环境噪声污染防治法的规定，产生环境噪声污染超过国家环境噪声标准的，按照排放噪声的超标声级缴纳排污费。排污者缴纳排污费，不免除其防治污染、赔偿污染损害的责任和法律、行政法规规定的其他责任。

上述排污费制度运行27年后，党中央决定借鉴国外经验，实行“费税平移”，将收取排污费改变为收取环境保护税，以便实现环境保护税的法治化管理。为此，2015年6月10日，根据党的十八届三中全会提出的环境保护费改税要求，为促进形成节约能源资源、保护生态环境的产业结构、发展方式和消费模式，加快转变经济发展方式，财政部、税务总局、原环境保护部在研究、吸收有关方面意见的基础上，起草了《环境保护税法（征求意见稿）》（以下简称《征求意见稿》）。《征求意见稿》的主要内容如下：

（一）关于纳税人

2015年1月1日起施行的新环境保护法规定，排污费的缴纳人为排放污染物的企业事业单位和其他生产经营者。为与排污费有关规定相衔接，征求意见稿规定，环境保护税的纳税人，为在中华人民共和国领域以及管辖的其他海域，直接向环境排放应税污染物的企业事业单位和其他生产经营者。

（二）关于税额

征求意见稿规定的税额标准与现行排污费的征收标准基本一致。省级人民政府可以统筹考虑本地区环境承载能力、污染排放现状和经济社会生态发展目标要求，在规定的税额标准上适当上浮应税污染物的适用税额，并报国务院备案。为落实《大气污染防治行动计划》《节能减排“十二五”规划》和新环境保护法等要求，促使企业减少污染物排放，《征求意见稿》规定，对超标、超总量排放污染物的，加倍征收环保税。对依照环境保护税法规定征收环保税的，不再征收排污费。

（三）关于征税对象和征税范围

环保税的征税对象分为大气污染物、水污染物、固体废物和噪声等4类，具体税目按照税目税额表的规定执行。对大气污染物、水污染物的征收范围，按每一排放口的污染物种类数以污染当量数从大到小的顺序，最多不超过3项（重金属污染物为5项）。省级人民政府可以根据本地区污染物减排的特殊需要，增加同一排放口征收环保税的应税污染物种类数。

（四）关于税收优惠

《征求意见稿》规定，对农业生产（不包括规模化养殖）排放的应税污染物，机动车、铁路机车、非道路移动机械、船舶和航空器等流动污染源排放的应税污染物，城镇污水处理厂、城镇生活垃圾处理场向环境排放污染物不超过国家规定排放标准的，免征环保税。纳税人排放应税大气污染物和水污染物低于排放标准50%以上且未超过污染物排放总量控制指标的，省级人民政府可以决定在一定期限内减半征收环保税。

（五）关于征收管理

按照“企业申报、税务征收、环保协同、信息共享”的征管模式，《征求意见稿》规定，纳税人向税务机关申报纳税，对申报的真实性和合法性承担责任；对重点监控（排污）纳税人和非重点监控（排污）纳税人进行分类管理；税务机关发现纳税人有申报数据明显不实、逃避纳税等行为的，可提请环保部门审核纳税人的污染物排放情况；环保部门和税务机关建立相关信息共享机制。①

经过立法程序，第十二届全国人民代表大会常务委员会第二十五次会议于2016年12月25日通过《环境保护税法》，自2018年1月1日起施行。该法明确，其立法目的是保护和改善环境，减少污染物排放，推进生态文明建设。2017年12月25日，国务院公布《环境保护税法实施条例》，自2018年1月1日起施行。环境保护税法的制定和实施，实现了由征收环境污染排放费到征收环境保护税的“费税平移”，其更有利于实现环境税费的法治化管理，是国家法治化治理体系完善的标志性成果。

根据2018年10月26日第十三届全国人民代表大会常务委员会第六次会议《关于修改〈中华人民共和国野生动物保护法〉等十五部法律的决定》修正，一是将第二十二条中的“海洋主管部门”修改为“生态环境主管部门”；二是将第十条、第十四条、第十五条、第二十条、第二十一条、第二十三条中的“环境保护主管部门”修改为“生态环境主管部门”。

截至2021年，环境保护税属于地方税，所得收入归地方政府支配。随着

---

① 参见2015年《环境保护税法（征求意见稿）》。

国家对于环境保护政策法律执行力度的加强，环境保护税的征收有着较大的潜力。

二、环境保护税法的立法结构

根据《环境保护税法》及其实施条例，环境保护税法的立法结构如下①：

（一）环境保护税征税主体

环境保护税由税务机关按照税收征收管理法和环境保护法征收管理，环境保护主管部门按照环境保护税法和有关环境保护的法律、法规负责污染物的监测管理。

（二）环境保护税的纳税主体

在中华人民共和国领域和中华人民共和国管辖的其他海域，直接向环境排放应税污染物的企业事业单位和其他生产经营者。

（三）环境保护税的征税对象

有关企业事业单位和其他生产经营者在中华人民共和国领域和中华人民共和国管辖的其他海域，直接向环境排放应税污染物的行为。

环境保护税法所称应税污染物，是指环境保护税法所附《环境保护税税目税额表》《应税污染物和当量值表》规定的大气污染物、水污染物、固体废物和噪声。

不属于直接向环境排放污染物，不缴纳相应污染物的环境保护税：一是企业事业单位和其他生产经营者向依法设立的污水集中处理、生活垃圾集中处理场所排放应税污染物的；二是企业事业单位和其他生产经营者在符合国家和地方环境保护标准的设施、场所贮存或者处置固体废物的。

依法设立的城乡污水集中处理、生活垃圾集中处理场所超过国家和地方规定的排放标准向环境排放应税污染物的，应当缴纳环境保护税。企业事业单位和其他生产经营者贮存或者处置固体废物不符合国家和地方环境保护标准的，应当缴纳环境保护税。

达到省级人民政府确定的规模标准并且有污染物排放口的畜禽养殖场，应当依法缴纳环境保护税；依法对畜禽养殖废弃物进行综合利用和无害化处理的，不属于直接向环境排放污染物，不缴纳环境保护税。

（四）环境保护税的税率及计税依据

环境保护税的税目、税额，依照环境保护税法所附《环境保护税税目税

---

① 参见2018年《环境保护税法》。

额表》执行：

表 28　环境保护税税目税额表

<table>
<tr><th colspan="2">税目</th><th>计税单位</th><th>税额</th><th>备注</th></tr>
<tr><td colspan="2">大气污染物</td><td>每污染当量</td><td>1.2 元—12 元</td><td></td></tr>
<tr><td colspan="2">水污染物</td><td>每污染当量</td><td>1.4 元—14 元</td><td></td></tr>
<tr><td rowspan="4">固体废物</td><td>煤矸石</td><td>每吨</td><td>5 元</td><td></td></tr>
<tr><td>尾矿</td><td>每吨</td><td>15 元</td><td></td></tr>
<tr><td>危险废物</td><td>每吨</td><td>1000 元</td><td></td></tr>
<tr><td>冶炼渣、粉煤灰、炉渣、其他固体废物（含半固态、液态废物</td><td>每吨</td><td>25 元</td><td></td></tr>
<tr><td rowspan="6">噪声</td><td rowspan="6">工业噪声</td><td>超标 1—3 分贝</td><td>每月 350 元</td><td rowspan="6">1. 一个单位边界上有多处噪声超标，根据最高一处超标声级计算应纳税额；当沿边界长度超过 100 米有两处以上噪声超标，按照两个单位计算应纳税额
2. 一个单位有不同地点作业场所的，应当分别计算应纳税额，合并计征
3. 昼、夜均超标的环境噪声，昼、夜分别计算应纳税额，累计计征
4. 声源一个月内超标不足 15 天的，减半计算应纳税额
5. 夜间频繁突发和夜间偶然突发厂界超标噪声，按等效声级和峰值噪声两种指标中超标分贝值高的一项计算应纳税额</td></tr>
<tr><td>超标 4—6 分贝</td><td>每月 700 元</td></tr>
<tr><td>超标 7—9 分贝</td><td>每月 1400 元</td></tr>
<tr><td>超标 10—12 分贝</td><td>每月 2800 元</td></tr>
<tr><td>超标 13—15 分贝</td><td>每月 5600 元</td></tr>
<tr><td>超标 16 分贝以上</td><td>每月 11200 元</td></tr>
</table>

表 29　环境保护税应税污染物和当量值表

一、第一类水污染物污染当量值

污染物	污染当量值（千克）
1. 总汞	0.0005
2. 总镉	0.005
3. 总铬	0.04
4. 六价铬	0.02
5. 总砷	0.02
6. 总铅	0.025
7. 总镍	0.025
8. 苯并（a）芘	0.0000003
9. 总铍	0.01
10. 总银	0.02

二、第二类水污染物污染当量值

污染物	污染当量值（千克）	备注
11. 悬浮物（SS）	4	
12. 生化需氧量（BOD_5）	0.5	同一排放口中的化学需氧量、生化需氧量和总有机碳，只征收一项
13. 化学需氧量（COD_{cr}）	1	
14. 总有机碳（TOC）	0.49	
15. 石油类	0.1	
16. 动植物油	0.16	
17. 挥发酚	0.08	
18. 总氰化物	0.05	
19. 硫化物	0.125	
20. 氨氮	0.8	
21. 氟化物	0.5	
22. 甲醛	0.125	
23. 苯胺类	0.2	
24. 硝基苯类	0.2	
25. 阴离子表面活性剂（LAS）	0.2	
26. 总铜	0.1	

续表

污染物	污染当量值（千克）	备注
27. 总锌	0.2	
28. 总锰	0.2	
29. 彩色显影剂（CD-2）	0.2	
30. 总磷	0.25	
31. 单质磷（以P计）	0.05	
32. 有机磷农药（以P计）	0.05	
33. 乐果	0.05	
34. 甲基对硫磷	0.05	
35. 马拉硫磷	0.05	
36. 对硫磷	0.05	
37. 五氯酚及五氯酚钠（以五氯酚计）	0.25	
38. 三氯甲烷	0.04	
39. 可吸附有机卤化物（AOX）（以Cl计）	0.25	
40. 四氯化碳	0.04	
41. 三氯乙烯	0.04	
42. 四氯乙烯	0.04	
43. 苯	0.02	
44. 甲苯	0.02	
45. 乙苯	0.02	
46. 邻-二甲苯	0.02	
47. 对-二甲苯	0.02	
48. 间-二甲苯	0.02	
49. 氯苯	0.02	
50. 邻二氯苯	0.02	
51. 对二氯苯	0.02	
52. 对硝基氯苯	0.02	
53. 2，4-二硝基氯苯	0.02	
54. 苯酚	0.02	
55. 间-甲酚	0.02	

续表

污染物	污染当量值（千克）	备注
56. 2，4-二氯酚	0.02	
57. 2，4，6-三氯酚	0.02	
58. 邻苯二甲酸二丁酯	0.02	
59. 邻苯二甲酸二辛酯	0.02	
60. 丙烯腈	0.125	
61. 总硒	0.02	

三、PH 值、色度、大肠菌群数、余氯量污染当量值

污染物		污染当量值	备注
1. PH 值	1. 0—1，13—14 2. 1—2，12—13 3. 2—3，11—12 4. 3—4，10—11 5. 4—5，9—10 6. 5—6	0.06 吨污水 0.125 吨污水 0.25 吨污水 0.5 吨污水 1 吨污水 5 吨污水	PH 值 5—6 指大于等于 5，小于 6；PH 值 9—10 指大于 9，小于等于 10，其余类推。
2. 色度		5 吨水·倍	
3. 大肠菌群数（超标）		3.3 吨污水	大肠菌群数和余氯只征收一项。
4. 余氯量（用氯消毒的医院废水）		3.3 吨污水	

四、禽畜养殖业、小型企业和第三产业水污染物污染当量值

（本表仅适用于计算无法进行实际监测或物料衡算的禽畜养殖业、小型企业和第三产业等小型排污者的水污染物污染当量数）

类型		污染当量值	备注
禽畜养殖场	1. 牛	0.1 头	仅对存栏规模大于 50 头牛、500 头猪、5000 羽鸡鸭等的禽畜养殖场征收。
	2. 猪	1 头	
	3. 鸡、鸭等家禽	30 羽	
4. 小型企业		1.8 吨污水	
5. 饮食娱乐服务业		0.5 吨污水	

续表

<table>
<tr><th colspan="2">类型</th><th>污染当量值</th><th>备注</th></tr>
<tr><td rowspan="4">6. 医院</td><td rowspan="2">消毒</td><td>0.14 床</td><td rowspan="4">医院病床数大于 20 张的按照本表计算污染当量数。</td></tr>
<tr><td>2.8 吨污水</td></tr>
<tr><td rowspan="2">不消毒</td><td>0.07 床</td></tr>
<tr><td>1.4 吨污水</td></tr>
</table>

五、大气污染物污染当量值

污染物	污染当量值（千克）
1. 二氧化硫	0.95
2. 氮氧化物	0.95
3. 一氧化碳	16.7
4. 氯气	0.34
5. 氯化氢	10.75
6. 氟化物	0.87
7. 氰化氢	0.005
8. 硫酸雾	0.6
9. 铬酸雾	0.0007
10. 汞及其化合物	0.0001
11. 一般性粉尘	4
12. 石棉尘	0.53
13. 玻璃棉尘	2.13
14. 碳黑尘	0.59
15. 铅及其化合物	0.02
16. 镉及其化合物	0.03
17. 铍及其化合物	0.0004
18. 镍及其化合物	0.13
19. 锡及其化合物	0.27
20. 烟尘	2.18
21. 苯	0.05

续表

污染物	污染当量值（千克）
22. 甲苯	0. 18
23. 二甲苯	0. 27
24. 苯并（a）芘	0. 000002
25. 甲醛	0. 09
26. 乙醛	0. 45
27. 丙烯醛	0. 06
28. 甲醇	0. 67
29. 酚类	0. 35
30. 沥青烟	0. 19
31. 苯胺类	0. 21
32. 氯苯类	0. 72
33. 硝基苯	0. 17
34. 丙烯腈	0. 22
35. 氯乙烯	0. 55
36. 光气	0. 04
37. 硫化氢	0. 29
38. 氨	9. 09
39. 三甲胺	0. 32
40. 甲硫醇	0. 04
41. 甲硫醚	0. 28
42. 二甲二硫	0. 28
43. 苯乙烯	25
44. 二硫化碳	20

根据规定，应税大气污染物和水污染物的具体适用税额的确定和调整，由省、自治区、直辖市人民政府统筹考虑本地区环境承载能力、污染物排放现状和经济社会生态发展目标要求，在环境保护税法所附《环境保护税税目税额表》规定的税额幅度内提出，报同级人民代表大会常务委员会决定，并报全国人民代表大会常务委员会和国务院备案。

应税污染物的计税依据，按照下列方法确定：应税大气污染物按照污染物排放量折合的污染当量数确定；应税水污染物按照污染物排放量折合的污染当量数确定；应税固体废物按照固体废物的排放量确定；应税噪声按照超过国家规定标准的分贝数确定。

应税大气污染物、水污染物的污染当量数，以该污染物的排放量除以该污染物的污染当量值计算。每种应税大气污染物、水污染物的具体污染当量值，依照本法所附《应税污染物和当量值表》执行。

每一排放口或者没有排放口的应税大气污染物，按照污染当量数从大到小排序，对前三项污染物征收环境保护税。每一排放口的应税水污染物，按照环境保护税法所附《应税污染物和当量值表》，区分第一类水污染物和其他类水污染物，按照污染当量数从大到小排序，对第一类水污染物按照前五项征收环境保护税，对其他类水污染物按照前三项征收环境保护税。

省、自治区、直辖市人民政府根据本地区污染物减排的特殊需要，可以增加同一排放口征收环境保护税的应税污染物项目数，报同级人民代表大会常务委员会决定，并报全国人民代表大会常务委员会和国务院备案。

应税大气污染物、水污染物、固体废物的排放量和噪声的分贝数，按照下列方法和顺序计算：纳税人安装使用符合国家规定和监测规范的污染物自动监测设备的，按照污染物自动监测数据计算；纳税人未安装使用污染物自动监测设备的，按照监测机构出具的符合国家有关规定和监测规范的监测数据计算；因排放污染物种类多等原因不具备监测条件的，按照国务院生态环境主管部门规定的排污系数、物料衡算方法计算；不能按照环境保护税法规定的方法计算的，按照省、自治区、直辖市人民政府生态环境主管部门规定的抽样测算的方法核定计算。

环境保护税应纳税额按照下列方法计算：应税大气污染物的应纳税额为污染当量数乘以具体适用税额；应税水污染物的应纳税额为污染当量数乘以具体适用税额；应税固体废物的应纳税额为固体废物排放量乘以具体适用税额；应税噪声的应纳税额为超过国家规定标准的分贝数对应的具体适用税额。

与此同时，《环境保护税法实施条例》进行了如下补充规定①：

一是应税固体废物的计税依据，按照固体废物的排放量确定。固体废物的排放量为当期应税固体废物的产生量减去当期应税固体废物的贮存量、处

① 参见2017年《环境保护税法实施条例》。

置量、综合利用量的余额。该款规定的固体废物的贮存量、处置量，是指在符合国家和地方环境保护标准的设施、场所贮存或者处置的固体废物数量；固体废物的综合利用量，是指按照国务院发展改革、工业和信息化主管部门关于资源综合利用要求以及国家和地方环境保护标准进行综合利用的固体废物数量。

二是纳税人有下列情形之一的，以其当期应税固体废物的产生量作为固体废物的排放量：非法倾倒应税固体废物；进行虚假纳税申报。

三是应税大气污染物、水污染物的计税依据，按照污染物排放量折合的污染当量数确定。纳税人有下列情形之一的，以其当期应税大气污染物、水污染物的产生量作为污染物的排放量：未依法安装使用污染物自动监测设备或者未将污染物自动监测设备与环境保护主管部门的监控设备联网；损毁或者擅自移动、改变污染物自动监测设备；篡改、伪造污染物监测数据；通过暗管、渗井、渗坑、灌注或者稀释排放以及不正常运行防治污染设施等方式违法排放应税污染物；进行虚假纳税申报。

四是从两个以上排放口排放应税污染物的，对每一排放口排放的应税污染物分别计算征收环境保护税；纳税人持有排污许可证的，其污染物排放口按照排污许可证载明的污染物排放口确定。

五是属于《环境保护税法》第十条第二项规定情形的纳税人，自行对污染物进行监测所获取的监测数据，符合国家有关规定和监测规范的，视同环境保护税法第十条第二项规定的监测机构出具的监测数据。

（五）环境保护税的减免

暂予免征环境保护税包括：一是农业生产（不包括规模化养殖）排放应税污染物的；二是机动车、铁路机车、非道路移动机械、船舶和航空器等流动污染源排放应税污染物的；三是依法设立的城乡污水集中处理、生活垃圾集中处理场所排放相应应税污染物，不超过国家和地方规定的排放标准的；四是纳税人综合利用的固体废物，符合国家和地方环境保护标准的；五是国务院批准免税的其他情形。国务院批准免税的其他情形由国务院报全国人民代表大会常务委员会备案。

纳税人排放应税大气污染物或者水污染物的浓度值低于国家和地方规定的污染物排放标准30%的，减按75%征收环境保护税。纳税人排放应税大气污染物或者水污染物的浓度值低于国家和地方规定的污染物排放标准50%的，减按50%征收环境保护税。

依照环境保护税法规定减征环境保护税的，其应税大气污染物浓度值的小时平均值或者应税水污染物浓度值的日平均值，以及监测机构当月每次监测的应税大气污染物、水污染物的浓度值，均不得超过国家和地方规定的污染物排放标准。依照环境保护税法规定减征环境保护税的，应当对每一排放口排放的不同应税污染物分别计算。

（六）环境保护税的义务发生时间及纳税期限

纳税义务发生时间为纳税人排放应税污染物的当日。

环境保护税按月计算，按季申报缴纳。不能按固定期限计算缴纳的，可以按次申报缴纳。

纳税人申报缴纳时，应当向税务机关报送所排放应税污染物的种类、数量，大气污染物、水污染物的浓度值，以及税务机关根据实际需要要求纳税人报送的其他纳税资料。

纳税人按季申报缴纳的，应当自季度终了之日起 15 日内，向税务机关办理纳税申报并缴纳税款。纳税人按次申报缴纳的，应当自纳税义务发生之日起 15 日内，向税务机关办理纳税申报并缴纳税款。

纳税人应当依法如实办理纳税申报，对申报的真实性和完整性承担责任。

（七）环境保护税的纳税地点

纳税人应当向应税污染物排放地的税务机关申报缴纳环境保护税。

（八）环境保护税的征收管理

生态环境主管部门依照本法和有关环境保护法律法规的规定负责对污染物的监测管理。县级以上地方人民政府应当建立税务机关、生态环境主管部门和其他相关单位分工协作工作机制，加强环境保护税征收管理，保障税款及时足额入库。生态环境主管部门和税务机关应当建立涉税信息共享平台和工作配合机制。

生态环境主管部门应当将排污单位的排污许可、污染物排放数据、环境违法和受行政处罚情况等环境保护相关信息，定期交送税务机关。税务机关应当将纳税人的纳税申报、税款入库、减免税额、欠缴税款以及风险疑点等环境保护税涉税信息，定期交送生态环境主管部门。

税务机关应当将纳税人的纳税申报数据资料与生态环境主管部门交送的相关数据资料进行比对。税务机关发现纳税人的纳税申报数据资料异常或者纳税人未按照规定期限办理纳税申报的，可以提请生态环境主管部门进行复核，生态环境主管部门应当自收到税务机关的数据资料之日起 15 日内向税务机关出具复核意见。税务机关应当按照生态环境主管部门复核的数据资料调整纳税人的应纳税额。

依照《环境保护税法》第十条第四项的规定，不能按照本条第一项至第三项规定的方法计算的，按照省、自治区、直辖市人民政府生态环境主管部门规定的抽样测算的方法核定计算污染物排放量的，由税务机关会同生态环境主管部门核定污染物排放种类、数量和应纳税额。

纳税人从事海洋工程向中华人民共和国管辖海域排放应税大气污染物、水污染物或者固体废物，申报缴纳环境保护税的具体办法，由国务院税务主管部门会同国务院生态环境主管部门规定。

纳税人和税务机关、生态环境主管部门及其工作人员违反本法规定的，依照《税收征收管理法》《环境保护法》和有关法律法规的规定追究法律责任。直接向环境排放应税污染物的企业事业单位和其他生产经营者，除依照本法规定缴纳环境保护税外，应当对所造成的损害依法承担责任。

各级人民政府应当鼓励纳税人加大环境保护建设投入，对纳税人用于污染物自动监测设备的投资予以资金和政策支持。

自环境保护税法施行之日起，依照环境保护税法规定征收环境保护税，不再征收排污费。

在以上规定基础上，《环境保护法实施条例》进行如下补充规定①：

1. 税务机关依法履行环境保护税纳税申报受理、涉税信息比对、组织税款入库等职责。环境保护主管部门依法负责应税污染物监测管理，制定和完善污染物监测规范。

2. 县级以上地方人民政府应当加强对环境保护税征收管理工作的领导，及时协调、解决环境保护税征收管理工作中的重大问题。

3. 国务院税务、环境保护主管部门制定涉税信息共享平台技术标准以及数据采集、存储、传输、查询和使用规范。

4. 环境保护主管部门应当通过涉税信息共享平台向税务机关交送在环境保护监督管理中获取的下列信息：排污单位的名称、统一社会信用代码以及污染物排放口、排放污染物种类等基本信息；排污单位的污染物排放数据（包括污染物排放量以及大气污染物、水污染物的浓度值等数据）；排污单位环境违法和受行政处罚情况；对税务机关提请复核的纳税人的纳税申报数据

---

① 参见2017年《环境保护税法实施条例》。

资料异常或者纳税人未按照规定期限办理纳税申报的复核意见；与税务机关商定交送的其他信息。

5. 税务机关应当通过涉税信息共享平台向环境保护主管部门交送下列环境保护税涉税信息：纳税人基本信息；纳税申报信息；税款入库、减免税额、欠缴税款以及风险疑点等信息；纳税人涉税违法和受行政处罚情况；纳税人的纳税申报数据资料异常或者纳税人未按照规定期限办理纳税申报的信息；与环境保护主管部门商定交送的其他信息。

6. 纳税人跨区域排放应税污染物，税务机关对税收征收管辖有争议的，由争议各方按照有利于征收管理的原则协商解决；不能协商一致的，报请共同的上级税务机关决定。

7. 税务机关应当依据环境保护主管部门交送的排污单位信息进行纳税人识别。在环境保护主管部门交送的排污单位信息中没有对应信息的纳税人，由税务机关在纳税人首次办理环境保护税纳税申报时进行纳税人识别，并将相关信息交送环境保护主管部门。

8. 环境保护主管部门发现纳税人申报的应税污染物排放信息或者适用的排污系数、物料衡算方法有误的，应当通知税务机关处理。

9. 纳税人申报的污染物排放数据与环境保护主管部门交送的相关数据不一致的，按照环境保护主管部门交送的数据确定应税污染物的计税依据。

10. 《环境保护税法》第二十条第二款所称纳税人的纳税申报数据资料异常，包括但不限于下列情形：纳税人当期申报的应税污染物排放量与上一年同期相比明显偏低，且无正当理由；纳税人单位产品污染物排放量与同类型纳税人相比明显偏低，且无正当理由。税务机关、环境保护主管部门应当无偿为纳税人提供与缴纳环境保护税有关的辅导、培训和咨询服务。

11. 税务机关依法实施环境保护税的税务检查，环境保护主管部门予以配合。

12. 纳税人应当按照税收征收管理的有关规定，妥善保管应税污染物监测和管理的有关资料。

本章小结

在经济学的早期研究中，经济学家很早就认识到基于自然禀赋的不同，人类付出同样的劳动，在不同资源条件下，所取得的收益存在差异，甚至是很大的差异，由此产生了地租理论。而在实践方面，通过对不同地段资源开采利用征收不同的费用或税收成为解决地租级差收益的有效途径。这是资源税及其资源税法的征收和立法目的。与此同时，发展至今，由于许多资源越来越具有稀缺属性，在当代社会，资源类税收及税法对于自然资源的保护功能日益迫切，我国亦然。因此，将土地一类税收视为资源税理解与规范十分必要。而在环境保护方面，也同样存在迫切保护的问题。20 世纪 70 至 80 年代世界上纷纷兴起环境保护运动，其结果就是推行了绿色产业及新型工业化，其中的重要举措之一就是对于环境污染实施收费或收税的管理措施。在中国，起初一直实行污染排放收费制度，但随着国家现代化治理体系的完善，由收费改为收税，实现“费税平移”，意味着环境保护法治水平的进一步提高。还要注意的是，与其他税种不同的是，资源环境保护类税收及其税法的重要特点是其具有很强的技术性，因此，科技进步对此类税收的影响较大。相关知识体系的构造，反映出社会科学与自然科学的相互交叉属性。

重点思考题

1. 什么是资源保护税？资源保护税的特征是什么？

2. 资源税法立法结构的主要内容是什么？

3. 我国涉及土地资源合理利用的税法有哪些？其各自的立法目的和意义如何？

4. 环境保护税法的减免税政策的内容是什么？

第九章
行为税法

第一节　行为税法概述

行为税是国家为了对某些特定行为进行限制或开辟某些财源而课征的一类税收。如针对奢侈性社会消费行为，征收娱乐税、筵席税；针对牲畜交易和屠宰等行为，征收交易税、屠宰税；针对财产和商事凭证贴花行为，征收印花税，等等。行为税收入零星分散，一般作为地方筹集财政资金的一种手段，行为课税的最大特点是征纳行为的发生具有偶然性或一次性。

早在中世纪欧洲就有了行为税。有的国家对铸造金银货币的行为课征铸造税。印花税于1624年创始于荷兰，其征收数额小且征税范围广，各国相继仿效。到20世纪80年代，继续征收印花税的有荷兰、英国、日本、伊朗等国。此外，荷兰、法国、日本有登记税或登记许可税，联邦德国、瑞典等国有彩票税，日本有纸牌税，美国有赌博税，其他国家还有狩猎税、养狗税，等等。

我国特定的行为征税历史悠久。早在战国时期，楚国等就对牲畜交易行为征税。此后历代对行为征税的税种散见于工商税收和各类杂税中，如：三国两晋南北朝时期，对交易行为征收的“估税”，唐代的“除陌钱”，宋代商税中的“住税”“印契税”，清朝的“落地税”等。中华民国时期，北洋政府效仿西方，于1912年公布了《印花税法》，1913年首先在北京开征，以后陆续推行至各省。地方割据势力对行为征税的名目更多。南京国民政府于1928年、1934年以及迁都重庆后的1941年曾先后三次改革与调整税制。统一后的工商税制，在中央税中属于行为税的有印花税，在地方税中属于行为税的则有屠宰税、筵席税及娱乐税等。国民党政府又不断扩大征税范围，使杂税名目繁多，税费交错并存，苛重扰民，商民深受其害。

在目前，行为税法是最具有争议的论题。这是因为，从税收一般理论上讲，所有税收的征税对象，均可以被定义为纳税人所具有的法定应税行为。但是，尽管都是应税行为，税法上对有些应税行为的征税目的具有特定性，且随着政策的变化而不断调整，致使一些税收的征收具有明显的时代性、阶段性特点，这是行为税的归类能够成立的基本理论和实践依据。此外，对于行为税的征收，即使国家立法要征税，但地方在实施过程中，可以根据国家授权开征，也可以不开征。中央政府也可以决定暂不征收。

在我国，自中华人民共和国成立以来，曾经存在过具有历史意义的行为税。

1950 年 12 月 15 日政务院第六十三次政务会议通过《屠宰税暂行条例》，并于 1950 年 12 月 19 日实施。该条例规定，凡屠宰猪、羊、牛等牲畜者，均依本条例之规定，交纳屠宰税。① 屠宰税按牲畜屠宰后的实际重量从价计征，税率为 10%。不能按实际重量计征之地区，需规定各种牲畜的标准重量，从价计征。② 该条例实行 56 年后，于 2006 年 2 月 17 日，随着农业税的废止而被废止。

1962 年 4 月 16 日，国务院批准财政部制定的《集市交易税试行规定》。该《试行规定》规定，在集市上出售农副产品的单位或个人；除税法另有规定的以外，都应该依照本规定，按产品的实际销售价格计算，缴纳集市交易税。

征收集市交易税的产品，原则上规定为七类：即家畜、家禽、肉类、蛋品、干鲜果、土特产品和家庭手工业产品。由各省、自治区、直辖市人民委员会根据当地情况，列举品名征税。七类以外的产品是否征税，由各省、自治区、直辖市人民委员会确定，并报财政部备案。对于幼畜、幼禽、各种作物的种子、种苗、饲料、柴、草、小农具等产品，可以不征集市交易税。集市交易税的税率，应该对不同产品，分别规定。一般可以规定为 10%；少数价格特高的产品，可以规定为 15%；家庭手工业产品和国家不需要掌握的产品，可以规定为 5%。为了照顾农民之间的零星交易，各省、自治区、直辖市人民委员会可以在 7 元至 10 元的辐度内规定一个起征点，没有达到起征点的，不征收集市交易税。③ 该试行规定于 1994 年废止。

1982 年 12 月 7 日，国务院常务会会议通过《牲畜交易税暂行条例》。自 1983 年 1 月 1 日起施行。该条例规定，在中华人民共和国境内，凡进行牛、马、骡、驴、骆驼五种牲畜交易的公民和机关、部队、团体、农村社队、企业事业单位，都依照本条例规定缴纳牲畜交易税。牲畜交易税，以购买牲畜者为纳税义务人。牲畜交易税的税率为 5%。牲畜交易税按照牲畜头（匹）的

① 参见 1950 年《屠宰税暂行条例》第 1 条。
② 参见 1950 年《屠宰税暂行条例》第 4 条。
③ 参见 1962 年《集市交易税试行规定》第 2 条—第 5 条。

成交额计算缴纳。[1] 该条例于1994年废止。

为了合理使用能源，促进企业节约用油，并加速以煤炭代替烧用石油的进程，1982年4月22日，国务院批转《关于征收烧油特别税的试行规定》，自1982年7月1日起施行。该《试行规定》规定，凡用于锅炉以及工业窑炉燃烧用的原油、重油，一律按照本规定征收烧油特别税。烧油特别税的纳税义务人，为用油单位。为简化手续，便于管理，采取以下征收方法：凡供应原油、重油给用油单位烧用的，在销售时，由供油单位代收代交税款。凡自产原油、重油供自己烧用的，或将购入未交纳烧油特别税的原油、重油改为自己烧用的，由自用单位缴纳税款。出口原油转供国内烧用的，不再征收烧油特别税。烧油特别税实行从量定额征税（即每吨征收固定税额）。原油每吨征收40元至70元。各用油单位每吨原油的单位税额，由财政部税务总局根据供油单位的销售价格，分别核定。重油每吨征收70元。用油单位应纳税款的计算：烧油特别税税额=油品数量×核定单位税额。[2] 该试行规定于1994年废止。

1984年6月28日，为了促进国营企业推行内部经济责任制，调动企业和职工发展生产、提高经济效益的积极性，有计划地逐步地提高职工的收入水平，并从宏观上控制消费基金的过快增长，国务院发布《国营企业奖金税暂行规定》，后于1985年7月3日修订发布。该《暂行规定》规定，凡未实行工资总额随经济效益挂钩浮动的国营企业，其发放的各种形式的奖金，都应按照本规定缴纳国营企业奖金税（以下简称奖金税）。奖金税以企业为纳税义务人（以下简称纳税人）。奖金税实行超额累进税率，按年计征，其分级税率如下：全年发放奖金总额人均不超过4个月标准工资的，免税；全年发放奖金总额人均超过4个月至5个月标准工资的部分，税率为30%；全年发放奖金总额人均超过5个月至6个月标准工资的部分，税率为100%；全年发放奖金总额人均超过6个月标准工资的部分，税率为300%。企业无论实行何种工资制度，其标准工资统一按照国家规定准许进入企业成本的工资等级、工资标准，以企业为单位进行计算。企业职工每人月平均标准工资不足60元的，按60元计算。[3] 该暂行规定于1994年废止。

为了促进国营企业职工工资制度的改革，有计划地逐步地提高职工的工

---

① 参见1982年《牲畜交易税暂行条例》第1条—第5条。

② 参见1982年《关于征收烧油特别税的试行规定》第1条—第3条。

③ 参见1984年《国营企业奖金税暂行规定》第2条—第4条。

资水平，并从宏观上合理地控制消费基金的增长速度，国务院于 1985 年 7 月 3 日发布《国营企业工资调节税暂行规定》。该《暂行规定》规定，凡按照国务院关于国营企业工资制度改革的规定，实行工资总额随经济效益挂钩浮动的国营企业，都应依照本规定缴纳国营企业工资调节税（以下简称工资调节税）。工资调节税以企业为纳税义务人（以下简称纳税人）。企业当年增发的工资总额超过国家核定的上年工资总额 7%以上的部分，计征工资调节税。工资调节税按超率累进税率计征，其分级税率表附后。[①] 该暂行规定于 1994 年废止。

为了促进集体企业加强经济责任制，逐步提高职工收入水平，控制消费基金过快增长，1985 年 8 月 24 日，国务院发布《集体企业奖金税暂行规定》。该《暂行规定》规定，从 1985 年度起，对集体企业开征奖金税。集体企业奖金税的征收和管理，比照《国营企业奖金税暂行规定》办理。集体企业计算奖金税的工资标准，凡执行国营同行业企业工资标准的，比照国营同行业企业工资标准计算。未按国营同行业企业工资标准执行的，每人每月工资统一按 60 元计算；超过部分，视同发放奖金。[②] 该暂行规定于 1994 年废止。

为了鼓励事业单位向经济自立、经费自给过渡，使事业单位有计划地逐步提高职工收入水平，并从宏观上控制消费基金的过快增长，1985 年 9 月 20 日，国务院发布《事业单位奖金税暂行规定》，其规定凡实行企业化管理的事业单位，国家不再核拨事业经费，经上级主管部门和财政部门批准，按照国家和省、自治区、直辖市规定的工资标准和核定的增资指标，自费工资改革的，在增发工资外，全年发放奖金总额人均不超过 3 个月基本工资金额的，免税；超过免税限额的部分，比照国营企业奖金税适用税率征收奖金税。凡需要国家核拨一部分事业经费的事业单位，按照国家和省、自治区、直辖市规定的工资标准和核定的增资指标，自费工资改革的，在增发工资外，全年发放奖金总额人均不超过 2 个月基本工资金额的，免税；部分自费、部分依靠国家拨款进行工资改革的事业单位，在增发工资外，全年发放奖金总额人均不超过一个半月基本工资金额的，免税；超过免税限额的部分，比照国营企业奖金税适用税率征收奖金税。

凡需国家核拨全部事业经费，并完全用国家核拨经费进行工资改革的事业单位，全年发放奖金总额人均超过核定限额的，比照国营企业奖金税适用

① 参见 1985 年《国营企业工资调节税暂行规定》第 2 条—第 5 条。
② 参见 1985 年《集体企业奖金税暂行规定》第 1 条—第 3 条。

税率征收奖金税。[①] 该暂行规定于 1994 年废止。

1988 年 9 月 9 日，为引导合理消费，提倡勤俭节约社会风尚，国务院第二十一次常务会议通过《筵席税暂行条例》。该条例施行日期由各省、自治区、直辖市人民政府确定。条例规定，凡在我国境内设立的饭店、酒店、宾馆、招待所以及其他饮食营业场所举办筵席的单位和个人，为筵席税的纳税义务人（以下简称纳税人），应当依照本条例的规定缴纳筵席税。筵席税按次从价计征，税率为 15%—20%。筵席税的征税起点为，一次筵席支付金额（包括菜肴、酒、饭、面、点、饮料、水果、香烟等价款金额）人民币 200—500 元；达到或者超征税起点的，按支付金额全额计算征收筵席税。省、自治区、直辖市人民政府可以结合本地实际情况，在上述规定的幅度内确定适用税率和征税起点。[②] 由于该筵席税的征收与市场经济促进消费的目的不一致，除河南省、福建省、黑龙江省、辽宁省、陕西省、湖北省及厦门市政府出台实施细则并短暂征收外，基本上未实施。

为了贯彻国家产业政策，控制投资规模，引导投资方向，调整投资结构，加强重点建设，促进国民经济持续、稳定、协调发展，1991 年 4 月 16 日，国务院发布《固定资产投资方向调节税暂行条例》并同时废止了 1987 年 6 月 25 日国务院发布的《建筑税暂行条例》。该条例自 1991 年度起施行。该条例规定，在中华人民共和国境内进行固定资产投资的单位和个人，为固定资产投资方向调节税（以下简称“投资方向调节税”）的纳税义务人（以下简称“纳税人”），应当依照本条例的规定缴纳投资方向调节税。投资方向调节税根据国家产业政策和项目经济规模实行差别税率。固定资产投资项目按其单位工程分别确定适用的税率。税目、税率依照本条例所附的《固定资产投资方向调节税税目税率表》执行。税目税率表未列出的固定资产投资（不包括更新改造投资），税率为 15%。除适用税目税率表中 0%税率以外的更新改造投资，税率为 10%。《固定资产投资方向调节税税目税率表》由国务院定期调整。[③] 2012 年 11 月 9 日，《国务院关于修改和废止部分行政法规的决定》废止了《固定资产投资方向调节税暂行条例》。

上述各税收具有明显的行为税特点，反映了我国由社会主义计划经济到计划商品经济再到市场经济的历史发展进程中税制的变化，具有时代特性。

---

① 参见 1985 年《事业单位奖金税暂行规定》第 2 条—第 4 条。

② 参见 1988 年《筵席税暂行条例》第 2 条—第 3 条。

③ 参见 1991 年《固定资产投资方向调节税暂行条例》第 2 条—第 3 条。

这些税收在特定的时期，为保障国家税收，调节经济和社会关系发挥了必要的作用。但是，当这些税收已经不适应经济社会时，即应当及时废止。或以新的税种替代，典型的如奖金税被个人所得税替代；又如，随着锅炉技术进步，有关烧油特别税的征收已无实践基础。

第二节 契税法

一、契税法概述

（一）契税的概念与特征

契税是一种以产权转移为征税对象，向产权承受人一次性征收的一种财产税，并具有明显的行为税特征。因此，在不主张行为税归类情况下，一般将其归类为财产税的范畴，而在主张行为税归类情况下，通常将其归类为行为税的范畴。对此，本教材将其在行为税下予以阐述。

契税是一个古老的税种。在我国，其最早起源于东晋时期的“输估”。中华人民共和国成立以来，一直存在契税及其法治。契税的基本特点如下：

1. 契税征收涉及特定的不动产

契税是对不动产买卖行为征收的税。契税的不动产特指房屋和土地。而房屋和土地产权受到法律的限制。在我国，1956 年进入社会主义建设阶段以来，土地属于国家或集体所有。任何单位和个人对于国有土地，只有使用权，没有所有权，因此，所谓产权转移指的是使用权的转移，而不涉及所有权。因此，其使用权的转移，受到使用权限的限制，而房屋的产权也存在一个所有权的年限限制问题。因此，所谓不动产的转移必须与不动产登记的事项相一致。

2. 契税的征收有利于国家掌握房产与土地信息

通过契税的征收，税务机关可以掌握房产与土地使用权的产权及其转移情况，为国家宏观调控提供信息，供国家制定土地与房产调控政策提供依据。这是国家调节土地资源和房地产的重要手段。

3. 契税由承受人一次性缴纳

法律明确规定，契税的纳税人为土地、房屋不动产转移、变动后的承受人。这一规定表明，在实现土地与房屋产权转移过程中，由谁来缴税的问题，不属于民事主体意思自治的范畴，而是法定的。它是承受人应当履行的一项基本的义务。与此同时，发生土地、房屋买卖流转并非常态，具有偶发性，税收也是在流转环节一次性缴纳，使其具有了明显的行为税特征。

4. 契税的地方自由裁量权

契税是典型的地方税。在契税立法中，就契税的税率及减税、免税问题，契税法只规定一个幅度或总的要求，地方在法律授权基础上，通过制定实施细则，将其具体化。在地方立法中，各地结合本地财政的实际状况，规定具体的适用税率及优惠措施。甚至，可以根据本地实际情况决定是否开征或停征。

（二）中华人民共和国契税法的历史沿革

1950年4月3日，中央人民政府政务院发布《契税暂行条例》，该条例规定，凡土地房屋之买卖、典当、赠与或交换，均应凭土地房屋所有证并由当事人双方订立契约，由承受人依照本条例完纳契税。契税由土地房屋所在地之县（市）及相当于县（市）之人民政府征收之。契税税率之规定如下："一、买契税，按买价征收6%。二、典契税，按典价征收3%。三、赠与契税，按现值价格征收6%。"① 本条例施行细则，得由各省（市）人民政府根据实际情况，自行制定，并报中央人民政府财政部备查。本条例自公布之日施行。随后，各地根据本地情况推行契税，并出台了地方性的法规。例如：1950年6月30日山西省人民政府发布的《山西省契税暂行条例施行细则》；1951年8月9日江西省人民政府发布的《江西省契税暂行条例施行细则》；1952年12月12日广东省人民政府颁布的《契税暂行条例广东省施行细则》；1954年8月30日山东省人民政府制定的《山东省征收契税施行细则》；1954年7月16日内蒙古自治区人民政府发布的《内蒙古自治区契税暂行条例施行细则》；1955年7月20日上海市人民委员会批准施行的《上海市契税暂行条例施行细则》；由此反映了在20世纪50年代，契税是我国重要的税收。

从50年代末到改革开放前，由于特殊的历史原因，契税基本停征。改革开放以后又逐渐恢复。1997年7月7日国务院出台《契税暂行条例》，该条例规定，在中华人民共和国境内转移土地、房屋权属，承受的单位和个人为契税的纳税人，应当依照该条例的法规缴纳契税。契税税率为3%—5%。契税的适用税率，由省、自治区、直辖市人民政府在前款法规的幅度内按照本地区的实际情况确定，并报财政部和国家税务总局备案。② 该条例自1997年10

① 参见1950年《契税暂行条例》第5条。

② 参见1997年《契税暂行条例》第3条。

月 1 日起施行。1950 年 4 月 3 日中央人民政府政务院发布的《契税暂行条例》同时废止。根据条例授权，1997 年 10 月 28 日，财政部发布《关于印发〈中华人民共和国契税暂行条例细则〉的通知》（财法字［1997］52 号），使契税的征收又恢复起来。随后，各省、自治区、直辖市根据国家颁发的《契税暂行条例》先后于 1998 年至 1999 年出台了相应的地方性规章。在其实施中，又进行过修正。在这一历史的变革中，契税的征收反映了我国改革的一些历史进程。典型的如，随着各地住房制度的改革，关于职工原住公有住房出售给职工以及职工集资建房是否征税的问题，各地的普遍规定是免交契税，但如果住房的面积超过国家规定的标准，对于超面积部分应当征收契税。又如，为了促进荒山、荒地、荒丘、荒滩林地的改造，各地都规定涉及“四地”土地使用权转让用于农业、林业、牧业、渔业生产的，免交契税。而在适用税率的规定上，各地根据国家授权，结合本地实际进行了规定。

北京市、上海市、天津市、广东省、浙江省、福建省、甘肃省、陕西省、贵州省、云南省、青海省、广西壮族自治区、新疆维吾尔自治区、内蒙古自治区、宁夏回族自治区规定契税税率为 3%。

山西省、湖北省、辽宁省、河南省、江苏省、湖南省、安徽省、江西省规定契税税率为 4%。其中，安徽省从 1999 年起下调至 3%。河北省规定契税税率为 4%。但是，个人购买自用普通住房的，税率为 3%；四川省规定契税税率为 4%，可下浮到 3%。

黑龙江省规定，本省契税的适用税率除居民个人购买住宅房屋为 3%，其他均为 5%；山东省规定契税税率为 3%—5%。契税适用的具体税率由省财政部门会同地方税务机关根据实际提出建议，报省人民政府批准并向社会公布；吉林省规定契税税率为 5%，居民个人购买住宅房屋的，契税税率为 3%。

2019 年 3 月 2 日，国务院对《契税暂行条例》进行全面修订。2020 年 8 月 11 日第十三届全国人民代表大会常务委员会第二十一次会议通过《契税法》，使我国契税制度上升到人大法律立法的高度。该法自 2021 年 9 月 1 日起施行。

截至 2021 年，契税属于地方税，所得收入归地方政府支配。2019 年，契税收入为 6212. 9 亿元，占当年中国税收总额的 3. 9%。反映了中国房地产市场交易比较活跃。

二、契税法的立法结构

根据《契税法》及相关规定，契税法的立法结构如下[①]：

（一）契税的征税主体

契税由土地、房屋所在地的税务机关依照本法和《税收征收管理法》的规定征收管理。与此同时，各地规定，契税征收机关可以委托土地管理部门、房产管理部门、房地产开发经营单位代征契税。代征单位应当按照委托代征证书（或协议）的要求代征税款。契税征收机关按照财政部的规定支付代征手续费。

（二）契税的纳税主体

契税的纳税人为在中华人民共和国境内转移土地、房屋权属，承受的单位和个人。所称土地、房屋权属，是指土地使用权，房屋所有。所称承受，是指以受让，购买、受赠、交换等方式取得土地、房屋权属的行为。所称单位，是指企业单位、事业单位、国家机关、军事单位和社会团体以及其他组织。所称个人，是指个体经营者及其他个人。

（三）契税的征税对象

契税是在中华人民共和国境内转移土地、房屋权属的行为。具体包括：一是土地使用权出让的行为；二是土地使用权转让的行为，包括出售、赠与、互换；三是房屋买卖、赠与、互换的行为。其中土地使用权转让，不包括土地承包经营权和土地经营权的转移。以作价投资（入股）、偿还债务、划转、奖励等方式转移土地、房屋权属的，应当依照契税法规定征收契税。

所称土地使用权转让，是指土地使用者以出售、赠与、交换或者其他方式将土地使用权转移给其他单位和个人的行为。所称土地使用权出售，是指土地使用者以土地使用权作为交易条件，取得货币、实物、无形资产或者其他经济利益的行为。所称土地使用权赠与，是指土地使用者将其土地使用权无偿转让给受赠者的行为。所称土地使用权交换，是指土地使用者之间相互交换土地使用权的行为。

所称房屋买卖，是指房屋所有者将其房屋出售，由承受者交付货币、实物、无形资产或者其他经济利益的行为。所称房屋赠与，是指房屋所有者将其房屋无偿转让给受赠者的行为。所称房屋交换，是指房屋所有者之间相互

① 参见2020年《契税法》。

交换房屋的行为。

（四）契税法的税率与计算依据

契税税率为3%至5%。

契税的具体适用税率，由省、自治区、直辖市人民政府在前款规定的税率幅度内提出，报同级人民代表大会常务委员会决定，并报全国人民代表大会常务委员会和国务院备案。省、自治区、直辖市可以依照规定的程序对不同主体、不同地区、不同类型的住房的权属转移确定差别税率。关于各地的规定，如上所述，需要在此新规定的基础上，进行细化与修改。

契税的计税依据，根据不同行为予以确定：一是土地使用权出让、出售，房屋买卖，为土地、房屋权属转移合同确定的成交价格，包括应交付的货币以及实物、其他经济利益对应的价款；二是土地使用权互换、房屋互换，为所互换的土地使用权、房屋价格的差额；三是土地使用权赠与、房屋赠与以及其他没有价格的转移土地、房屋权属行为，为税务机关参照土地使用权出售、房屋买卖的市场价格依法核定的价格。纳税人申报的成交价格、互换价格差额明显偏低且无正当理由的，由税务机关依照《税收征收管理法》的规定核定。

契税的应纳税额=计税依据×税率

应纳税额以人民币计算。转移土地、房屋权属以外汇结算的，按照纳税义务发生之日中国人民银行公布的人民币市场汇率中间价折合成人民币计算。

（五）契税的减免

根据《契税法》及有关规定，有下列情形之一的，免征契税：

1. 国家机关、事业单位、社会团体、军事单位承受土地、房屋权属用于办公、教学、医疗、科研、军事设施；

2. 非营利性的学校、医疗机构、社会福利机构承受土地、房屋权属用于办公、教学、医疗、科研、养老、救助；

3. 承受荒山、荒地、荒滩土地使用权用于农、林、牧、渔业生产；

4. 婚姻关系存续期间夫妻之间变更土地、房屋权属；

5. 法定继承人通过继承承受土地、房屋权属；

6. 依照法律规定应当予以免税的外国驻华使馆、领事馆和国际组织驻华代表机构承受土地、房屋权属。

根据国民经济和社会发展的需要，国务院对居民住房需求保障、企业改制重组、灾后重建等情形可以规定免征或者减征契税，报全国人民代表大会常务委员会备案。

省、自治区、直辖市可以决定对下列情形免征或者减征契税：

1. 因土地、房屋被县级以上人民政府征收、征用，重新承受土地、房屋权属；

2. 因不可抗力灭失住房，重新承受住房权属。

上述规定的免征或者减征契税的具体办法，由省、自治区、直辖市人民政府提出，报同级人民代表大会常务委员会决定，并报全国人民代表大会常务委员会和国务院备案。

纳税人改变有关土地、房屋的用途，或者有其他不再属于契税法规定的免征、减征契税情形的，应当缴纳已经免征、减征的税款。

截至 2021 年，契税的免税、减税情形，除上述规定外，主要政策如下：

1. 城镇职工经过县级以上人民政府批准，在国家规定的标准面积以内第一次购买公有住房的，可以免征契税。公有制单位为了解决职工住房，以集资建房方式建造的普通住房和由单位购买的普通商品住房，经过当地县以上政府房改办批准，按照国家房改政策出售给本单位职工的，如果属于职工第一次购买住房的额，可以比照上述规定免税。

2. 已购公有住房经补交土地出让金和其他出让费用成为完全产权住房的，土地权属转移可以免征契税。

3. 市、县级人民政府依法征收居民房屋，居民因此选择货币补偿重新购置房屋，并且购房成交价格不超过货币补偿的，新购房屋可以免税；购房成交价格超过货币补偿的，差价部分依法征税。居民选择房屋产权调换，并且不缴纳房屋产权调换差价的，差价部分依法征税。

4. 个人购买家庭唯一住房，面积 90 平方米以下的，可以减按 1%的税率征收契税；超过 90 平方米的，可以减按 1.5%的税率征收。除北京、上海、广州和深圳四个市以外，个人购买第二套改善性住房，面积 90 平方米以下的，可以减按 1%的税率征税；超过 90 平方米的，可以减按 2%的税率征税。个人购买经济适用房，可以在法定税率基础上减半征税。

5. 经济适用住房经营管理单位回购经济适用住房继续作为经济适用住房的，可以免税。

6. 个体工商户的经营者将其个人名下的房屋、土地权属转移至个体工商户名下，或者个体工商户将其名下的房屋、土地权属转移回原经营者个人名下；合伙企业的合伙人将其名下的房屋、土地权属转移至合伙企业名下，或者合伙企业将其名下的房屋、土地权属转回原合伙人名下，可以免税。

7. 股份合作制改革以后的农村集体经济组织承受原集体经济组织的土地、房屋权属的，因农村集体经济组织和代行集体经济组织职能的村民委员会、村民小组清产核资收回集体资产而承受土地、房屋权属的，可以免税。

8. 按照中国有关法律和中国缔结、参加的国际条约、协定的规定应当免税的外国驻华使馆、领事馆，联合国驻华机构，外交代表、领事官员和其他人员，在中国境内承受土地、房屋权属的，经过外交部确认，可以免税。

9. 自2019年6月1日至2025年12月31日，为社区提供养老、托育和家政服务的机构承受房屋、土地用于提供上述服务的，可以免税。

（六）契税的义务发生时间与缴纳

契税的纳税义务发生时间，为纳税人签订土地、房屋权属转移合同的当日，或者纳税人取得其他具有土地、房屋权属转移合同性质凭证的当日。

纳税人应当在依法办理土地、房屋权属登记手续前申报缴纳契税。

（七）契税的纳税地点

契税的缴纳地点为房屋所在地的税务机关。

（八）契税的征收管理

1. 纳税人办理纳税事宜后，税务机关应当开具契税完税凭证。纳税人办理土地、房屋权属登记，不动产登记机构应当查验契税完税、减免税凭证或者有关信息。未按照规定缴纳契税的，不动产登记机构不予办理土地、房屋权属登记。

2. 在依法办理土地、房屋权属登记前，权属转移合同、权属转移合同性质凭证不生效、无效、被撤销或者被解除的，纳税人可以向税务机关申请退还已缴纳的税款，税务机关应当依法办理。

3. 税务机关应当与相关部门建立契税涉税信息共享和工作配合机制。自然资源、住房城乡建设、民政、公安等相关部门应当及时向税务机关提供与转移土地、房屋权属有关的信息，协助税务机关加强契税征收管理。税务机关及其工作人员对税收征收管理过程中知悉的纳税人的个人信息，应当依法予以保密，不得泄露或者非法向他人提供。

4. 纳税人、税务机关及其工作人员违反本法规定的，依照《税收征收管理法》和有关法律法规的规定追究法律责任。

第三节 印花税法

一、印花税法概述

印花税是世界公认的行为税。印花税是对经济活动和经济交往中书立、领受具有法律效力的凭证的行为所征收的一种税。因采用在应税凭证上粘贴印花税票作为完税的标志而得名。

中华人民共和国成立后，中央人民政府于1950年12月公布了《印花税暂行条例》，并于1951年1月公布了《印花税暂行条例施行细则》。在此期间，中央人民政府分别于1949年11月发行“旗球图”印花税票；于1952年7月发行“机器图”“鸽球图”印花税票，并一直用到1958年。按照《条例》规定，凡在本国境内因商事、产权等行为所书立或使用之凭证，除另行规定者外，均依本条例交纳印花税。印花税以凭证书立人、领受人或使用人为纳税义务人，依照本条例税率表之规定，在凭证上贴用印花税票（以下简称贴花）。印花税票由中央人民政府财政部税务总局监制，发交各地税务机关销售；各地税务机关不得委托银行、邮局、合作社或工商业户代售。

1988年8月6日，国务院发布《印花税暂行条例》，自1988年10月1日起施行。该《印花税暂行条例》规定，在中华人民共和国境内书立、领受本条例所列举凭证的单位和个人，都是印花税的纳税义务人，应当按照本条例规定缴纳印花税。下列凭证为应纳税凭证：“（一）购销、加工承揽、建设工程承包、财产租赁、货物运输、仓储保管、借款、财产保险、技术合同或者具有合同性质的凭证；（二）产权转移书据；（三）营业账簿；（四）权利、许可证照；（五）经财政部确定征税的其他凭证。”纳税人根据应纳税凭证的性质，分别按比例税率或者按件定额计算应纳税额。具体税率、税额的确定，依照本条例所附《印花税税目税率表》执行。应纳税额不足1角的，免纳印花税。应纳税额在1角以上的，其税额尾数不满5分的不计，满5分的按1角计算缴纳。属于免纳印花税的凭证包括：已缴纳印花税的凭证的副本或者抄本；财产所有人将财产赠给政府、社会福利单位、学校所立的书据；经财政部批准免税的其他凭证。印花税实行由纳税人根据规定自行计算应纳税额，购买并一次贴花的缴纳办法。为简化贴花手续，应纳税额较大或者贴花次数频繁的，纳税人可向税务机关提出申请，采取以缴款书代替贴花或者按期汇总缴纳的办法。[①]

1988 年 9 月 29 日，财政部根据《印花税暂行条例》第十五条规定，制定《印花税暂行条例实施细则》（财政部文件（88）财税字第 255 号），与《印花税暂行条例》同步施行。

根据 2011 年 1 月 8 日《国务院关于废止和修改部分行政法规的决定》修订。将《印花税暂行条例》第十四条中的“《中华人民共和国税收征收管理暂行条例》”修改为“《中华人民共和国税收征收管理法》”。

2015 年《立法法》修订后，有关印花税法的制定，提上全国人大常委会的立法议事日程。为了贯彻落实税收法定原则，提高立法公众参与度，广泛凝聚社会共识，推进科学立法、民主立法、开门立法，财政部、国家税务总局起草了《印花税法（征求意见稿）》，于 2018 年 11 月 1 日向社会公开征求意见。该征求意见稿共 20 条。财政部、国家税务总局对征求意见稿进行了如下说明[②]：

（一）制定印花税法的必要性

1988 年 8 月，国务院公布《印花税暂行条例》，规定自 1988 年 10 月 1 日起，对书立、领受合同、产权转移书据等应税凭证的单位和个人征收印花税。根据应税凭证的性质，印花税分别按比例税率或者按件定额计征。1992 年，国家统一规定对沪深两市证券交易征收印花税，经过多次政策调整，目前证券交易印花税按 1‰的税率对出让方征收。1988 年至 2017 年，全国累计征收印花税 21450 亿元，年均增长 19.1%，其中 2017 年征收印花税 2206 亿元。

《中共中央关于全面深化改革若干重大问题的决定》提出“落实税收法定原则”，制定印花税法是重要任务之一，已列入全国人大常委会和国务院立法工作计划。制定印花税法，有利于完善印花税法律制度，增强其科学性、稳定性和权威性，有利于构建适应社会主义市场经济需要的现代财税制度，有利于深化改革开放和推进国家治理体系和治理能力现代化。

（二）制定印花税法的总体考虑

从实际情况看，印花税税制要素基本合理，运行比较平稳，可基本保持现行税制框架和税负水平总体不变，将《暂行条例》上升为法律。同时，根据情况发展变化和税收征管实际，对部分税目、税率和纳税方式等作相应

---

① 参见 1988 年《印花税暂行条例》第 1 条至第 5 条。

② 参见 2018 年财政部、国家税务总局《印花税法（征求意见稿）》。

调整。

(三)《征求意见稿》的主要内容

1. 关于纳税人

与《印花税暂行条例》及相关规定保持一致,《征求意见稿》规定:订立、领受在中华人民共和国境内具有法律效力的应税凭证,或者在中华人民共和国境内进行证券交易的单位和个人,为印花税的纳税人(第一条)。

2. 关于征税对象

与《印花税暂行条例》及相关规定保持一致,《征求意见稿》规定,印花税的征税对象为书面形式的合同、产权转移书据、营业账簿和权利、许可证照,以及上市交易或者挂牌转让的公司股票和以股票为基础发行的存托凭证(第二条、第三条),具体税目、税率依照本法所附《印花税税目税率表》执行(第四条)。《征求意见稿》将以股票为基础发行的存托凭证纳入证券交易印花税的征收范围。主要考虑是:国务院已明确开展创新企业境内发行存托凭证试点,存托凭证以境外股票为基础在中国境内发行,并在境内证券交易所上市交易,将其纳入印花税征收范围,适用与股票相同的政策,有利于保持税制统一和税负公平。

3. 关于税率

《征求意见稿》除对少部分税目的税率适当调整外,基本维持了现行税率水平。根据应税凭证的性质,分别实行比例税率或者定额税率。其中:应税合同按不同类型,税率分别为合同列明价款或者报酬的万分之三、万分之零点五和千分之一;应税产权转移书据税率为支付价款的万分之五;应税权利、许可证照税率为每件 5 元;应税营业账簿税率为实收资本(股本)、资本公积合计金额的万分之二点五;证券交易税率为成交金额的千分之一。

与《印花税暂行条例》相比,《征求意见稿》作出调整的税率包括:一是为简并税率、公平税负,减少因合同类型界定不清在适用税率上引发的争议,将《印花税暂行条例》中原加工承揽合同、建设工程勘察设计合同、货物运输合同的适用税率由万分之五降为万分之三。二是考虑到国务院已决定自 2018 年 5 月起对资金账簿和其他账簿分别减征和免征印花税,为了与现行政策保持一致,将营业账簿适用税率由实收资本(股本)、资本公积合计金额的万分之五降为万分之二点五。

4. 关于计税依据

《征求意见稿》分别规定了应税合同、产权转移书据、营业账簿和权利、许可证照以及证券交易计税依据的确定方法（第五条），并针对应税合同、产权转移书据中未列明价款或者报酬以及转让证券无转让价格等特殊情形，规定了其计税依据的确定方法（第六条、第七条）。

5. 关于税收减免

《征求意见稿》规定了六种免税情形：一是为避免重复征税，对应税凭证的副本或者抄本免税；二是为支持农业发展，对农民、农民专业合作社、农村集体经济组织、村民委员会购买农业生产资料或者销售自产农产品订立的买卖合同和农业保险合同免税；三是为支持特定主体融资，对无息或者贴息借款合同、国际金融组织向我国提供优惠贷款订立的借款合同、金融机构与小型微型企业订立的借款合同免税；四是为支持公共事业发展，对财产所有权人将财产赠与政府、学校、社会福利机构订立的产权转移书据免税；五是为支持国防建设，对军队、武警部队订立、领受的应税凭证免税；六是为减轻个人住房负担，对转让、租赁住房订立的应税凭证，免征个人应当缴纳的印花税。为更好适应实际需要、便于相机调控，同时体现税收法定原则的要求，《征求意见稿》规定，国务院可以规定其他免征或者减征印花税的情形，但应当报全国人大常委会备案。（第十一条）

6. 关于纳税方式

《印花税暂行条例》规定，印花税实行纳税人购买并在应税凭证上粘贴印花税票的缴纳办法，应纳税额较大或者贴花次数频繁的，纳税人可以采取按期申报纳税方式。在实际执行中，由于印花税票保管成本高，贴花纳税不方便，纳税人大多选择汇总申报纳税，较少采用贴花纳税。同时，随着现代信息技术发展，出现了大量电子凭证，难以再采用贴花的纳税方式。为降低征管成本、提升纳税便利度，并适应电子凭证发展需要，《征求意见稿》规定，印花税统一实行申报纳税方式，不再采用贴花的纳税方式（第十五条、第十六条）。证券交易印花税仍按现行规定，采取由证券登记结算机构代扣代缴方式（第十三条、第十五条）。

7. 关于证券交易印花税政策调整问题

为灵活主动、便于相机调控，更好适应实际需要，《征求意见稿》规定，证券交易印花税的纳税人和税率调整由国务院决定，并报全国人大常委会备案（第十八条）。

此外，《征求意见稿》还对印花税应纳税额的计算方法，纳税义务发生时间、纳税期限和申报纳税地点，以及税款补缴和退还等事项作了规定。

印花税属于中央与地方共享税，所得收入由中央政府与地方政府共享。其中，股票交易印花税收入归中央政府支配，其他印花税收入归地方政府支配。

2021 年 6 月 10 日，第十三届全国人民代表大会常务委员会第二十九次会议于通过了《中华人民共和国印花税法》（以下简称《印花税法》），自 2022 年 7 月 1 日起施行。1988 年 8 月 6 日国务院发布的《印花税暂行条例》同时废止。该法的制定和实施，结束了印花税长期由国务院暂行条例调整的历史。

二、印花税法的立法结构

根据新公布的《印花税法》，印花税的立法结构如下①：

（一）印花税的征税主体

印花税由税务机关负责征收管理。

（二）印花税的纳税主体

在中华人民共和国境内书立应税凭证、进行证券交易，或在中华人民共和国境外书立在境内使用的应税凭证的单位和个人，为印花税的纳税人，应当依照《印花税法》规定缴纳印花税。

纳税人为境外单位或者个人，在境内有代理人的，以其境内代理人为扣缴义务人；在境内没有代理人的，由纳税人自行申报缴纳印花税，具体办法由国务院税务主管部门规定。

证券登记结算机构为证券交易印花税的扣缴义务人，应当向其机构所在地的主管税务机关申报解缴税款以及银行结算的利息。

《印花税法》所称应税凭证，是指《印花税法》所附《印花税税目税率表》列明的合同、产权转移书据和营业账簿。所称证券交易，是指转让在依法设立的证券交易所、国务院批准的其他全国性证券交易场所交易的股票和以股票为基础的存托凭证。证券交易印花税对证券交易的出让方征收，不对受让方征收。

（三）印花税的征税对象及税目

印花税的征收对象及具体税目，按照《印花税法》所附《印花税税目税率表》执行。具体包括：一是签订书面合同；二是持有产权转移书据；三是持有营业账簿；四是证券交易行为。

---

① 参见 2021 年《印花税法》。

（四）印花税的税率及计税依据

印花税法根据征税对象及税目的不同，按比例税率计算应纳税额。具体税率、税额的确定，依照《印花税法》所附《印花税税目税率表》执行。

表 30　2021 年印花税税目税率表

征税对象（税目）		税　率	备　注
书面合同	借款合同	借款金额的万分之零点五	指银行业金融机构、经国务院银行业监督管理机构批准设立的其他金融机构与借款人（不包括同业拆借）的借款合同
	融资租赁合同	租金的万分之零点五	
	买卖合同	价款的万分之三	指动产买卖合同（不包括个人书立的动产买卖合同）
	承揽合同	报酬的万分之三	
	建设工程合同	价款的万分之三	
	运输合同	运输费用的万分之三	指货运合同和多式联运合同（不包括管道运输合同）
	技术合同	价款、报酬或者使用费的万分之三	不包括专利权、专有技术使用权转让书据
	租赁合同	租金的千分之一	
	保管合同	保管费的千分之一	
	仓储合同	仓储费的千分之一	
	财产保险合同	保险费的千分之一	不包括再保险合同

续表

征税对象（税目）		税 率	备 注
产权转移书据	土地使用权出让书据	价款的万分之五	转让包括买卖（出售）、继承、赠与、互换、分割
	土地使用权、房屋等建筑物和构筑物所有权转让书据（不包括土地承包经营权和土地经营权转移）	价款的万分之五	
	股权转让书据（不包括应缴纳证券交易印花税的）	价款的万分之五	
	商标专用权、著作权、专利权、专有技术使用权转让书据	价款的万分之三	
营业账簿		实收资本（股本）、资本公积合计金额的万分之二点五	
证券交易		成交金额的千分之一	

印花税的计税依据：一是应税合同的计税依据，为合同所列的金额，不包括列明的增值税税款；二是应税产权转移书据的计税依据，为产权转移书据所列的金额，不包括列明的增值税税款；三是应税营业账簿的计税依据，为账簿记载的实收资本（股本）、资本公积合计金额；四是证券交易的计税依据，为成交金额。

应税合同、产权转移书据未列明金额的，印花税的计税依据按照实际结算的金额确定。计税依据按照该规定仍不能确定的，按照书立合同、产权转移书据时的市场价格确定；依法应当执行政府定价或者政府指导价的，按照国家有关规定确定。证券交易无转让价格的，按照办理过户登记手续时该证券前一个交易日收盘价计算确定计税依据；无收盘价的，按照证券面值计算确定计税依据。印花税的应纳税额按照计税依据乘以适用税率计算。

同一应税凭证载有两个以上税目事项并分别列明金额的，按照各自适用的税目税率分别计算应纳税额；未分别列明金额的，从高适用税率。同一应税凭证由两方以上当事人书立的，按照各自涉及的金额分别计算应纳税额。已缴纳印花税的营业账簿，以后年度记载的实收资本（股本）、资本公积合计金额比已缴纳印花税的实收资本（股本）、资本公积合计金额增加的，按照增加部分计算应纳税额。

（五）印花税的减免

《印花税法》规定，有关凭证免征印花税：一是应税凭证的副本或者抄本；二是依照法律规定应当予以免税的外国驻华使馆、领事馆和国际组织驻华代表机构为获得馆舍书立的应税凭证；三是中国人民解放军、中国人民武装警察部队书立的应税凭证；四是农民、家庭农场、农民专业合作社、农村集体经济组织、村民委员会购买农业生产资料或者销售农产品书立的买卖合同和农业保险合同；五是无息或者贴息借款合同、国际金融组织向中国提供优惠贷款书立的借款合同；六是财产所有权人将财产赠与政府、学校、社会福利机构、慈善组织书立的产权转移书据；七是非营利性医疗卫生机构采购药品或者卫生材料书立的买卖合同；八是个人与电子商务经营者订立的电子订单。

此外，根据国民经济和社会发展的需要，国务院对居民住房需求保障、企业改制重组、破产、支持小型微型企业发展等情形可以规定减征或者免征印花税，报全国人民代表大会常务委员会备案。

（六）印花税的义务发生时间及纳税期限

印花税的纳税义务发生时间为纳税人书立应税凭证或者完成证券交易的当日。证券交易印花税扣缴义务发生时间为证券交易完成的当日。印花税按季、按年或者按次计征。实行按季、按年计征的，纳税人应当自季度、年度终了之日起 15 日内申报缴纳税款；实行按次计征的，纳税人应当自纳税义务发生之日起 15 日内申报缴纳税款。证券交易印花税按周解缴。证券交易印花税扣缴义务人应当自每周终了之日起 5 日内申报解缴税款以及银行结算的利息。

（七）印花税的纳税地点

纳税人为单位的，应当向其机构所在地的主管税务机关申报缴纳印花税；纳税人为个人的，应当向应税凭证书立地或者纳税人居住地的主管税务机关申报缴纳印花税。不动产产权发生转移的，纳税人应当向不动产所在地的主管税务机关申报缴纳印花税。

（八）印花税的征收管理

印花税可以采用粘贴印花税票或者由税务机关依法开具其他完税凭证的方式缴纳。印花税票粘贴在应税凭证上的，由纳税人在每枚税票的骑缝处盖戳注销或者画销。印花税票由国务院税务主管部门监制。

印花税由税务机关依照本法和《税收征收管理法》的规定征收管理。纳税人、扣缴义务人和税务机关及其工作人员违反本法规定的，依照《税收征收管理法》和有关法律、行政法规的规定追究法律责任。

根据《立法法》规定，在《印花税法》实施后，国务院或财政、税务部门应修订原来的《印花税法实施细则》。

第四节　城市维护建设税法

一、城市维护建设税法概述

城市维护建设税是国家为专门筹集城市建设资金而开设的一种税收。

1985 年 2 月 8 日，为了加强城市的维护建设，扩大和稳定城市维护建设资金的来源，国务院发布《城市维护建设税暂行条例》（以下简称《暂行条例》）。从 1985 年底开始征收城市维护建设税。到 2011 年 1 月 8 日，根据国务院令第 588 号《国务院关于废止和修改部分行政法规的决定》，对《暂行条例》予以修订。

按照《暂行条例》规定，凡缴纳消费税、增值税、营业税的单位和个人，都是城市维护建设税的纳税义务人。城市维护建设税，以纳税人实际缴纳的消费税、增值税、营业税税额为计税依据，分别与消费税、增值税、营业税同时缴纳。城市维护建设税税率规定：纳税人所在地在市区的，税率为 7%；纳税人所在地在县城、镇的，税率为 5%；纳税人所在地不在市区、县城或镇的，税率为 1%。城市维护建设税的征收、管理、纳税环节、奖罚等事项，比照消费税、增值税、营业税的有关规定办理。城市维护建设税应当保证用于城市的公用事业和公共设施的维护建设，具体安排由地方人民政府确定。按照《暂行条例》规定缴纳的税款，应当专用于乡镇的维护和建设。开征城市维护建设税后，任何地区和部门，都不得再向纳税人摊派资金或物资。遇到摊派情况，纳税人有权拒绝执行。省、自治区、直辖市人民政府可以根据本条例，制定实施细则，并送财政部备案。①

由上说明，我国开征的城市维护建设税，是以纳税人缴纳增值税、消费税和已经废止的营业税的同时，以其缴纳的税收为基础所形成的一种附加税收。只要纳税人存在缴纳增值税、消费税、营业税的行为，就要缴纳城市维护建设税。而另一个与其同时开征的是教育费附加。②

上述《暂行条例》颁布后，各地根据条例授权，均出台了相应的地方性规章。典型的如，1985 年 9 月 10 日，广西壮族自治区人民政府桂政发〔1985〕120 号文件发布《广西壮族自治区城市维护建设税实施细则》，2001 年 12 月 31 日广西壮族自治区人民政府令第 8 号《广西壮族自治区人民政府关于修改部分政府规章的决定》第一次修正，2010 年 10 月 12 日广西壮族自治区十一届人民政府第 69 次常务会议通过的《广西壮族自治区人民政府关于修改部分自治区人民政府规章的决定》第二次修正。该细则规定，纳税人所在地与缴纳消费税、增值税、营业税的纳税地不在同一地的，除有特殊规定者外，应按纳税地的适用税率就地缴纳城市维护建设税。③ 城市维护建设税要保证用于本地的城市、乡镇公用事业和公共设施的维护建设。具体安排由城建主管部门作计划报市、县人民政府审定，并报自治区人民政府主管部门备案。④ 1985 年 6 月 26 日，甘肃省政府颁发《甘肃省城市维护建设税暂行条例实施细则》（甘政发〔1985〕118 号文）。1997 年 10 月 22 日颁发省政府令第 27 号修正。该细则规定，《暂行条例》第四条第一项规定的市区，是指国家批准的建制市。我省是指兰州市、金昌市、嘉峪关市、天水市、白银市、平凉市、临夏市、玉门市、武威市、西峰市、张掖市、酒泉市，以及这些市的郊区，适用税率为 7%。《暂行条例》第四条第二项规定的县城、镇，是指省人民政府批准的建制镇，各县人民政府所在地及郊区，适用税率为 5%。甘肃矿区比照县城、镇，适用税率为 5%。《暂行条例》第四条第三项规定的纳税

---

① 《城市维护建设税暂行条例》（2011）第 2 条~第 9 条。

② 教育费附加是对缴纳增值税、消费税、营业税的单位和个人征收的一种附加费。其作用是发展地方教育事业，扩大地方教育经费的资金来源。纳费人是缴纳增值税、消费税、营业税的单位和个人均为教育费附加的纳费义务人。自 2010 年 12 月 1 日起，根据《国务院关于统一内外资企业和个人城市维护建设税和教育费附加制度的通知》（国发［2010］35 号），外商投资企业，外国企业及外籍个人适用国务院 1986 年发布的《征收教育费附加的暂时规定》，凡代征增值税、消费税、营业税的单位和个人，亦为代征教育费附加的义务人。农业、乡镇企业，由乡镇人民政府征收农村教育事业附加，不再征收教育费附加费。教育费附加的征收率为 3%。

③ 参见 2010 年《广西壮族自治区城市维护建设税实施细则》第 5 条。

④ 参见 2010 年《广西壮族自治区城市维护建设税实施细则》第 8 条。

人所在地不在市区、县城或镇的，是指在市区，县城或镇以外农村的纳税单位或个人，适用税率为1%。①

从1985年到2018年，经过30多年的历程。为了贯彻落实税收法定原则，提高立法公众参与度，广泛凝聚社会共识，推进科学立法、民主立法、开门立法，财政部、国家税务总局起草了《城市维护建设税法（征求意见稿）》，并于2018年11月19日向社会公开征求意见。而后进入全国人大的审议。财政部部长刘昆2019年12月23日在第十三届全国人民代表大会常务委员会第十五次会议上做了《关于〈中华人民共和国城市维护建设税法（草案）〉的说明》。该说明指出：1985年2月，国务院发布《城市维护建设税暂行条例》（以下简称《暂行条例》），规定缴纳增值税、消费税、营业税（2016年并入增值税）的单位和个人应当缴纳城市维护建设税；城市维护建设税收入专项用于城市的公用事业、公共设施的维护建设以及乡镇的维护建设。《暂行条例》施行以来，城市维护建设税运行平稳，为筹集城市维护建设资金，加强城市维护建设发挥了重要作用。2000年至2018年，全国累计征收城市维护建设税40190亿元，其中2018年征收4840亿元。随着预算管理制度改革深化，自2016年起城市维护建设税收入已由预算统筹安排，不再指定专项用途。为贯彻落实党中央、国务院决策部署，推动完善税收法律制度，财政部、税务总局、司法部在《暂行条例》的基础上，经征求有关部门和单位，各省、自治区、直辖市人民政府意见，并公开向社会征求意见，起草形成了《城市维护建设税法（草案）》（以下简称草案）。草案已经国务院常务会议讨论通过。其需要说明的问题：

（一）立法的总体思路

从实际执行情况看，城市维护建设税税制要素基本合理，运行比较平稳。制定城市维护建设税法，可按照税制平移的思路，保持现行税制框架和税负水平总体不变，将《暂行条例》上升为法律。同时，根据实际情况，对部分内容作了必要调整。

（二）草案的主要内容

1. 关于纳税人

在中华人民共和国境内缴纳增值税、消费税的单位和个人，为城市维护建设税的纳税人。

---

① 参见1997年《甘肃省城市维护建设税暂行条例实施细则》第4条。

2. 关于征税范围

维持现行征税范围不变，规定城市维护建设税的征税范围为纳税人实际缴纳的增值税、消费税税额，具体办法由国务院规定。

3. 关于税率

维持现行税率不变，规定纳税人所在地在市区的，税率为7%；纳税人所在地在县城、镇的，税率为5%；纳税人所在地不在市区、县城或者镇的，税率为1%。

4. 关于税收减免

城市维护建设税按纳税人实际缴纳的增值税、消费税税额计算。同时规定，根据国民经济和社会发展的需要，国务院可以规定减征或者免征城市维护建设税，报全国人大常委会备案。

此外，草案还对纳税义务发生时间、扣缴义务人等税收征管事项作了规定。

经过全国人大常委会审议，2020年8月11日，第十三届全国人民代表大会常务委员会第二十一次会议通过《城市维护建设税法》，自2021年9月1日起施行。

截至2021年，城市维护建设税属于中央和地方共享税，所得税收收入归中央和地方共享。其中，各银行总行、保险公司总公司集中缴纳的部分，归中央政府支配，其余部分归地方政府支配。

二、城市维护建设税法的立法结构

根据新公布的《城市维护建设税法》，城市维护建设税法的立法结构如下：

（一）城市维护建设税的征税主体

与增值税、消费税征税主体一致。

（二）城市维护建设税的纳税主体

在中华人民共和国境内缴纳增值税、消费税的单位和个人。城市维护建设税的扣缴义务人为负有增值税、消费税扣缴义务的单位和个人，在扣缴增值税、消费税的同时扣缴城市维护建设税。

（三）城市维护建设税的征税对象

有关单位和个人在中华人民共和国境内缴纳增值税、消费税的行为。其征税对象为纳税人缴纳的增值税、消费税税额。

（四）城市维护建设税的税率及计税依据

城市维护建设税以纳税人依法实际缴纳的增值税、消费税税额为计税依据。

城市维护建设税的计税依据应当按照规定扣除期末留抵退税退还的增值税税额。

城市维护建设税计税依据的具体确定办法，由国务院依据本法和有关税收法律、行政法规规定，报全国人民代表大会常务委员会备案。

城市维护建设税税率分三档：纳税人所在地在市区的，税率为7%；纳税人所在地在县城、镇的，税率为5%；纳税人所在地不在市区、县城或者镇的，税率为1%。所称纳税人所在地，是指纳税人住所地或者与纳税人生产经营活动相关的其他地点，具体地点由省、自治区、直辖市确定。

城市维护建设税的应纳税额按照计税依据乘以具体适用税率计算。

根据国民经济和社会发展的需要，国务院对重大公共基础设施建设、特殊产业和群体以及重大突发事件应对等情形可以规定减征或者免征城市维护建设税，报全国人民代表大会常务委员会备案。

（五）城市维护建设税的减免

根据有关规定，城市维护建设税的主要免税、减税政策如下：

1. 城市维护建设税可以随同增值税、消费税征收、减免。由于免征、减征增值税、消费税发生的退税，可以同时退还已经缴纳的城市维护建设税。

2. 对进口货物征收的增值税、消费税，不征收城市维护建设税。

3. 增值税小规模纳税人，符合重点群体创业就业规定条件的个体工商户和企业，可以按照规定减征城市维护建设税。

《城市维护建设税法》规定，根据国民经济和社会发展的需要，国务院对重大公共基础设施建设、特殊产业和群体以及重大突发事件应对等情形可以规定减征、免征城市维护建设税，报全国人民代表大会常委委员会备案。

（六）城市维护建设税的义务发生时间及纳税期限

城市维护建设税的纳税义务发生时间与增值税、消费税的纳税义务发生时间一致，分别与增值税、消费税同时缴纳。

（七）城市维护建设税的纳税地点

与增值税、消费税纳税地点一致。

（八）城市维护建设税的征收管理

纳税人、税务机关及其工作人员违反本法规定的，依照《税收征收管理法》和有关法律法规的规定追究法律责任。

本章小结

在一些财税法教材或税法教材中取消了有关行为税的归类与分析，有一定的道理，但与通说不一致。单个的行为税虽然可以各自归类为其他类别的税种，典型的如，契税可以归类为财产税。但鉴于我国历史上曾经不断地用体现一次性征收的税种解决现实经济和社会运行中的特殊问题，以及印花税为税法学界公认的行为税等，因此，本章仍然按照通说阐述行为税原理及我国行为税的发展历史与现状，并重点阐述了契税、印花税、城市维护建设税及其立法情况。目的是希望研习者了解我国行为税法的历史演进及其阶段性特征。因此，对于行为税法的学习，重点是清楚每一项行为税法所对应的特殊时期的经济和社会问题。

重点思考题

1. 行为税法是什么，行为税法具备什么特征，具有什么功能？
2. 简述契税的行为税属性。
3. 印花税法的立法结构如何？
4. 我国征收城市维护建设税的目的和意义如何？

第十章 进出口税法

第一节 进出口税概述

进出口税是有关在进出口环节所征收的税收的总称。进出口税主要包括进口税和出口税。进出口税是一个古老的税种。无论是历史上还是当代，只要国家在国境设立海关，即存在一个对过境货物征收税费的问题，它不仅是国家财政收入的重要来源之一，更为重要的是国家主权的象征。

我国目前在进出口环节所征收的税收包括增值税、消费税、关税、个人进口行李和邮递物品进口税以及船舶吨税。除船舶吨税具有船坞使用费的性质之外，其他税种均属于物品与商品流转税的性质。改革开放以来，遵循国际惯例，我国采取了鼓励出口，限制进口的税收措施。2001 年加入世界贸易组织以来，根据世界贸易组织规则的规定，逐步减让进口环节的税收，促进了对外交流及国际贸易发展，使中国成为仅次于美国的世界上第二大贸易进出口国和经济体。

如前述分析，从国家税收的整体情况看，我国进出口环节所征收的税收约占整体税收的 10%。但是，进出口税的重要地位和作用无需质疑。这是因为，我国目前虽然不主要依靠进出口税增加财政收入，但是进出口税收法律与政策的施行，关系到我国的国家主权和安全，关系到对外经济贸易关系的合理处理。而“涉外无小事”是中国政府历来坚持的一个基本原则，这是进出口税的一个重要特点。由此，本书认为，进出口税的政治意义大于经济意义。进出口税的另一个重要特征，就是它是由特殊的海关机关征收。另外，鉴于进出口税的专业性和特殊性，国家专门成立了关税税则委员会，由其负责进出口有关税目税率的制定、调整及说明解释，由海关负责征收。

与此同时，按照“一税一法”原则，除在增值税条例、消费税条例中涉及进出口规定外，我国制定了涉及关税、船舶吨税以及个人进口行李和邮递物品进口税的专门法律、行政法规和规章，还存在大量的部门规范性文件，进而形成了进出口税法的体系与结构。本章主要介绍关税法、个人进口行李和邮递物品进口税法及船舶吨税法。

第二节 关税法

一、关税法概述

（一）关税概述

关税是一个古老的税种。关税与国家主权相关。它是一个主权国家或地区通过设置海关并对进出关境的货物或物品进行征税的行为。关税上讲的“关境”，在通常情况下，与“国境”相一致，包括一个主权国家或地区全部的领土、领空、领海。但如果一国国境内设立了自由港、自由贸易区，则这些地区的进出口关税通常是免税的，处在“关境”之外。与此同时，一个国家还可以设立多个“关境”，规定在各“关境”之间的货物或物品往来，仍然需要征收进出口关税。典型的如，在中国“一国两制”体制下，根据特别行政区基本法规定，中国香港和中国澳门地区保持自由港地位，因此，涉及中国香港和中国澳门地区与内地的货物或物品往来，需要依法征收进出口关税。如果主权国家或地区通过协商谈判结成关税同盟，实施统一的关税法令和统一的关税税则，则结成关税同盟的国家之间即不再征收关税。在统一关境情况下，只针对非关税同盟国家或主权地区的货物或商品往来征收关税。由此，其涉及的“关境”便大于国境。

从关税的历史发展情况看，关税可分为进口税、出口税和过境税三种。进口税是指一国或主权地区海关对进口的货物和物品征收的关税。进口税又有正税和附加税之分。进口正税是按照关税税则规定的税率征收的进口税。而关税附加税是在征收进口税的基础上，根据国际贸易情况的变化，有针对性地依法征收的反倾销税、反补贴税、报复性关税、紧急进口税等。出口税是指本国货物或商品出境时需要缴纳的关税。为了鼓励出口，目前许多国家均取消了出口税。我国目前只针对 100 余种的货物和物品征收出口关税。过境税是指对通过本国关境运输的货物所征收的关税，其在历史上曾经一度盛行。为了促进国际贸易，世界贸易组织协定规定，严禁成员国之间开征过境税。我国目前的关税包括进口税和出口税两种。通过进出口关税的征收，反映了国家对进出口货物或物品的鼓励、限制或禁止，进而体现国家间的关系。此外，为了满足国家宏观调控扩大内需的需要以及改善国际收支的不平衡问题，可以通过减免进口货物或物品进口税收措施的实施，加大相关国外货物或物品的进口，促进国内对进口商品的消费。在国际贸易关系处理中，关税的增减及特别关税措施的实施，是贸易自由主义和贸易保护主义相互斗争与妥协的具体表现。

（二）中华人民共和国关税法的历史沿革

从法律角度分析，关税法治的逻辑前提是海关法的制定和实施，早在1951年，政务院第七十七次政务会议通过《暂行海关法》，并从1951年5月1日起施行。其摆脱了中国近代历史上一段时期海关曾经由外国人把持的殖民地耻辱历史，进而建立起了中华人民共和国的海关制度，是中华人民共和国站起来的重要标志。① 但直到1987年1月22日第六届全国人民代表大会常务委员会第十九次会议才通过正式的《海关法》。此后，又先后经过2000年7月、2013年6月、2013年12月、2016年11月、2017年11月、2021年4月六次修正。现行《海关法》共9章102条。其中，第5章专门就关税作出十三个方面的基本规定。

1. 准许进出口的货物、进出境物品，由海关依法征收关税。

2. 进口货物的收货人、出口货物的发货人、进出境物品的所有人，是关税的纳税义务人。

3. 进出口货物的完税价格，由海关以该货物的成交价格为基础审查确定。成交价格不能确定时，完税价格由海关依法估定。进口货物的完税价格包括货物的货价、货物运抵中华人民共和国境内输入地点起卸前的运输及其相关费用、保险费；出口货物的完税价格包括货物的货价、货物运至中华人民共和国境内输出地点装载前的运输及其相关费用、保险费，但是其中包含的出口关税税额，应当予以扣除。进出境物品的完税价格，由海关依法确定。

4. 属于减征或者免征关税的情形包括：无商业价值的广告品和货样；外国政府、国际组织无偿赠送的物资；在海关放行前遭受损坏或者损失的货物；规定数额以内的物品；法律规定减征、免征关税的其他货物、物品；中华人民共和国缔结或者参加的国际条约规定减征、免征关税的货物、物品。

5. 特定地区、特定企业或者有特定用途的进出口货物，可以减征或者免征关税。特定减税或者免税的范围和办法由国务院规定。依照该规定减征或者免征关税进口的货物，只能用于特定地区、特定企业或者特定用途，未经海关核准并补缴关税，不得移作他用。

---

① 姚永超、王晓刚：《中国海关史十六讲》，厦门大学出版社2014年版。

6. 对于上述海关法规定范围以外的临时减征或者免征关税，由国务院决定。

7. 暂时进口或者暂时出口的货物，以及特准进口的保税货物，在货物收发货人向海关缴纳相当于税款的保证金或者提供担保后，准予暂时免纳关税。

8. 进出口货物的纳税义务人，应当自海关填发税款缴款书之日起 15 日内缴纳税款；逾期缴纳的，由海关征收滞纳金。纳税义务人、担保人超过 3 个月仍未缴纳的，经直属海关关长或者其授权的隶属海关关长批准，海关可以采取下列强制措施：书面通知其开户银行或者其他金融机构从其存款中扣缴税款；将应税货物依法变卖，以变卖所得抵缴税款；扣留并依法变卖其价值相当于应纳税款的货物或者其他财产，以变卖所得抵缴税款。海关采取强制措施时，对前款所列纳税义务人、担保人未缴纳的滞纳金同时强制执行。进出境物品的纳税义务人，应当在物品放行前缴纳税款。

9. 进出口货物的纳税义务人在规定的纳税期限内有明显的转移、藏匿其应税货物以及其他财产迹象的，海关可以责令纳税义务人提供担保；纳税义务人不能提供纳税担保的，经直属海关关长或者其授权的隶属海关关长批准，海关可以采取下列税收保全措施：书面通知纳税义务人开户银行或者其他金融机构暂停支付纳税义务人相当于应纳税款的存款；扣留纳税义务人价值相当于应纳税款的货物或者其他财产。纳税义务人在规定的纳税期限内缴纳税款的，海关必须立即解除税收保全措施；期限届满仍未缴纳税款的，经直属海关关长或者其授权的隶属海关关长批准，海关可以书面通知纳税义务人开户银行或者其他金融机构从其暂停支付的存款中扣缴税款，或者依法变卖所扣留的货物或者其他财产，以变卖所得抵缴税款。采取税收保全措施不当，或者纳税义务人在规定期限内已缴纳税款，海关未立即解除税收保全措施，致使纳税义务人的合法权益受到损失的，海关应当依法承担赔偿责任。

10. 进出口货物、进出境物品放行后，海关发现少征或者漏征税款，应当自缴纳税款或者货物、物品放行之日起 1 年内，向纳税义务人补征。因纳税义务人违反规定而造成的少征或者漏征，海关在 3 年以内可以追征。

11. 海关多征的税款，海关发现后应当立即退还；纳税义务人自缴纳税款之日起一年内，可以要求海关退还。

12. 纳税义务人同海关发生纳税争议时，应当缴纳税款，并可以依法申请行政复议；对复议决定仍不服的，可以依法向人民法院提起诉讼。

13. 进口环节海关代征税的征收管理，适用关税征收管理的规定。[1]

与此同时，与《海关法》规定征收关税的配套性法规包括关税条例和关税税则。为此，1951 年 5 月 10 日中央人民政府政务院即公布《海关进出口税则》和《海关进出口税则暂行实施条例》，作为《海关法》的配套法规。到 1985 年 3 月 7 日，国务院对 1951 年出台的法规进行修订，发布《国务院关于发布〈中华人民共和国进出口关税条例〉和〈中华人民共和国海关进出口税则〉的通知》。该通知指出，这次修订的《关税条例》和《进出口税则》，贯彻了对外开放政策，体现了鼓励出口，扩大必需品进口，保护与促进国民经济发展以及保证国家财政收入的原则。对正在进行的经济体制改革，发挥了重要的作用。关税政策具有对内、对外的统一性，关税收入属于中央，关税的征收和减免，由海关统一办理。任何部门和地区不准擅自决定关税的减免。海关应健全制度，提高干部素质，加强税收管理，切实做到依率计征，依法减免，严肃退补，及时入库，以保证《关税条例》和《进出口税则》的有效实施。两年后的 1987 年 9 月 12 日，国务院又对《关税条例》进行了一次修正，自 1987 年 10 月 15 日起施行。1992 年进行第二次修正。2003 年 11 月 23 日进行全面修订，废除 1992 年规定，从 2004 年 1 月 1 日起施行。根据 2011 年 1 月 8 日《国务院关于废止和修改部分行政法规的决定》修订。2013 年 12 月 4 日，经国务院第 32 次常务会议通过，2013 年 12 月 7 日，《国务院关于修改部分行政法规的决定》第二次修订并公布，自公布之日起实施。2016 年 1 月 13 日，经国务院第 119 次常务会议通过，2016 年 2 月 6 日，《国务院关于修改部分行政法规的决定》第三次修订并公布，自公布之日起实施。2017 年 3 月 1 日，根据《国务院关于修改和废止部分行政法规的决定》第四次修订。2021 年 4 月 29 日第十三届全国人民代表大会常务委员会第二十八次会议进行修正。

而关税税则则作为进出口关税条例的附件，专门就进出口关税的征税税目及税率做出规定，并且进行适时的调整。2020 年 12 月 30 日，国务院关税税则委员会发布《进出口税则（2021）》（税委会公告〔2020〕11 号）。根据《进出口关税条例》及相关规定，现公布《进出口税则（2021）》，自 2021 年 1 月 1 日起实施。法律、行政法规等对进出口关税税目、税率调整另有规定的，从其规定。

截至 2021 年，关税属于中央税，关税所得收入归中央政府支配。

---

① 参见 2021 年《海关法》第 53 条~第 65 条。

二、进出口关税的立法结构

根据现行《海关法》《进出口关税条例》及其关税税则，对进出口关税的立法结构分析如下：

（一）进出口关税的征税主体

准许进出口的货物、进出境物品，由海关依法征收关税。

进口环节海关代征税的征收管理，适用关税征收管理的规定。

（二）进出口关税的纳税主体

进口货物的收货人、出口货物的发货人、进境物品的所有人，是关税的纳税义务人。有关关税纳税事宜，纳税人可以委托有关单位或个人办理。

（三）进出口关税的征税对象及税目

进出口关税的征税对象为准许进出口的货物物品或商品，其具体税目由关税税则确定。进出口关税税则分为进口关税税则和出口关税税则。以 2021 年 1 月 1 日施行的关税税则为例，其进口关税税则共涉及 21 大类 97 小类 8580 个产品（商品）。而出口关税则则涉及 107 个产品。其中，进口关税税则中涉及的 21 大类产品如下：

第一类：活动物；动物产品。

第二类：植物产品。

第三类：动、植物油、脂及其分解产品；精制的食用油脂：动、植物蜡。

第四类：食品、饮料、酒及醋；烟草、烟草代用品的制品。

第五类：矿产品。

第六类：化学工业及其相关工业产品。

第七类：塑料及其制品；橡胶及其制品。

第八类：生皮、皮革、毛皮及其制品；鞍具及挽具；旅行用品；手提包及类似容器；动物肠线制品（蚕胶丝除外）。

第九类：木及木制品；木炭；软木及软木制品；稻草、秸秆、针茅或其他编织制品；篮筐及柳条编织品。

第十类：木浆及其他纤维状纤维素浆；回收（废碎）纸或纸板；纸、纸板及其制品。

第十一类：纺织原料及其纺织制品。

第十二类：鞋、帽、伞、杖、鞭及其零件；已加工的羽毛及其制品；人造花、人发制品。

第十三类：石料、石膏、水泥、石棉、云母及类似材料的制品；玻璃及其制品。

第十四类：天然养殖珍珠、宝石或半宝石、贵金属、包贵金属及其制品；仿首饰；硬币。

第十五类：贱金属及其制品。

第十六类：机器、机械器具、电气设备及其零件；录音机及放声机、电视图像、声音的录制和重放设备及其零件、附件。

第十七类：车辆、航空器、船舶及有关运输设备。

第十八类：光学、照相、电影、计量、检验、医疗或外科用仪器及设备、精密仪器及设备；钟表；乐器。

第十九类：武器、弹药及其零件、附件。

第二十类：杂项制品。

第二十一类：艺术品、收藏品及古物。

（四）进出口关税的税率及计税依据

1. 关于关税税率

国务院制定《进出口税则》《进境物品进口税税率表》，规定关税的税目、税则号列和税率。

目前，中国的进口关税税率主要使用最惠国税率，并通过差别税率体现国家的经济、外贸政策。在8580个税目中，绝大部分税目采用比例税率。最惠国税率从0%至65%不等，普通税率从0%至270%不等①；少量税目采用定额税率、复合税率等形式的税率。而在出口税率方面，根据出口税则（2021），共涉及107种产品。最高税率为50%②，最低税率为0%。例如，鳗鱼苗的序号为1，税则号列为03019210，出口税率为20%；不锈钢废碎料的序号为30，税则号列为72042100，出口税率为40%。

国务院设立关税税则委员会，负责《税则》和《进境物品进口税税率表》的税目、税则号列和税率的调整和解释，报国务院批准后执行；决定实行暂定税率的货物、税率和期限；决定关税配额税率；决定征收反倾销税、反补贴税、保障措施关税、报复性关税以及决定实施其他关税措施；决定特殊情况下税率的适用，以及履行国务院规定的其他职责。

---

① 属于进口货物税率最高270%的产品主要是指车辆及其零件、附件等。例如，进口4轮驱动越野车，最高税率为270%。

② 属于出口货物税率最高50%的产品是指锡矿砂及其精矿产品。

进口关税设置最惠国税率①、协定税率②、特惠税率③、普通税率④、关税配额税率⑤等税率。对进口货物在一定期限内可以实行暂定税率⑥。出口关税设置出口税率。对出口货物在一定期限内可以实行暂定税率。

原产于共同适用最惠国待遇条款的世界贸易组织成员的进口货物，原产于与中华人民共和国签订含有相互给予最惠国待遇条款的双边贸易协定的国家或者地区的进口货物，以及原产于中华人民共和国境内的进口货物，适用最惠国税率。原产于与中华人民共和国签订含有关税优惠条款的区域性贸易协定的国家或者地区的进口货物，适用协定税率。原产于与中华人民共和国签订含有特殊关税优惠条款的贸易协定的国家或者地区的进口货物，适用特惠税率⑦。除上述所列以外国家或者地区的进口货物，以及原产地不明的进口货物，适用普通税率。

适用最惠国税率的进口货物有暂定税率的，应当适用暂定税率；适用协定税率、特惠税率的进口货物有暂定税率的，应当从低适用税率；适用普通

---

① 最惠国税率是某国来自其最惠国的进口产品享受的关税税率。根据最惠国待遇原则，最惠国税率一般不得高于现在或将来来自第三国同类产品所享受的关税税率。所谓最惠国待遇原则，是指缔结经济贸易条约协定的一项法律原则，又称无歧视待遇原则，指缔约一方在贸易、航海、关税、公民的法律地位等方面给予缔约国另一方的优惠待遇。根据 2018 年 9 月 30 日印发的《国务院关税税则委员会关于降低部分商品进口关税的公告》，为适应产业升级、降低企业成本和满足群众多层次消费等需求，我国从 2018 年 11 月 1 日起，降低部分工业品等商品的最惠国税率。降税商品共 1585 个税目，约占中国税目总数的 19%，平均税率由 10.5%降至 7.8%，平均降幅为 26%。

② 协定税率是“国定税率”的对称。指协定关税制度中规定的税率。是一国根据其与别国签订的贸易条约或协定而制订的关税税率。协定税率是相对于国定税率而言的，它不仅适用于协定的签订国，且适用于享有最惠国待遇的国家。协定关税有性质截然不同的两种类型：一种是自主协定关税，即通过协议，在自愿对等的基础上相互给予对方以某种优惠待遇的关税税率；另一种是片面协定关税，即一国在另一国胁迫下签订协议，片面给予优惠待遇的关税税率。

③ 特惠税率是我国海关税税则中的一栏税率，对原产于与中华人民共和国签订含有特殊关税优惠条款的贸易协定的国家或者地区的进口货物，适用特惠税率。

④ 普通税率是指一国关税税则中对进口货物规定的较高税率。适用于同本国未签订贸易互利条约或协定国家的进口货物，它一般要比优惠税率高 1-2 个税级，体现国家对进口货物的区别对待政策，是国家保护关税政策的重要组成部分。

⑤ 关税配额税率是指对实行关税配额管理的进口货物，关税配额内的，适用关税配额税率；关税配额外的，按不同情况分别适用于最惠国税率、协定税率、特惠税率或普通税率。

⑥ 关税暂定税率是在海关进出口税则规定的进口优惠税率和出口税率的基础上，对进口的某些重要的工农业生产原材料和机电产品关键部件（但只限于从与中国订有关税互惠协议的国家和地区进口的货物）以及出口的部分资源性产品实施的更为优惠的关税税率。这种税率一般按照年度制订，并且随时可以根据需要恢复按照法定税率征税。

⑦ 特惠税率是我国海关税税则中的一栏税率，对原产于与中华人民共和国签订含有特殊关税优惠条款的贸易协定的国家或者地区的进口货物，适用特惠税率。

税率的进口货物，不适用暂定税率。适用出口税率的出口货物有暂定税率的，应当适用暂定税率。

按照国家规定实行关税配额管理的进口货物，关税配额内的，适用关税配额税率；关税配额外的，其税率的适用按照条例上述规定执行。

按照有关法律、行政法规的规定对进口货物采取反倾销、反补贴、保障措施的，其税率的适用按照《反倾销条例》① 《反补贴条例》② 和《保障措施条例》③ 的有关规定执行。

任何国家或者地区违反与中华人民共和国签订或者共同参加的贸易协定及相关协定，对中华人民共和国在贸易方面采取禁止、限制、加征关税或者其他影响正常贸易的措施的，对原产于该国家或者地区的进口货物可以征收报复性关税，适用报复性关税税率。征收报复性关税的货物、适用国别、税率、期限和征收办法，由国务院关税税则委员会决定并公布。

进出口货物，应当适用海关接受该货物申报进口或者出口之日实施的税率。

进口货物到达前，经海关核准先行申报的，应当适用装载该货物的运输工具申报进境之日实施的税率。转关运输货物税率的适用日期，由海关总署另行规定。

有下列情形之一，需缴纳税款的，应当适用海关接受申报办理纳税手续之日实施的税率：一是保税货物经批准不复运出境的；二是减免税货物经批准转让或者移作他用的；三是暂时进境货物经批准不复运出境，以及暂时出境货物经批准不复运进境的；四是租赁进口货物，分期缴纳税款的。

补征和退还进出口货物关税，应当按照条例上述规定确定适用的税率。因纳税义务人违反规定需要追征税款的，应当适用该行为发生之日实施的税

---

① 2001 年《反倾销条例》第 28 条规定，初裁决定确定倾销成立，并由此对国内产业造成损害的，可以采取下列临时反倾销措施：（一）征收临时反倾销税；（二）要求提供现金保证金、保函或者其他形式的担保。临时反倾销税税额或者提供的现金保证金、保函或者其他形式担保的金额，应当不超过初裁决定确定的倾销幅度。

② 2001 年《反补贴条例》第 29 条规定，初裁决定确定补贴成立，并由此对国内产业造成损害的，可以采取临时反补贴措施。临时反补贴措施采取以现金保证金或者保函作为担保的征收临时反补贴税的形式。第 30 条规定，采取临时反补贴措施，由外经贸部提出建议，国务院关税税则委员会根据外经贸部的建议作出决定，由外经贸部予以公告。海关自公告规定实施之日起执行。

③ 2001 年《保障措施条例》第 16 条规定，有明确证据表明进口产品数量增加，在不采取临时保障措施将对国内产业造成难以补救的损害的紧急情况下，可以作出初裁决定，并采取临时保障措施。临时保障措施采取提高关税的形式。

率；行为发生之日不能确定的，适用海关发现该行为之日实施的税率。

2. 关于计税依据

进出口货物关税，以从价计征、从量计征或者国家规定的其他方式征收。

从价计征的计算公式为：应纳税额=完税价格×关税税率

从量计征的计算公式为：应纳税额=货物数量×单位税额

进口货物的完税价格由海关以符合条例所列条件的成交价格以及该货物运抵中华人民共和国境内输入地点起卸前的运输及其相关费用、保险费为基础审查确定。进口货物的成交价格，是指卖方向中华人民共和国境内销售该货物时买方为进口该货物向卖方实付、应付的，并按照条例规定调整后的价款总额，包括直接支付的价款和间接支付的价款。进口货物的成交价格应当符合下列条件：（1）对买方处置或者使用该货物不予限制，但法律、行政法规规定实施的限制、对货物转售地域的限制和对货物价格无实质性影响的限制除外；（2）该货物的成交价格没有因搭售或者其他因素的影响而无法确定；（3）卖方不得从买方直接或者间接获得因该货物进口后转售、处置或者使用而产生的任何收益，或者虽有收益但能够按照条例规定进行调整；（4）买卖双方没有特殊关系，或者虽有特殊关系但未对成交价格产生影响。

进口货物的下列费用应当计入完税价格：（1）由买方负担的购货佣金以外的佣金和经纪费；（2）由买方负担的在审查确定完税价格时与该货物视为一体的容器的费用；（3）由买方负担的包装材料费用和包装劳务费用；（4）与该货物的生产和向中华人民共和国境内销售有关的，由买方以免费或者以低于成本的方式提供并可以按适当比例分摊的料件、工具、模具、消耗材料及类似货物的价款，以及在境外开发、设计等相关服务的费用；（5）作为该货物向中华人民共和国境内销售的条件，买方必须支付的、与该货物有关的特许权使用费；（6）卖方直接或者间接从买方获得的该货物进口后转售、处置或者使用的收益。

进口时在货物的价款中列明的下列税收、费用，不计入该货物的完税价格：（1）厂房、机械、设备等货物进口后进行建设、安装、装配、维修和技术服务的费用；（2）进口货物运抵境内输入地点起卸后的运输及其相关费用、保险费；（3）进口关税及国内税收。

进口货物的成交价格不符合条例规定条件的，或者成交价格不能确定的，海关经了解有关情况，并与纳税义务人进行价格磋商后，依次以下列价格估定该货物的完税价格：（1）与该货物同时或者大约同时向中华人民共和国境内销售的相同货物的成交价格。（2）与该货物同时或者大约同时向中华人民共和国境内销售的类似货物的成交价格。（3）与该货物进口的同时或者大约同时，将该进口货物、相同或者类似进口货物在第一级销售环节销售给无特殊关系买方最大销售总量的单位价格，但应当扣除条例规定的项目。（4）按照下列各项总和计算的价格：生产该货物所使用的料件成本和加工费用，向中华人民共和国境内销售同等级或者同种类货物通常的利润和一般费用，该货物运抵境内输入地点起卸前的运输及其相关费用、保险费。（5）以合理方法估定的价格。纳税义务人向海关提供有关资料后，可以提出申请，颠倒前款第（三）项和第（四）项的适用次序。

按照条例规定估定完税价格，应当扣除的项目是指：（1）同等级或者同种类货物在中华人民共和国境内第一级销售环节销售时通常的利润和一般费用以及通常支付的佣金；（2）进口货物运抵境内输入地点起卸后的运输及其相关费用、保险费；（3）进口关税及国内税收。

以租赁方式进口的货物，以海关审查确定的该货物的租金作为完税价格。

纳税义务人要求一次性缴纳税款的，纳税义务人可以选择按照条例的规定估定完税价格，或者按照海关审查确定的租金总额作为完税价格。

运往境外加工的货物，出境时已向海关报明并在海关规定的期限内复运进境的，应当以境外加工费和料件费以及复运进境的运输及其相关费用和保险费审查确定完税价格。运往境外修理的机械器具、运输工具或者其他货物，出境时已向海关报明并在海关规定的期限内复运进境的，应当以境外修理费和料件费审查确定完税价格。

出口货物的完税价格由海关以该货物的成交价格以及该货物运至中华人民共和国境内输出地点装载前的运输及其相关费用、保险费为基础审查确定。出口货物的成交价格，是指该货物出口时卖方为出口该货物应当向买方直接收取和间接收取的价款总额。出口关税不计入完税价格。

出口货物的成交价格不能确定的，海关经了解有关情况，并与纳税义务人进行价格磋商后，依次以下列价格估定该货物的完税价格：（1）与该货物同时或者大约同时向同一国家或者地区出口的相同货物的成交价格。（2）与该货物同时或者大约同时向同一国家或者地区出口的类似货物的成交价格。（3）按照下列各项总和计算的价格：境内生产相同或者类似货物的料件成本、加工费用，通常的利润和一般费用，境内发生的运输及其相关费用、保险费。（4）以合理方法估定的价格。

按照条例规定计入或者不计入完税价格的成本、费用、税收，应当以客观、可量化的数据为依据。

（五）进出口关税的减免

暂时进境或者暂时出境的下列货物，在进境或者出境时纳税义务人向海关缴纳相当于应纳税款的保证金或者提供其他担保的，可以暂不缴纳关税，并应当自进境或者出境之日起6个月内复运出境或者复运进境；需要延长复运出境或者复运进境期限的，纳税义务人应当根据海关总署的规定向海关办理延期手续：（1）在展览会、交易会、会议及类似活动中展示或者使用的货物；（2）文化、体育交流活动中使用的表演、比赛用品；（3）进行新闻报道或者摄制电影、电视节目使用的仪器、设备及用品；（4）开展科研、教学、医疗活动使用的仪器、设备及用品；（5）在本款第（一）项至第（四）项所列活动中使用的交通工具及特种车辆；（6）货样；（7）供安装、调试、检测设备时使用的仪器、工具；（8）盛装货物的容器；（9）其他用于非商业目的的货物。条例所列暂时进境货物在规定的期限内未复运出境的，或者暂时出境货物在规定的期限内未复运进境的，海关应当依法征收关税。所列可以暂时免征关税范围以外的其他暂时进境货物，应当按照该货物的完税价格和其在境内滞留时间与折旧时间的比例计算征收进口关税。具体办法由海关总署规定。

因品质或者规格原因，出口货物自出口之日起1年内原状复运进境的，不征收进口关税。因品质或者规格原因，进口货物自进口之日起1年内原状复运出境的，不征收出口关税。因残损、短少、品质不良或者规格不符原因，由进出口货物的发货人、承运人或者保险公司免费补偿或者更换的相同货物，进出口时不征收关税。被免费更换的原进口货物不退运出境或者原出口货物不退运进境的，海关应当对原进出口货物重新按照规定征收关税。

属于免征关税的情形：（1）关税税额在人民币50元以下的一票货物；（2）无商业价值的广告品和货样；（3）外国政府、国际组织无偿赠送的物资；（4）在海关放行前损失的货物；（5）进出境运输工具装载的途中必需的燃料、物料和饮食用品。

在海关放行前遭受损坏的货物，可以根据海关认定的受损程度减征关税。法律规定的其他免征或者减征关税的货物，海关根据规定予以免征或者减征。

特定地区、特定企业或者有特定用途的进出口货物减征或者免征关税，以及临时减征或者免征关税，按照国务院的有关规定执行。

进口货物减征或者免征进口环节海关代征税，按照有关法律、行政法规的规定执行。纳税义务人进出口减免税货物的，除另有规定外，应当在进出口该货物之前，按照规定持有关文件向海关办理减免税审批手续。经海关审查符合规定的，予以减征或者免征关税。需由海关监管使用的减免税进口货物，在监管年限内转让或者移作他用需要补税的，海关应当根据该货物进口时间折旧估价，补征进口关税。特定减免税进口货物的监管年限由海关总署规定。

（六）进出口关税纳税义务发生时间及纳税期限

进口货物的纳税义务人应当自运输工具申报进境之日起 14 日内，出口货物的纳税义务人除海关特准的外，应当在货物运抵海关监管区后、装货的 24 小时以前，向货物的进出境地海关申报。进出口货物转关运输的，按照海关总署的规定执行。进口货物到达前，纳税义务人经海关核准可以先行申报。具体办法由海关总署另行规定。

进出口货物的纳税义务人在规定的纳税期限内有明显的转移、藏匿其应税货物以及其他财产迹象的，海关可以责令纳税义务人提供担保；纳税义务人不能提供担保的，海关可以按照《海关法》第六十一条[①]的规定采取税收保全措施。

纳税义务人、担保人自缴纳税款期限届满之日起超过 3 个月仍未缴纳税

① 《海关法》第 61 条规定，进出口货物的纳税义务人在规定的纳税期限内有明显的转移、藏匿其应税货物以及其他财产迹象的，海关可以责令纳税义务人提供担保；纳税义务人不能提供纳税担保的，经直属海关关长或者其授权的隶属海关关长批准，海关可以采取下列税收保全措施：

（一）书面通知纳税义务人开户银行或者其他金融机构暂停支付纳税义务人相当于应纳税款的存款；

（二）扣留纳税义务人价值相当于应纳税款的货物或者其他财产。

纳税义务人在规定的纳税期限内缴纳税款的，海关必须立即解除税收保全措施；期限届满仍未缴纳税款的，经直属海关关长或者其授权的隶属海关关长批准，海关可以书面通知纳税义务人开户银行或者其他金融机构从其暂停支付的存款中扣缴税款，或者依法变卖所扣留的货物或者其他财产，以变卖所得抵缴税款。

采取税收保全措施不当，或者纳税义务人在规定期限内已缴纳税款，海关未立即解除税收保全措施，致使纳税义务人的合法权益受到损失的，海关应当依法承担赔偿责任。

款的，海关可以按照《海关法》第六十条[①]的规定采取强制措施。

（七）进出口关税的纳税地点

纳税义务人应当自海关填发税款缴款书之日起15日内向指定银行缴纳税款。纳税义务人未按期缴纳税款的，从滞纳税款之日起，按日加收滞纳税款万分之五的滞纳金。海关可以对纳税义务人欠缴税款的情况予以公告。海关征收关税、滞纳金等，应当制发缴款凭证，缴款凭证格式由海关总署规定。

（八）进出口关税的征收管理

纳税义务人应当依法如实向海关申报，并按照海关的规定提供有关确定完税价格、进行商品归类、确定原产地以及采取反倾销、反补贴或者保障措施等所需的资料；必要时，海关可以要求纳税义务人补充申报。纳税义务人应当按照《税则》规定的目录条文和归类总规则、类注、章注、子目注释以及其他归类注释，对其申报的进出口货物进行商品归类，并归入相应的税则号列；海关应当依法审核确定该货物的商品归类。

海关可以要求纳税义务人提供确定商品归类所需的有关资料；必要时，海关可以组织化验、检验，并将海关认定的化验、检验结果作为商品归类的依据。海关为审查申报价格的真实性和准确性，可以查阅、复制与进出口货物有关的合同、发票、账册、结付汇凭证、单据、业务函电、录音录像制品和其他反映买卖双方关系及交易活动的资料。海关对纳税义务人申报的价格有怀疑并且所涉关税数额较大的，经直属海关关长或者其授权的隶属海关关长批准，凭海关总署统一格式的协助查询账户通知书及有关工作人员的工作证件，可以查询纳税义务人在银行或者其他金融机构开立的单位账户的资金往来情况，并向银行业监督管理机构通报有关情况。海关对纳税义务人申报的价格有怀疑的，应当将怀疑的理由书面告知纳税义务人，要求其在规定的期限内书面作出说明、提供有关资料。纳税义务人在规定的期限内未作说明、未提供有关资料的，或者海关仍有理由怀疑申报价格的真实性和准确性的，海关可以不接受纳税义务人申报的价格，并按照条例规定估定完税价格。海

---

① 《海关法》第60条规定，进出口货物的纳税义务人，应当自海关填发税款缴款书之日起15日内缴纳税款；逾期缴纳的，由海关征收滞纳金。纳税义务人、担保人超过3个月仍未缴纳的，经直属海关关长或者其授权的隶属海关关长批准，海关可以采取下列强制措施：（一）书面通知其开户银行或者其他金融机构从其存款中扣缴税款；（二）将应税货物依法变卖，以变卖所得抵缴税款；（三）扣留并依法变卖其价值相当于应纳税款的货物或者其他财产，以变卖所得抵缴税款。海关采取强制措施时，对前款所列纳税义务人、担保人未缴纳的滞纳金同时强制执行。进出境物品的纳税义务人，应当在物品放行前缴纳税款。

关审查确定进出口货物的完税价格后，纳税义务人可以以书面形式要求海关就如何确定其进出口货物的完税价格作出书面说明，海关应当向纳税义务人作出书面说明。

海关征收关税、滞纳金等，应当按人民币计征。进出口货物的成交价格以及有关费用以外币计价的，以中国人民银行公布的基准汇率折合为人民币计算完税价格；以基准汇率币种以外的外币计价的，按照国家有关规定套算为人民币计算完税价格。适用汇率的日期由海关总署规定。

纳税义务人因不可抗力或者在国家税收政策调整的情形下，不能按期缴纳税款的，经依法提供税款担保后，可以延期缴纳税款，但是最长不得超过6个月。

加工贸易的进口料件按照国家规定保税进口的，其制成品或者进口料件未在规定的期限内出口的，海关按照规定征收进口关税。加工贸易的进口料件进境时按照国家规定征收进口关税的，其制成品或者进口料件在规定的期限内出口的，海关按照有关规定退还进境时已征收的关税税款。

有下列情形之一的，纳税义务人自缴纳税款之日起1年内，可以申请退还关税，并应当以书面形式向海关说明理由，提供原缴款凭证及相关资料：(1) 已征进口关税的货物，因品质或者规格原因，原状退货复运出境的；(2) 已征出口关税的货物，因品质或者规格原因，原状退货复运进境，并已重新缴纳因出口而退还的国内环节有关税收的；(3) 已征出口关税的货物，因故未装运出口，申报退关的。海关应当自受理退税申请之日起30日内查实并通知纳税义务人办理退还手续。纳税义务人应当自收到通知之日起3个月内办理有关退税手续。按照其他有关法律、行政法规规定应当退还关税的，海关应当按照有关法律、行政法规的规定退税。

进出口货物放行后，海关发现少征或者漏征税款的，应当自缴纳税款或者货物放行之日起1年内，向纳税义务人补征税款。但因纳税义务人违反规定造成少征或者漏征税款的，海关可以自缴纳税款或者货物放行之日起3年内追征税款，并从缴纳税款或者货物放行之日起按日加收少征或者漏征税款万分之五的滞纳金。海关发现海关监管货物因纳税义务人违反规定造成少征或者漏征税款的，应当自纳税义务人应缴纳税款之日起3年内追征税款，并从应缴纳税款之日起按日加收少征或者漏征税款万分之五的滞纳金。

海关发现多征税款的，应当立即通知纳税义务人办理退还手续。纳税义务人发现多缴税款的，自缴纳税款之日起1年内，可以以书面形式要求海关退还多缴的税款并加算银行同期活期存款利息；海关应当自受理退税申请之日起30日内查实并通知纳税义务人办理退还手续。纳税义务人应当自收到通知之日起3个月内办理有关退税手续。按照条例规定退还税款、利息涉及从国库中退库的，按照法律、行政法规有关国库管理的规定执行。

报关企业接受纳税义务人的委托，以纳税义务人的名义办理报关纳税手续，因报关企业违反规定而造成海关少征、漏征税款的，报关企业对少征或者漏征的税款、滞纳金与纳税义务人承担纳税的连带责任。报关企业接受纳税义务人的委托，以报关企业的名义办理报关纳税手续的，报关企业与纳税义务人承担纳税的连带责任。

除不可抗力外，在保管海关监管货物期间，海关监管货物损毁或者灭失的，对海关监管货物负有保管义务的人应当承担相应的纳税责任。

欠税的纳税义务人，有合并、分立情形的，在合并、分立前，应当向海关报告，依法缴清税款。纳税义务人合并时未缴清税款的，由合并后的法人或者其他组织继续履行未履行的纳税义务；纳税义务人分立时未缴清税款的，分立后的法人或者其他组织对未履行的纳税义务承担连带责任。纳税义务人在减免税货物、保税货物监管期间，有合并、分立或者其他资产重组情形的，应当向海关报告。按照规定需要缴税的，应当依法缴清税款；按照规定可以继续享受减免税、保税待遇的，应当到海关办理变更纳税义务人的手续。纳税义务人欠税或者在减免税货物、保税货物监管期间，有撤销、解散、破产或者其他依法终止经营情形的，应当在清算前向海关报告。海关应当依法对纳税义务人的应缴税款予以清缴。

第三节　海关入境旅客行李物品和个人邮递物品进口税法

一、海关入境旅客行李物品和个人邮递物品进口税法概述

对个人入境时携带的行李物品和个人邮递物品，在进口环节征收关税是世界各国的通行做法。对个人行李物品、邮递物品和其他物品（以下简称进出境运输工具、货物、物品），征收关税和其他税、费，查缉走私，并编制海关统计和办理其他海关业务，是海关的重要职责。为此，《海关法》规定，个人携带进出境的行李物品、邮寄进出境的物品，应当以自用、合理数量为限，并接受海关监管。进出境邮袋的装卸、转运和过境，应当接受海关监管。邮

政企业应当向海关递交邮件路单。邮政企业应当将开拆及封发国际邮袋的时间事先通知海关，海关应当按时派员到场监管查验。个人携带、邮寄超过合理数量的自用物品进出境，未依法向海关申报的，责令补缴关税，可以处以罚款。[①]《进出口关税条例》中对于个人在进口环节携带行李物品以及邮递物品的关税征收问题有如下基本规定：

在征收管理主体上，进境物品的关税以及进口环节海关代征税合并为进口税，[②] 由海关依法征收。在纳税主体上，进境物品的纳税义务人是指，携带物品进境的入境人员、进境邮递物品的收件人以及以其他方式进口物品的收件人。

在征税对象及税率上，国务院关税税则委员会规定按货物征税的进境物品，按照条例的规定征收关税。进口税从价计征。进口税的计算公式为：进口税税额=完税价格×进口税税率。海关应当按照《进境物品进口税税率表》及海关总署制定的《进境物品归类表》《进境物品完税价格表》对进境物品进行归类、确定完税价格和确定适用税率。进境物品，适用海关填发税款缴款书之日实施的税率和完税价格。[③]

在减税免税上，海关总署规定数额以内的个人自用进境物品，免征进口税。

超过海关总署规定数额但仍在合理数量以内的个人自用进境物品，由进境物品的纳税义务人在进境物品放行前按照规定缴纳进口税。超过合理、自用数量的进境物品应当按照进口货物依法办理相关手续。进境物品的纳税义务人可以自行办理纳税手续，也可以委托他人办理纳税手续。接受委托的人应当遵守本章对纳税义务人的各项规定。进口税的减征、免征、补征、追征、退还以及对暂准进境物品征收进口税参照本条例对货物征收进口关税的有关规定执行。[④]

与此同时，根据《海关法》和《关税条例》规定，我国制定和实施了《海关对入境旅客行李物品和个人邮递物品征收进口税办法》。为了简化入境旅客行李物品和个人邮递物品进口税的计税手续，便利纳税人交纳税款，加速海关查验放行，该《海关对入境旅客行李物品和个人邮递物品征收进口税

---

① 参见2021年《海关法》第46条、第48条、第85条。
② 参见2017年《进出口关税条例》第56条。
③ 参见2017年《进出口关税条例》第60条~第62条。
④ 参见2017年《进出口关税条例》第57条。

办法》于1960年11月17日经国务院批准，1962年1月16日由对外贸易部公布施行。

改革开放以来，1978年6月16日，国务院批准了新的《关于入境旅客行李物品和个人邮递物品征收进口税办法》，于1978年8月1日，对外贸易部公布施行。该办法规定，一切入境的应税旅客行李物品、个人邮递物品和运输工具服务人员携带进口的应税自用物品以及用其他方式进口的个人自用物品（以下简称进口物品），都由海关按照本办法的规定征收进口税。该办法所称的进口税，包括关税和工商统一税。1991年4月1日，海关总署完善充实办法，重新公布。

1994年，根据国务院令第134号、135号，关税税则委员会第六次会议审议通过《海关关于入境旅客行李物品和个人邮递物品征收进口税办法》《入境旅客行李物品和个人邮递物品征收进口税税率表》和海关总署依据上述《税率表》制定的《旅客行李物品和个人邮递物品进口税税则归类表》，海关总署于1994年7月1日公布，自公布之日起施行。此后，国家对进境物品进口税率进行多次调整，2019年4月8日，关税税则委员会对进境物品进口税率表进行了最新调整，从2019年4月9日起实施。

二、海关入境旅客行李物品和个人邮递物品进口税法的立法结构

根据现行的《海关入境旅客行李物品和个人邮递物品征收进口税办法》规定，入境旅客行李物品和个人邮递物品进口税法的立法结构分析如下①：

（一）海关入境旅客行李物品和个人邮递物品进口税的征税主体

由入境旅客行李物品和个人邮递物品进口地的海关负责征收。

（二）海关入境旅客行李物品和个人邮递物品进口税的纳税主体

进口税的纳税义务人是：携有应税个人自用物品的入境旅客及运输工具服务人员，进口邮递物品的收件人，以及以其他方式进口应税个人自用物品的收件人。

纳税义务人可以自行办理纳税手续，也可以委托他人办理纳税手续。接受委托办理纳税手续的代理人，应当遵守办法对其委托人的各项规定。

（三）海关入境旅客行李物品和个人邮递物品进口税的征税对象

入境旅客行李物品和个人邮递物品进口税的征税对象是准许应税进口的

① 参见1994年《海关入境旅客行李物品和个人邮递物品征收进口税办法》。

旅客行李物品、个人邮递物品以及其他个人自用物品（以下简称应税个人自用物品），除另有规定的以外，均由海关按照《入境旅客行李物品和个人邮递物品进口税税率表》征收进口税。其中所称的进口税，包括关税和增值税、消费税。所称的应税个人自用物品，不包括汽车、摩托车及其配件、附件。对进口应税个人自用汽车、摩托车及其配件、附件，应按《海关进出口税则》及其他有关税法、规定征收进口税。

（四）海关入境旅客行李物品和个人邮递物品进口税的税率及计税依据

入境旅客行李物品和个人邮递物品进口税的税率，按照《入境旅客行李物品和个人邮递物品进口税税率表》（以下简称《税率表》）执行，《税率表》中税率的调整，由关税税则委员会审定后，海关总署对外公布实施。

例如，根据2019年国务院批准的《进境物品进口税率表》，入境旅客行李物品和个人邮递物品进口税率如表31：

表31　2019年个人进境物品进口税率表

税号	物品名称	税率（%）
1	书报、刊物、教育用影视资料；计算机、视频摄录一体机、数字照相机等信息技术产品；食品、饮料；金银；家具；玩具，游戏品、节日或其他娱乐用品。	13
2	运动用品（不含高尔夫球及球具）、钓鱼用品；纺织品及其制成品；电视摄像机及其他电器用具；自行车；税目1、3中未包含的其他商品。	20
3	烟、酒；贵重首饰及珠宝玉石；高尔夫球及球具；高档手表；化妆品。	50

注：1. 减按3%征收进口环节增值税的药品按照货物税率征税。
2. 税目3所列商品的具体范围与消费税征收范围一致。

从上表可以看出，国家对入境旅客行李物品和个人邮递物品进口征税的细节，涉及个人家庭生活用品的方方面面。

按照规定，进口税从价计征。应税个人自用物品由海关按照填发税款缴纳证当日有效的税率和完税价格计征的进口税。进口税额为完税价格乘以进口税税率。值得强调的是，计算入境旅客行李物品和个人邮递物品进口税的完税价格，并不是旅客在国外购买物品的实际价格，而是按照海关总署出台的《入境旅客行李物品和个人邮递物品完税价格表》规定的法定计量与价格予以确定的。例如，奶粉每公斤200元，白兰地每瓶（不超过750毫升）500

元，卷烟每支 0.5 元，外衣每件 300 元，皮大衣每件 2000 元，皮鞋每双 300 元等。

（五）海关入境旅客行李物品和个人邮递物品进口税的减免

按照上述规定，海关总署规定数额以内的个人自用进境物品，免征进口税。超过海关总署规定数额但仍在合理数量以内的个人自用进境物品，由进境物品的纳税义务人在进境物品放行前按照规定缴纳进口税。超过合理、自用数量的进境物品应当按照进口货物依法办理纳税相关手续。具体的主要免税规定如下：

1. 进境居民旅客携带在境外获取的个人自用的进境物品，总值不超过 5000 元人民币的；非居民旅客携带拟留在中国境内的个人自用进境物品，总值不超过 2000 元人民币的，可以免税。但是，烟草制品、酒精制品和国家规定应当征税的电视机、摄像机、录像机、放像机、音响设备、空调机、电冰箱（柜）、洗衣机、照相机、复印机、程控电话交换机、微型计算机及外设、电话机、无线寻呼系统、传真机、电子计算器、打印机及文字处理机、家具、灯具和餐料等物品，另按有关规定办理。进境居民旅客携带超出 5000 元的个人自用进境物品，经海关审核确属自用的；进境非居民旅客携带拟留在中国境内的个人自用进境物品，超出 2000 元的，海关仅对超出部分征税，不可分割的单件物品全额征税。

2. 中国常驻境外的外交机构的人员、留学人员、访问学者、赴外劳务人员、援外人员和远洋海员、中国香港、中国澳门、中国台湾地区同胞和华侨，外国驻华使馆、领事馆、有关国际机构的人员，可以享受一定的免税待遇。例如，中国常驻境外的外交机构的人员、留学人员、访问学者、赴外劳务人员、援外人员连续在外每满 180 日，远洋海员每满 120 日，可以免税携带 1 件规定范围内的生活用品，包括电视机、洗衣机、电冰箱、照相机、录像机、收录音机和组合音响等。

3. 不超过海关规定的自用合理数量的避孕用具和药品，可以免税。

4. 外国在华常驻人员在华居住超过 1 年者（指工作或留学签证有效期超过 1 年者），在签证有效期内初次来华携带进境的个人自用的家用摄像机、照相机、便携式收录机、激光唱机和计算机，报经所在地主管海关审核，在每个品种 1 台限额以内，可以免税。其中，外国专家携运进境的图书资料、科研仪器、工具、样品和试剂等教学、科研物品，在自用合理数量范围内的，可以免税。

5. 应征进口税税额在人民币 50 元以下的，可以免税。

（六）海关入境旅客行李物品和个人邮递物品进口税义务发生时间及纳税期限

纳税义务人应当在海关放行应税个人自用物品之前缴纳税款。

（七）海关入境旅客行李物品和个人邮递物品进口税的纳税地点

入境旅客行李物品和个人邮递物品进口税的纳税地点为进口环节之关境所在地。

（八）海关入境旅客行李物品和个人邮递物品进口税的征收管理

应税个人自用物品放行后，海关发现少征税款，应当自开出税款缴纳证之日起 1 年内，向纳税义务人补征；海关发现漏征税款，应当自物品放行之日起 1 年内向纳税义务人补征。因纳税义务人违反规定而造成的少征或者漏征，海关可自违反规定行为发生之日起 3 年以内向纳税义务人追征。海关发现或确认多征的税款，海关应当立即退还。

纳税义务人同海关发生纳税争议时，应当先按海关核定的税额缴纳税款，然后自海关填发税款缴纳证之日起 30 日内向海关书面申请复议。逾期申请的，海关不予受理。海关应当自收到复议申请之日起 15 日内作出复议决定，并通知纳税义务人。纳税义务人对复议决定不服，可以自接到海关通知之日起 15 日内向海关总署申请复议。海关总署在接到复议申请后，应当在 30 日内作出复议决定，并通知纳税义务人。纳税义务人对海关总署的复议决定仍然不服的，可以自收到复议决定书之日起 15 日内，向人民法院起诉。

第四节　船舶吨税法

一、船舶吨税法概述

船舶吨税，简称吨税。它是指基于外籍船舶停留、使用本国港口而征收的一种税。船舶吨税旧称“船钞”，其具有关境使用税的性质。所收税款主要用于助航设施的建造和维修，因此，船舶吨税也有“灯塔税”之称，在港口所在地征收船舶吨税为世界各国之惯例，并由设在港口的海关或海关委托机构征收。征收船舶吨税，既是国家主权的象征，也可以通过船舶吨税的调整，吸引外籍船舶到本国港口停留、访问，以扩大对外开放。按照“一税一法”

原则，各国均有船舶吨税的专门法律规定。

就我国情况而言，早在中华人民共和国成立之初，政务院财政经济委员会批准了《海关船舶吨税暂行办法》，并由海关总署于1952年9月29日海关总署发布施行。该办法规定，在中华人民共和国港口行驶的外国籍船舶和外商租用的中国籍船舶，以及中外合营企业使用的中外国籍船舶（包括专在港内行驶的上项船舶），均按本办法由海关征收船舶吨税（以下简称吨税）。前项应完吨税船舶，毋庸另向税务机关完纳车船使用牌照税。①

为了更好地发挥船舶吨税的作用，从1986年10月1日起，海关征收的船舶吨税不再直接划入中央金库，而是改为由港口代理公司和对外贸易运输公司根据海关填写的《海关代理船舶吨税缴款书》，将税款直接汇至北京中国银行总行交通部账户，由交通部统一管理，直接用于海上干线公用航标的维修和建设，专款专用。

从1990年到1994年，针对我国船舶吨税税率与世界上一些国家相比偏低的情况，交通部、海关总署、国家物价管理机关、财政部曾联合发出通知，三次调整了我国船舶吨税的税率。

根据2011年1月8日国务院令第588号《国务院关于废止和修改部分行政法规的决定》修订，将《海关船舶吨税暂行办法》第十一条第五项中的“暂行海关法第二十七条规定”修改为“法律、行政法规规定”。②

2011年11月23日，国务院院第182次常务会议通过新的《船舶吨税暂行条例》，自2012年1月1日起施行，新的《海关船舶吨税暂行办法》共21条，完善充实了相关内容。

2015年《立法法》修正后，按照“税收法定原则”，船舶吨税的法律立法提上全国人大常委会相关立法程序。2016年10月17日，财政部对社会公布了《关于〈中华人民共和国船舶吨税法〉（征求意见稿）》。财政部、海关总署对该《征求意见稿》的说明指出，为贯彻落实税收法定原则，按照《国务院2016年立法工作计划》安排，财政部、海关总署在调查研究的基础上，起草了《船舶吨税法（征求意见稿）》（以下简称《征求意见稿》）。该《征求意见稿》指出，《船舶吨税暂行条例》（以下简称《条例》）于2011年12月5日由国务院公布。自2012年1月1日施行以来，运行比较平稳、规范，无需进行大的制度调整，按照“税制相对稳定，未来一个时期不需要进

① 参见1952年《海关船舶吨税暂行办法》第1条。

② 参见2011年《海关船舶吨税暂行办法》第11条。

行全面改革，可平移上升为法律”的要求，《征求意见稿》在总体结构和主要内容上与《条例》基本保持一致，同时根据实践中反映的问题并按照立法规范要求对相关内容作了相应修改调整。

关于《征求意见稿》的主要内容共21条，规定了税种的设立、税率的确定和税收征收管理等基本内容。（1）在征税范围方面，船舶吨税的征税范围包括自中华人民共和国境外港口进入境内港口的船舶（第一条）；（2）税目税率。船舶吨税的税目、税率依照本法所附的《吨税税目税率表》执行，《吨税税目税率表》的调整由国务院决定（第二条）。中华人民共和国籍的应税船舶，船籍国（地区）与中华人民共和国签订含有相互给予船舶税费最惠国待遇条款的条约或者协定的应税船舶，适用优惠税率；其他应税船舶，适用普通税率（第三条）；（3）应纳税额。船舶吨税按照船舶净吨位和吨税执照期限征收（第四条），应纳税额按照船舶净吨位乘以适用税率计算（第五条）；（4）征收机关。船舶吨税由海关负责征收（第六条）。（5）免税范围。具体规定了十种免税情形（第九条）；（6）征收管理的其他具体规定（第七条、第八条、第十条至第十九条）。

关于《征求意见稿》修改的主要内容：增加了免征吨税的情形。（1）实践中有的船舶因清舱、加油、加水、船员生病等偶发性的客观原因必须临时靠泊，这类靠泊并不上下客货，不以营利为目的，具有特殊性、临时性和偶然性，不宜征税，《征求意见稿》在第九条增加一项作为第六项，规定因清舱、加油、加水、船员生病等原因需临时靠泊并不上下客货的船舶免税，并相应在第十条中将因清舱、加油、加水、船员生病等原因需临时靠泊的情形增加规定为批注延长吨税执照期限的情形。（2）警用船舶与军队、武装警察部队专用或者征用的船舶一样，均为执行国家特定任务，对其宜予以免税，《征求意见稿》在第九条第八项增加规定警用船舶免税。并且其修改了税收利息的规定。随着利率市场化改革的推进，《条例》有关退还多征税款时加算银行同期活期存款利息的规定，需要修改。《征求意见稿》第十七条删除了《条例》有关加算银行同期活期存款利息的规定，参照修订中的《税收征收管理法》，增加一款规定“税收利息的利率由国务院确定”。鉴于《税收征收管理法》的修订尚未完成，船舶吨税法有关税收利息的规定可能还会调整，以确保与其表述一致。另外，其细化了对游艇征税的规定。为加强对游艇的税收征管，解决部分游艇没有净吨位证明海关难以征税问题，《征求意见稿》在第二十条规定“游艇，是指具备内置机械推进动力装置（包括具有机械辅助动力的帆艇)，长度在90米以下，主要用于游览观光、休闲娱乐、水上体育运动等活动的船舶"，在吨税税目税率表备注中规定"无法提供净吨位证明文件的游艇，按照发动机功率每千瓦折合净吨位0.05吨。"①

2017年12月27日第十二届全国人民代表大会常务委员会第三十一次会议通过《船舶吨税法》。该法自2018年7月1日起施行。2011年12月5日国务院公布的《船舶吨税暂行条例》同时废止。根据2018年10月26日第十三届全国人民代表大会常务委员会第六次会议《关于修改〈中华人民共和国野生动物保护法〉等十五部法律的决定》修正）删去第十一条中的"或者出入境检验检疫部门"。

在人大法律出台后，2018年6月28日，海关总署发布关于《船舶吨税法》实施有关事项的公告，该公告自2018年7月1日起施行。海关总署公告2011年第81号同时废止。其具体内容包括：

1. 自2018年7月1日起，自我国境外港口进入境内港口的船舶（以下简称"应税船舶"），应当依照《吨税法》缴纳船舶吨税。

2. 船舶吨税分1年期缴纳、90天期缴纳与30天期缴纳三种。缴纳期限由应税船舶负责人自行选择。

3. 应税船舶在办理出入境手续时，选择是否向海关申请验核船舶吨税执照电子信息。自2018年7月1日起签发的船舶吨税执照电子信息由海关系统进行自动比对。

4. 应税船舶负责人应在应税船舶抵港申报纳税时，如实填写《船舶吨税执照申请书》（见附件），同时应当交验如下证明文件：（一）船舶国籍证书或者海事部门签发的船舶国籍证书收存证明；（二）船舶吨位证明。应税船舶为拖船或无法提供净吨位证明文件的游艇的，应税船舶负责人还应提供发动机功率（千瓦）等相关材料。

5. 应税船舶负责人应通过"互联网+海关"、国际贸易"单一窗口"等关企事务平台登录"海关船舶吨税执照申请系统"，录入并向海关发送船舶吨税执照申请信息。

6. 应税船舶负责人选择柜台支付方式缴纳船舶吨税的，应将加盖银行已收讫税款业务印章的缴款书第一联交海关。应税船舶负责人选择电子支付方式缴纳船舶吨税的，应根据海关总署公告2014年第6号的要求完成船舶吨税

① 参见2016年《关于〈中华人民共和国船舶吨税法〉(征求意见稿)》。

电子支付备案。

7. 对于符合《船舶吨税法》第九条第一款第（二）项至第（四）项免征吨税规定的应税船舶，应税船舶负责人应当向海关提供书面免税申请，申明免税的依据和理由。对于符合《船舶吨税法》第九条第一款第（五）项至第（九）项免征吨税规定，以及第十条延长吨税执照期限规定的应税船舶，应税船舶负责人应当向海关提供海事、渔业船舶管理等部门、机构出具的具有法律效力的证明文件或者使用关系证明文件，申明免税或者延长吨税执照期限的依据和理由。

8. 应税船舶负责人应在延期事项发生地海关办理船舶吨税执照延期的海关手续，同时应提交延期申请。

9. 应税船舶负责人在缴纳船舶吨税前申请先行签发船舶吨税执照的，应当向海关提供与其依法履行吨税缴纳义务相适应的担保。

10. 应税船舶到达我国境内港口前，应税船舶负责人经海关核准，可凭与应缴税款相适应的担保申请办理先行申报手续。

11. 船舶吨税担保期限一般不超过 6 个月，特殊情况需要延期的，应当经主管海关核准。应税船舶负责人应当在海关核准的船舶吨税担保期限内履行纳税义务。

2018 年 6 月 29 日，为配合《船舶吨税法》的实施，海关总署发布《适用船舶吨税优惠税率国家（地区）清单的公告》（2018 年第 80 号），公告自 2018 年 7 月 1 日起实施。海关总署公告 2012 年第 8 号同时废止。

表 32　2018 年中国适用船舶吨税优惠税率的国家（地区）名单

序号	船籍国（地区）	序号	船籍国（地区）
1	阿尔巴尼亚	2	朝鲜
3	加纳	4	斯里兰卡
5	刚果（布）	6	巴基斯坦
7	刚果（金）原扎伊尔	8	挪威
9	日本	10	阿尔及利亚
11	新西兰	12	阿根廷
13	孟加拉国	14	泰国
15	巴西	16	墨西哥
17	马来西亚	18	新加坡

续表

序号	船籍国（地区）	序号	船籍国（地区）
19	塞浦路斯	20	蒙古
21	马耳他	22	越南
23	土耳其	24	韩国
25	格鲁吉亚	26	克罗地亚
27	俄罗斯	28	乌克兰
29	黎巴嫩	30	智利
31	印度	32	以色列
33	加拿大	34	秘鲁
35	埃及	36	摩洛哥
37	南非	38	古巴
39	印度尼西亚	40	突尼斯
41	伊朗	42	巴哈马
43	美国	44	比利时
45	捷克	46	丹麦
47	德国	48	爱沙尼亚
49	希腊	50	西班牙
51	法国	52	爱尔兰
53	意大利	54	拉脱维亚
55	立陶宛	56	卢森堡
57	匈牙利	58	荷兰
59	奥地利	60	波兰
61	葡萄牙	62	斯洛文尼亚
63	斯洛伐克	64	芬兰
65	瑞典	66	英国
67	保加利亚	68	罗马尼亚
69	也门	70	苏丹
71	菲律宾	72	埃塞俄比亚
73	肯尼亚	74	阿曼

续表

序号	船籍国（地区）	序号	船籍国（地区）
75	利比里亚	76	巴拿马
77	中国香港	78	中国澳门

备注：

1. 利比里亚籍的应税船舶吨税优惠税率的到期日为2019年2月13日。
2. 巴拿马籍的应税船舶吨税优惠税率的到期日为2021年5月16日。

截至2021年，船舶吨税属于中央税，所得收入归中央政府支配。

二、船舶吨税法的立法结构

根据《船舶吨税法》及相关规定，船舶吨税法的立法结构分析如下[①]：

（一）船舶吨税的征税主体

船舶吨税由海关负责征收。海关征收船舶吨税应当制发缴款凭证。

应税船舶负责人缴纳吨税或者提供担保后，海关按照其申领的执照期限填发吨税执照。

（二）船舶吨税的纳税主体

船舶吨税的纳税主体为应税船舶负责人。

（三）船舶吨税的征税对象

自中华人民共和国境外港口进入境内港口的船舶需要在港口停留和使用的行为。

（四）船舶吨税的税目税率及计税依据

船舶吨税的税率，按照停留于港口的船舶吨税计算：船舶吨位数乘以税率为应纳税税额。

具体的税目、税率依照船舶吨税法所附的《船舶吨税税目税率表》执行。并设置有设置优惠税率和普通税率。中华人民共和国籍的应税船舶，船籍国（地区）与中华人民共和国签订含有相互给予船舶税费最惠国待遇条款的条约或者协定的应税船舶，适用优惠税率。其他应税船舶，适用普通税率。

---

① 参见2018年《船舶吨税法》。

表 33 船舶吨税税目税率表

<table>
<tr><td rowspan="3">税目（按船舶净吨位划分）</td><td colspan="6">税率（元/净吨）</td><td rowspan="3">备注</td></tr>
<tr><td colspan="3">普通税率（按执照期限划分）</td><td colspan="3">优惠税率（按执照期限划分）</td></tr>
<tr><td>1年</td><td>90日</td><td>30日</td><td>1年</td><td>90日</td><td>30日</td></tr>
<tr><td>不超过2000净吨</td><td>12.6</td><td>4.2</td><td>2.1</td><td>9.0</td><td>3.0</td><td>1.5</td><td rowspan="4">1. 拖船按照发动机功率每千瓦折合净吨位0.67吨。
2. 无法提供净吨位证明文件的游艇，按照发动机功率每千瓦折合净吨位0.05吨。
3. 拖船和非机动驳船分别按相同净吨位船舶税率的50%计征税款。</td></tr>
<tr><td>超过2000净吨，但不超过10000净吨</td><td>24.0</td><td>8.0</td><td>4.0</td><td>17.4</td><td>5.8</td><td>2.9</td></tr>
<tr><td>超过10000净吨，但不超过50000净吨</td><td>27.6</td><td>9.2</td><td>4.6</td><td>19.8</td><td>6.6</td><td>3.3</td></tr>
<tr><td>超过50000净吨</td><td>31.8</td><td>10.6</td><td>5.3</td><td>22.8</td><td>7.6</td><td>3.8</td></tr>
</table>

船舶吨税的应纳税额按照船舶净吨位乘以适用税率计算。

（五）船舶吨税的减免

《船舶吨税法》规定，下列船舶免征吨税：

1. 应纳税额在人民币50元以下的船舶。

2. 自境外以购买、受赠、继承等方式取得船舶所有权的初次进口到港的空载船舶。

3. 吨税执照期满后24小时内不上下客货的船舶。

4. 非机动船舶（不包括非机动驳船）。

5. 捕捞、养殖渔船。

6. 避难、防疫隔离、修理、改造、终止运营或者拆解，并不上下客货的船舶。

7. 军队、武装警察部队专用或者征用的船舶。

8. 警用船舶。

9. 依照法律规定应当予以免税的外国驻华使领馆、国际组织驻华代表机构及其有关人员的船舶。

10. 国务院规定的其他船舶，由国务院报全国人民代表大会常务委员会备案。

在船舶吨税执照期限内，应税船舶发生下列情形之一的，海关按照实际发生的天数批注延长吨税执照期限：一是避难、防疫隔离、修理、改造，并不上下客货；二是军队、武装警察部队征用。

符合《船舶吨税法》规定的船舶，应当提供海事部门、渔业船舶管理部门等部门、机构出具的具有法律效力的证明文件或者使用关系证明文件，申明免税或者延长吨税执照期限的依据和理由。

（六）船舶吨税的义务发生时间及纳税期限

应税船舶负责人应当自海关填发吨税缴款凭证之日起 15 日内缴清税款。未按期缴清税款的，自滞纳税款之日起至缴清税款之日止，按日加收滞纳税款万分之五的税款滞纳金。

应税船舶到达港口前，经海关核准先行申报并办结出入境手续的，应税船舶负责人应当向海关提供与其依法履行吨税缴纳义务相适应的担保；应税船舶到达港口后，依照规定向海关申报纳税。下列财产、权利可以用于担保：人民币、可自由兑换货币；汇票、本票、支票、债券、存单；银行、非银行金融机构的保函；海关依法认可的其他财产、权利。

应税船舶在吨税执照期限内，因修理、改造导致净吨位变化的，吨税执照继续有效。应税船舶办理出入境手续时，应当提供船舶经过修理、改造的证明文件。

应税船舶在吨税执照期限内，因税目税率调整或者船籍改变而导致适用税率变化的，吨税执照继续有效。因船籍改变而导致适用税率变化的，应税船舶在办理出入境手续时，应当提供船籍改变的证明文件。吨税执照在期满前毁损或者遗失的，应当向原发照海关书面申请核发吨税执照副本，不再补税。

（七）船舶吨税征收地点

船舶停留港口所在地。

（八）船舶吨税的征收管理

海关发现少征或者漏征税款的，应当自应税船舶应当缴纳税款之日起 1 年内，补征税款。但因应税船舶违反规定造成少征或者漏征税款的，海关可以自应当缴纳税款之日起 3 年内追征税款，并自应当缴纳税款之日起按日加征少征或者漏征税款万分之五的税款滞纳金。海关发现多征税款的，应当在 24 小时内通知应税船舶办理退还手续，并加算银行同期活期存款利息。应税船舶发现多缴税款的，可以自缴纳税款之日起 3 年内以书面形式要求海关退还多缴的税款并加算银行同期活期存款利息；海关应当自受理退税申请之日起 30 日内查实并通知应税船舶办理退还手续。应税船舶应当自收到本条第二款、第三款规定的通知之日起 3 个月内办理有关退还手续。

应税船舶有下列行为之一的，由海关责令限期改正，处 2000 元以上 30000 元以下的罚款；不缴或者少缴应纳税款的，处不缴或者少缴税款 50%以上 5 倍以下的罚款，但罚款不得低于 2000 元：一是未按照规定申报纳税、领取吨税执照；二是未按照规定交验吨税执照（或者申请核验吨税执照电子信息）以及提供其他证明文件。

吨税税款、税款滞纳金、罚款以人民币计算。

吨税的征收，船舶吨税法未作规定的，依照有关税收征收管理的法律、行政法规的规定执行。

本章小结

随着中国对外开放的深入，特别是自 2001 年加入世界贸易组织以来，中国出台的大多数税法均同时涉及境内关系和涉外关系的调整。典型的如增值税、消费税、个人所得税等，相关的税收可以归类于商品流转税、收益税等大类。但涉及“关境”的进出口关税、入境旅客行李物品和个人邮递物品进口税及船舶吨税则具有共性及特殊性。为此，从知识结构的系统性角度考虑，本教程参考其他教材将其集中一章专门阐述。从中可以看到，涉及“关境”的相关税收，由海关、关税税则委员会等特殊管理机构负责或决策。有关进出口税法的设置及税收征收，与国家的对外贸易政策调整、国家主权维护及经济安全密切相关。与此同时，国家可以通过“关境”环节税收的减免或增加达到调节经济的目的。

重点思考题

1. 进出口关税的征税对象。
2. 简述入境旅客行李物品和个人邮递物品进口税中的减免税政策。
3. 相较暂行条例，船舶吨税法有何改革特点。

主要参考书目

1. 中共中央马克思、恩格斯、列宁、斯大林著作编译局编：《马克思恩格斯选集》（第四卷），人民出版社 2012 年版。

2. 刘佐：《2021 中国税制概览》（第 25 版），中国财经出版传媒集团、经济科学出版社 2021 年 4 月版。

3. 邓子基主编：《财政学》（第 2 版），高等教育出版社 2005 年版。

4. 曾宪义主编：《中国法制史》，北京大学出版社、高等教育出版社 2000 年版。

5. 董玉明：《中国经济法学导论》，光明日报出版社 2012 年版。

6. 董玉明：《中国宏观调控法基本问题研究》，法律出版社 2019 年版。

7. 刘剑文主编：《税法学》（第 2 版），人民出版社 2003 年版。

8. 陈少英主编：《税法学教程》，北京大学出版社 2005 年版。

9. 张怡主编：《税法》，清华大学出版社 2007 年版。

10. 刘剑文主编：《税法学》（第 5 版），北京大学出版社 2017 年版。

11. 刘剑文、熊伟主编：《财政税收法》（第 7 版），法律出版社 2017 年版。

12. 张守文：《税法学》，法律出版社 2011 年版。

13. 张守文：《税法原理》（第 9 版），北京大学出版社 2019 年 9 月版。

14. 徐孟洲，徐阳光：《税法》（第 7 版），中国人民大学出版社 2019 年版。

15. ［日］北野弘久：《日本税法学原论》（第 5 版），郭美松、陈刚译，中国检察出版社 2008 年版。

后 记

《中国税法教程》的编著工作终于告一段落。作为山西大学法学一流专业建设教学成果之一，这本教材的编著倾注了我多年从事财税法教学、科研的心得。但由于不是专门从事税务业务，对于教材内容中涉及的具体问题总是觉得不踏实，为此，我专门请长期在税务一线工作的我的研究生樊雪茫女士对各税种税法内容进行了审核矫正，并请她作为作者之一参与第五章至第十章的编写，以便使税法实务内容不出差错。另外，在具体业务内容方面，本书重点参考了国家税务总局刘佐先生2021年最新出版的《2021中国税制概览》，在此特表谢意，关于对其他税法专家论述的参考，在此也一并致谢。尽管作了最大的努力，但难免有不足之处，希望使用本教材的教师和同学提出宝贵意见，以便再版时修订。

最后要特别感谢中国法制出版社及本书编辑周琼妮女士、陆紫薇女士及其他编审同志，为本教材的出版作出的努力。

截至目前，随着税收法定主义纳入国家依法治国的战略，我国的税收法治仍在不断地前行，财税法的教学也在不断地改进，任重道远，愿本教材的出版能为我国的税收法治和税法教学的完善增添一力。

董玉明

2022年7月于山西大学东山新校区

图书在版编目（CIP）数据

中国税法教程／董玉明，樊雪茫编著．—北京：
中国法制出版社，2022.8

ISBN 978-7-5216-1621-7

Ⅰ.①中… Ⅱ.①董… ②樊… Ⅲ.①税法-中国-
高等学校-教材 Ⅳ.①D922.220.4

中国版本图书馆 CIP 数据核字（2021）第 218689 号

责任编辑 周琼妮　　封面设计 杨泽江

中国税法教程

ZHONGGUO SHUIFA JIAOCHENG

编著/董玉明 樊雪茫

经销/新华书店

印刷/北京虎彩文化传播有限公司

开本/710 毫米×1000 毫米 16 开　　印张/23.75 字数/332 千

版次/2022 年 8 月第 1 版　　2022 年 8 月第 1 次印刷

中国法制出版社出版

书号 ISBN 978-7-5216-1621-7　　定价：78.00 元

北京市西城区西便门西里甲 16 号西便门办公区

邮政编码：100053　　传真：010-63141600

网址：http：//www.zgfzs.com　　**编辑部电话：010-63141803**

市场营销部电话：010-63141612　　**印务部电话：010-63141606**